Prof. Dr. Jörg K. Menzer
Dr. Gisbert Stalfort
Dr. Julian Teves

Rumänisches Wirtschaftsrecht

D1726550

Deutscher
Wirtschaftsclub
Siebenbürgen

Honterus-Verlag Hermannstadt
ISBN 978-973-1725-60-4

Druck: Honterus - Hermannstadt

Printed in Romania

www.honterus-verlag.ro

Prof. Dr. Jörg K. Menzer
Dr. Gisbert Stalfort
Dr. Julian Teves

Rumänisches Wirtschaftsrecht

Juristisches Kompendium für Investoren in Rumänien

I. Band

HONTERUS VERLAG

Inhaltsverzeichnis

Vorwort
Dipl. Betriebswirt Jörg Prohaszka 7

Einführung in das rumänische Rechtssystem
Dipl. Betriebswirt Jörg Prohaszka 9

Noerr
Prof. Dr. Jörg K. Menzer 11

Ausländerrecht: EU-Staatsbürger in Rumänien
Andreea Suciu 12

Grundzüge des rumänischen Kreditsicherungsrechts
Gabriel Popa 16

STALFORT Legal. Tax. Audit.
Dr. Gisbert Stalfort 29

Überschuldung, Zahlungsunfähigkeit – und was dann?
Dr. Gisbert Stalfort, Dr. Raluca-Isabela Oprişiu 31

Erneuerbare Energien - eine Chanche für Rumänien
Dr. Raluca-Isabela Oprişiu, Dr. Gisbert Stalfort 46

Vergaberecht in Rumänien
Dr. Raluca-Isabela Oprişiu 66

Teves Rechtsberatung GbR 91
Arbeitsrecht in der Privatwirtschaft Rumäniens
Dr. Julian Teves 92

Grundzüge des Gesellschaftsrechts in Rumänien
Dr. Julian Teves 215

BUSINESS SERVICE

SC EBS European Business
Service SRL
Strada Plopilor 15
550190 Sibiu
Tel.: +40 269 250 533
office@ebs.info.ro
www.ebs.info.ro

Deutscher Wirtschaftsclub
Siebenbürgen
Str. Scoala de Inot Nr. 2
RO-550005 Sibiu (Hermannstadt)
Tel. +40 269 206 357
Fax +40 269 227 876
office@dws.ro
www.dws.ro

Dipl. Betriebswirt
Jörg Prohaszka
EBS und DWS
Geschäftsführer

Vorwort

Der Deutsche Wirtschaftsclub Siebenbürgen (DWS) wurde im Jahre 1998 in Sibiu-Hermannstadt als gemeinnütziger Verein gegründet. Der zu dieser Zeit amtierende Generalkonsul der Bundesrepublik Deutschland, Ralf Breth, gründete als Vorläufer des heutigen Wirtschaftsclubs einen Unternehmerstammtisch, an dem in Hermannstadt tätige deutsche Geschäftsleute teilnahmen.

Im Zuge der voranschreitenden Südosteuropa-Erweiterung der Europäischen Union und rasanter Ansiedlung deutscher Unternehmen in Siebenbürgen, wurde aus dem Stammtisch der heutige Deutsche Wirtschaftsclub Siebenbürgen.

Um auch der Nachfrage von Unternehmen aus anderen deutschsprachigen Ländern gerecht zu werden, öffnete sich der DWS auch Unternehmern aus Österreich, der Schweiz und den Niederlanden. Als Anlaufstelle für Unternehmen aus dem deutschsprachigen Raum leistet der DWS einen aktiven Beitrag zur Entwicklung der Wirtschaftsbeziehungen zwischen den Herkunftsländern und Rumänien. Gleichzeitig nimmt der DWS seine Aufgabe als Interessensvertreter dieser Unternehmen vor Ort wahr.

Im Mittelpunkt der Tätigkeit des DWS steht der Erfahrungsaustausch zwischen den Mitgliedsunternehmen, die Informationsvermittlung für die Mitgliedsunternehmen und die Pflege eines konstruktiven Dialogs mit Vertretern der Politik und der öffentlichen Verwaltung. Zu diesem Zweck veranstaltet der DWS regelmäßige Mitgliedertreffen sowie zahlreiche weitere Veranstaltungen, an denen Persönlichkeiten des öffentlichen Lebens und Vertreter der lokalen Wirtschaft teilnehmen.

Der Wirtschaftsclub reformierte und optimierte mit dem „Kapitel 2010" sein Dienstleistungsangebot und setzt sich mit Themen, wie berufliche Ausbildung, Wirtschaftspublikationen, Gründung von Wirtschaftsnetzwerken und Informationspolitik stärker als bisher auseinander.

Das vorliegende Buch ist der Anfang einer Reihe von wirtschaftlichen Veröffentlichungen des DWS, die einerseits den Mitgliedern, aber auch andererseits allen interessierten Lesern gezielte, fachkompetente Informationen über Rumänien als Investitionsland verschaffen sollen.

Investoren aus dem deutschsprachigen Raum bereitet es oft Mühe, sich in den geltenden Vorschriften des rumänischen Rechtssystems zurechtzufinden. Nicht zuletzt erschweren zahlreiche Gesetzesänderungen und Anpassungen sowie eine mehrdeutige Rechtsauslegung die Sicherheit geplanter Investitionen.

Dieses Buch soll dem Leser einen fundierten Einblick in verschiedene wirtschaftsrelevante Rechtsgebiete in Rumänien geben und als Entscheidungshilfe, Ratgeber und Nachschlagewerk dienen.

Die Autoren sind promovierte Rechtsanwälte und Experten in ihren Fachgebieten. Sie verfügen über eine langjährige, praktische Erfahrung in Rumänien. Als DWS-Mitglieder kennen sie die Probleme des rumänischen Wirtschaftslebens und bieten bei weiterführenden Fragen ihre Mithilfe über ihre Kanzleien an.

Der vorliegende Band 1 beschäftigt sich vorrangig mit den Themen: Gesellschaftsrecht, Arbeitsrecht, öffentliches Vergaberecht, Kreditsicherungsrecht, EU-Staatsbürger in Rumänien, Insolvenzrecht, Gesetzgebung im Bereich der regenerativen Energien.

Einführung in das rumänische Rechtssystem

Das rumänische Rechtssystem ist – so wie die Kultur und Landessprache – lateinischen Ursprungs. Ein Bürgerliches Gesetzbuch („*Codul Civil*") und die Zivilprozessordnung („*Cod de procedură civilă*") gibt es bereits seit dem 19. Jahrhundert (1865), sie wurden dem französischen „Code Civil" von 1804 (napoleonisches Recht) nachempfunden. Das Strafgesetzbuch („*Cod Penal*") trat 1864 in Kraft; aus derselben Zeit stammt auch das Handelsgesetzbuch („*Codul Comercial*", 1887). Neben diesen immer noch gültigen, wenn auch überarbeiteten Gesetzbüchern existiert eine Vielzahl von Rechtsnormen in Form von Gesetzen, Verordnungen, Dringlichkeitsverordnungen, Anordnungen, etc.

So gut wie alle Gesetzeswerke wurden nach der Wende 1990 modernisiert und nach der Jahrtausendwende im Hinblick auf die Erfüllung der Kriterien zum EU- Beitritt am 01.01.2007 weitestgehend an das EU- Recht angepasst. Derzeit ist die Veröffentlichung neuer Gesetzbücher im Bereich Zivil-, Zivilprozess-, Straf- und Strafprozessrecht in Diskussion. Die Entwürfe existieren bereits, vor 2011 wird keines der neuen Gesetzbücher in Kraft treten.

Das rumänische Recht ist kodifiziert, unterscheidet sich also grundlegend vom anglo-amerikanischen System des „Common Law", das sich nicht auf Gesetze, sondern auf maßgebliche richterliche Urteile der Vergangenheit stützt. Im rumänischen Recht herrscht die Gewaltenteilung zwischen Legislative (Parlament), Exekutive (Regierung) und Judikative (Justiz).

1. Aufbau der Verwaltung

Rumänien ist in Gemeinden („*comună*"), Städten („*oraş*") und 41 Landkreisen („*judeţ*") aufgeteilt. Jeder Landkreis wird administrativ von einer Kreishauptstadt („*municipiu*") geleitet. Die Hauptstadt Bukarest stellt eine eigene administrative Einheit dar. Landkreise werden von Kreisräten („*consiliu judeţean*") verwaltet, Städte und Gemeinden jeweils von Räten („*consiliu*") und Bürgermeistern („*primar*"). Die Regierung wird in den Landkreisen von Präfekten vertreten. Ansonsten sind die lokalen Behörden autonom und erhalten im Zuge der Dezentralisierung immer weiter gehende Entscheidungsvollmachten, aber auch Verpflichtungen.

2. Gewaltenteilung

2.1 Die Legislative

In Rumänien obliegt die Gesetzgebung einem Zweikammerparlament, das in ein Unterhaus, der Abgeordnetenkammer („*Camera Deputaţilor*") und einem Oberhaus, dem Senat („*Senatul*") unterteilt ist. Als Grundgesetz gilt die Verfassung („*Constituţia*"), die zuletzt 2003 geändert wurde. Die Legislative kann das Grundgesetz über sog. „Verfassungsgesetze" („*legi constituţionale*") ändern, organische Gesetze („*legi organice*") mit absoluter Mehrheit beider Kammern und allgemeine Gesetze („*legi ordinare*") mit einfacher Mehrheit der Anwesenden verabschieden. Eine Gesetzesinitiative steht der Exekutive, Abgeordneten, Senatoren oder Gruppen von mindestens 100.000 stimmberechtigten Bürgern zu (Art. 74 Grundgesetz).

2.2 Die Exekutive

In Rumänien übt die Regierung (*„guvern"*) die exekutive Gewalt aus. Die Regierung wird vom Staatspräsidenten aufgrund der durch freie Wahlen geschaffenen Mehrheitsverhältnisse ernannt (Art. 85 Grundgesetz). Die Exekutive führt die täglichen Geschäfte des Landes über Beschlüsse (*„hotărâre"*), Verordnungen (*„ordonanță"*) und Dringlichkeitsverordnungen (*„ordonanță de urgență"*), sofern sie in diesem Sinne von der Legislative ermächtigt wurde (Art. 108 Grundgesetz). Die einzelnen Ministerien sowie Vorsitzende verschiedener Behörden können Beschlüsse (*„decizie"*) und Anordnungen (*„ordin"*) erlassen.

Der Präsident „vertritt den rumänischen Staat und ist der Garant der nationalen Unabhängigkeit sowie der territorialen Einheit und Integrität des Landes". Sämtliche vom Parlament erlassenen Gesetze bedürfen der Unterschrift des Präsidenten, um in Kraft zu treten. Das Staatsoberhaupt vertritt das Land international und kann in dieser Funktion internationale Verträge schließen, die dem Parlament zwecks Ratifizierung vorgelegt werden müssen. Der Präsident wird vom Volk für maximal zwei, jeweils fünf Jahre dauernde Amtszeiten gewählt.

2.3. Die Judikative

In Rumänien wird die Recht sprechende Gewalt vom „Gerichts- und Kassationshof" (Oberster Gerichtshof, *Înalta Curte de Casație și Justiție"*) und den übrigen vom Gesetz vorgesehenen Gerichten ausgeübt (Gesetz 340/2004 bezüglich der Gerichtsordnung). Die wichtigsten sind gemäß der Zivilprozessordnung:

* Amtsgerichte (*„judecătorie"*) – entscheiden in erster Instanz über alle Rechtssachen, soweit das Gesetz die Zuständigkeit nicht anderen Gerichten zuweist. Ebenso entscheiden sie nach Beschwerden in Verwaltungsangelegenheiten von geringem Interesse (wie Bußgeldbescheiden) und in sonstigen Sachen, die dem Gesetz nach in ihre Zuständigkeit fallen.
* Landgerichte (*„tribunal"*) – entscheiden in erster Instanz u.a. in Fällen mit einem Streitwert von mehr als 100.000 Lei (Handelssachen) und 500.000 Lei (Zivilsachen), in allen arbeitsrechtlichen Verfahren sowie in Streitigkeiten über geistiges Eigentum und in den meisten Verwaltungsrechtsstreitigkeiten. Zudem entscheiden sie als Berufungsgerichte über Anfechtungen erstinstanzlicher Urteile der Amtsgerichte sowie als Revisionsgerichte gegen Urteile der Amtsgerichte, gegen die keine Berufung statthaft ist.
* Appellationsgerichtshöfe (*„Curte de Apel"*) – entscheiden in erster Instanz über Verwaltungsmaßnahmen oberster Behörden. Als Berufungsgerichte entscheiden sie über Berufungen gegen erstinstanzliche Urteile der Landgerichte. Ferner sind sie als Revisionsgerichte für Revisionen gegen Berufungsurteile der Landgerichte sowie gegen Urteile der Landgerichte, gegen die keine Berufung statthaft ist, zuständig.
* Der Oberste Gerichtshof entscheidet über Revisionen gegen Urteile der Appellationsgerichtshöfe sowie in sonstigen Sachen, die dem Gesetz nach in seine Zuständigkeit fallen.

Zusätzlich existiert das Verfassungsgericht, das für die Beurteilung von Fragen der Vereinbarkeit von geltenden und geplanten Rechtsnormen mit dem Grundgesetz zuständig ist..

Str. General Constantin
Budisteanu nr. 28 C, sector 1
010775 Bukarest / Rumänien
T +40 21 312 58 88
F +40 21 312 58 89
M +40 745 050509
joerg.menzer@noerr.com
www.noerr.com

Prof. Dr. Jörg K. Menzer
Managing Partner, Noerr

Prof. Dr. Jörg K. Menzer ist Leiter des Bukarester Büros von Noerr. Er ist auch für die Koordination der MOE Praxis von Noerr für internationale Kunden, wie auch für unser Büro in Budapest verantwortlich. Er spezialisiert sich in der Beratung M & A Transaktionen und konzentriert sich auf die Strukturierung von großen ausländischen Investitionen in Rumänien und auf die Erweiterung der Kundenbasis von Noerr in Rumänien. Er hat basierte auf seinem guten Wissen des Geschäfts und gesetzlichen Umwelt in MOE Erfahrung im Erwerb, Privatisierungen und Greenfield Investitionen. Zusätzlich arbeitet Prof. Dr. Jörg K. Menzer auf vielen Restrukturierungen, privaten Beteiligungskapitalinvestitionen und Kapitalmaßnahmen sowie für öffentlich registrierte Gesellschaften.

In den letzten Jahren hat unser von Prof. Dr. Menzer koordiniertes Unternehmen- und M&A Team einige der Hauptverhandlungen in Rumänien angefaßt und hat die international bekannten Investoren, die auf den rumänischen Markt eintragen, beraten.

Str. General Constantin
Budisteanu nr. 28 C, sector 1
010775 Bukarest / Rumänien
T +40 21 312 58 88
F +40 21 312 58 89
M +40 728282783
andreea.suciu@noerr.com
www.noerr.com

Andreea Suciu
Senior Associate, Noerr

Ausländerrecht:
EU-Staatsbürger in Rumänien

Autor: Andreea Suciu, Rechtsanwältin

I. Einführung

Mit dem Beitritt Rumäniens zur EU wurden die für nach Rumänien geschäftlich entsandten EU-Staatsbürger vorgesehenen Anmeldeformalien wesentlich vereinfacht. Nichtsdestotrotz ist in der Praxis der zuständigen Behörden eine gewisse Unsicherheit und Unerfahrenheit bei der Auslegung und Anwendung der neuen Vorschriften festzustellen. Vor diesem Hintergrund ist das Anmeldeverfahren oft durch Bürokratie und mitunter unsachgemäße Anforderungen der Beamten geprägt, was auch zu einer uneinheitlichen Praxis führt.

Aufgrund der zahlreichen Neuansiedlungen von ausländischen Unternehmen in Rumänien, insbesondere aus der EU, sind in den letzten Jahren relativ viele ausländische Arbeitskräfte, in Rumänien tätig geworden. Hierbei handelt es sich meistens um EU-Staatsbürger, die für einen gewissen Zeitraum (in der Regel zwischen ca. 3 bis 5 Jahre) als sogenannte „Expats" gewisse Managementpositionen in den rumänischen Tochtergesellschaften ihrer Konzerne besetzen.

II. Grundsätzliches

EU-Staatsbürger sind grundsätzlich berechtigt, abhängige sowie unabhängige Arbeitstätigkeiten in Rumänien unter denselben Voraussetzungen wie die rumänischen Staatsbürger durchzuführen.

EU-Staatsbürger können Arbeitstätigkeiten in Rumänien als entsandte Mitarbeiter, als Angestellte aufgrund eines rumänischen Arbeitsvertrages, als Geschäftsführer sowie als Freiberufler ausgeführt werden. Eine Frage, die sich in diesem Zusammenhang häufig stellt ist, welche der vorgenannten gesetzlichen Formen zu bevorzugen bzw. mit einem geringeren Aufwand verbunden ist. Um den Entscheidungsprozess zu erleichtern, stellen wir nachfolgend eine Zusammenfassung der Formalitäten, die hierfür beachtet werden müssen, dar.

III. Entsandte Mitarbeiter

Im Hinblick auf die Entsendung eines EU-Staatsbürgers nach Rumänien sind zwei wesentliche Schritte einzuhalten, nämlich (i) die Anmeldung des entsandten Mitarbeiters beim Arbeitsamt sowie (ii) die Einholung des Aufenthaltstitels bei der Einwanderungsbehörde. Hierzu wie folgt:

(i) **Anmeldung bei dem zuständigen Arbeitsamt.** Die Anmeldung muss gemäß Gesetz Nr. 344/2006 und Verordnung Nr. 104/2007 maximal 5 (fünf) Tage vor dem Tätigkeitsbeginn als entsandter Mitarbeiter oder spätestens am ersten Tag des Tätigkeitsbeginns erfolgen. Im Falle der Nichteinhaltung der vorgenannten Frist, ist mit einer Geldstrafe zwischen RON 4.500,-- und RON 9.000,-- zu rechnen.

(ii) **Einholung des Aufenthaltstitels bei der Einwanderungsbehörde.** Falls der Aufenthalt in Rumänien als entsandter Mitarbeiter 90 Tage überschreitet, ist gemäß Eilverordnung Nr. 102/2005 die Einholung des Aufenthaltstitels bei der Einwanderungsbehörde, in dessen Bezirk der entsandte Mitarbeiter seinen Wohnsitz hat, zu veranlassen.

Der Aufenthaltstitel wird am selben Tag an dem die erforderlichen Unterlagen vorgelegt werden von der Einwanderungsbehörde ausgestellt, wobei das Dokument durch den entsandten Mitarbeiter persönlich eingeholt werden muss.

IV. Arbeitnehmer

EU-Staatsbürger sind berechtigt Arbeitstätigkeiten aufgrund eines lokalen Arbeitsvertrages auszuüben, vorausgesetzt folgende Schritte werden berücksichtigt:

(i) **Abschluss eines Arbeitsvertrages.** Beim Abschluss eines Arbeitsvertrages sind sämtliche Vorschriften des rumänischen Arbeitsgesetzbuches einzuhalten. Im Hinblick auf die Dauer des Arbeitsvertrages ist zu beachten, dass dieser sowohl befristet, als auch unbefristet sein kann.

Es ist an dieser Stelle zu beachten, dass der Arbeitsvertrag innerhalb von 20 Tagen ab dessen Unterzeichnung beim Arbeitsamt registriert werden muss.

(ii) Einholung des Aufenthaltstitels bei der Einwanderungsbehörde. Sollte der EU-Staatsbürger aufgrund des lokalen Arbeitsvertrages für eine Dauer die 90 Tage überschreitet verweilen, ist gemäß Eilverordnung Nr. 102/2005 die Einholung des Aufenthaltstitels bei der Einwanderungsbehörde, in dessen Bezirk der Arbeitnehmer seinen Wohnsitz hat, zu veranlassen.

Der Aufenthaltstitel wird am selben Tag an dem die erforderlichen Unterlagen vorgelegt werden von der Einwanderungsbehörde ausgestellt, wobei das Dokument durch den Arbeitnehmer persönlich eingeholt werden muss.

V. Geschäftsführer einer in Rumänien ansässigen Gesellschaft

EU-Staatsbürger die in Rumänien als Geschäftsführer einer Gesellschaft bestellt werden, haben folgende Schritte zu beachten:

(i) Bestellung als Geschäftsführer. Die Bestellung als Geschäftsführer erfolgt durch die Gründungsurkunde oder durch den Beschluss des Alleingesellschafters bzw. der Gesellschafterversammlung unter Beachtung der Vorschriften des Gesetzes Nr. 31/1990 betreffend die Handelsgesellschaften.

(ii) Registrierung bei dem Handelsregister. Die Registrierung erfolgt gemäß den anwendbaren gesetzlichen Vorschriften.

(iii) Einholung des Aufenthaltstitels bei der Einwanderungsbehörde. Sollte das Amt des Geschäftsführers 90 Tage überschreiten, ist gemäß Eilverordnung Nr. 102/2005 ein Aufenthaltstitel bei der Einwanderungsbehörde, in dessen Bezirk der Geschäftsführer seinen Wohnsitz hat, einzuholen. Hierzu ist bei der vorgenannten Behörde ein aktualisierter Handelregisterauszug vorzulegen.

Der Aufenthaltstitel wird am selben Tag an dem die erforderlichen Unterlagen vorgelegt werden von der Einwanderungsbehörde ausgestellt, wobei das Dokument durch den Geschäftsführer persönlich eingeholt werden muss.

VI. Freiberufler

EU-Staatsbürger haben das Recht als Freiberufler Tätigkeiten auf dem Gebiet Rumäniens auszuüben, vorausgesetzt sie lassen sich (i) beim Handelsregister registrieren (Zulassungsverfahren) und anschließend (ii) bei der Einwanderungsbehörde anmelden.

(i)   Zulassung als Freiberufler

Das Zulassungsverfahren ist beim Handelsregister in dessen Bezirk der Freiberufler seinen Firmensitz haben wird aufgrund der Eilverordnung Nr. 44/2008 durchzuführen. Im Nachgang zu der Einreichung der erforderlichen Dokumente, wird durch das Handelsregister ein Eintragungszertifikat, das sowohl die Registrierung des Freiberuflers beim Handelsregister sowie dessen Zulassung bestätigt, ausgestellt.

(ii) Einholung des Aufenthaltstitels bei der Einwanderungsbehörde.

Sollte der Freiberufler Arbeitstätigkeiten auf eine längere Dauer als 90 Tage in Rumänien durchführen, ist gemäß Eilverordnung Nr. 102/2005 ein Aufenthaltstitel bei der Einwanderungsbehörde, in dessen Bezirk der Freiberufler seinen Wohnsitz hat, einzuholen. Hierzu ist bei der vorgenannten Behörde das beim Handelsregister eingeholte Eintragungszertifikat vorzulegen.

Der Aufenthaltstitel wird am selben Tag an dem die erforderlichen Unterlagen vorgelegt werden von der Einwanderungsbehörde ausgestellt, wobei das Dokument durch den Freiberufler persönlich eingeholt werden muss.

VII. Fazit

Der vorliegenden Darstellung ist zu entnehmen, dass die einzuhaltenden Formalien für die Ausübung von Arbeitstätigkeiten durch EU-Staatsbürger in Rumänien einen relativ niedrigen Aufwand voraussetzen, wobei die vereinfachten Anmeldeverfahren mit der EU-Beitritt Rumäniens in Kraft getreten sind. In den kommenden Jahren wird sich hoffentlich auch die Praxis der zuständigen Behörden ausprägen und hierdurch eine Überwindung derzeit bestehender Unklarheiten oder bürokratischen Hürden ermöglichen.

Str. General Constantin
Budisteanu nr. 28 C, sector 1
010775 Bukarest / Rumänien
T +40 21 312 58 88
F +40 21 312 58 89
M +40 728 851352
gabriel.popa@noerr.com
www.noerr.com

Gabriel Popa
Senior Associate, Noerr

Grundzüge des rumänischen Kreditsicherungsrechts

Autor: Gabriel Popa, Rechtsanwalt

I. Einführung

Das Thema der Kreditsicherung ist in Rumänien, insbesondere im gegenwärtigen wirtschaftlichen Umfeld und aufgrund des zunehmenden Risikos der Zahlungsunfähigkeit in den Geschäftsbeziehungen zwischen Unternehmen wieder im Vordergrund gekommen.

Unter Kreditsicherheiten sind im rumänischen Recht – ähnlich wie im deutschen Recht – grundsätzlich solche Rechtsmittel zu verstehen, die die Befriedigung der Forderungen und Ansprüche eines Gläubigers sicherstellen, sei es durch die unmittelbare Erfüllung der Leistungspflicht durch den Schuldner oder durch einen Dritten oder durch Verwertung bestimmter zugunsten des Gläubigers belastete Vermögensgegenstände. Es handelt sich also um zusätzliche und teilweise außerordentliche Rechte des Gläubigers, die dem Hauptpflichtverhältnis hinzugefügt werden und grundsätzlich damit in enger Verbingung stehen.[1]

Die Sicherheiten lassen sich nach mehreren Kriterien unterscheiden, wie z.B.:

---

1   C. Stătescu, C. Bârsan Drept civil. Teoria generală a obligațiilor, Ed. ALL Educational, Bukarest 1998.

(i)..nach der Inanspruchnahme, in Personen- und Sachsicherheiten (oder dingliche Sicherheiten);

(ii)nach ihrem Gegenstand, in Sicherheiten an beweglichen oder an unbeweglichen Sachen;

(iii)...nach ihrem Rechtscharakter, in akzessorische und sogenannte „abstrakte" Sicherheiten.

Im Folgenden werden anhand dieser Kriterien die Grundzüge der in der Praxis üblichsten Sicherheiten überblicksartig dargestellt.

II. Arten von Sicherheiten

Persönliche Sicherheiten

Die persönlichen Sicherheiten bestehen grundsätzlich in der Verpflichtung einer anderen Person, als der Hauptschuldner gegenüber dem Gläubiger, im Fall einer Nichterfüllung der Verpflichtungen des Hauptschuldners, dessen Verpflichtungen an seiner Stelle zu erfüllen.

Die Bürgschaft

Die typische persönliche Sicherheit im rumänischen Recht ist die Bürgschaft (auch Kaution genannt).

Die Bürgschaft wird durch einen Vertrag zwischen dem Sicherungsgeber, Bürge genannt, und dem Gläubiger begründet. Der Bürgschaftsvertrag enthält grundsätzlich lediglich die einseitige Verpflichtung des Bürgen gegenüber dem Gläubiger, die Verpflichtungen des Hauptschuldners zu erfüllen, falls sie dieser nicht selbst erfüllt. Grundsätzlich können sämtliche im Geschäftsverkehr üblichen Vertragsverpflichtungen durch eine Bürgschaft besichert werden.

Die Verpflichtung des Bürgen ist im Verhältnis zur Hauptschuld akzessorisch und untergeordnet. Hieraus ergeben sich folgende praktische Auswirkungen:

die Wirksamkeit und Durchsetzbarkeit der Bürgschaft ist von der Wirksamkeit und Durchsetzbarkeit der besicherten Hauptschuld abhängig (*accesorium sequitur principalem*), d.h. z.B. dass ein Gläubiger, der keinen rechtswirksamen Anspruch gegen den Schuldner hat, entsprechend seine Ansprüche gegen den Bürgen nicht geltend machen kann;[2]

---

2   Beispiel: Verkäufer A verkauft ein Grundstück an B. B schuldet A den Kaufpreis für das Grundstück. Zur Besicherung der Zahlungsverpflichtung von B, verpflichtet sich C gegenüber A für B zu bürgen. Sollte der Anspruch von A auf Erhalt des Kaufpreises von einem Rechtsmangel betroffen sein, wirkt dieser Mangel entsprechend auf die Bürgschaftsverpflichtung von C aus, mit der Folge, dass sich C aus der Haftung gegenüber A befreien kann.

17

die Verpflichtung des Bürgen kann nicht umfangreicher oder beschwerlicher als die Hauptschuld sein;

der Gläubiger kann seine Ansprüche gegen den Bürgen grundsätzlich nur dann geltend machen, wenn der Hauptschuldner seinen Verbindlichkeiten nicht nachgekommen ist; der Bürge kann bestimmte Einreden gegenüber dem Gläubiger erheben (vgl. hierzu nachfolgend S. 3).

Der Bürgschaftsvertrag kommt durch die einfache Willenserklärung der Parteien zustande – *solo consensu* – und bedarf grundsätzlich keines besonderen Formerfordernisses.[3] Nichtsdestotrotz verlangt das Gesetz, dass die Bürgschaft aus einer ausdrücklichen und deutlichen Verpflichtungserklärung erfolgt.

Im Rahmen der Vollstreckung kann der Bürge grundsätzlich bestimmte Einreden gegenüber dem Gläubiger erheben: die Einrede der Vorausklage und die Einrede der Teilung. Diese Einreden sind typisch für die zivilrechtliche Bürgschaft, schließen jedoch nicht die Erhebung anderer Einwendungen durch den Bürgen aus.

Die Einrede der Vorausklage steht dem Bürgen gesetzlich zu und berechtigt ihn sich gegen den verfolgenden Gläubiger zu verteidigen, indem der Bürge verlangen kann, dass zuerst das Vermögen des Hauptschuldners verfolgt wird und erst nachher und nur wenn die Forderung nicht vollständig getilgt worden ist, das Vermögen des Bürgen verfolgt wird (Art. 1662 und 1663 ZGB). Die Erhebung dieser Einrede kann durch ausdrückliche Vereinbarung der Parteien des Bürgschaftsvertrages ausgeschlossen werden (z.B. durch eine Verzichtserklärung des Bürgen), was in der Praxis, in der Regel, meistens der Fall ist (sogenannte *„selbstschuldnerische Bürgschaft"*). Ebenfalls kann sich der Bürge nicht auf die Einrede der Vorausklage berufen, wenn er sich solidarisch mit dem Hauptschuldner verpflichtet hat.

Die Einrede der Teilung wird ebenfalls dem Bürgen gesetzlich anerkannt, für den Fall, dass mehrere Bürgen gegenüber demselben Gläubiger und für ein und dieselbe Schuld haften (*„Mitbürgschaft"*). Der im ZGB verankerte Grundsatz ist in diesem Fall, dass jeder Bürge für die Gesamtschuld haftet (Art. 1666 ZGB). Durch die Erhebung der Einrede der Teilung verlangt der Bürge, dass die Verfolgung auf alle anderen Bürgen verteilt wird (Art. 1667 ZGB). Auf die Einrede der Teilung kann der Bürge ebenfalls verzichtet. Ein solcher Verzicht kann ausdrücklich oder in Form einer gesamtschuldnerischen Haftung aller Bürgen formuliert werden.

---

3   F. Ciutacu, Garanţiile de executare a obligaţiilor. Garanţiile personale şi garanţiile reale. Edit. Themis Cart, 2006. Eine Ausnahme hiervon stellt die sogenannte „dingliche Kaution", bei der es sich um die Begründung einer Hypothek durch den Bürgen zugunsten des Gläubigers handelt, da ein Hypothekenvertrag beurkundungspflichtig ist.

Im Fall der Besicherungen von Forderungen aus Handelsgeschäften – auch wenn der Bürge kein Kaufmann ist – können weder die Einrede der Vorausklage noch die Einrede der Teilung erhoben werden (selbstschuldnerische Mitbürgschaft).

2 Die dinglichen Sicherheiten (Sachsicherheiten)

Die dinglichen Sicherheiten bestehen grundsätzlich in der Belastung von Sachen bzw. Vermögensgegenständen zwecks Sicherstellung der Erfüllung einer Verpflichtung. Der Hauptvorteil einer dinglichen Sicherheit ist, dass sie dem Gläubiger außerordentliche Rechte an der belasteten Sache gewährt, d.h. sogenannte dingliche Rechte.

2.1 Hauptmerkmale der dinglichen Sicherheiten

Diese Rechte zeichnen sich im Wesentlichen dadurch aus, dass sie gegenüber jedermann wirken (*erga omnes*). Der Gläubiger kann also gegen jede Person, die die belastete Sache im Besitz hat, vorgehen und eine Rückgabe oder Verwertung fordern. Darüber hinaus genießt der Gläubiger ein sogenanntes Vorzugsrecht, in der Weise, dass er seine Forderung gegenüber anderen Gläubigern vorzüglich aus einer Verwertung der belasteten Sache befriedigen kann.

Die dinglichen Sicherheiten sind in der Praxis auch vor diesem Hintergrund die üblichsten und meistens die effizientesten Sicherheiten.

Zu den dinglichen Sicherheiten zählen z.B. das Pfandrecht, die Hypothek und die Privilegien (oder Vorrechte), allerdings in einem weiteren Sinn auch der Eigentumsvorbehalt oder das Zurückbehaltungsrecht, die eher atypische Sachsicherheiten sind.

2.2 Atypische dingliche Sicherheiten

2.2.1 Der Eigentumsvorbehaltt

Der Eigentumsvorbehalt ist als eigenständiges Rechtsinstitut in der rumänischen Gesetzgebung zwar nicht vorgesehen. In der Literatur und in der Praxis wird der Eigentumsvorbehalt allerdings allgemein als zulässig anerkannt und oft verwendet. Die Besonderheit des Eigentumsvorbehaltes ist damit verbunden, dass das rumänische Sachenrecht nicht das im deutschen Recht bekannte Abstraktionsprinzip (d.h. die Trennung zwischen Verpflichtungs- und Verfügungsgeschäft) kennt. Dies bedeutet, dass im rumänischen Recht z.B. im Fall eines Kaufvertrages das Eigentum grundsätzlich mit Abschluss des Vertrages auf den Käufer übergeht, unabhängig davon, ob der Verkäufer die Sache dem Käufer übergeben bzw. der Käufer den Preis entrichtet hat oder nicht. Der Kaufvertrag gilt als solcher als Verfügungsgeschäft und es bedarf grundsätzlich keiner weiteren Willenserklärung oder Handlung der Parteien, um den Eigentumsübergang sicherzustellen.

Der Eigentumsvorbehalt stellt eine Ausnahme von diesem Grundsatz dar, indem die Parteien vereinbaren, dass das Eigentum erst mit Zahlung des (gesamten) Kaufpreises auf den Käufer übergeht. Es handelt sich hierbei grundsätzlich um eine aufschiebend bedingte Eigentumsübertragung und gleichzeitig um eine „Absicherung" der Kaufpreiszahlung.

2.2.2 Das Zurückbehaltungsrecht

Das Zurückbehaltungsrecht ist im Art. 1322 und 1323 ZGB im Rahmen der Regelung des Kaufvertrages vorgesehen. Hiernach ist der Verkäufer berechtigt, die Rückgabe der Sache zu verweigern, wenn der Käufer den Preis nicht bezahlt hat und vom Verkäufer keine Zahlungsfrist eingeräumt wurde.

Das Einbehaltungsrecht kann grundsätzlich als Sicherheit eingestuft werden, da derjenige der eine bewegliche oder unbewegliche Sache einer anderen Person besitzt, und zu deren Rückgabe er verpflichtet ist, aufgrund des Zurückbehaltungsrechtes die Rückgabe der Sache verweigern kann, bis ihm die Beträge, die er zur Aufbewahrung, Instandhaltung und zur Verbesserung der Sache aufgewendet hat, durch den Eigentümer rückerstattet werden.

2.3 Typische Sachsicherheiten

Als klassische Sachsicherheiten gelten das Pfandrecht (Mobiliarsicherheit), die Hypothek und die Privilegien. Bei diesen Arten von Sicherheiten genießt der Gläubiger umfassende Vorzugsrechte an den belasteten Vermögensgegenständen.

2.3.1 Die Mobiliarsicherheit

Die Mobiliarsicherheiten wurden in der rumänischen Gesetzgebung durch das Gesetz Nr. 99/1999 über Maßnahmen zur Beschleunigung der Wirtschaftsreform (nachfolgend „**MSG**" genannt) neu eingeführt. Durch das MSG wurde die Regelung der Pfandrechte neu definiert und modernisiert.[4]

a) Grundsätzliches

Die Regelung der Mobiliarsicherheiten durch das MSG entspricht den aktuellen wirtschaftlichen und rechtlichen Bedürfnissen, insbe-

---

4   Das MSG basiert auf dem „ US - Uniform Commercial Code", und hat das neue Konzept der Mobiliarsicherheiten im rumänischen Privatrecht eingeführt.

sondere im Bereich des Handelsrechts und ermöglicht eine wesentliche Beschleunigung des Vollstreckungsverfahrens im Vergleich zu dem in der Zivilprozessordnung (nachfolgend „ZPO" genannt) geregeltem Verfahren. Die Mobiliarsicherheiten bringen Vorteile nicht nur für Gläubiger, sondern unterstützen auch Schuldner, die sich in Zahlungsschwierigkeiten befinden.[5]

Die Regelung der Sicherheiten ohne Besitzübergabe war unbedingt notwendig, um die Nachteile des traditionellen Pfandes, wie im ZGB geregelt, zu überwinden.

b) Gegenstand

Die Mobiliarsicherheiten können auf bestehende oder künftige Sachen, so wie diese im Titel VI – Rechtsstand der Mobiliarsicherheiten – des MSG aufgezählt werden (z.b. Aktien an AGs oder Anteile an GmbHs; Kontoguthaben, Geschäftsvermögen), bestellt werden. Der Vertrag zur Bestellung einer Mobiliarsicherheit ist nicht beurkundungspflichtig.

c) Registrierungs- und Publizitätsformalien

Das MSG bestimmt die Wirksamkeit *erga omnes* der Mobiliarsicherheiten durch ein Publizitätssystem, das einerseits Dritten die Möglichkeit bietet, die Mobiliarsicherheit zur Kenntnis zu nehmen, und andererseits den Gläubigern eines Schuldners ermöglicht, über das Bestehen anderer Belastungen an Vermögensgegenständen des Schuldners zu informieren. Zu diesem Zweck richtet sich der Vorrang über die bestellte Mobiliarsicherheit nach dem Zeitpunkt der Eintragung dieser Rechte.[6]

Die Registrierung einer Mobiliarsicherheit erfolgt durch Eintragung eines Antrages in das Elektronische Archiv für Mobiliarsicherheiten (nachfolgend **„das Archiv"** genannt). Das Archiv stellt eine auf Landesebene einheitliche elektronische Datenbank dar, die der Eintragung von Mobiliarsicherheiten und anderer im MSG vorgesehenen Rechtsgeschäfte dient und den Zugang zu den eingetragenen Informationen hinsichtlich eingetragener Sicherheiten ermöglicht.[7] Bei der Eintragung einer Sicherheit in das Archiv wird der genaue

---

5 F. Ciutacu, Garanţiile de executare a obligaţiilor. Garanţiile personale şi garanţiile reale, Ed. Themis Cart, 2006

6 Gem Art 58 KSG muss jede Eintragung in das Elektronische Archiv für Mobiliarsicherheiten dem Schuldner innerhalb maximal 24 Stunden mitgeteilt werden.

7 Verordnung für die Organisierung und Funktionierung des Elektronischen Archivs für Mobiliarsicherheiten v 30.9.2004, veröffentlicht im MO I Teil, Nr 499 v 15.10.1999, Art 1.

Zeitpunkt der Antragstellung (Datum, Stunde, Minute und Sekunde) festgehalten.[8]

Die Eintragung einer unwirksamen Mobiliarsicherheit kann allerdings nicht den Nichtigkeitsgrund heilen. Es handelt sich also um ein Eintragungssystem, das ausschließlich der Sicherstellung der Öffentlichkeit solcher Sicherheiten dient.

Folgende Rechtsgeschäfte, Titel oder Sachen sind von der Eintragung in das Archiv ausgenommen:

(i)   besicherte Forderungen, die den Gegenwert in Lei (RON) von EUR 300 nicht überschreiten (in solchen Fällen kann der Gläubiger zwischen der Veröffentlichung der abgesicherten Forderung durch Inbesitznahme des Pfandgegenstandes und der Eintragung einer Eintragungsanzeige beim Archiv wählen);

(ii)   verbriefte Forderungen: Geldsummen, Wertpapiere oder Titel, einschließlich Spareinlagen und Frachtbriefe, als auch Schecks und Schuldscheine;

(iii)   Wertpapiere, die auf einem geregelten Markt gehandelt werden und auf welche die Regeln dieses Marktes anwendbar sind, vorausgesetzt, dass die Eintragung im Register des geregelten Marktes als einziges Formerfordernis gilt (die Einführung jeglicher anderen Formerfordernissen macht diese Ausnahme ungültig und die Eintragungsregeln des Archivs finden automatisch Anwendung)[9];

(iv)   dingliche Rechte an See- und die Luftfahrzeuge, die aufgrund ihres hohen Wertes in speziellen Registern eingetragen werden.

Die an Aktien oder Geschäftsanteilen von Handelsgesellschaften bestellten Mobiliarsicherheiten werden zusätzlich zur Eintragung ins Archiv, gemäß dem Gesetz Nr. 31/1990 über Handelsgesellschaften, im Gesellschafterregister der Gesellschaft eingetragen. Darüber hinaus sind Mobiliarsicherheiten am Geschäftsvermögen eines Unternehmens auch im Handelsregister einzutragen.

Innerhalb von vierzig Tagen ab Erfüllung der besicherten Forderung ist der Gläubiger verpflichtet, die Mobiliarsicherheit aus dem Archiv zu löschen. Die Nichteinhaltung dieser Bestimmungen verpflichtet den Gläubiger zum Schadensersatz an den Schuldner.

Sollte eine Eintragung in das Archiv durch einen Vertreter einer Vertragspartei erfolgen, so ist zu diesem Zweck eine notariell beurkundete Vollmacht erforderlich.

---

8   Die Gültigkeit der Eintragung einer Eintragungsanzeige beim Archiv beträgt 5 Jahre und kann verlängert werden.

9   Für die Ausnahmsfälle von Ziff. (ii) und (iii) bestimmt Art 30 (1) b und c MSG ausdrücklich, dass die Eintragung in das Archiv keine rechtskräftige Publizitätsmethode darstellt.

d) Verwertung

Die Verwertung einer Mobiliarsicherheit kann im Falle der Nichterfüllung der besicherten Forderung entweder nach dem in der ZPO geregeltem Vollstreckungsverfahren oder gemäß dem im MSG geregelten Verfahren erfolgen. Unabhängig von dem ausgewählten Verfahren, gilt die allgemeine Voraussetzung, dass die Forderung bestimmt, liquide und fällig (Rum. *certă, lichid, și exigibilă*) ist. Der wesentliche Vorteil der Mobiliarsicherheit liegt darin, dass der Vertrag kraft MSG einen Vollstreckungstitel darstellt.

Das MSG regelt mehrere Verwertungsmöglichkeiten, für die der Sicherungsnehmer grundsätzlich frei optieren kann:

(i) durch friedliche Inbesitznahme des Pfandgegenstandes;

(ii) mittels der zuständigen Vollstreckungsorgane, falls eine friedliche Inbesitznahme nicht möglich gewesen ist;

(iii) durch ein Privatverkaufsverfahren, das vertragsgemäß von den Parteien vereinbart werden kann; oder

(iv) durch Verkauf aufgrund geeigneter Handelsregeln, falls keine Vertragsvereinbarung getroffen worden ist.

Die Inbesitznahme des Pfandgegenstandes sowie der Titel und Urkunden, die das Eigentumsrecht des Sicherungsgebers an dem Pfandgegenstand bestimmen, erfolgt ohne jegliche vorläufige Benachrichtigung oder Zustimmung des Sicherungsgebers und ist gebührenfrei.

Das Verfahren der friedlichen Inbesitznahme kann jedoch nur dann erfolgen, wenn der Vertrag zur Bestellung der Mobiliarsicherheit folgende Klausel in Großschrift mit einem Schriftgrad von mindestens 12 Punkte (0,5 cm) enthält:

„IM FALLE DER NICHTERFÜLLUNG DER VERPFLICHTUNGEN DES SICHERUNGSGEBERS, KANN DER SICHERUNGSNEHMER EIGENE MITTEL ZUR INBESITZNAHME DES PFANDGEGENSTANDES VERWENDEN" („ÎN CAZ DE NEEXECUTARE CREDITORUL POATE FOLOSI MIJLOACELE PROPRII PENTRU LUAREA ÎN POSESIE A BUNULUI AFECTAT GARANȚIEI").

Im Fall des Privatverkaufsverfahrens muss der Sicherungsnehmer eine Benachrichtigung des Verkaufs gesetzmäßig durchführen. Die Verteilung des Verkaufserlöses erfolgt in folgender Reihenfolge, wobei weder der Sicherungsnehmer noch der Sicherungsgeber davon abweichen können:

(i) Zahlung der Kosten mit der Instandhaltung, Bewahrung, Inbesitznahme und Verkauf des Pfandgegenstandes;

(ii) Zahlung der Zinsen und der besicherten Forderung ersten Ranges, auch wenn diese nicht fällig ist.

2.3.2 Die Hypothek

a) Grundsätzliches

Neben der Mobiliarsicherheit kommt die Hypothek in der Praxis am häufigsten bei der Besicherung von Verbindlichkeiten zur Anwendung. Die Hypothek ist eine dingliche Sicherheit, die eine eine Immobilie als Gegenstand hat. Die erste Voraussetzung für die wirksame Begründung einer Hypothek ist, dass sich die Immobilie im uneingeschränkten Eigentum des Hypothekenschuldners befindet.

Die belastete Immobilie bleibt im Besitz des Schuldners; es handelt sich also um eine Sicherheit ohne Besitzübergabe. Außerdem können mehrere nachrangige Hypotheken an derselben Immobilie bestellt werden.

Die Hypothek kann durch Vertrag oder kraft Gesetz begründet werden. Nachfolgend wird die vertragliche Hypothek dargestellt, da diese in der Praxis am häufigsten zur Anwendung kommt.

Die Immobilien (Gebäude oder Grundstücke) an denen eine Hypothek bestellt wird, müssen sich im Zivilrechtsverkehr befinden und veräußerbar sein, d.h. der Eigentümer muss die Veräußerungsbefugnis an der Immobilie haben.

Bei der Gestaltung eines Hypothekenvertrages ist es entscheidend, dass sowohl die belastete Immobilie, als auch die besicherte Forderung genau identifiziert werden.

b) Formerfornisse

Die Hypothek wird durch einen Vertrag begründet, der zwischen dem Gläubiger und dem Eigentümer der Immobilie, abgeschlossen wird. Der Hypothekenvertrag ist beurkundungspflichtig und kann ausschließlich von einem rumänischen Notar beurkundet werden. Es ist zu beachten, dass die Beurkundung eine Voraussetzung für das wirksame Zustandekommen des Vertrages (*ad validitatem*) ist, d.h. wenn keine Beurkundung vorliegt, ist der Vertrag nichtig.

Vor dem Hintergrund, dass der Hypothekenvertrag ein Verfügungsgeschäft ist und somit ausschließlich vom Eigentümer der zu belastenden Immobilie wirksam begründet werden kann, ist vor Abschluss des Vertrages zwingend eine gründliche Überprüfung der Eigentumsverhältnisse und der Historie der Immobilie geboten. Dies insbesondere vor dem Hintergrund, dass sich der rumänische Immobilienverkehr aufgrund der zahlreichen Gesetzesänderungen in den letzten zwanzig Jahren sowie der Tatsache, dass die Grundbucheintragung dinglicher Rechte lediglich eine deklaratorische und keine konstitutive Wirkung hat, durch eine gewisse Instabilität und Unsicherheit auszeichnet.

c) **Registrierungs- und Publizitätsformalien**

Ähnlich der Mobiliarsicherheiten, wird Rangfolge einer Hypothek gegenüber Dritten durch das Publizitätssystem der Grundbücher bestimmt. Die Grundbücher werden durch das Amt für Kataster und Immobilienpublizität bzw. durch die jeweiligen örtlichen Ämter verwaltet und geführt.

Die Hypothek wird im Grundbuch, in das die belastete Immobilie eingetragen ist, vermerkt. Darüber hinaus kann und wird in der Praxis häufig im Grundbuch auch ein Veräußerungs- und Belastungsverbot der Immobilie zugunsten des Hypothekengläubigers eingetragen.

Die Rangfolge der Hypothekenrechte richtet sich nach dem Datum der Eintragung in das Grundbuch nach dem Grundsatz prior tempore potior jure.

Für die Durchführung der Eintragungen in den Grundbüchern sind die Notare, die den Hypothekenvertrag beurkundet haben, zuständig. Die Bestimmungen des Art 45 des Gesetzes 36/1995 über das Notariatswesen legen fest, dass der Notar verpflichtet ist, die von ihm ausgefertigte Urkunde, die sich auf Rechte bezieht, die der Immobilienpublizität unterliegen, unmittelbar beim zuständigen Amt für Kataster und Immobilienpublizität einreichen muss. Er muss auch sämtliche „notwendigen Maßnahmen für den Rechtsinhaber treffen, damit alle Veröffentlichungspflichten erfüllt werden".[10]

d) **Vollstreckung**

Die Nichterfüllung der durch Hypothek besicherten Forderung berechtigt den Sicherungsnehmer das Vollstreckungsverfahren gemäß den Vorschriften der ZPO einzuleiten. Die Vollstreckung einer Hypothek kann ausschließlich aufgrund eines rechtskräftigen Gerichtsbeschlusses oder einer anderen Urkunde, die gemäß der ZPO einen Vollstreckungstitel darstellt.

Die Gerichtsurteile werden zu Zwangsvollstreckungstitel indem die Vollstreckungsformel darauf angebracht wird. Der Zwangsvollstreckungstitel wird zusammen mit dem Vollstreckungsantrag bei dem zuständigen Gerichtsvollzieher eingereicht, um die Zwangsvollstreckung einzuleiten.

Die Verwertung der belasteten Immobilie erfolgt durch öffentliche Ausschreibung, die durch den zuständigen Gerichtsvollzieher organisiert wird.

---

10   Ausgeschlossen ist der Fall, in dem die beteiligten Parteien schriftlich beantragen, dass sie die Eintragungsformalien selbst erfüllen.

Die Vollstreckung und Verwertung einer Hypothek kann durch den Hypothekenschuldner, durch Erhebung von Einreden im Rahmen des Vollstreckungsverfahrens verzögert werden. Wenn das Vollstreckungsverfahren unverhindert durchgeführt wird, erstreckt es sich über eine Dauer von einigen Monaten. Kompliziertere Verfahren, bei denen durch Erhebung von Einreden weitere Gerichtsverhandlungen ausgelöst werden, können über mehrere Jahre hinweg andauern.

2.3.3 Besonderheiten der Mobiliarsicherheit und der Hypothek

a) Beziehung zwischen Sicherungsgeber und Sicherungsnehmer

Die wesentlichen Regelungen im Hinblick auf das Verhältnis zwischen dem Sicherungsgeber und Sicherungsnehmer sind in Art. 21 und 22 des MSG festgelegt. Hiernach kann der Sicherungsgeber seine Verfügungsrechte an dem Pfandgegenstand, insoweit der Wert des Pfandgegenstandes nicht vermindert wird, geltend machen. Dies bedeutet, dass der Sicherungsgeber auch nach Begründung der Mobiliarsicherheit über das Pfandgegenstand grundsätzlich frei verfügen und an Dritte veräußern darf. Die Veräußerung des Pfandgegenstandes bewirkt allerdings nicht das Erlöschen der Mobiliarsicherheit; die Rechte des Sicherungsnehmers bleiben hiervon unberührt. Das MSG stellt ferner klar, dass ein eventueller Verzicht auf die Vefügungsbefugnis des Sicherungsgebers durch Vertragsbestimmung unwirksam ist.

Der Sicherungsnehmer ist allerdings jederzeit berechtigt, sich über den Zustand des Pfandgegenstandes zu informieren, um sicherzustellen, dass dessen Marktwert nicht vermindert wird.

b) Übertragung einer Mobiliarsicherheit

Jede Mobiliarsicherheit ist durch Abtretung übertragbar. Der Nachweis der Abtretung erfolgt durch eine privatschriftliche Vertragsurkunde.

Obwohl Art 43 des MSG die Zulässigkeit der Abtretung von Mobiliarsicherheiten bestimmt, legt das Gesetz keine genauen Bedingungen für eine solche Übertragung fest. Daher sind grundsätzlich auf derartige Vereinbarungen die allgemeinen Vorschriften des ZGB und ggf. des Handelsgesetzbuches anwendbar.

Die Beziehungen zwischen dem Zessionar und dem Sicherungsgeber werden des Vertrages, durch den der Sicherungsgeber seine Zustimmung zur Abtretung der Mobiliarsicherheit erteilt hat, geregelt.

Zur Wirksamkeit Dritten gegenüber bedarf die Abtretung einer Mobiliarsicherheit der Eintragung in das Archiv.

2.3.4 Die Privilegien

Die Privilegien sind im ZGB in Art. 1722 – 1745, 1780 – 1781 geregelt und gewähren einem Gläubiger bestimmte Vorrechte gegenüber anderen Gläubigern.

Einige Privilegien sind echte dingliche Rechte, da sie dem Begünstigten sowohl ein Verfolgungsrecht als auch ein Vorrangigkeitsrecht verleihen. Dies ist der Fall aller Privilegien an Immobilien und einiger außerordentlichen Mobiliarprivilegien (das Privileg des Pfandgläubigers, das Privileg des Vermieters).

Eines der in der Praxis bekanntesten Privilegien ist z.b. das Privileg des Verkäufers einer Immobilie, für den Fall, dass bei Abschluss des Vertrages nicht der gesamte Kaufpreis entrichtet wird. Für den ausstehenden Preis oder Preisanteil entsteht kraft Gesetz zugunsten des Verkäufers (Gläubigers) eine dingliche Sicherheit an der verkauften Immobilie. Der privilegierte Verkäufer hat grundsätzlich die gleichen Rechte wie ein Hypothekengläubiger.

Falls der Verkäufer nicht ausdrücklich darauf verzichtet, wird das Privileg automatisch in das Grundbuch eingetragen. Die Eintragung erfolgt gleichzeitig mit der Eintragung der Eigntumsübertragung

3. Abstrakte Sicherheiten. Die Bankgarantie

Die abstrakte Bankgarantie ist grundsätzlich eine durch eine Bank für ihren Kunden gewährte Bürgschaft, die allerdings keinen akzessorischen Charakter hat. Dies bedeutet, dass sich die Bank unwiderruflich und bedingungslos gegenüber dem Gläubiger ihres Kunden verpflichtet, auf das erste Anfordern des Gläubigers dessen Forderung anstelle des Schuldners zu befriedigen, ohne den Rechtsgrund der Forderung zu überprüfen oder jegliche andere Einwendungen oder Einreden erheben zu können. Die Bank prüft lediglich formell, ob: (i) die Anforderung durch die gesetzlichen Vertreter des Gläubigers unterzeichnet wurde, (ii) der beanspruchte Betrag nicht den Höchstbetrag der Garantie überschreitet, (iii) die Anforderung innerhalb der Gültigkeitsdauer der Bankgarantie gestellt wurde.

In der Praxis sind mehrere Arten von Bankgarantien bekannt, die unterschiedlichen Zwecken dienen, wie z.B. für Beantragung eines Akkreditivs, für die Teilnahme an öffentlichen Ausschreibungen, für vertragsgemäße Erfüllung, für Nichtzahlung, etc.

III. Fazit

Die Kreditsicherheiten weisen im rumänischen Recht mehrfache Besonderheiten im Vergleich zum deutschen Recht. Die Akzessorietät der dinglichen Sicherheiten wird meistens als ein Nachteil im Rahmen der Vollstreckung betrachtet, das sich hieraus erhebliche Verzögerungen ergeben können.

Nichtsdestotrotz wurden durch das MSG wichtige Novellierungen in der Regelung der Mobiliarsicherheiten eingeführt, die nunmehr eine beschleunigte Verwertung der Sicherheiten ermöglichen und als Grundlage für das Aufsetzen eines effizienten und modernen Publizitätssystems gedient haben.

In den kommenden Jahren ist mit einer neuen Reform der Kreditsicherheiten zu rechnen, die durch das Inkrafttreten eines neuen Zivilgesetzbuches und einer neuen Zivilprozessordnung ausgelöst wird. Es wird gehofft, dass diese neue Systematisierung der Regelungen im Bereich der Kreditsicherheiten positiv auf deren praktische Anwendung haben wird.

****

Stalfort
Legal. Tax. Audit.

STALFORT Legal. Tax. Audit.
Bukarest – Sibiu – Bistrița – Berlin

Dr. Gisbert Stalfort, Rechtsanwalt
Büro Bukarest:
Tel.:   +40 21 314 46 57
Fax: +40 21 315 78 36
E-Mail: bukarest@stalfort.ro
Web: www.stalfort.ro

Dr. Gisbert Stalfort
Rechtsanwalt

RA Dr. Gisbert Stalfort ist Gründer und geschäftsführender Partner von Stalfort Legal. Tax. Audit. Geboren 1963, absolvierte er sein Studium in Osnabrück und in Leiden/Holland. Anschließend promovierte er nach einem Auslandsaufenthalt über niederländisches Recht. Nach Tätigkeiten als Rechtsanwalt bei der Treuhandanstalt in Berlin und bei einer internationalen Großkanzlei in Düsseldorf entschied er sich 1997 zur Selbständigkeit. Dr. Stalfort ist Mitglied der Berliner Rechtsanwaltskammer und zugleich als deutscher Rechtsanwalt bei der rumänischen Rechtsanwaltskammer in Bistrita zugelassen. Er ist Autor zahlreicher Fachpublikationen zum rumänischen Wirtschafts- und Steuerrecht und entfaltet rege Vertragstätigkeit.

****

STALFORT Legal. Tax. Audit. wurde 1997 als hochkompetente Spezialkanzlei für die Beratung ausländischer Investoren in Rumänien gegründet. Durch stetiges Wachstum aus eigener Kraft ist die Sozietät in den Kreis der führenden rumänischen Wirtschaftskanzleien mit Schwerpunkt auf der Beratung von Investoren aus dem deutschsprachigen Raum aufgestiegen. Heute beschäftigt die Kanzlei an drei Standorten in Rumänien über 30 Anwälte, Steuerberater und Wirtschaftsprüfer.

Stalfort versteht sich als Full-Service-Kanzlei für Rumänien. Dementsprechend ist das Tätigkeitsspektrum, das von allen Gebieten des

Unternehmensrechts über das Immobilienrecht, das Steuerrecht und das Energierecht bis zum Wettbewerbsrecht und Kartellrecht reicht. Über besondere Expertise verfügt die Kanzlei seit jeher im rumänischen Baurecht. Das starke Arbeitsrechtsteam steht Unternehmen bei allen Problemen, die sich durch die zahlreichen Besonderheiten des individuellen und kollektiven Arbeitsrechts Rumäniens ergeben, zur Seite. Für entsandte ausländische Mitarbeiter werden alle steuer- und sozialversicherungsrechtlichen Angelegenheiten erledigt.

Infolge der weltweiten Wirtschafts- und Finanzkrise, die Rumänien besonders stark getroffen hat, berät die Kanzlei heute oft bei Stellenreduzierungen, Liquidationen, Insolvenzverfahren und staatlichen Beihilfeprogrammen. Durch die Gesellschaft Stalfort & Balan Audit SRL wird ferner umfassende Beratung in den Bereichen Wirtschaftsprüfung und Financial Services angeboten.

Überschuldung, Zahlungsunfähigkeit – und was dann?

von Dr. Gisbert Stalfort, Rechtsanwalt und
Dr. Raluca-Isabela Oprişiu, LL.M. Eur. Integration, Rechtsanwältin

I. Eröffnung des Insolvenzverfahrens 33

Gründe und Fristen für die Eröffnung des Insolvenzverfahrens 33

Erhöhung der Antragsschwelle und der Stempelgebühren 34

Forderungsanmeldungen 34

Vorteile gesicherter Forderungen 34

Anfechtung von im Vorfeld zur Insolvenz
geschlossenen Rechtsgeschäften 35

**II. Regelungen zur Reduzierung der Insolvenzakten
und Beschleunigung des Verfahrens** 35

Gründung von Insolvenzkammern und Fristverkürzungen 35

Beschleunigung des Verfahrens und Erhöhung
der Sanierungschancen 36

Erfolgsaussichten der neuen Regelungen 36

III. Geschäftsführerhaftung – heißes Eisen bei Insolvenz 37

Geschäftsführerhaftung im Insolvenzverfahren erweitert 38

Haftung für Publikationspflicht auf Websites 38

Haftung für fehlende Buchhaltungsunterlagen in Vorbereitung 38

IV. Rettungsmaßnahmen zur Vermeidung
   von Insolvenzen 39

   Allgemeine Betrachtung 39

   Ad-hoc Mandat 40

   Rettungsverfahren 40

   Ausblick 40

V. Gesetz über Privatinsolvenzen in Vorbereitung. 41

   Bedeutung 41

   Verfahrensablauf. 41

   Folgen der Verfahrenseröffnung. 42

VI. Insolvenz auch als Chance nutzen 43

   Asset Deal 43

   Share Deal 44

VII. Informationsmöglichkeiten über (zahlungsunfähige)
   Geschäftspartner. 44

Überschuldung, Zahlungsunfähigkeit
– und was dann?

Eine große Pleitewelle rollt über Rumänien. Erwartet werden in diesem Jahr 25.000 Unternehmensinsolvenzen. In den ersten Monaten dieses Jahres haben über 4.000 Unternehmen Insolvenz angemeldet, fast 50% mehr als im vergleichbaren Zeitraum des Jahres 2009. Von den insgesamt 9.766 Unternehmen, die sich in Insolvenz befanden, waren die meisten – nämlich ca. 15% - in Bukarest, danach folgten Klausenburg/Cluj und Constanța[1].

In Krisenzeiten sollte man mit besonderer Aufmerksamkeit seine Vertragspartner wählen bzw. die finanzielle Entwicklung der bestehenden Partner eingehend verfolgen. Sollte sich herausstellen, dass ein Vertragspartner insolvent ist, so sind einige wichtige Aspekte gemäß den Vorgaben des Gesetzes Nr. 85/2006 über das Insolvenzverfahren zu beachten.

I. Eröffnung des Insolvenzverfahrens

Gründe und Fristen für die Eröffnung des Insolvenzverfahrens

Von der Insolvenz eines Schuldners ist u. a. dann auszugehen, wenn dieser Verbindlichkeiten in Höhe von mehr als 30.000 RON oder 6 Bruttodurchschnittsgehältern wegen Liquiditätsmangel binnen 30 Tagen nach deren Fälligkeit nicht erfüllt. Liegt ein Insolvenzgrund vor, ist der Schuldner selbst verpflichtet, binnen 30 Tagen die Eröffnung des Insolvenzverfahrens über sein Vermögen zu beantragen. Die verspätete Einreichung des Insolvenzantrages stellt eine Straftat dar, ähnlich der aus dem deutschen Recht bekannten Insolvenzverschleppung. Allerdings wird dieser Antrag in der Regel durch die besorgten Gläubiger beim zuständigen Landgericht (rum. *tribunal*) gestellt.

Juristische Personen gelten nach rumänischem Recht als überschuldet, wenn das Gesellschaftsvermögen aufgezehrt ist. Sinkt das Gesellschaftsvermögen (gesamte Aktiva abzüglich der Verbindlichkeiten) auf weniger als 50% des eingetragenen Stammkapitals, hat eine außerordentliche Gesellschafterversammlung die Auflösung der Gesellschaft zu beschließen. Sofern kein Auflösungs-

---

[1]   Die Zahlen stammen aus einer - aufgrund der vom Handelsregister bekannt gegebenen Statistiken - von Coface erstellten Studie nach Abschluss des ersten Quartals 2010 – Fundstelle   http://www.coface.ro/CofacePortal/RO/ro_RO/pages/home/StudiisiAnalize?news=St_fal_2009 (Stand 11.06.2010).

beschluss getroffen wird, ist die Gesellschaft verpflichtet, spätestens bis zum Abschluss des folgenden Geschäftsjahres eine Anpassung des Stammkapitals vorzunehmen. Geschieht auch dies nicht, kann jede interessierte Person vor Gericht die Auflösung der Gesellschaft beantragen. Anders als im deutschen Recht stellt die Überschuldung keinen Insolvenzgrund dar.

Erhöhung der Antragsschwelle und der Stempelgebühren

Konnten bisher Anträge auf Eröffnung des Insolvenzverfahrens über das Vermögen eines Schuldners sogar wegen Nichterfüllung von „Bagatellverbindlichkeiten" ab 10.000 RON gestellt werden, so werden solche Anträge künftig nur noch bei Verbindlichkeiten ab einer Mindesthöhe von 30.000 RON statthaft sein.

Im Kontext der allgemeinen Erhöhung der Stempelgebühren wurden auch die Gebühren zur Insolvenzeröffnung verdreifacht (von 39 RON auf nunmehr 120 RON).

Forderungsanmeldungen

Sobald dem Antrag stattgegeben wird, müssen sämtliche bekannten Gläubiger über den Eintritt der Insolvenz sowie über die Möglichkeit, ihre Forderungen in die Forderungstabelle eintragen zu lassen, benachrichtigt werden. Grundsätzlich ist der Schuldner auch verpflichtet, im gesamten Schriftverkehr auf die Eröffnung des Insolvenzverfahrens über sein Vermögen hinzuweisen. Allerdings wird diese Regel in der Praxis selten befolgt, sodass der Verfahrensbeginn oft übersehen wird. Inzwischen wurde in diesem Sinne eine neue Regelung in das Insolvenzgesetz eingeführt, die besagt, dass die Geschäftsführer persönlich für Schäden haften, welche wegen der mangelnden Bekanntgabe des finanziellen Zustandes der Gesellschaft deren Vertragspartnern verursacht wurden (hierzu siehe detailliert unter Teil III).

Verpassen die Gläubiger die für die Forderungsanmeldung eingeräumte Frist zur Anmeldung ihrer Forderungen (üblicherweise 60 Tage nach Eröffnung des Insolvenzverfahrens), so haben sie grundsätzlich keine Möglichkeit mehr, ihre Forderungen im Rahmen des Insolvenzverfahrens geltend zu machen.

Vorteile gesicherter Forderungen

Verfügt ein Gläubiger über eine (durch Eigentumsvorbehalt, Hypothek oder Pfandbestellung) gesicherte Forderung, so kann er mit der Anmeldung der Forderung die sofortige Verwertung der Sicherheit durch den Insolvenzverwalter verlangen. Der Insolvenzrichter kann einem solchen Antrag stattgeben, wenn bestimmte Bedingungen erfüllt sind (zum Beispiel Wertverlust der Sicherheit). Gläubiger mit dinglich gesicherten Forderungen sind allgemein gegenüber anderen Gläubigern im Vorteil. Sie haben nämlich das Recht, aus dem Verwertungserlös der Sicherheit unmittelbar nach Entrichtung der Verwertungs- und

Verfahrensgebühren bevorzugt befriedigt zu werden. Alle anderen Gläubiger kommen erst nach Erfüllung der Forderungen der Arbeitnehmer des Schuldners, der Staatsschulden sowie der Unterhaltsschulden zum Zuge.

Anfechtung von im Vorfeld zur Insolvenz geschlossenen Rechtsgeschäften

Oft stellen der Insolvenzverwalter oder die Gläubiger fest, dass einige in den letzten drei Jahren vor Insolvenzeröffnung geschlossene Rechtsakte des Schuldners zu Nachteilen für die Gläubiger bzw. zur bevorzugten Befriedigung einzelner Gläubiger geführt hätten. Darunter fallen zum Beispiel Vermögensübertragungen, Bestellungen von Sicherungen oder die Übernahme unverhältnismäßiger Verpflichtungen. In diesem Fall kann deren Annullierung und Rückabwicklung durch den Insolvenzrichter angeordnet werden. Anschließend meldet sich der Vertragspartner des Schuldners mit dem Wert des rückabgewickelten Rechtsgeschäftes für die Aufnahme in die Forderungstabelle an. Insolvenzverwalter sind in der Regel besonders motiviert, solche Fälle ausfindig zu machen, da sie in der Praxis einen Prozentsatz des genannten Wertes als Honorar erhalten.

Ferner kann der Insolvenzpraktiker langfristige oder nicht vollständig erfüllte Vertragsbeziehungen des Schuldners kündigen oder aber neu verhandeln. Das Gesetz enthält detaillierte Regelungen betreffend unterschiedliche Vertragstypen.

Aktuell sind eine besondere Sorgfalt bei der Pflege vertraglicher Beziehungen sowie eine schnelle Reaktion im Falle von Insolvenzen geboten.

II. Regelungen zur Reduzierung der Insolvenzakten und Beschleunigung des Verfahrens

Seit Beginn der Wirtschaftskrise sind die Landgerichte mit Anträgen auf Eröffnung von Insolvenzverfahren überhäuft worden. Am 17.07.2009 trat das Gesetz Nr. 277/2009 zur vierten Änderung des ohnehin „jungen" Insolvenzgesetzes Nr. 85/2006 in Kraft.[2]

Gründung von Insolvenzkammern und Fristverkürzungen

Die Anträge werden künftig bei sog. Insolvenzkammern (rum. *secţii de insolvenţă*) eingereicht, welche diese im Eilverfahren bearbeiten. Bisher betrug

---

2   Inzwischen sind wir mit dem Gesetz Nr. 25/2010 bei der fünften Änderung des Insolvenzgesetzes angelangt, wobei die sechste Änderung betreffend die Ausdehnung der Geschäftsführerhaftung im Abgeordnetenhaus analysiert wird.

die Wartezeit bis zum ersten Prüftermin des Insolvenzantrages bis zu 3 Monate. Das neue Gesetz schreibt nun vor, den Antrag binnen 5 Tagen zu prüfen. Hiermit werden die Erfolgsaussichten einer Sanierung der schuldnerischen Gesellschaft erhöht; bislang waren Sanierungsanträge eher eine Seltenheit.

Die Einreichungsfrist der Insolvenznachweise der Gesellschaft bei Insolvenzantrag der Schuldnerin wurde auf 5 Tage ab Antragstellung verkürzt. Hält der Schuldner die Frist nicht ein, so kann er keinen Sanierungsplan mehr einreichen und die Liquidation ist unvermeidbar.

Beschleunigung des Verfahrens und Erhöhung der Sanierungschancen

Ebenso wurde der Insolvenzrichter verpflichtet, einen vom Antragsteller vorgeschlagenen provisorischen Insolvenzverwalter/ Liquidator zu bestellen. Dadurch soll vermieden werden, dass in der Anfangsphase des Verfahrens Missverständnisse zwischen dem Antragsteller und einem ihm unbekannten Insolvenzverwalter/ Liquidator auftreten - diese können zur unnötigen Verlängerung des Verfahrens führen und somit eine Sanierung verhindern.

Die Abhaltung von Gläubigerversammlungen soll nunmehr erleichtert werden. Gläubiger haben die Möglichkeit, auch ohne notarielle bzw. anwaltliche Bestätigung ihr Stimmrecht schriftlich geltend zu machen. Arbeitnehmer der Schuldnerin können durch eine Einzelperson vertreten werden.

Die Chancen zur Wiederbelebung der Gesellschaft sollen schließlich dadurch erhöht werden, dass Vertragsklauseln, welche eine Beendigung des Vertrages für den Fall der Insolvenzeröffnung festlegen, künftig von Rechts wegen nichtig sind. In der Praxis heißt das, dass nicht vollständig erfüllte Verträge trotz Eröffnung des Verfahrens grundsätzlich weiterhin bestehen bleiben. Auf diese Weise werden vor allem Finanzierungseinstellungen seitens kreditgewährender Banken vermieden und gleichzeitig die erforderlichen Liquiditäten für die Sanierung der betroffenen Gesellschaft ermöglicht.

Erfolgsaussichten der neuen Regelungen

Die oben genannten Änderungen, die die Entlastung der Gerichte, die Beschleunigung der Verfahren und die Erhöhung der Sanierungschancen bezwecken, sehen auf dem Papier vielversprechend aus. Inwieweit deren Umsetzung erfolgreich sein wird, bleibt offen. Skepsis erweckt zum Beispiel eine der Endbestimmungen des Gesetzes, wonach die lang ersehnten Insolvenzkammern erst binnen sechs Monaten ab Inkrafttreten des Gesetzes (d.h. bis Anfang 2010) gegründet werden sollen. Allerdings sind die Insolvenzkammern bis zum heutigen Zeitpunkt nicht gegründet worden. Auch ist aus den späteren Änderungen des Insolvenzgesetzes nicht klar, wann nun die Gründung zu erwarten ist, zumal in zwei nacheinander folgenden Paragraphen als Fristen September 2010 und Januar 2011 angegeben werden.

Um die Verwirrung noch mehr zu verstärken, geht aus dem missverständlichen Wortlaut hervor, dass die Anzahl der zuständigen Gerichte dadurch reduziert wird, dass nur eine einzige Kammer im Umkreis eines Appellationsgerichtshofes bestehen soll. Es ist durchaus zu bezweifeln, dass so wenige Kammern (landesweit insgesamt 15) den in einer Wirtschaftskrise üblichen Andrang bewältigen können.

III. Geschäftsführerhaftung – heißes Eisen bei Insolvenz

Das rumänische Insolvenzgesetz enthält eine ganze Reihe von teilweise sehr weitreichenden Vorschriften über die zivilrechtliche Haftung der Geschäftsführer im Falle der Insolvenz des Unternehmens. Insolvenzverwalter nehmen die Geschäftsführer häufig in Regress, weil sie in der Regel als Honorar einen Prozentsatz von dem Betrag erhalten, um den sie die Insolvenzmasse der Gesellschaft mehren. Die zivilrechtliche Haftung des Geschäftsführers tritt bereits dann ein, wenn die Buchhaltung nicht gesetzmäßig geführt wurde. Hierbei kann sich ein Geschäftsführer nicht mit der Behauptung exkulpieren, dass er eine Buchhaltungsgesellschaft beauftragt hat. Wirksamen Schutz kann er in diesem Fall nur durch die Beauftragung eines unabhängigen Wirtschaftsprüfers erlangen, der periodisch die Buchführung der Gesellschaft überprüft und die entsprechenden Unzulänglichkeiten rechtzeitig feststellt.

Einige weitere wichtige Haftungsgründe sind:

* Bevorzugung bestimmter Gläubiger vor Zahlungsunfähigkeit;

* Durchführung von Geschäften im Namen der Gesellschaft für eigene Zwecke;

* Fortführung von Zahlungsunfähigkeit hervorrufenden Tätigkeiten;

* Nutzung von Vermögenswerten oder Krediten der Gesellschaft für eigene Zwecke.

Mehrere Geschäftsführer haften grundsätzlich gesamtschuldnerisch. Die vorgenannte zivilrechtliche Haftung schließt strafrechtliche Konsequenzen (zum Beispiel wegen Insolvenzverschleppung) nicht aus. Der Geschäftsführer einer Gesellschaft in der Krise sollte sich bereits zu Beginn der Tätigkeit rechtlich genau beraten lassen, die Beachtung seiner Pflichten dokumentieren und von unabhängiger Seite Überprüfungen vornehmen lassen. Andernfalls drohen strafrechtliche Konsequenzen und finanzielle Gefahren durch eigene Haftung. Diese Geschäftsführer-Haftung kann auch nicht durch die Beendigung des Amtes als Geschäftsführer oder den Verkauf der Anteile an der Handelsgesellschaft vermieden werden.

Geschäftsführerhaftung im Insolvenzverfahren erweitert

Wie bereits erwähnt, wurde das Insolvenzgesetz 85/2006 kürzlich durch das Gesetz 25/2010 geändert und ergänzt. Dadurch wurde die persönliche Haftung der Geschäftsführer bei Verstoß gegen Publikationspflichten eingeführt. Eine weitere Ausdehnung der Geschäftsführerhaftung für fehlende Buchhaltungsunterlagen ist zurzeit in Vorbereitung.

Haftung für Publikationspflicht auf Websites

Wenn die insolvente Gesellschaft eine oder mehrere Websites betreibt oder verwaltet, ist die Geschäftsführung verpflichtet, auf diesen Websites innerhalb von 24 Stunden nach Zustellung des richterlichen *Beschlusses über die Eröffnung des Insolvenzverfahrens* einen Hinweis auf das Verfahren zu veröffentlichen sowie die Nummer, das Datum und das Gericht anzugeben, welches den Beschluss verkündet hat.

Die neue Regelung dient dem Schutz von Dritten, die aus Unkenntnis der Eröffnung des Insolvenzverfahrens Schaden erleiden könnten.

Eine Nichteinhaltung der Vorschriften über die Anzeige der jeweiligen Informationen auf der Website wird nun als Ordnungswidrigkeit betrachtet und mit einer Geldbuße von 10.000 bis 30.000 Lei geahndet. Diese ist vom Geschäftsführer zu zahlen.

Die Feststellung der Verstöße und die Festsetzung der Geldbuße sind Aufgaben des Fachbereiches der Steuerbehörde, sei es von Amts wegen oder auf Antrag des Insolvenzrichters, des Insolvenzverwalters/Liquidators oder anderer interessierter Personen.

Art. 45 Abs. (3) wurde dahingehend geändert, dass die von Dritten erlittenen Schäden infolge der Nichteinhaltung der Anzeigepflicht ausschließlich durch die Personen zu ersetzen sind, die die jeweiligen Rechtsgeschäfte als gesetzliche Vertreter des Schuldners abgeschlossen haben. Schließt somit ein Lieferant, der von der Eröffnung des Insolvenzverfahrens keine Kenntnis hatte, einen Kaufvertrag mit der insolventen Gesellschaft und kann er den Kaufpreisanspruch gegenüber der betroffenen Gesellschaft nicht realisieren, dann haftet ihm gegenüber der den betroffenen Kaufvertrag unterzeichnende Geschäftsführer der insolventen Gesellschaft.

Haftung für fehlende Buchhaltungsunterlagen in Vorbereitung

In einer weiteren Gesetzesinitiative wurde auf ein anderes Problem hingewiesen: In der letzten Zeit gibt es immer mehr Insolvenzverfahren, die schnell nach Maßgabe des Art. 131 mangels Masse eingestellt werden, ohne dass die Geschäftsführer zur Haftung herangezogen werden. In der Begründung der Initiative wurde darauf hingewiesen, dass die in Art. 138 des Insolvenzgesetzes bisher aufgezählten Fälle, die zur Geschäftsführerhaftung berechtigen, nicht ausreichend seien. Damit sei der Weg zum Betrug frei gemacht, dessen Opfer die Gläubiger sind, da es ihnen schwer gelinge, ihre zur Masse angemeldeten Forderungen einzutreiben. Erschwert wird dies, weil die Buchungsunterlagen des Schuldners nicht vorgelegt werden, wodurch es dem Insolvenzverwalter/ Liquidator unmöglich ist zu prüfen, ob die in Art. 138 Abs. 1 aufgezählten Verstöße in der Tat begangen wurden. Auf diese Art und Weise entstand eine neue Form des Betrugs an den Gläubigern durch die einfache oder getarnte Verweigerung der Übergabe der Buchhaltungsunterlagen des Insolvenzschuldners.

Die Vertreter des Schuldners berufen sich auf das Nichtvorhandensein von Unterlagen, um sich den jeweiligen Bestimmungen zu entziehen. Der Gläubiger erleidet demzufolge schwere Schäden, was zu Misstrauen sowohl gegenüber dem Geschäftsumfeld als auch der Justiz selbst führt. Sie hindert den Gläubiger daran, seine Forderungen gegen einen insolventen Schuldner einzutreiben, da es ihm unmöglich ist, Ansprüche auf das Vermögen des Geschäftsführers zu erheben. Zur Klärung der vorgenannten Aspekte wurde vorgeschlagen, die Bestimmungen des Art. 138 Abs. 1 auch auf den Fall auszudehnen, wo sich die Geschäftsführer weigern oder nicht in der Lage sind, die Buchhaltungsunterlagen der insolventen Gesellschaft vollständig vorzulegen. Bei einer Verabschiedung dieses zurzeit in der Abgeordnetenkammer verhandelten neuen Gesetzentwurfes würden die Vertreter der Insolvenzschuldner künftig die volle Haftung für das Vorhandensein der vollständigen Buchhaltungsunterlagen tragen.

IV. Rettungsmaßnahmen zur Vermeidung von Insolvenzen

Die stark ansteigende Anzahl von Insolvenzen im letzten Jahr machte eine Regelungslücke des rumänischen Insolvenz- und Handelsrechts deutlich. Insolvente Gesellschaften rechnen nur in Ausnahmefällen (2%) mit einer Sanierung im Rahmen des Insolvenzverfahrens. Daher soll die Einführung von neuen Maßnahmen zum Erhalt der Unternehmen dazu beitragen, dass betroffene Unternehmen bereits in einem Frühstadium der Krise rechtzeitig Sanierungsmaßnahmen einleiten. Die rumänischen Bestimmungen (Gesetz Nr. 381/2009) sind am 13.01.2010 in Kraft getreten.

Allgemeine Betrachtung

Zur Vermeidung von Insolvenzen wurden zwei neue Begriffe erarbeitet: ein sogenanntes Ad-Hoc-Mandat (rum. *mandat ad-hoc*) und ein Rettungsverfahren (rum. *concordat preventiv*). Beide Verfahren stellen das angeschlagene Unternehmen unter den Schutz des Landgerichtes. Ersteres stellt eine Bevollmächtigung eines zugelassenen Insolvenzpraktikers dar, mit den Gläubigern der Gesellschaft abgeänderte Vertragsbeziehungen zu verhandeln, um die

Gesellschaft nicht in die Insolvenz zu treiben. Das zweite Verfahren besteht in der tatsächlichen Vereinbarung zwischen der betroffenen Gesellschaft und den Gläubigern zur Weiterführung des Unternehmens im Rahmen eines komplexen Rettungsplans (rum. *plan de redresare*).

Ad-hoc Mandat

Stellt eine Gesellschaft fest, dass die Überlebensfähigkeit bedroht ist, kann sie einen Antrag beim Präsidenten des Landgerichts stellen, um professionellen Rat seitens eines Insolvenzpraktikers einzuholen. Dieser wird bevollmächtigt, binnen 90 Tagen unter vertraulichen Verhandlungen eine Vereinbarung zwischen dem betroffenen Unternehmen und mehreren Gläubigern herbeizuführen. Darin sollen die Schulden des Unternehmens zwecks Weiterführung der Tätigkeit der Gesellschaft diskutiert, gestundet und ggf. gelöscht werden. Auch können weitere für die Wiederbelebung der Gesellschaft erforderliche Maßnahmen vorgeschlagen werden.

Die tatsächliche Vereinbarung kann der einleitende Teil des nachfolgend dargestellten Rettungsverfahrens sein.

Rettungsverfahren

Das komplizierte vorbeugende Verfahren zielt auf die Erarbeitung einer Vereinbarung in Form eines rentablen Rettungsplans ab. Hierin soll der Unternehmensleitung ermöglicht werden, insolvenzähnliche Maßnahmen zu treffen, ohne unter den Stigmata einer Insolvenzeröffnung zu leiden. Dies bedeutet, dass Unternehmen zusammen mit zwei Drittel der Gläubiger eine Vereinbarung über die Weiterführung der Geschäfte und die Begleichung der Schulden für einen maximalen Zeitraum von 18 Monaten treffen können.

Der Rettungsplan hat als Basis eine von einem zugelassenen Wirtschaftsprüfer erstellte Darstellung der Aktiva und Passiva der Gesellschaft und wird unter Aufsicht eines vom Syndikusrichter bestellten Schlichters (rum. *conciliator provizoriu*) aus der Reihe der Insolvenzpraktiker erarbeitet. Bestehen Schulden gegenüber dem Staatshaushalt, ist zusätzlich die Zustimmung des Finanzamtes einzuholen.

Andere Gläubiger können dem Rettungsplan beitreten oder aber gegen den Plan vor Gericht vorgehen. Eine Insolvenzeröffnung ist für die Dauer des genehmigten Rettungsplans verboten. Infolge einer solchen Vereinbarung werden sämtliche Vollstreckungsverfahren ausgesetzt, es laufen keine weiteren Verzugszinsen und bestehende Verträge können neu verhandelt werden.

Ausblick

Die oben dargestellten Verfahren stellen einen wichtigen Schritt zur Vermeidung von verfrühten Insolvenzanmeldungen und deren häufig katastrophalen Nachwirkungen für das angeschlagene Unternehmen dar. Die Praxis anderer europäischer Staaten hat jedoch auch gezeigt, dass sich Unternehmen missbräuchlich dieser vorbeugenden Verfahren bedient haben, um unrentable Verträge in gestärkter Position neu zu verhandeln. Gläubigern ist in jedem Fall zu raten, sich aktiv an dem Verfahren zu beteiligen.

V. Gesetz über Privatinsolvenzen in Vorbereitung

Gänzlich unbekannt sind derzeit in Rumänien Insolvenzen von natürlichen Personen. Deren Gläubiger können grundsätzlich auf das gesamte Vermögen zugreifen. Wenn das Vermögen von einem Gläubiger bereits gänzlich verwertet wurde, gehen alle anderen Gläubiger leer aus. Der rumänische Gesetzgeber hat den Handlungsbedarf erkannt. Ein Gesetzentwurf über die Privatinsolvenz wurde am 22.03.2010 vom Senat verabschiedet und zur weiteren Analyse und Freigabe dem Abgeordnetenhaus übermittelt.

Bedeutung

Gemäß der Definition des Gesetzentwurfes kann sowohl die Zahlungsunfähigkeit als auch die Überschuldung einen Insolvenzgrund darstellen.

Der Gesetzentwurf wurde nach einer Vorlage aus den Vereinigten Staaten von Amerika erstellt und ermöglicht dem Gericht festzustellen, ob sich die betroffene Person in einer entschuldbaren Insolvenz oder in einem betrügerischen Bankrott befindet.

Verfahrensablauf

Der gutgläubige Schuldner kann mittels eines Schuldenbereinigungsplans seine soziale und wirtschaftliche Reintegration erreichen. Der Schuldenbereinigungsplan ist gemäß den Bestimmungen des Gesetzes unter der Aufsicht des Insolvenzverwalters und der regelmäßigen Gerichtskontrolle vom Schuldner umzusetzen.

Während der Beobachtungsperiode und der gerichtlichen Sanierung wird der Schuldner das Recht behalten, sein Eigentum zu verwalten. Falls der Schuldner böswillig oder betrügerisch gehandelt hat oder der Schuldenbereinigungsplan scheitert bzw. vom Richter abgelehnt wurde, wird die Privatinsolvenz eröffnet. In dieser maximal 5 (fünf) Monate anhaltende Phase wird die Handlungsfähigkeit des Schuldners begrenzt, sodass - abgesehen von den streng persönlichen Rechtsgeschäften - alle Rechtsgeschäfte des Schuldners vom Liquidator als Vertreter des Schuldners unterzeichnet oder übernommen werden.

Die Eröffnung des Insolvenzverfahrens kann dabei entweder durch den Schuldner oder durch den Gläubiger erwirkt werden. Im ersten Fall beantragt der Schuldner die Verfahrenseröffnung und erkennt damit gutgläubig seine Zahlungsunfähigkeit bzw. Überschuldung an. Die Vorraussetzung einer Verfahrenseröffnung durch den Gläubiger besteht darin, dass eine unbestrittene, fällige und bestimmte Forderung gegenüber dem Schuldner vorliegt. Der Schuldner belegt dabei durch Schriftsätze, dass er in einem Zeitraum von höchstens 30 Tagen ab Fälligkeit der Forderung gutgläubig die gütliche Einigung oder die Zwangsvollstreckung des Schuldners versucht hat und diese Maßnahmen ergebnislos geblieben sind.

Der Schuldner, der gutgläubig die Eröffnung des Insolvenzverfahrens verlangt oder akzeptiert, wird vor oder nach Verfahrenseröffnung gänzlich oder teilweise von den entstandenen Schulden befreit. Für eine solche Schuldbefreiung muss das Vermögen des Schuldners für die Befriedigung der Insolvenzmasse nicht ausreichen und das Gericht muss dem Schuldner den Vorteil der Entschuldbarkeit gewährt haben.

Im Falle einer planmäßigen oder frühzeitigen Rückzahlung von 75% des Gesamtwertes der im Gläubigerverzeichnis angemeldeten Forderungen wird dem gutgläubigen Schuldner gegenüber das Insolvenzverfahren frühzeitig abgeschlossen. Ferner werden die rechtlichen Folgen der Insolvenz aus allen Publizitätsregistern gelöscht.

Andererseits werden böswillige und betrügerische Schuldner mit der Beendigung des Verfahrens wegen betrügerischen Bankrotts weiterhin sanktioniert.

Folgen der Verfahrenseröffnung

Ab der Einleitung des Verfahrens werden alle individuellen Verfolgungen des Schuldners, jede gerichtliche oder außergerichtliche Geltendmachung von Ansprüchen gegen den Schuldner eingestellt.

Die Beträge, die aus der Liquidation des Schuldnervermögens erfolgen, werden wie folgt aufgeteilt:

(i)   Verpflegungskosten des Schuldners und seiner Familie für einen Zeitraum von einem Jahr,

(ii)   Kosten des Verfahrens, einschließlich Honorare des Insolvenzverwalters oder Liquidators;

(iii)   Forderungen, die im Gläubigerverzeichnis in der vom Gesetzentwurf vorgesehenen Reihenfolge angemeldet wurden.

VI. Insolvenz auch als Chance nutzen

Aktuell ergeben sich aus so manchem Insolvenzfall großartige Übernahme-möglichkeiten für gesunde Unternehmen. So sind zum Beispiel Unterneh-menskäufe erheblich günstiger geworden, da Verkäufer von früheren (unrea-listischen) Preisvorstellungen Abstand nehmen. Dies macht die Akquise po-tenzieller Übernahmeziele durch Gesellschaften mit guter Liquidität erheblich leichter. Allerdings gibt es beim Kauf von krisengeschüttelten Unternehmen in Rumänien rechtliche Gefahren, die man als Käufer kennen sollte, um keine unangenehmen Überraschungen zu erleben.

Asset Deal

Beim Asset Deal (rum. *contract de vânzare-cumpărare active*) handelt es sich um eine Alternative zum Unternehmenskauf. Der Kauf des Unternehmens voll-zieht sich dabei durch den Erwerb sämtlicher geschäftsrelevanter Wirtschafts-güter (engl. *assets*) des Unternehmens. Hierbei werden die Wirtschaftsgüter eines Unternehmens, also Grundstücke, Gebäude, Maschinen etc. und einzel-ne Verbindlichkeiten einzeln auf den Käufer übertragen. Die Übertragung der Assets bzw. Rechte geschieht an einem vertraglich vereinbarten Stichtag. Der Übergang der einzelnen Wirtschaftsgüter erfolgt durch Vertrag und Überga-be, bei Grundstücken durch notarielle Beurkundung und Eintragung in das Grundbuch.

Das größte rechtliche Problem des Asset Deals besteht in einer möglichen An-fechtung, wenn das Unternehmen, dessen Wirtschaftsgüter verkauft wurden, nach diesem Rechtsgeschäft insolvent wird. In diesem Fall ist der eingesetzte Insolvenzverwalter verpflichtet, alle Rechtsgeschäfte des insolventen Unter-nehmens der letzten drei Jahre zu überprüfen. Kommt er zu der Auffassung, dass der Asset Deal oder andere Rechtsgeschäfte Gläubiger benachteiligt ha-ben (z.B. bei Verkäufen mit zu niedrigem Kaufpreis), muss er diese Rechts-geschäfte anfechten und gerichtlich für nichtig erklären lassen. Der Vertrag wird anschließend rückabgewickelt und die Gläubigermasse erhöht. Daher ist es wichtig, vor einem Verkauf die Wirtschaftsgüter durch zugelassene Sach-verständige zu bewerten.

Der Kauf von geschäftsrelevanten Wirtschaftsgütern eines Unternehmens kann ferner dazu führen, dass sämtliche Arbeitsverhältnisse dieses Unterneh-mens von Rechts wegen auf den Erwerber übergehen. Schließlich kann ein Asset Deal auch eine gesetzliche Haftung des Käufers für Steuerverbindlich-keiten desjenigen Unternehmens begründen, dessen Wirtschaftsgüter gekauft wurden. Die vorgenannten Risiken sind im Rahmen einer Legal und Tax Due Diligence zu identifizieren. Entsprechende Regelungen sind in den abzuschlie-ßenden Verträgen aufzunehmen.

Share Deal

Außerdem gibt es den Share Deal (rum. *contract de cesiune părţi sociale/ acţiuni*). Dies ist ein Kauf von Anteilen (engl. shares) an einer Handelsgesellschaft. Der Share Deal stellt einen Rechtskauf dar, wobei im konkreten Fall die Geschäftsanteile an der Gesellschaft Kaufgegenstand sind. Der Käufer wird neuer Gesellschafter des Unternehmens und erhält die mit der Beteiligung verbundenen Rechte und Pflichten. Die Übertragung der Geschäftsanteile erfolgt durch einen Abtretungsvertrag und die Eintragung des neuen Gesellschafters in das Handelsregister. Der Geschäftsanteilsübertragungsvertrag bedarf keiner notariellen Form. Bei Share Deals ist darauf zu achten, dass der Insolvenzgrund (Zahlungsunfähigkeit) spätestens unmittelbar nach dem Kauf beseitigt werden muss. Ansonsten wäre die (neue) Geschäftsführung sofort verpflichtet, einen Insolvenzantrag zu stellen. Sinnvollerweise wird vorab mit Gläubigern über Kapitalmaßnahmen, Verzichte und Stundungen verhandelt. Auch beim Share Deal ist eine Legal und Tax Due Diligence zur Feststellung von vorhandenen Risiken, die vom Käufer zu übernehmen sind, von besonderer Bedeutung.

VII. Informationsmöglichkeiten über (zahlungsunfähige) Geschäftspartner

In Krisenzeiten sollte man mit besonderer Aufmerksamkeit seine Vertragspartner wählen bzw. die finanzielle Entwicklung der bestehenden Partner verfolgen. Es gibt in Rumänien viele Möglichkeiten, sich einfach nur per Mausklick im Internet über die aktuellen Jahresabschlüsse, anhängige Rechtsstreitigkeiten oder gepfändete Vermögensgegenstände eines potenziellen oder bereits bestehenden Partners zu informieren.

Über die Website des rumänischen Finanzministeriums[3] können die wesentlichen Bilanzdaten einer Gesellschaft in Erfahrung gebracht werden. Außerdem erhält man hierüber noch folgende Informationen:

• Aktuelle Gesetzgebung im Steuerrecht und Gesetzesentwürfe;

• Programme zur Erstellung von Steuererklärungen, Jahresabschlüssen, Zwischenabschlüssen, Lohnsteuerübersichten (rum. *fişe fiscale*), Zahlungsanweisungen für die Zahlung von Steuern und Gebühren;

• Neuigkeiten, Veröffentlichungen und Informationen über Ausschreibungen.

Wenn eine Gesellschaft zur Absicherung von Krediten dingliche Sicherheiten bestellt (zum Beispiel ein Pfandrecht an Maschinen) oder Vermögensge-

---

3 http://www.mfinante.ro/acasa.html?method=inceput&pagina=acasa

genstände nutzt, die nicht im Eigentum der Gesellschaft stehen (zum Beispiel Leasinggegenstände oder Waren, die unter Eigentumsvorbehalt geliefert wurden), so werden die betroffenen Vermögensgegenstände regelmäßig in das so genannte Elektronische Archiv für dingliche Mobiliarsicherheiten (rum. *Arhiva Electronică de Garanții Reale Mobiliare*) eingetragen. Die Eintragungen können im Internet öffentlich eingesehen werden[4]. Dadurch kann festgestellt werden, ob ein Geschäftspartner noch über unbelastetes Vermögen verfügt.

Sehr informativ ist auch ein Besuch auf der Homepage der rumänischen Steuerbehörde[5] (rum. *Agenția Națională de Administrare Fiscală ANAF*). Diese Behörde untersteht der Fachaufsicht des Finanzministeriums und ist für die Steuerverwaltung und -eintreibung zuständig. Wenn ein Unternehmen Verbindlichkeiten gegenüber dem Staatshaushalt (zum Beispiel nicht bezahlte Steuern) oder gegenüber den Sozialversicherungsträgern (wegen nicht abgeführter Sozialversicherungsbeiträge) hat, so werden diese unter Angabe der jeweiligen Beträge ins Internet gestellt.

Ferner erhält man von der Website der Steuerbehörde unter anderem noch folgende Informationen:

*   Die Übersicht der vom Finanzministerium zugelassenen Wirtschaftsteilnehmer in verschiedenen Bereichen;

*   Liste der für inaktiv erklärten steuerpflichtigen Personen;

*   Informationen über Vorräte an beschlagnahmten Gütern oder durch sonstige gesetzliche Maßnahmen in Staatsbesitz gelangte Vermögen, welche vom Finanzministerium verwertet werden können.

---

4   http://www.mj.romarhiva.ro/Webarchive/index.htm
5   http://www.anaf.ro/public/wps/portal/ANAF

Erneuerbare Energien - eine Chanche für Rumänien

Dr. Raluca-Isabela Oprişiu

Dr. Gisbert Stalfort

I. Einleitung 47

II. Recht der erneuerbaren Energien in
der Europäischen Gemeinschaft 48

   1. Rechtliche Aspekte. 48

   2. EU-Fördermittel 49

III. Erneuerbare Energien im rumänischen Kontext 50

   1. Das energetische Fördersystem Rumäniens 51

      a. Europäische EE-Födersysteme. 51

      b. Rumäniens Quotensystem mit grünen Zertifikaten. 53

   2. Staatliche und private Teilnehmer am Energiemarkt 55

   3. Stromproduktion aus erneuerbaren Energiequellen 57

   4. Der Verkauf von Ökostrom 58

   5. Weitere rechtliche Hinweise - Grundstücksproblematik 59

      a. privates Grundstückseigentum 59

      b. öffentliches Grundstückseigentum 61

   6. Nationale Fördermittel 61

IV. Fazit 62

Geltender gesetzlicher Rahmen im Bereich EE 63

   1. Primärrecht im Bereich erneuerbarer Energiequellen 63

   2. Sekundärrecht im Bereich des Ökostroms 64

Einleitung

Was die Zukunft der Energie anbelangt, steht die Europäische Union an einem Scheideweg. Gesellschaft und Wirtschaft reagieren empfindlich auf den Klimawandel, auf die zunehmende Abhängigkeit und die steigenden Importe von fossilen Brennstoffen und auf den Anstieg der Energiekosten. Angesichts dieser Herausforderungen wird deutlich, dass gerade im Bereich der erneuerbaren Energien ein besonders großes Potenzial vorhanden ist, die Umweltverschmutzung zu verringern, lokale und dezentrale Energiequellen zu nutzen und die Entwicklung weltweit führender Technologien zu fördern.

Die Stromerzeugung aus erneuerbaren Energiequellen (EE) in der Europäischen Union (EU) trägt zweifelsohne zum Umweltschutz, zur Ausweitung der Energieerzeugungs- und –versorgungsmöglichkeiten sowie zum mehrfach politisch erwähnten wirtschaftlichen und sozialen Zusammenhalt. Damit kommt der Förderung der EE-Stromerzeugung eine hohe Priorität zu.

Die Erschließung erneuerbarer Energiequellen ist ein entscheidender Faktor in der Bekämpfung des Klimawandels. Sie trägt dazu bei, Sicherheit und Zuverlässigkeit unserer Energieversorgung zu erhöhen. Zudem ist die positive Entwicklung in diesem Bereich in der derzeitigen wirtschaftlichen Situation eine willkommene Quelle von Beschäftigung und Wohlstand.

Auch Rumänien trägt zu einem umweltbewussteren Umgang mit natürlichen Ressourcen bei, indem es die Energiegewinnung aus erneuerbaren Quellen durch seine Gesetzgebung fördert und damit den erforderlichen Rahmen für gewinnträchtige und zukunftgerichtete Investitionen schafft.

Rumänien bietet ausgezeichnete natürliche Voraussetzungen für Investitionen in Anlagen zur Erzeugung von „grüner Energie". Mit den Karpaten und der Meeresküste bietet das Land Potenzial für fünf erneuerbare Energiequellen: Wind, Solar, Wasserkraft, Biomasse und Erdwärme. Mit einem Anteil von 65% stellt die Biomasse den Hauptanteil dar. Wind könnte 17% des Bedarfs decken, Solarkraft 12%. Faktisch wird jedoch zur Zeit hauptsächlich die Wasserkraft genutzt. In den kommenden Jahren muss Rumänien die Nutzung der anderen erneuerbaren Energiequellen stark ausbauen, um die von der EU und der eigenen Exekutive gesetzten Ziele im Zusammenhang mit der Agenda 2020 zu erreichen.

II. Recht der erneuerbaren Energien in der Europäischen Gemeinschaft

1. Rechtliche Aspekte

Auf europäischer Ebene legt die Richtlinie 2009/28/EG des Europäischen Parlaments und des Rates vom 23. April 2009 zur Förderung der Nutzung von Energie aus erneuerbaren Quellen einen gemeinsamen Rahmen für die Produktion und die Förderung von Energie aus erneuerbaren Quellen fest. Diese Richtlinie führte zur Änderung und anschließenden Aufhebung der Richtlinie 2001/77/EG, welche ursprünglich diese Materie regelte.

Für jeden Mitgliedstaat wird darin der Anteil am Bruttoendenergieverbrauch berechnet, der bis 2020 durch Energie aus erneuerbaren Quellen gedeckt werden soll. Dieses Ziel steht in Einklang mit dem „20-20-20"-Gesamtziel der Gemeinschaft, welches darin besteht, dass sich die Mitgliedstaaten verpflichtet haben, ihren Primärenergieverbrauch bis 2020 um 20 % zu verringern.

Darüber hinaus soll der Anteil von Energie aus erneuerbaren Quellen im Verkehrssektor im Jahr 2020 mindestens 10 % des Endenergieverbrauchs in diesem Bereich entsprechen.

Kernaspekt der Förderung erneuerbarer Energien ist dabei gemäß Art. 7 Abs. 1 S. 2 der Richtlinie die Festsetzung eines vorrangigen Netzzugangs und die Verpflichtung der Mitgliedstaaten zur Schaffung eines rechtlichen Rahmens, der einheitliche Grundregeln für die Finanzierung der technischen Anpassungen aufstellt.

Außerdem sieht die Richtlinie vor, dass einheitliche Regeln geschaffen werden, die eine Aufteilung der Kosten für Systemanlagen auf alle Erzeuger, die einen Nutzen ziehen, vorgeben. Hintergrund dafür ist die Gewährleistung gleicher Bedingungen für alle Stromerzeuger. Der weitere Ausbau der Stromerzeugung aus erneuerbaren Energien soll nicht durch die hohen Kosten des Netzanschlusses ins Stocken geraten, noch soll das System des Binnenmarktes beeinträchtigt werden.

Auch gibt Art. 6 der Richtlinie vor, dass ein transparentes und effizientes Verwaltungsverfahren für die Förderung der EE-Erzeugung geschaffen werden soll. Die Mitgliedstaaten werden angehalten, bestehende Hemmnisse zu beseitigen sowie das Verfahren zu rationalisieren. Dafür müssen die einzelnen Verwaltungsstellen koordiniert und entsprechende Hinweise im Hinblick auf das Antragsverfahren erstellt und zugänglich gemacht werden.

2. EU-Fördermittel

Das wirtschaftliche Potenzial Rumäniens hat die Europäische Kommission bereits längst erkannt. So stehen Rumänien bis 2013 EU-Mittel in Höhe von ca. 20 Milliarden Euro für unterschiedliche Projekte zur Verfügung. Bedient werden Antragsteller aus dem Kohäsionsfonds, dem Europäischen Fonds für Regionale Entwicklung und dem Europäischen Sozialfonds. Weitere 8,5 Milliarden Euro können aus dem Europäischen Landwirtschaftsfonds für ländliche Entwicklung sowie aus dem Europäischen Fischereifonds für Tätigkeiten im Bereich Landwirtschaft/ Fischerei abgerufen werden. Sämtliche Finanzierungen werden zunächst im Rahmen von Operationellen Programmen (OP) in Prioritätsachsen, Interventionsbereiche und Maßnahmen unterteilt. Es gelten unterschiedliche Bewerbungsverfahren und -fristen, welche von den zuständigen nationalen Behörden (Intermediate Body, Zahlstellen oder Agenturen) erarbeitet und überwacht werden.

Hinsichtlich des energetischen Potenzials und somit der Erzeugung von EE-Strom kommen mehrere Förderungsprogramme entweder aus dem OP Steigerung der Wettbewerbsfähigkeit mit der Achse 4 (Erhöhung der Energieeffizienz und der Versorgungssicherheit im Rahmen der Bekämpfung des Klimawandels)[1] oder aus dem Programm zur Entwicklung des ländlichen Raums mit den in der ersten Prioritätsachse vorgesehenen Maßnahmen 121 oder 123[2] in Betracht.

Diese großzügigen Hilfen sind allerdings an gewisse Bedingungen geknüpft. Projekte zur Steigerung der Wettbewerbsfähigkeit in der Bereitstellung und Verwertung erneuerbarer Energien (Achse 4) werden zu 50% bis 70% gefördert, wenn:

• es dadurch in keiner Weise zur Förderung landwirtschaftlicher Tätigkeiten kommt, einschließlich dann, wenn die Energie dem Eigenbedarf dient;

• das Projekt lediglich zur Einspeisung der erzeugten Energie in das nationale Energiesystem dient;

• wenn bei Biomasse die Agrarrohstoffe für die Energieerzeugung von Dritten erworben werden. Somit soll sichergestellt werden, dass die

---

1 Diese Achse verfügt über insgesamt 725,54 Mio. EUR, welche in drei Interventionsbereichen unterteilt werden. Der zweite Interventionsbereich (Verwertung der erneuerbaren Energiequellen für die Erzeugung von grüner Energie) steht einem Vorhaben im Bereich erneuerbare Energien am nächsten. Gemäß nicht offiziellen Quellen des Intermediate Body für Energie (rum. Organismul Intermediar pentru Energie - OIE) wird erwartet, dass im Herbst 2010 ein neues Zeitfenster für EE-Projekte mit einem maximalen Wert von jeweils 80 Mio. RON geöffnet wird.

2 Diese Prioritätsachse verfügt insgesamt über einen Anteil von 3.173,85 Mio. EUR, welche für die Umwandlung und Modernisierung von landwirtschaftlichen Betrieben einschließlich der Errichtung von Energieerzeugungsanlagen verwendet werden.

Verwertung und nicht die Erzeugung von erneuerbaren Energiequellen gefördert wird.

Solche Projekte können durch große sowie kleine und mittelständische Unternehmen durchgeführt werden, die im Handelsregister eingetragen und förderfähig in Rumänien tätig sind, jedoch nicht obligatorisch länger als ein Jahr. Die allgemeinen Voraussetzungen für die Einstufung als förderfähiges Unternehmen - wie z.b. die Tatsache, dass das Unternehmen sich nach dem gemeinschaftlichen Verständnis nicht in Schwierigkeiten befindet, etwa keine offenen Steuerverbindlichkeiten hat oder dass sein rechtlicher Vertreter nicht vorbestraft ist - gelten auch für solche Anträge.

Ähnliche Bedingungen sind im Falle der Finanzierung aus Fördertöpfen des Landwirtschaftsbereiches zu erfüllen. Hinzu kommen noch die erforderliche Machbarkeitsstudie (rum. *studiu de fezabilitate*) oder die Begründung des Projektes, die Erfüllung der Größenvorgabe entsprechend der Entscheidung 85/377/EWG der Kommission zur Errichtung eines gemeinschaftlichen Klassifizierungssystems der landwirtschaftlichen Betriebe sowie die Fachkenntnisse des gegenüber der Förderbehörde bestellten rechtlichen Vertreters der Gesellschaft (der nicht unbedingt der Geschäftsführer der Gesellschaft sein muss).

Somit gibt die Europäische Gemeinschaft nicht nur ehrgeizige Ziele vor, sondern versucht auch über unterschiedliche Fördermöglichkeiten, die umweltfreundliche Erzeugung von Energie und die Erreichung der gesetzten Ziele zu unterstützen.

III. Erneuerbare Energien im rumänischen Kontext

Rumänien trat 2007 der EU bei und hat sich schon im Vorfeld im Hinblick auf die Förderung erneuerbarer Energiequellen eigene, sehr strenge Ziele gesetzt. Rumänien bietet hervorragende Voraussetzungen, um sich in diesem Bereich als Musterschüler der EU zu beweisen.

So soll 2010 der ursprünglich festgelegte Anteil erneuerbarer Energien übertroffen werden und 33% erreichen[3]. 2015 ist ein Anteil von 35% und 2020 sind 38% vorgesehen[4].

Aus diesem Grund hat die rumänische Regierung 2008 ein Gesetz zur Förderung erneuerbarer Energien (EEG-RO a.F.) auf den Weg gebracht. Dieses

---

3   Regierungsbeschluss Nr. 443/2003, geändert durch den Regierungsbeschluss 958/2005.

4   Regierungsbeschluss Nr. 1069/2007 zur Genehmigung der energetischen Strategie Rumäniens für den Zeitraum 2007-2020.

erfuhr jüngst eine Modifikation durch das **Gesetz Nr. 139/2010 (EEG-RO)**.

Die neue Fassung des EEG enthält umfangreiche Änderungen gegenüber seiner ursprünglichen Fassung und verdeutlicht damit einmal mehr, wie neu und wandelbar die politischen Konzeptionen sind sowie, dass sich der Bereich der Förderung erneuerbarer Energien im Vormarsch befindet. Es wird auch künftig eine Vielzahl von Modifikationen und Neuerungen geben, da Rumänien politisch, wirtschaftlich und juristisch gerade erst beginnt, mit dieser Materie zu arbeiten.

1. Das energetische Fördersystem Rumäniens

a. Europäische EE-Fördersysteme

Die europäische Richtlinie 2009/28/EG schreibt kein bestimmtes System der Förderung von erneuerbaren Energien vor. Entscheidend ist danach allein, dass zum Zwecke des Umweltschutzes die nationalen Gesetzgeber Regelungen schaffen, die ein einwandfreies Funktionieren des jeweiligen Systems gewährleisten können, um so das Vertrauen der Investoren nicht zu gefährden.

Darüber hinaus kommt die Tatsache zum Tragen, dass der Anteil des bislang subventionierten Stroms aus erneuerbaren Energiequellen noch verhältnismäßig gering ist, so dass aus Sicht der europäischen Kommission eine Festlegung auf ein bestimmtes Fördersystem nicht notwendig erschien. Vielmehr entsteht der Eindruck, dass es indiziert ist, den noch in der Entwicklung befindlichen Elektrizitätsbinnenmarkt über eine angemessene Periode zu beobachten.

Innerhalb der europäischen Gemeinschaft lassen sich im Wesentlichen nur Ausschreibungssysteme und steuerliche Anreize, Einspeisetarife und grüne Zertifikate unterscheiden. **Ausschreibungsverfahren** bestehen in zwei Mitgliedstaaten (Irland und Frankreich). Im Rahmen dieses Verfahrens vergibt der Staat eine Reihe von Aufträgen für die Lieferung von EE-Strom zu Marktpreisen. Die Mehrkosten der Energieerzeugung werden durch eine spezielle Umlage an den Endverbraucher weitergegeben. Ausschließlich **steuerliche Anreize** gibt es nur in Malta und in Finnland, wobei diese Fördermöglichkeit oft verbunden mit anderen Fördermodellen in der Praxis zur Anwendung kommt.

Einspeisetarife gibt es hingegen in den meisten Mitgliedstaaten. Diese Regelungen zeichnen sich durch einen bestimmten Preis aus, der für mehrere Jahre gesetzlich festgelegt wird und der von den Stromunternehmen, üblicherweise den Versorgern, an die einheimischen Erzeuger von Ökostrom gezahlt werden muss.

Der Anlagebetreiber erhält eine festgelegte Vergütung für den erzeugten Strom und die Netzbetreiber werden zur vorrangigen Abnahme von Strom aus erneuerbaren Energiequellen verpflichtet. Die Höhe der Vergütungssätze ist nach Technologien und Standorten differenziert und soll einen wirtschaftlichen Betrieb der Anlagen ermöglichen, indem eine stetige Degression den Effekt einer Anreizregulierung erzeugt. Anlagen sollen effizienter und kostengünstiger hergestellt werden, um langfristig auch ohne Hilfen am Markt bestehen zu können.

Der Netzbetreiber ist zum Anschluss der Anlage und zur vorrangigen Einleitung des erzeugten Stromes sowie zur Zahlung der gesetzlich festgelegten Vergütung verpflichtet. Über eine Kostenumlage entrichten schließlich die Endverbraucher die Mehrkosten, welche die Erzeugung und Einspeisung des EE-Stroms verursacht haben.

Das von Rumänien bevorzugte System der so genannten **Quoten** kommt derzeit in Schweden, im Vereinigten Königreich, in Italien, in Belgien und in Polen zur Anwendung. Der EE-Strom wird zum üblichen Marktpreis verkauft. Um die Mehrkosten der Lieferung von Ökostrom zu finanzieren und sicherzustellen, dass eine ausreichende Menge davon produziert wird, werden die Versorger verpflichtet, von den EE-Strom-Erzeugern einen festgelegten Prozentsatz (Quote) des Gesamtstromverbrauchs bzw. ihrer Gesamtstromversorgung zu erwerben. Es können auch weitere Teilnehmer auf dem Energiemarkt wie die Netzbetreiber oder die Endverbraucher an eine Quote gebunden werden. Dieses System legt somit nicht die Preise, sondern den Anteil des aus erneuerbaren Energiequellen stammenden Stromverbrauchs fest.

Da der Strom physikalisch seiner Herkunft nach nicht unterschieden werden kann, ist es erforderlich, das Quotenmodell mit dem System der Zertifikate in Kombination anzuwenden. Die monatlich zu jeweils 1 MWh vom Netz- und Systembetreiber ausgestellten Zertifikate (Grünstrom-Zertifikate oder Renewable Energy Certificates) dienen als Nachweis, dass tatsächlich Strom aus erneuerbaren Quellen in der angegebenen Menge produziert und eingespeist wurde. In der Regel müssen also die Energieversorger einen steigenden Teil ihres gelieferten Stroms aus erneuerbaren Quellen selbst erzeugen (und dafür Zertifikate erhalten) oder aber die erforderlichen Zertifikate von EE-Erzeugern kaufen. Gelingt ihnen das nicht, d.h. können sie die Quote anhand der gehaltenen Zertifikate nicht nachweisen, so müssen sie eine Geldbuße entrichten. Diese Zertifikate sind allerdings auch unabhängig von dem physikalischen Produkt EE-Strom verkehrsfähig.

Wirtschaftlich entstehen also im Rahmen dieses Fördersystems zwei unterschiedliche Produkte, die unabhängig voneinander auf eigene Märkte gehandelt werden können. Einerseits wird der Strom aus erneuerbaren Energien genauso wie der Strom fossiler Herkunft an der Strombörse gehandelt. Andererseits können die als Nachweis für den Ökostrom erhaltenen Zertifikate auf dem speziellen Markt für grüne Zertifikate zu oft staatlich festgelegten Mindest- oder Höchstpreisen verwertet werden.

b. Rumäniens Quotenmodell mit grünen Zertifikaten

Das oben geschilderte Quotensystem verbunden mit sog. grünen Zertifikaten (rum. *certificate verzi*) wurde von Rumänien bereits im Jahr 2004 übernommen, dann durch dass EEG-RO a.f. bekräftigt und mit dem EEG-RO endgültig eingeführt[5].

Das rumänische Fördersystem legt **Quoten** an den Bruttoendenergieverbrauch fest, die aus erneuerbaren Energiequellen stammen müssen. Die Auswirkung ist, dass rumänische Energieversorger zur Abnahme einer Mindestmenge von Strom aus erneuerbaren Quellen bzw. zum Erwerb entsprechender grüner Zertifikate verpflichtet werden. Für 2010 beträgt die Quote 8,3% der gelieferten Gesamtenergie[6]. 2011 liegt die Quote bei 10%, 2012 bei 12%, 2013 bei 14%, steigt ein Jahr später auf 15%, liegt 2015 bei 16%, 2016 bei 17%, ein Jahr danach bei 18%, 2018 bei 19%, 2019 bei 19,5% und 2020 schließlich bei 20%.

Stromversorger, die ihre jährliche Pflichtquote nicht durch die entsprechende Anzahl grüner Zertifikate nachweisen können, werden für jedes gegenüber dem Soll fehlende Zertifikat 110,- € zahlen müssen. Bislang mussten für „Fehlzertifikate" 70,- € bezahlt werden.

Folgende Quellen/ Anlagen werden als „erneuerbar" eingestuft:
- Wasserkraftwerke mit einer installierten Maximalleistung von 10 MW
- Windkraftanlagen
- Solarkraftanlagen
- Geothermalanlagen
- Biomasse
- Bioflüssigkeiten (die nicht für den Transportbereich verwendet werden)
- Biogas
- Gas aus der Abfallverwertung
- Gase aus dem Gärungsprozess von Klärschlamm.

Je nach Quelle, aus der die eingespeiste Energie stammt, werden vom Netzbetreiber Transelectrica S.A. unterschiedlich viele **grüne Zertifikate** als Nachweis für den gelieferten umweltfreundlich erzeugten Strom vergeben.

---

5   Das neue EEG-RO hat durch die Neufassung des Art. 4 die Unsicherheit im Hinblick auf das Fördersystem insoweit beseitigt, als nunmehr das alternative Modell der Festpreisvergütung aus dem Gesetzestext entfernt wurde.

6   Es sei an dieser Stelle anzumerken, dass die Quoten für Rumänien für die bestehenden Marktverhältnisse viel zu hoch angesetzt wurden. Aus dem Bericht der ANRE für die im Jahr 2009 erzielten Quoten geht hervor, dass die 6,28% Schwelle durch die 66 in Rumänien tätigen Versorger wegen der marktspezifischen Gegebenheiten nicht erreicht werden konnte, sodass die Quote auf weniger als ein Zehntel (0,589%) herabgesetzt wurde (vgl. hierzu den unter http://www.anre.ro/documente.php?id=395 veröffentlichten Bericht, Stand 06.08.2010).

Quelle	Bedingung	Anz. GZ/ MWh
Wasserkraft < 10 MWh	Kraftwerk ist neu	3
	Kraftwerk ist modernisiert	2
	Kraftwerk ist nicht modernisiert	0,5
Windkraft	Bis 2017	2
	Ab 2018	1
Biomasse, -flüssigkeit, -gas	-	3
Solar	-	6

Trotz dieser klaren Regelungen, die als Grundlage für mathematische Investitionsplanungen und Renditeberechnungen herangezogen werden können, werden die o.g. Zertifikate nicht in dieser Anzahl vergeben. Dies beruht darauf, dass die Förderregelungen wegen ihrem Beihilfencharakter nur teilweise zur Anwendung kommen. Es wird seit mehreren Jahren auf eine Genehmigung der EU-Kommission gewartet, um das System tatsächlich in dieser Form umzusetzen. Bis dahin wird gem. der aufschiebenden Klauseln des EEG-RO a.f. sowie des Regierungsbeschlusses Nr. 1479/2009 unabhängig von der Ökostromquelle lediglich ein Zertifikat pro MWh vergeben.

Die Ausstellung von grünen Zertifikaten erfolgt auf Antrag des Inhabers einer Erzeugungslizenz nachdem die Qualifizierung der Unternehmen zur Ökostromerzeugung für vorrangige Produktion von der ANRE erhalten wurde. Vorrangige Produktion bedeutet die qualifizierte Energieerzeugung durch einen Hersteller, für welche vorrangige Verkaufsrechte bestehen. Diese Qualifizierung ist erforderlich, um in den Genuss mehrerer Rechte zu kommen, unter anderem das Recht zum Bezug und zur Vermarktung grüner Zertifikate und zur Abgabe von Angeboten auf dem Spotmarkt (rum. *Piaţa pentru Ziua Următoare*, „Day Ahead Market"). Die Qualifizierung der Unternehmen zur Ökostromerzeugung für vorrangige Produktion erfolgt: (i) in der Regel jährlich, (ii) für die ganze Ökostromproduktion, (iii) für die ganze Kapazität.

Die grünen Zertifikate können auf dem von OPCOM (rum. *Operatorul Pieţei de Energie Electrică*) betriebenen Energiemarkt gehandelt werden. Bis 2025 liegt der Preis für ein grünes Zertifikat bei mindestens 27, höchstens 55[7] Euro (ab 2011 durch die Regulierungsbehörde ANRE jährlich um die Jahresinflation indiziert).

Zusätzlich zu diesen über einen Zeitraum von 3 bis 15 Jahren je nach Alter und Typ der Anlage gewährten Fördermöglichkeiten sah das rumänische Energierecht **weitere Vergünstigungen** vor, wie beispielsweise die „Bürgschaft für bis zu 50% der mittel- und langfristigen Darlehen" oder die „Sicherung der Infra-

---

7   Gemäß dem o.g. Bericht der ANRE über den Markt der grünen Zertifikate lag der Preis bis dato bei der Höchstschwelle (55 EUR), zumal weiterhin die Nachfrage deutlich über dem Angebot liegt.

struktur für Transport und Versorgungsleistungen für Beginn und Entwicklung der Investition". Diese sollen nach dem EEG-RO entfallen.

Das EEG-RO schreibt allerdings die prioritäre Anbindung von Strom aus erneuerbaren Energien an das jeweilige Stromnetz vor. Während der ursprüngliche Art. 20 Abs. 2 EEG-RO a.f. hinsichtlich der **Netzanpassungskosten** bestimmte, dass diese durch die Hersteller und die Netzbetreiber gemeinsam getragen werden sollten, wurde diese Regelung durch das Modernisierungsgesetz ersatzlos gestrichen. Dies ist grundsätzlich begrüßenswert, da eine anteilige Kostenübernahme mögliche Investoren abschrecken und die Förderung der Herstellung von Strom aus erneuerbaren Energien bremsen könnte. Allerdings lässt das Gesetz die Frage offen, auf wen nun die Kosten des Netzausbaus und der Netzanpassung entfallen sollen. Auch an dieser Stelle wird deutlich, dass die Gesetzgebung im Bereich der Förderung erneuerbarer Energien noch tätig werden muss.

Das EEG-RO sieht nur noch an einer Stelle eine Berechtigung der **Verbraucher** vor. Natürliche Personen können Strom, der aus erneuerbaren Quellen produziert wurde, gem. Art. 14 Abs. 3 i. V. m. Abs. 6 EEG-RO verkaufen und in das nationale Versorgungsnetz einspeisen. Die genauen Rahmenbedingungen für diese Art der Teilnahme am Energiemarkt müssen allerdings erst noch durch die Regulierungsbehörde ANRE festgesetzt werden.

Zusammenfassend hat Rumänien das Quotenmodell verbunden mit den grünen Zertifikaten übernommen, jedoch in der Praxis nur zum Teil umgesetzt. Obwohl die grundlegenden gesetzlichen Vorschriften schon längst bestanden und über die Jahre verfeinert wurden, steht dieses Fördersystem in der Praxis noch aus. Dies beruht darauf, dass neben der Genehmigung der EU-Kommission noch weitere Rechtsakte zur Konkretisierung und zur Umsetzung der zu Grunde liegenden EU- Richtlinie 2009/28/EG erlassen werden müssen[8].

2. Staatliche und private Teilnehmer am Energiemarkt

Wie bereits mehrmals erwähnt, verfügt Rumänien über große inländische Reserven an fossilen und atomaren Primärenergiequellen. Nichtsdestoweniger entwickelten sich der wirtschaftliche Aufbau und die Förderung erneuerbarer Energien erst sehr zögerlich. Mittlerweile hat Rumänien aber mit dem Erlass des neuen EEG-RO einen bedeutenden Schritt in die Zukunft erneuerbarer Energien gemacht. Weitere wichtige Schritte erfolgten bereits in der Vergangenheit: so wurde 1998 die Regulierungs- und Aufsichtsbehörde für den Energiesektor ANRE (rum. *Autoritatea Naţională de Reglementare în domeniul*

---

8   Dies geht eindeutig aus den Schlussbestimmungen des EEG-RO hervor, wonach weitere Regierungsverordnungen zur Umsetzung der nicht hierin vorgesehenen Änderungen erwartet werden.

Energiei) gegründet[9] und im Jahre 2000 erfolgte die Aufteilung des nationalen Energieunternehmens in seine einzelnen Sparten.

Die landesweite Stromverteilung wird neben weiteren regionalen Unternehmen wie CEZ, ENEL oder E.On seitdem von der Gesellschaft Electrica S.A. durchgeführt. Die Transelectrica S.A. ist für die Transportnetze verantwortlich und seit Mai 2003 Vollmitglied des westeuropäischen UCTE-Verbundsystems. Die Produktion übernahmen u.a. die Hidroelectrica S.A. und die Termoelectrica S.A.. Letztere gliederte 2003 fünf regionale Energieproduzenten aus und gründete die Tochtergesellschaft OPCOM (Operator Comercial). Die OPCOM ist inzwischen viel mehr für den Betrieb der Energiebörse zuständig und als solche eine eigenständige Gesellschaft.

Insgesamt sind derzeit gemäß dem veröffentlichten Bericht der ANRE betreffend den Markt der grünen Zertifikate 99 Teilnehmer an diesem Markt beteiligt, davon 33 Erzeuger und 66 Versorger.

Das Ministerium für Wirtschaft, Handel und Geschäftsumfeld veröffentlichte unter dem Datum des 06.07.2010 auf seiner Internetseite einen Vorschlag für einen Regierungsbeschluss betreffend die Umorganisierung einiger Energieversorger mit staatlicher Beteiligung durch Schaffung einer neuen Aktiengesellschaft Electrica Furnizare S.A..

Gemäß Art. 1 des Entwurfes zum Regierungsbeschluss soll die Aktiengesellschaft Electrica Furnizare S.A. als Tochtergesellschaft der Gesellschaft Electrica S.A. gegründet werden. Zu diesem Zweck werden die Gellschaften Electrica Furnizare Transilvania Nord S.A., Electrica Furnizare Transilvania Sud S.A. sowie die Electrica Furnizare Muntenia Nord S.A. fusionieren. Hauptziel der neu zu gründenden Gesellschaft wird der Elektrizitätshandel sein.

Mit diesem Vorgehen wird beabsichtigt, die entsprechenden Ausgaben für die Organisation der Stromverteilung zu mindern und die Wirtschaftlichkeit zu steigern. Ferner soll eine stabile Stellung auf dem internen und regionalen Energiemarkt erzeugt werden. Schließlich wird mit dieser Maßnahme die Gewährleistung der Wettbewerbsfähigkeit und Sicherheit der Versorgung mit Energie auf sämtlichen Märkten, auf denen die Electrica S.A. agiert, angestrebt.

Unabhängig von der Frage, ob die Bündelung der Tochterunternehmen zu einem einzigen Energieversorger tatsächlich unter dem Aspekt des Wettbewerbs Vorteile bringen kann, bleibt abzuwarten, ob der Entwurf des Regierungsbeschlusses realisiert wird.

---

9   ANRE ist gem. der DVO Nr. 99/2000 als selbständige Rechtsperson organisiert und arbeitet auf autonomer Grundlage und im Rahmen von Regeln, die durch Regierungsbeschluss bewilligt sind.

3. Stromproduktion aus erneuerbaren Energiequellen

Die Errichtung einer Anlage zur Erzeugung grüner Energie setzt die Erfüllung zahlreicher Bedingungen voraus und bedarf einer Vielzahl von Genehmigungen. Angesichts der relativ neuen Regelungsmaterie und vieler Besonderheiten des Gesetzgebungssystems sowie der Verwaltungspraxis in Rumänien empfiehlt es sich, eine juristische Beratung und Betreuung durch rumänische Energierechtsexperten in Anspruch zu nehmen.

Zunächst muss ein Ökostrom-Erzeuger den örtlichen Behörden zahlreiche Unterlagen beibringen. Es wird unterschieden zwischen den einzelnen Ausstellern:

a. Unterlagen, die von der öffentlichen Verwaltung ausgestellt werden:

- Bauvorbescheid (rum. *certificat de urbanism*);
- Baugenehmigung (rum. *autorizație de construire*);
- Umweltgenehmigung (rum. *autorizație de mediu*).

b. Unterlagen, die vom Stromnetzbetreiber, an dem die Anlage angeschlossen wird, ausgestellt werden:

- Standortgenehmigung (rum. *aviz de amplasament*) gemäß der Verfahrensweise zur Ausstellung von Standortgenehmigungen, genehmigt durch Anordnung der ANRE Nr. 48/2008;

- technische Anschlussgenehmigung (rum. *aviz tehnic de racordare*) gemäß dem Reglement über den Anschluss der Benutzer an den örtlichen Stromnetzen, genehmigt durch den Regierungsbeschluss Nr. 90/2008.

c. Von der Regulierungsbehörde ANRE ausgestellte Unterlagen:

- Betriebsaufnahmegenehmigung (rum. *autorizație de înființare*) gemäß dem Reglement über die Erteilung von Lizenzen und Genehmigungen im Strombereich, genehmigt durch den Regierungsbeschluss Nr. 540/2004, mit den Änderungen und Ergänzungen des Regierungsbeschlusses Nr. 553/2007. Diese gilt nur für energetische Bauvorhaben mit einer installierten Leistung von mehr als 1 MWh;

- Erzeugungslizenz für Ökostrom (rum. *licență de producere*) ebenfalls gemäß den obigen Vorgaben des Regierungsbeschlusses Nr. 540/2004, mit den Änderungen und Ergänzungen des Regierungsbeschlusses Nr. 553/2007;

- Qualifizierung für die vorrangige Stromerzeugung (rum. *calificarea pentru producția prioritară de energie electrică*) gemäß den Vorgaben der Anordnung der ANRE Nr. 39/2006.

Ferner müssen diverse Eintragungen vorgenommen werden. Zum Überblick werden nur folgende aufgelistet:

- Eintragung beim Betreiber des Energiemarktes (SC Opcom SA[10], rum. *Operatorul Pieței de Energie Electrică*) – zum Vertrieb des Ökostroms auf dem Spotmarkt („Day-Ahead Market" - DAM);

- Eintragung beim Betreiber des Vertriebsnetzes und des Versorgungssystems (CN Transelectrica SA[11], rum. *Operatorul de Transport și Sistem, OTS*) – zur Einholung von grünen Zertifikaten;

- Eintragung beim Betreiber des Marktes für grüne Zertifikate (SC Opcom SA, rum. *Operatorul Pieței de Certificate Verzi, OPCV*) – zur Eintragung im Register für grüne Zertifikate und zur Beteiligung am Markt der grünen Zertifikate.

4. Der Verkauf von Ökostrom

Hersteller elektrischen Stroms aus erneuerbaren Energien können den Strom aus erneuerbaren Energiequellen wie jeder andere Hersteller auf dem Großhandelsmarkt für Strom zum Marktpreis verkaufen. Hierzu stehen ihnen die folgenden Vermarktungsmöglichkeiten zur Verfügung:

- bilaterale Verträge mit den Stromversorgern oder mit den berechtigten Verbrauchern zu verhandelten Preisen[12] oder

- bilaterale Verträge mit den Stromversorgern zu Preisen, die von ANRE geregelt sind, nach den Bestimmungen des Art. 3 der ANRE Anordnung Nr. 44/2007[13] oder

- auf dem zentralisierten Stromspotmarkt (Day-Ahead Market) zum Market–Clearing Preis.

---

10 Mehr Informationen zum Verfahren siehe unter: http://www.opcom.ro.

11 Mehr Informationen hierzu unter: http://www.transelectrica.ro/.

12 Solche Verträge sind ausschließlich mit „annehmbaren Verbrauchern" (rum. consumatori eligibili) möglich. Dies sind Verbraucher, die zur Auswahl des Stromversorgers berechtigt sind und unmittelbar mit dem Stromversorger vertraglich den Strombedarf vereinbaren können. Im Gegensatz dazu stehen die „Verbraucher ohne Wahlmöglichkeit" (rum. consumatori captivi), die aufgrund der Gegebenheiten keine Möglichkeit zur Auswahl ihres Stromanbieters haben.

13 Der Verkauf zu einem von ANRE festgelegten Preis von derzeit 132,- RON/MWh (ungefähr 31 EUR/MWh) ist erst dann möglich, wenn die Erzeuger aufgrund des Reglements der ANRE vom 13.12.2006 eine Qualifikation für die unkontrollierbare vorrangige Produktion (rum. calificare pentru producție prioritară necontrolabilă) besitzen. Die unkontrollierbare vorrangige Produktion bezieht sich auf diejenigen Produktionsvorrichtungen (rum. unități de producție), welche solche erneuerbare Energiequellen benutzen, deren tatsächliche Produktion vom Hersteller nicht aktiv gesteuert werden kann (z.B. Solarenergie, Windenergie, Biomasse usw.).

Beim Verkauf von Ökostrom auf dem Spotmarkt:

- wird Ökostrom mit Vorrang auf den Strommarkt übernommen;

- stellt der Market-Clearing Preis einen variablen Tarif dar, der abhängig von Angebot und Nachfrage für jeden Transaktionszeitraum (1 Stunde) ähnlich wie bei einer Börse festgesetzt wird[14];

- wird Ökostrom innerhalb eines Zeitraums nicht übernommen (das Gleichgewicht zwischen Produktion und Verbrauch wird nur aus den abgeschlossenen bilateralen Kaufverträgen erzielt), so macht der Ökostromhersteller eine Anzeige über die Unausgewogenheit und erhält den für solche Fälle festen Preis.

5. Weitere rechtliche Hinweise - Grundstücksproblematik

Im Vorfeld eines Projektes zur Stromproduktion aus erneuerbaren Energien in Rumänien sollten Investoren die Besonderheiten des rumänischen Immobilienrechtes berücksichtigen, da sich diese ohne die Hinziehung fachlicher Kompetenz durchaus zu Lasten des Projektes entfalten können. Die folgenden Ausführungen sollen lediglich einen Überblick über die wichtigsten Aspekte, die es zu beachten gilt, verschaffen:

Möglichkeiten zur Sicherung eines Grundstücks für Investoren, die eine Anlage zur Erzeugung erneuerbarer Energien aufbauen wollen, unterscheiden sich je nachdem, ob das betreffende Grundstück in öffentlichem oder privatem Eigentum steht.

a. privates Grundstückseigentum

Neben der Variante des Erwerbs des Eigentums an einem Grundstück besteht die Möglichkeit, mit dem privaten Grundstückseigentümer einen Vertrag zur Bestellung eines Erbbaurechts (rum. *drept de superficie*) für eine lange Zeitspanne zu schließen.

Das Erbbaurecht ist das Recht des Berechtigten, gegen Zahlung eines regelmäßigen Erbbauzinses auf oder unter der Oberfläche eines Grundstückes ein Bauwerk zu errichten oder zu unterhalten. Gesetzliche Grundlage für die Bestellung eines Erbbaurechts ist Art. 492 des rumänischen Zivilgesetzbuches (rum. *Codul Civil*).

Das Erbbaurecht ist ein grundstückgleiches Recht, welches dazu führt, dass

---

14   Täglich wird auf www.opcom.ro nur zu Informationszwecken der Durchschnittswert der Market-Clearing Preise des betreffenden Tages (24 Stunden) für den Folgetag veröffentlicht. Zum Zeitpunkt der Erstellung dieses Artikels (Stand 06.08.2010) betrug dieser 143,25 RON/MWh (d.h. 34,10 EUR/MWh).

das aufgrund eines Erbbaurechts errichtete Grundstück als wesentlicher Bestandteil des Erbbaurechtes gilt. Wie das Eigentum am Grundstück selbst kann das Erbbaurecht veräußert oder belastet werden.

In seiner konkreten Ausgestaltung bewirkt ein solcher Vertrag zur Bestellung eines Erbbaurechts, dass der Investor und Erbbauberechtigte die beabsichtigte Anlage auf dem entsprechenden Grundstück errichten darf und während der Dauer des Vertrages das Eigentum an der errichteten Anlage innehat. Die Rechtslage hinsichtlich der errichteten Anlage nach Ende des Vertrages mit dem Grundstückseigentümer kann und muss von den Parteien detailliert vertraglich vereinbart werden. Ratsam wäre es, das Recht des Grundstückseigentümers zur einseitigen/ordentlichen Kündigung (rum. *denunțare unilaterală*) des bestellten Erbbaurechtes vertraglich auszuschließen.

Grundsätzlich muss beachtet werden, dass der Vertrag über die Bestellung eines Erbbaurechtes der strengen Form der notariellen Beurkundung unterliegt. Ferner sollte zur Sicherung der Drittwirkung das Erbbaurecht zu Gunsten des Berechtigten ins Grundbuch eingetragen werden.

Gänzlich abzuraten ist hingegen von der Erwägung, ein entsprechendes Grundstück von seinem Eigentümer pachten zu wollen. Gemäß Art. 1 des Gesetzes Nr. 16/1994 betreffend die Verpachtung können nur „landwirtschaftliche Güter" dem Recht der Verpachtung unterliegen. Abs. 2 des Gesetzes 16/1994 definiert „landwirtschaftliche Güter" als landwirtschaftliche Flächen, die zur landwirtschaftlichen Nutzung bestimmt sind. Das verdeutlicht, dass der Zweck eines Pachtvertrages nach rumänischem Recht grundsätzlich lediglich die landwirtschaftliche Nutzung einer landwirtschaftlichen Fläche ist, während das deutsche Rechtssystem einen umfangreichen Anwendungsbereich des Pachtvertrages (darunter auch das Baurecht) vorsieht.

Dass die Möglichkeit der Pacht zum Zwecke der Errichtung von Bauten auf einem Grundstück nach rumänischem Recht nicht vorgesehen ist, zeigt auch Ziff. 10 der Anlage 2 zum Gesetz 50/1991 betreffend die Genehmigung der Ausführungen von Bauarbeiten auf. Darin findet sich eine Aufzählung derjenigen Arten von Verträgen, die das sogenannte „Recht zur Ausführung von Bauarbeiten" auf einer Grundstücksfläche begründen. In dieser Aufzählung ist die Pacht nicht als solches Recht aufgeführt.

Vor diesem Hintergrund wird ersichtlich, dass die Pacht kein geeignetes juristisches Konstrukt zur Sicherung eines Grundstückes zum Zwecke der Errichtung einer Anlage zur Stromerzeugung aus erneuerbaren Energien ist. Eindeutig zu bevorzugen ist hingegen der Vertrag zur Bestellung eines Erbbaurechts, da so eine einvernehmliche Regelung zwischen den Parteien gefunden werden kann, die den Zwecken des Investors, eine unkomplizierte und kostengünstige Variante zur Sicherung eines bebaubaren Grundstückes zu finden, dient.

b. öffentliches Grundstückseigentum

Grundstücke im Eigentum von Gemeinden können durch einen Konzessionsvertrag nutzbar gemacht werden.

Die Vereinbarung einer Konzession stellt die Überlassung oder Verleihung eines Nutzungsrechtes an einem öffentlichen Gut in vielen Fällen gegen Entrichtung einer Konzessionsgebühr dar. Konzessionsverträge nach rumänischem Recht werden im Wesentlichen auf der Grundlage der Dringlichkeitsverordnung (rum. *Ordonanţă de Urgenţă – OUG*) Nr. 54/2006 mit nachträglichen Änderungen geschlossen. Gemäß der DVO erfolgt die Konzessionierung in der Regel durch öffentliche Ausschreibung (rum. *licitaţie publică*), ähnlich wie im Fall des Erwerbs eines Grundstücks, welches sich im privaten Eigentum des Staats, des Kreises, der Stadt oder der Gemeinde befindet.

6. Nationale Fördermittel

Ende Mai hat die rumänische Regierung einen „Finanzierungsleitfaden für das Programm zur Erhöhung der Produktion von Energie aus erneuerbaren Quellen" (Amtsblatt Nr. 341 vom 21.05.2010, Teil I.) verabschiedet. Der Leitfaden soll interessierten Antragstellern Informationen über das neue nationale Programm zur Erhöhung der Energieproduktion aus erneuerbaren Quellen („Programm") liefern.

Zweck des Programms ist die Verwertung erneuerbarer Energiequellen. Das Programm soll neue Kapazitäten zur Herstellung von Energie aus erneuerbaren Quellen fördern, Regionen, in denen solche Investitionen getätigt werden, wirtschaftlich unterstützen, um die bereits erwähnten Ziele der Energie-Strategie Rumäniens zu erreichen.

Die nicht rückzahlbare Finanzierung erfolgt aus dem Umweltfonds. Die Finanzierung deckt 50% des gesamten finanzierbaren Projektwertes landesweit, wobei Bukarest und der Landkreis Ilfov (Hauptsitz/Betriebsstätte des Antragstellers) ausgenommen sind. Hier werden nur 40% des Projektwertes gedeckt, ohne das Höchstlimit je Antragsteller zu überschreiten. Das Höchstlimit je Projekt liegt bei 30 Millionen Lei (ca. 7,2 Millionen Euro). Die zugesagte Finanzierung kann nicht aufgestockt werden. Das Projekt, das finanziert wird, muss binnen 36 Monaten fertig gestellt sein. In Ausnahmefällen kann diese Frist um maximal 12 Monate verlängert werden.

Finanziert werden Anlagen zur Herstellung von erneuerbarer Energie. Ein Antragsteller darf im Rahmen einer Finanzierungsausschreibung nur für ein einziges Projekt die Finanzierung beantragen.

Der Antragsteller muss eine rumänische juristische Person sein, mindestens 6 Monate vor Antrag tätig gewesen sein und mindestens einen Jahresabschluss vorlegen können. Der Antragsteller muss ferner rechtmäßiger Eigentümer oder Nutzungsberechtigter des Gebäudes/Grundstücks sein, auf dem das Projekt realisiert wird. Die Immobilie darf nicht Gegenstand eines Gerichtsprozesses sein. Der Antragsteller darf sich nicht in Liquidations- oder Insolvenzverfahren befinden oder Steuerschulden haben. Die Finanzierung darf nicht mit EU-Regelungen bezüglich staatlicher Beihilfen in Konflikt geraten. Der Antragsteller muss alle für die Umsetzung des Projektes notwendigen Zulassungen erhalten. Die Bedingungen sind kumulativ zu erfüllen.

Wenn die Vergünstigungen einem großen Unternehmen gewährt werden, muss die finanzierte Investition mindestens 5 Jahre in der Region erhalten bleiben. KMU müssen die Investition 3 Jahre behalten. Es werden keine Vorauszahlungen finanziert.

IV. Fazit

Obwohl das EEG-RO einen grundsätzlich positiven allgemeinen Rechtsrahmen für Investitionen in erneuerbare Energie beinhaltet, lässt das Gesetz eine ganze Reihe wichtiger und praxisrelevanter Punkte ungeregelt. Regelungslücken im Bereich der Förderung und bürokratische Hürden zur Einholung der erforderlichen Unterlagen wie z.B. Genehmigungen, Erzeugungslizenzen bzw. –qualifikationen bremsen daher die zügige Entwicklung dieses in Rumänien äußerst attraktiven Wirtschaftszweigs.

Hinsichtlich der Inanspruchnahme von Fördermitteln sollten sich Investoren bereits im Anfangsstadium in Bezug auf die optimale gesellschaftsrechtliche Strukturierung des Projektantragstellers beraten lassen, damit das Maximum der zur Verfügung stehenden EU-Fördermittel aus den unterschiedlichen Fonds sowie etwaige nationale Fördermittel erfolgreich beantragt werden können. Häufig macht es Sinn, ein großes Projekt im Rahmen verschiedener Gesellschaften mit unterschiedlichen Tätigkeiten durchzuführen, um Zugriff auf unterschiedliche Fördertöpfe zu haben.

Die Novelle des ursprünglichen Gesetzes zur Förderung der Stromerzeugung aus erneuerbaren Energiequellen zeigt, dass der rumänische Energiesektor eine im Wachsen befindliche Branche ist, die wirtschaftliches und politisches Interesse weckt. Das Gesetz ist in seiner Gesamtheit zwar nun wesentlich konsequenter hinsichtlich des Fördersystems eines Quotenmodelles, jedoch bleibt nach wie vor ein dringendes Bedürfnis nach transparenten und strukturierteren Vorgaben zur effektiveren Realisierung von Investitionen und zur Optimierung der Förderregelungen. Auch stehen die lang ersehnten EU-Genehmigungen aus, sodass derzeit lediglich eine teilweise Anwendung jedweder Förderregelungen in Betracht kommt.

Das Verfahren ist nach wie vor kompliziert, wobei die Erteilung von Bau-, Entwicklungs- und Umweltgenehmigungen häufig eine Abstimmung zwischen mehreren Behörden erfordert. Die daraus resultierenden zeitlichen Verzögerungen und verfahrenstechnischen Unwägbarkeiten stellen nach wie vor ein erhebliches Hindernis dar.

Es bleibt abzuwarten, wie sich die Gesetzgebung im rumänischen Energierecht weiter entwickelt. Eine kompetente und umfassende rechtliche Beratung auf dem Gebiet des rumänischen Rechts erleichtert aber schon jetzt Investoren, die das Aufkommen der neuen Branche nutzen wollen, den Markteinstieg.

Geltender gesetzlicher Rahmen im Bereich EE

1. Primärrecht im Bereich erneuerbarer Energiequellen

- Regierungsbeschluss Nr. 443/2003 zur Förderung der Stromproduktion aus erneuerbaren Energiequellen (Amtsblatt Nr. 288 vom 24.04.2003);

- Regierungsbeschluss Nr. 1429/2004 zur Genehmigung der Regelungen über die Zertifizierung der Herkunft des aus erneuerbaren Energiequellen erzeugten Stroms (Amtsblatt Nr. 843 vom 15.09.2004);

- Regierungsbeschluss Nr. 1535/2003 zur Genehmigung der Strategie zur Verwertung von erneuerbaren Energiequellen (Amtsblatt Nr. 8 vom 07.01.2004);

- Regierungsbeschluss Nr. 1892/2004 zur Festlegung des Systems zur Förderung der Stromproduktion aus erneuerbaren Energiequellen (Amtsblatt Nr. 1056 vom 15.11.2004);

- Regierungsbeschluss Nr. 958/2005 zur Änderung des Regierungsbeschlusses Nr. 443/2003 zur Förderung der Stromproduktion aus erneuerbaren Energiequellen und zur Änderung und Ergänzung des Regierungsbeschlusses Nr. 1892/2004 zur Festlegung des Systems zur Förderung der Stromproduktion aus erneuerbaren Energiequellen (Amtsblatt Nr. 809 vom 06.09.2005);

- Gesetz über Strom Nr. 13/2007 mit den nachträglichen Änderungen und Ergänzungen (Amtsblatt Nr. 51 vom 23.01.2007);

- Regierungsbeschluss Nr. 1069/2007 zur Genehmigung der EnergieStrategie Rumäniens für den Zeitraum 2007-2020 (Amtsblatt Nr. 781 vom 19.11.2007);

- Regierungsbeschluss Nr. 750/2008 zur Genehmigung der staatlichen regionalen Beihilfen zur Verwertung erneuerbarer Energiequellen (Amtsblatt Nr. 543 vom 18.07.2008);

◆ Verordnung Nr. 22/2008 bezüglich der Energie-Effizienz und Förderung der Nutzung durch Endverbraucher von Energie aus erneuerbaren Quellen (Amtsblatt Nr. 628 vom 29.08.2008);

◆ Gesetz Nr. 220/2008 zur Bestimmung des Systems zur Förderung der Stromerzeugung aus erneuerbaren Energiequellen (Amtsblatt Nr. 743 vom 03.11.2008);

◆ Regierungsbeschluss Nr. 1661/2008 zur Genehmigung des nationalen Programms zur Erhöhung der Energie-Effizienz und zur Nutzung erneuerbarer Quellen im öffentlichen Bereich in den Jahren 2009-2010 (Amtsblatt Nr. 858 vom 19.12.2008);

◆ Regierungsbeschluss Nr. 409/2009 zur Genehmigung der Durchführungsrichtlinien zur Umsetzung der Verordnung Nr. 22/2008 (Amtsblatt Nr. 263 vom 22.04.2009);

◆ Regierungsbeschluss Nr. 1479/2009 zur Festlegung des Programms für die Förderung der Stromproduktion aus erneuerbaren Energiequellen (Amtsblatt Nr. 843 vom 07.12.2009);

◆ Gesetz Nr. 139/2010 zur Modernisierung des Gesetzes 220/2008 zur Bestimmung des Systems zur Förderung der Stromerzeugung aus erneuerbaren Energiequellen, veröffentlicht im Amtsblatt Nr. 474 vom 09.07.2010.

2. Sekundärrecht im Bereich des Ökostroms

◆ ANRE-Anordnung Nr. 23/2004 betreffend das Verfahren zur Überwachung der Ausstellung von Abstammungszertifikaten für den aus erneuerbaren Energiequellen erzeugten Strom (Amtsblatt Nr. 928 vom 12.10.2004);

◆ ANRE-Anordnung Nr. 22/2006 betreffend die Regelungen zum Aufbau und Betrieb des Marktes für grüne Zertifikate (Amtsblatt Nr. 919 vom 13.11.2006);

◆ ANRE-Anordnung Nr. 38/2006 betreffend das Verfahren zur Überwachung des Marktes für grüne Zertifikate (Amtsblatt Nr. 1036 vom 28.12.2006);

◆ ANRE-Verordnung Nr. 39/2006 betreffend die Regelungen zur Qualifizierung der vorrangigen Stromproduktion aus erneuerbaren Energiequellen (Amtsblatt Nr. 1041 vom 28.12.2006);

◆ ANRE-Anordnung Nr. 44/2007 betreffend die Bestimmungen für den kommerziellen Handel mit Energie, die aus erneuerbaren Energiequellen in qualifizierten Unternehmen für vorrangige Produktion erzeugt wird (Amtsblatt Nr. 760 vom 9.11.2007);

- ANRE-Anordnung Nr. 62/2009 betreffend das Verfahren der Zuweisung der Geldbeträge aus der Nichterfüllung der Quotenregelung zum Erwerb grüner Zertifikate durch Stromversorger (Amtsblatt Nr. 413 vom 17.06.2009).

VERGABERECHT IN RUMÄNIEN

Dr. Raluca-Isabela Oprişiu,

LL.M. Eur. Integration

I.   Anwendungsbereich der DVO 67

II.   Verfahrensarten 69

III.   Ausschreibungskommission 73

IV.   Bieter 74

V.   Veröffentlichung 75

VI.   Ausschreibungsdokumentation 76

VII. Sprache 77

VIII. Geltende Normen 77

IX.   Das Angebot. 77

X.   Der Vertrag 79

XI.   Das elektronische Ausschreibungssystem 79

XII. Aufsichtsbehörde. 82

XIII. Rechtsschutz 83

XIV. Abschließender Überblick über
die Rechtsgrundlagen 85

XV. Rumänischer Ausschreibungsmarkt
in Zahlen und Fakten 86

XVI. Wichtige Adressen 88

In Vorbereitung auf den am 01.01.2007 erfolgten Beitritt Rumäniens zur EU sowie der damit unmittelbar geltenden Bestimmungen zur Warenverkehrsfreiheit hat eine Anpassung der rumänischen Vorschriften über öffentliche Ankäufe (rum. *achiziţii publice*) stattgefunden. Zu diesem Zwecke wurde die „Dringlichkeitsverordnung Nr. 34/2006 bezüglich der Vergabe von Verträgen, die öffentliche Anschaffungen, Konzessionen für öffentliche Arbeiten sowie Konzessionen von Dienstleistungen zum Gegenstand haben" (Amtsblatt – *M. Of.* - Nr. 418 vom 15.05.2006), im Folgenden „**DVO**" genannt, verabschiedet und durch das Gesetz Nr. 337/2006 genehmigt. Zusätzlich wurden entsprechende Durchführungsbestimmungen verabschiedet. Diese Regelungen stellen eine Umsetzung der auf EU-Ebene geltenden Vorgaben ins rumänische Recht dar; hierbei handelt es sich vor allem um die Richtlinien 2004/18/EG des Europäischen Parlaments und des Rates vom 31. März 2004 über die Koordinierung der Verfahren zur Vergabe öffentlicher Bauaufträge, Lieferaufträge und Dienstleistungsaufträge (ABl. L 134 vom 30.4.2004, S. 114–240) sowie 2004/17/EG des Europäischen Parlaments und des Rates vom 31. März 2004 zur Koordinierung der Zuschlagserteilung durch Auftraggeber im Bereich der Wasser-, Energie- und Verkehrsversorgung sowie der Postdienste (ABl. L 134 vom 30.4.2004, S. 1–113) mit nachträglichen Änderungen.

Die Prinzipien, die als Grundlage für die Vergabe von Verträgen für öffentliche Ankäufe dienen, sind: Gleichbehandlung, freier Wettbewerb, gegenseitige Anerkennung, Transparenz, Verhältnismäßigkeit und eine effiziente Verwendung öffentlicher Mittel.

I. Anwendungsbereich der DVO

Öffentliche Auftraggeber (rum. *autorităţi contractante*) nach rumänischem Recht sind

- staatliche Behörden und öffentliche Einrichtungen,

- andere Organismen mit juristischer Persönlichkeit, die im öffentlichen Interesse gegründet wurden und keine gewerblichen Zwecke verfolgen, falls diese

  - größtenteils durch einen Auftraggeber im Sinne des ersten Punktes finanziert werden oder

  - einer solchen Behörde bzw. einem öffentlichen Organismus untergeordnet sind oder

- mehr als die Hälfte der Mitglieder ihres Leitungs- oder Aufsichtsorgans durch einen Auftraggeber im Sinne des ersten Punktes ernannt werden.

• jedwede Form des Zusammenschlusses zwischen Auftraggeber gem. den ersten zwei Punkten;

• öffentliche Unternehmen, die im Bereich Elektrizität, Wasserwirtschaft, Transport u. a. tätig sind,

• private Unternehmen, die aufgrund eines von einem Auftraggeber erteilten Spezialrechts im Bereich Elektrizität, Wasserwirtschaft u. a. tätig sind.[1]

Die o. g. Auftraggeber sind berechtigt, Verträge über Lieferungen, öffentliche Arbeiten und Dienstleistungen zu schließen. Die dem Vergaberecht unterfallenden öffentlichen Arbeiten werden in Anhang Nr. 1 der DVO unter Verwendung der auf EU-Ebene geltenden NACE-Codes zur Beschreibung von Tätigkeiten aufgeführt[2]. Eine in Dienstleistungen und Produkte geteilte Klassifizierung der unter Berücksichtigung der geltenden CPV-Codes[3] ist ferner in Anhang 2[A] und 2[B] der DVO enthalten.

Die DVO findet Anwendung auf sämtliche Verträge für öffentliche Aufträge, soweit Auftraggeber als Vertragspartei beteiligt sind. Gleichzeitig findet die DVO auch dann Anwendung, wenn kein Auftraggeber in engerem Sinne Vertragspartei ist, jedoch der Vertrag zu einem Anteil von mehr als 50 % von einem Auftraggeber finanziert wird und der Vertragswert (exklusive Umsatzsteuer) die nachfolgenden Grenzwerte übersteigt:

• Verträge über die Durchführung von öffentliche Arbeiten:
    4.845.000,00 EUR

• Verträge über Dienstleistungen:
    193.000,00 EUR[4]

---

1   Eine offizielle Liste der öffentlichen Auftraggeber ist für die gesamte EU in den Anhängen zu den relevanten Richtlinien 2004/17/EG und 2004/17/EG, geändert durch die Entscheidung 2008/963/EG, *ABl. L 349 vom 24.12.2008, S. 1–192, enthalten.*

2   Es sei in diesem Zusammenhang darauf hingewiesen, dass seit dem 01.01.2008 neue NACE-Klassifizierungen auf EU-Ebene und somit auch in Rumänien gelten.

3   Siehe dazu die Verordnung (EG) Nr. 2151/2003 der Kommission vom 16. Dezember 2003 über das gemeinsame Vokabular für öffentliche Aufträge (CPV), ABl. L 329 vom 17.12.2003, S. 1–270 mit nachträglichen Änderungen.

4   Diese Schwellen gelten unmittelbar in rumänischem Recht gemäß der Verordnung (EG) Nr. 1177/2009 der Kommission vom 30. November 2009 zur Änderung der Richtlinien 2004/17/EG, 2004/18/EG und 2009/81/EG des Europäischen Parlaments und des Rates im Hinblick auf die Schwellenwerte für Auftragsvergabeverfahren. In der derzeit geltenden Fassung der DVO sind weiterhin die älteren Schwellen angegeben, was zu praktischen Unstimmigkeiten führt.

Im Falle von Lieferverträgen, die nicht von Auftraggebern vergeben, jedoch zu einem Anteil von mehr als 50% durch Auftraggeber finanziert werden, bestand in einer bis Dezember 2008 geltenden Fassung der DVO ein Wahlrecht zwischen folgenden Möglichkeiten:

- Anwendung der Bestimmungen der DVO;

- Anwendung eines intern vereinbarten Ausschreibungsverfahrens, welches die Teilnahme von mindestens 3 (drei) Bietern voraussetzt.

Diese zwei Optionen galten auch für den Fall, in dem Auftraggeber in engerem Sinne zu einem Anteil von mehr als 50% Verträge über Dienstleistungen und öffentliche Arbeiten finanzierten, die o. g. Schwellenwerte jedoch nicht überschritten wurden. Durch die letzten Änderungen der DVO ist dieses Wahlrecht abgeschafft worden, sodass die Bestimmungen der DVO für sämtliche Vergabeverfahren gelten, unabhängig davon, ob die Verträge ausschließlich oder lediglich zu einem Anteil von mehr als 50% durch vetragsschließende Behörden vergeben werden (im letzteren Fall bei Überschreiten der gesetzlich vorgesehenen Schwellen).

Auftraggeber aus dem Elektrizitäts-, Gas-, Wasser- oder Verkehrsbereich haben gesonderte Vorschriften zu befolgen. Für die Vergabe von Arbeiten aus diesem Bereich abgeschlossene „Sektorverträge" (rum. *contracte sectoriale*) müssen die bestmögliche Gewährleistung der Daseinsvorsorge für die Bevölkerung sicherstellen.

Abweichende Bestimmungen gelten für Ausschreibungen gemäß Sonderregelungen des Gemeinschaftsrechts sowie gemäß internationalen Abkommen mit Staaten, die nicht Mitglieder der EU sind. Diese legen eigene Ausschreibungsverfahren fest. Ausdrücklich findet die DVO keine Anwendung für Dienstleistungen im Bereich des Erwerbs bzw. der Verwaltung von Immobilien, der Finanzdienstleistungen usw.

II. Verfahrensarten

Die DVO beschreibt 5 (fünf) grundlegende Verfahrensarten: offene Ausschreibung, beschränkte Ausschreibung, wettbewerblicher Dialog, Verhandlung, sowie das Ersuchen um Angebote. Zusätzlich hierzu sind „besondere Verfahrensarten" vorgesehen. Diese sind Wettbewerb und direkte Ankäufe ohne Ausschreibung (wobei die letztere keine wirkliche Ausschreibung darstellt). All diese Verfahrensarten können auch mit Hilfe von elektronischen Mitteln gestaltet werden. In diesem Sinne ist das elektronische Ausschreibungssystem (rum. *sistemul electronic de achiziții publice,* kurz „SEAP" genannt) eingeführt worden[5]. Eine vom elektronischen Ausschreibungssystem angebotene technische Möglichkeit stellt die sog. elektronische Ausschreibung dar, welche allerdings mit der Durchführung einer der o.g. Verfahrensarten mit Hilfe von elektronischen Mitteln nicht zu verwechseln ist.

An einer **offenen Ausschreibung (rum.** *licitație deschisă)* kann jeder Lieferant oder Bieter von Bauarbeiten oder Dienstleistungen teilnehmen.

Eine **beschränkte Ausschreibung (rum.** *licitație restrânsă)* implementiert, dass zunächst jeder interessierte Bieter seine Bewerbung einreichen darf, jedoch nur bestimmte, von dem Veranstalter ausgewählte Bieter aufgrund einer erhaltenen Einladung an der Ausschreibung teilnehmen. Die Mindestanzahl an Teilnehmern muss einen tatsächlichen Wettbewerb ermöglichen und darf 5 (fünf) Teilnehmer nicht unterschreiten. Die Bieter werden durch Anwendung objektiver und nicht diskriminierender Kriterien im Vorhinein durch den Veranstalter der Ausschreibung bestimmt und individuell zur Teilnahme an der Ausschreibung eingeladen. Diese Kriterien müssen bereits zu Beginn der Ausschreibung preisgegeben werden.

Ein **wettbewerblicher Dialog (rum.** *dialog competitiv)* kommt dann in Betracht, wenn der zu schließende Vertrag für öffentliche Arbeiten, Lieferungen und Dienstleistungen von besonderer technischer oder finanzieller Komplexität ist und diesem Umstand durch eine offene oder beschränkte Ausschreibung nicht angemessen Rechnung getragen werden kann. Es werden in diesen Fällen drei Schritte durchgeführt. In einem ersten Schritt werden die Kandidaten (in einer den tatsächlichen Wettbewerb ermöglichenden Anzahl, allerdings nicht weniger als drei) aufgrund vorher preisgegebener Kriterien bestimmt. Mit diesen wird anschließend ein Dialog zur Identifizierung der Lösung/en für eine angemessene Bearbeitung der für die Auftraggeber gesetzten Schwerpunkte geführt. In einem letzten Schritt werden die endgültigen Angebote der Bieter bewertet.

Sofern sämtliche Ausschreibungsverfahren wegen ungenügender Teilnehmerzahl oder unannehmbarer bzw. unzulässiger Angebote annulliert wurden kommt eine **Verhandlung (rum.** *negociere)* in zwei Varianten in Betracht. a) Eine erste Alternative stellen die sog. *wettbewerbsgebundenen Verhandlungen* dar. Im Rahmen dieses Verfahrens wird in einer ersten Phase eine entsprechende Ausschreibungsankündigung durchgeführt. Anschließend werden mit den gewählten Kandidaten (in einer den tatsächlichen Wettbewerb ermöglichenden Anzahl, allerdings nicht weniger als drei) alle Aspekte der Verträge – inklusive Preis – verhandelt. Es kann in der Endphase auch eine elektronische

---

5   Hierzu siehe weiter unter Teil XI.

Ausschreibung erfolgen. Hierbei sind stets *mehrere Bieter beteiligt.* b) Ferner ist unter gewissen Bedingungen, die mit der Besonderheit und Dringlichkeit des konkreten Falles zusammen hängen, eine *Verhandlung mit nur einem einzigen Bieter* möglich. In diesem Fall findet vor der Durchführung der Verhandlungen keine Ausschreibungsankündigung mehr statt.

Das **Ersuchen um Angebote (rum.** *cerere de oferte*) kommt dann zur Anwendung, wenn einfache Verträge zu vergeben sind und sämtliche alternativen Verfahren zu zeit- und kostenintensiv erscheinen. Allerdings sind solche Ersuchen um Angebote nur dann zulässig, wenn der Wert des Vertrages den Gegenwert in Lei von 15.000,00 EUR[6] zwar überschreitet, jedoch unterhalb eines Maximalbetrages in Höhe von 100.000,00 EUR für Liefer- und Dienstleistungsverträge sowie 750.000,00 EUR für Verträge über öffentliche Arbeiten verbleibt.

Das Ersuchen um Angebote wird seit dem 01.01.2007 ausschließlich auf elektronischem Wege durchgeführt.

Im Bereich der Stadtplanung, der Architektur, im Bauwesen und im EDV-Bereich können außerdem **Wettbewerbe (rum.** *concurs de soluții*) veranstaltet werden, die zu einer Vergabe von Verträgen im Rahmen von Ausschreibungen führen können. Diese Wettbewerbe erfolgen unter Verwendung EU- seitig vorgegebener Formulare. Eine Jury, die zu einem Drittel aus Personen mit derselben Berufsausbildung wie diejenige der Wettbewerber besteht, entscheidet über die anonym zu gestaltenden Projekte.

Von den obigen Ausführungen ausgehend wäre die Einteilung in grundlegende Vergabeverfahren (offene Ausschreibung, beschränkte Ausschreibung, wettbewerblicher Dialog und Verhandlung), vereinfachte Vergabeverfahren (Ersuchen um Angebote und direkte Ankäufe, sofern diese letzte Verfahrensart überhaupt unter dem Kapitel der Ausschreibung subsumiert werden kann) und besondere Vergabeverfahren (Wettbewerb nebst den nachfolgenden speziellen Vergabeverfahren) sinnvoller.

SPEZIELLE VERGABEVERFAHREN

Spezielle Vergabeverfahren nach der DVO betreffen darüber hinaus den Abschluss einer Rahmenvereinbarung (rum. *acord–cadru*), die Nutzung eines dynamischen Ankaufsystems (rum. *sistem de achiziție dinamic*) sowie die sog. elektronische Ausschreibung (rum. *licitație electronică*).

---

6   Alle Ankäufe, die unter dieser 15.000,00 EUR-Schwelle liegen, können von dem öffentlichen Auftraggeber direkt aufgrund eines entsprechenden Belegs vorgenommen werden.

Rahmenvereinbarungen dienen dazu, für künftige zu vergebende Arbeiten einen ungefähren Rahmen der wesentlichen Bedingungen festzulegen. Rahmenvereinbarungen können grundsätzlich nur nach Durchführung einer offenen bzw. beschränkten Ausschreibung geschlossen werden. Die Dauer der Rahmenvereinbarung darf 4 (vier) Jahre nicht überschreiten; die Vereinbarung muss mit mindestens 3 (drei) Bietern abgeschlossen werden. Aufgrund der darin vereinbarten Preise bzw. Verpflichtungen der Bieter werden entweder nach erneuter Durchführung einer Ausschreibung oder mit Verzicht auf eine weitere Ausschreibung anschließend die tatsächlichen Vergabeverträge abgeschlossen.

Das **dynamische Ankaufsystem** kann nur mit Hilfe der elektronischen Mittel des SEAP und nur für den Ankauf herkömmlicher Güter eingesetzt werden. Auch dieses System kann nicht für eine Dauer von länger als 4 (vier) Jahren genutzt werden. Nach Veröffentlichung der Ausschreibungsankündigung werden durch die Bieter zunächst vorläufige Angebote eingereicht. Der Auftraggeber ist verpflichtet, binnen 15 Tagen ab Erhalt dieser vorläufigen Angebote Stellung dazu zu nehmen und den Bieter über die Aufnahme in das dynamische System zu benachrichtigen. Nach Aufnahme in das dynamische System kann der betroffene Bieter ein endgültiges Angebot abgeben.

Die **elektronische Ausschreibung** kann in folgenden Fällen durchgeführt werden:

* als Endphase einer offenen bzw. beschränkten Ausschreibung, einer Verhandlung mit Ausschreibungsankündigung sowie eines Ersuchens um Angebote;

* bei erneuter Aufnahme des Ausschreibungsverfahrens im Falle des Abschlusses einer Rahmenvereinbarung;

* bei Abgabe der endgültigen Angebote im Fall eines dynamischen Anschaffungssystems.

Ausgeschlossen von elektronischen Ausschreibungen sind Dienstleistungsverträge und Verträge über öffentliche Arbeiten, die intellektuelle Leistungen (wie z.B. die Beratung oder Planung) betreffen.

Vor der Einleitung des Verfahrens zur elektronischen Ausschreibung müssen die Ausschreibungsankündigung veröffentlicht und die Dokumentation bereitgestellt werden. Aufgrund dieser Ankündigung werden dem Auftraggeber Angebote übersandt, die nach einer vorläufigen Bewertung zur Zulassung der Bieter zu den Ausschreibungsrunden führen können. Dies geschieht durch Übersendung einer Einladung zu den elektronischen Ausschreibungsrunden und Bekanntgabe des Beginns dieser Runden. Die Ausschreibungsrunden dürfen nicht früher als 2 Werktage nach Übersendung der Einladung stattfinden. Innerhalb dieser Runden reichen die Teilnehmer ihre Angebote (bestehend aus Preisvorstellungen sowie Durchführungsbedingungen der Vergabeverträge) in elektronischer Form ein. Die elektronischen Ausschreibungsrunden enden automatisch entweder nach Beendigung der vereinbarten Rundenanzahl oder nach Ablauf der festgelegten Frist für die Einreichung der Angebote. Je nach angewandter Methode zur Bestimmung des Gewinners wird der Zuschlag automatisch erteilt.

Der Auftraggeber muss jederzeit sicherstellen, dass die Identität der Teilnehmer an einer elektronischen Ausschreibung geheim gehalten wird. Gleichzeitig ist den Teilnehmern die Möglichkeit zu gewähren, jederzeit im Verlauf der Ausschreibungsrunden ihre Position im Rahmen des Verfahrens zu erfahren. Nach Beendigung des elektronischen Verfahrens gelten hinsichtlich des Vertragsschlusses dieselben Regeln wie diejenigen für die übrigen Ausschreibungsverfahren. Anschließend muss die Vergabeankündigung veröffentlicht werden.

III. Ausschreibungskommission

Jeder Auftraggeber war verpflichtet, bis zum 01.01.2008 (bzw. innerhalb von 3 Monaten nach Gründung des Auftraggebers) eine interne Fachabteilung (rum. *compartiment intern specializat*)[7] für die Durchführung öffentlicher Ausschreibungen zu bilden. Die Nichteinhaltung dieser Vorgabe stellte eine Ordnungswidrigkeit dar und wurde mit einer Geldbuße zwischen 10.000,00 und 35.000,00 Lei geahndet.

Aus den Mitgliedern dieser Abteilung wird die Ausschreibungskommission eines jeden Verfahrens gewählt. Wenn die interne Fachabteilung des Auftraggebers das Ausschreibungsverfahren einleitet und sämtliche hierfür erforderlichen Schritte unternimmt, so ist die Ausschreibungskommission für die Bewertung der von den Bietern eingereichten Angebote zuständig. Die Ausschreibungskommission untersteht einem Präsidenten, der für die Überwachung der Erfüllung aller Verpflichtungen zuständig ist und gibt sich eine eigene Verfahrensordnung. Die Entscheidungen der Ausschreibungskommission werden mit einer 2/3-Mehrheit getroffen. Je nach Besonderheit des Verfahrens können im Hinblick auf die Bewertung der Angebote zusätzlich externe Experten herangezogen werden, welche allerdings über kein Stimmrecht verfügen.

---

7   Diese Abteilung wurde zunächst im Anhang 2 des Regierungsbeschlusses Nr. 901/2005 über die Reformstrategie im Bereich öffentlicher Ankäufe für den Zeitraum 2005-2007 (M. Of. Nr. 758 vom 19.08.2005) erwähnt.

IV. Bieter

Sämtliche o. g. Ausschreibungsverfahren sind für inländische sowie ausländische Bieter zugänglich. Der Grundsatz der Gleichbehandlung wird gesetzlich festgelegt. Die bisher (in Artikel 43-45 des abgeschafften Beschlusses Nr. 461/2001) vorgeschriebene Bevorzugung von rumänischen natürlichen oder juristischen Personen sowie von in Rumänien registrierten Repräsentanzen ausländischer Gesellschaften mit juristischer Persönlichkeit ist weggefallen.

Was die Eigenschaften des Bieters anbetrifft, so muss dieser über die erforderlichen persönlichen, technischen bzw. wirtschaftlichen Fähigkeiten verfügen, um die ausgeschriebenen Dienstleistungen bzw. Arbeiten erwartungsgemäß durchführen zu können. Dies liegt nicht vor, wenn gegen die Person ein unanfechtbares Strafurteil wegen Korruptions- oder Geldwäschedelikten aus den letzten 5 (fünf) Jahren vor der Ausschreibung vorliegt. Juristische Personen sind von der Teilnahme ausgeschlossen, wenn gegen deren Vermögen ein Konkurs- bzw. Insolvenzverfahren eröffnet worden ist, wenn in den letzten drei Jahren ein Gerichtsurteil vorliegt, wodurch der Berufsethik Nachteile zugefügt wurden usw. Der Auftraggeber kann zusätzliche Dokumente wie z.B. Führungszeugnisse oder notarielle Erklärungen auf eigene Verantwortung anfordern, um über die Situation der Bieter Gewissheit zu erlangen.

Der Auftraggeber kann in gewissen Fällen die Erhebung einer **Teilnahmegarantie** (rum. *garanţie de participare*) beschließen. Dies ist in der Praxis sehr oft anzutreffen; sie erfolgt in der Form von unwiderruflichen Sicherheitsleistungen, Bankbürgschaften o.ä. Diese Garantie soll zum Schutz des Auftraggebers vor einem unangemessenen Verhalten seitens der Bieter dienen. Der Höchstbetrag einer solchen Garantie beträgt 2% des geschätzten Wertes des Vertrages; die konkrete Festlegung erfolgt in den Ausschreibungsunterlagen. Die Gültigkeitsdauer der Teilnahmegarantie muss mindestens so lange wie die Gültigkeitsdauer des Angebotes sein. Bietern, die den Zuschlag nicht erhalten, wird die Teilnahmegarantie unverzüglich nach Unterzeichnung des Vertrags über die Vergabe der Arbeiten an den Gewinner, jedoch spätestens innerhalb von 3 (drei) Werktagen nach Ablauf der Gültigkeit des Angebots zurückerstattet. Dem Gewinner der Ausschreibung wird die Garantie innerhalb von 3 (drei) Werktagen nach Einreichung der Gewährleistungsbürgschaft (rum. *garanţie de bună execuţie*) bzw. nach Unterzeichnung der Rahmenvereinbarung restituiert. Auf Antrag kann die Garantie auch vorher erstattet werden.

V. Veröffentlichung

Das Gesetz sieht vor, dass die Auftraggeber verpflichtet sind, bestimmte beabsichtigte Ankäufe, Arbeiten und Dienstleistungen in einem Jahresausschreibungsprogramm (rum. *program anual al achiziţiilor publice*) festzulegen. Darauf aufbauend werden verschiedene Veröffentlichungen durchgeführt.

In einer ersten Phase wird bei manchen Verfahren eine Absichtsankündigung (rum. *anunţ de intenţie*) veröffentlicht. Dies erfolgt so bald wie möglich nach Billigung des eigenen Budgets durch den Auftraggeber (eine bislang geltende 30-Tagesfrist ist nun abgeschafft worden). Die ausschreibende Behörde ist jedoch nicht verpflichtet, die angekündigten Ankäufe auch tatsächlich durchzuführen.

Nach der Auswahl des Ausschreibungsverfahrens wird im Rahmen der meisten Ausschreibungsverfahren ferner eine Ausschreibungsankündigung (rum. *anunţ de participare*) veröffentlicht. Hier werden die konkreten Daten des bevorstehenden Verfahrens benannt.

Beide Veröffentlichungen erfolgen stets auf elektronischem Wege durch das SEAP. Eine obligatorische Veröffentlichung derselben im VI. Teil des Amtsblattes Rumäniens mit dem Titel „Achiziţii publice" ist seit dem 01.01.2008 abgeschafft worden. Darüber hinaus besteht in manchen Fällen eine Verpflichtung, sämtliche Ankündigungen zusätzlich in dem Amtsblatt der EU zu veröffentlichen. Ausschlaggebend sind in diesem Zusammenhang die Werte, die beispielsweise eine obligatorische Veröffentlichung der Ausschreibungs- und Vergabeankündigung in dem Amtsblatt der EU vorschreiben (125.000,00 EUR für Liefer- und Dienstleistungsverträge außerhalb der Sektorbereiche Elektrizität-, Wasserwirtschaft u.a.; 387.000,00 EUR für Liefer- und Dienstleistungsverträge innerhalb der Sektorbereiche und 4.845.000,00 EUR für Verträge über öffentliche Arbeiten).

Form und Inhalt der Veröffentlichungen wird nach Maßgabe der EU-Verordnung 1564/2005 zur Einführung von Standardformularen für die Veröffentlichung von Vergabeankündigungen im Rahmen von Verfahren zur Vergabe öffentlicher Aufträge (ABl. L 257 vom 1.10.2005, S. 1–126) bestimmt. Die Aufsichtsbehörde ANRMAP[8] prüft diese Ankündigungen und schaltet sie dann zur Veröffentlichung durch das SEAP bzw. zur Weiterleitung und Veröffentlichung in das Amtsblatt der EU frei. Für diejenigen Ankündigungen, die nicht obligatorisch in dem Amtsblatt der EU veröffentlicht werden müssen, gelten

---

8   Zu weiteren Einzelheiten betreffend die Überwachungsbehörde ANRMAP, siehe nachfolgend unter Teil XII.

die Formvorschriften des Anhangs 1 zu den Durchführungsnormen der DVO. Sie haben, was den Umfang anbetrifft, 650 Worte nicht zu überschreiten.

Die Frist für die Veröffentlichung dieser Bekantmachungen ist je nach der durchzuführenden Verfahrensart und dem Wert der Verträge unterschiedlich. Beispielsweise müssen für beschränkte Ausschreibungen, deren Wert über dieser Schwelle liegt, zwischen der Veröffentlichung im Amtsblatt und dem Ablauf der Frist für die Submission der Bewerbung 37 Tage (im beschleunigten Verfahren 15 Tage) liegen; der entsprechende Zeitraum beträgt für Verträge, die unter der o. g. Veröffentlichungsschwelle liegen, 10 Tage. Diese Fristen können allerdings unter bestimmten Umständen (z.b. bei ausschließlicher Anwendung elektronischer Mittel und Veröffentlichung sämtlicher hierfür erforderlicher Unterlagen in elektronischem Format) verkürzt werden.

Innerhalb einer Frist von 48 Tagen nach Abschluss eines Ausschreibungsverfahrens, nach Beendigung eines Wettbewerbs oder nach Vergabe eines Vertrages über öffentliche Ankäufe im Rahmen eines dynamischen Ankaufsystems ist die ausschreibende Stelle verpflichtet, eine Vergabeankündigung nach dem oben dargestellten Muster (rum. *anunţ de atribuire*) zu veröffentlichen. Dies wird in der Praxis meistens vergessen.

Spezielle Transparenzvorschriften gelten für die öffentliche Ausschreibung von Werbediensten. In diesem Bereich gelten ebenfalls spezielle Vorschriften zum Inhalt des Vergabevertrages, wie in der Anordnung Nr. 183/2006 festgelegt.

VI. Ausschreibungsdokumentation

Die Ausschreibungsdokumentation muss den Bietern eine vollständige Darstellung der konkreten Ausschreibung sicherstellen. Diese kann sowohl in Papierform gegen Entrichtung der Übersendegebühren erworben als auch in elektronischem Format im Internet aufgerufen werden. Zu den wichtigsten Unterlagen, die auf diese Weise zur Verfügung gestellt werden, gehören: allgemeine Angaben zum Auftraggeber und zu der von diesem gewählten Kommunikationsart; konkrete Angaben zu den einzuhaltenden Fristen, Formalien und minimalen Anforderungen; das Lastenheft (rum. *caiet de sarcini*), das obligatorisch sämtliche technische Angaben enthalten muss; detaillierte Angaben zu den Bewertungskriterien; Angaben zum Rechtsschutz und zu obligatorischen Vertragsklauseln.

VII. Sprache

Im Gesetz ist keine genaue Angabe hinsichtlich der anzuwendenden Sprache enthalten. Die von dem Auftraggeber erwartete Sprache muss allerdings in den Veröffentlichungen bzw. der Ausschreibungsdokumentation im Sinne einer sachgemäßen Information der Bieter betreffend die Vorgaben der von ihnen anzufertigenden Angebote beschrieben werden.

VIII. Geltende Normen

Falls in einem konkreten Ausschreibungsverfahren auf bestimmte technische Normen Bezug genommen wird, so gelten vorrangig die rumänischen Normen, welche europäische Normen umsetzen. Falls keine Andeutung auf eine o. a. Norm möglich ist, werden jene Normen in Betracht gezogen, die an die europäischen Normen angepasst sind, gefolgt von jenen rumänischen Normen, die die internationalen Normen berücksichtigen und nachrangig sonstige Normen. In der Praxis dürfte diese Regelung nicht nur für Unklarheit sorgen, sondern im Falle von Widersprüchen zu teilweise großen Abgrenzungsschwierigkeiten führen.

Inzwischen sind in Rumänien die meisten EU-Normen anerkannt bzw. umgesetzt worden. Genaue Angaben in diesem Bereich können vom zuständigen Normierungsinstitut per Anfrage eingeholt werden:

> ASOCIAŢIA DE STANDARDIZARE DIN ROMANIA (ASRO)
> Direktor Herr Mircea Martiş
> Str. Mendeleev Nr. 21-25
> RO- 010362 Bucureşti
> Tel.: +40/21/3155870, 310.43.08
> Fax: +40/21/3155870
> E-Mail: asro@asro.ro

IX. Das Angebot

Ein Angebot kann entweder von einem individuellen Bieter oder von einem Zusammenschluss von Bietern eingereicht werden. Das Angebot muss die detaillierten Angaben der Ausschreibungsdokumentation befolgen und ist in dem von dem Auftraggeber festgelegten Zeitraum für den Bieter hinsichtlich seines Inhalts bindend. Die Bieter können gleichzeitig mehrere voneinander abweichende Alternativangebote einreichen, falls dies durch die Ausschreibungsdokumentation vorgesehen wurde und das Vergabekriterium das des „wirtschaftlich vorteilhaftesten Angebots" ist.

Die Fristen für die Einreichung der Angebote sind bei **offenen Ausschreibungen** je nach Wert der Verträge unterschiedlich. Übersteigt der Wert des Vertrages die für die Veröffentlichung in das Amtsblatt der EU festgelegten Schwellen und wurde keine Absichtsankündigung veröffentlicht, darf das Angebot nicht früher als 52 Tage ab Übersendung der Ausschreibungsankündigung zur Veröffentlichung ins SEAP eingereicht werden. Wurde eine Absichtsankündigung veröffentlicht, so beträgt die Frist 36 Tage. Für Verträge, die unter diesem Schwellenwert liegen, beträgt die Mindestfrist stets 20 Tage.

Bei einer **beschränkten Ausschreibung** ist zwischen Verträgen, deren Werte die Veröffentlichungsschwellen übersteigen, und solchen, die darauf oder darunter liegen, zu unterscheiden. Bei veröffentlichungspflichtigen Sachverhalten beträgt die Frist für die Einreichung der Angebote mindestens 40 Tage ab der Einladung zur Einreichung der Angebote. Hat die ausschreibende Stelle die Veröffentlichung einer Absichtsankündigung mindestens 52 Tage vor der Veröffentlichung der Ausschreibungsankündigung vorgenommen, kann diese Submissionsfrist verkürzt werden, darf jedoch nicht weniger als 22 Tage betragen. Die Submissionsfrist für Verträge, deren Werte unter oder auf den Veröffentlichungsschwellen liegen, muss mindestens 15 Tage ab der Einladung betragen.

Im Falle eines **wettbewerblichen Dialogs** wird das Datum für die Einreichung des Endangebots im Rahmen der Dialogsrunden einvernehmlich mit den gewählten Kandidaten festgelegt. In ähnlicher Art und Weise ist bei **Verhandlungen** das Endangebot im Rahmen der letzten Verhandlungsrunde einzureichen. Bei **Wettbewerben** sind die Angebote innerhalb einer Frist von mindestens 52 Tagen nach Veröffentlichung der Ausschreibungsankündigung einzureichen. Bei der Festlegung dieser Frist muss berücksichtigt werden, dass den Teilnehmern ein angemessener Zeitraum für die Erstellung der Projekte zur Verfügung gestellt werden muss.

Im Falle von **Angeboten** sind die Angebote innerhalb von 10 Tagen nach Einladung der Bieter einzureichen.

Nach Bewertung der Angebote müssen zunächst die zulässigen Angebote gewählt werden. Aus diesen bestimmt die Ausschreibungskommission binnen 20 Tagen (oder in begründeten Fällen im Rahmen einer verlängerten Frist) den Gewinner nach einem der zwei möglichen Kriterien (*das wirtschaftlich vorteilhafteste Angebot* oder *der niedrigste Preis*). Der Gewinner sowie alle anderen Bieter müssen innerhalb von 3 (drei) Werktagen nach der Entscheidung der Ausschreibungskommission über den Ausgang des Verfahrens informiert werden. Den Nicht-Gewinnern gegenüber ist zusammen mit dieser Bekanntgabe eine Begründung für deren Abweisung zu nennen. In Sonderfällen kann sogar eine **Annullierung** des Ausschreibungsverfahrens durch die Ausschreibungskommission beschlossen werden. In diesem Fall kann in einem nächsten Schritt ein elektronisches Ausschreibungsverfahren eingeleitet werden (falls dies in der ursprünglichen Ausschreibungsdokumentation vorgeschrieben war).

X. Der Vertrag

Der Auftraggeber ist nach Feststellung des Gewinners verpflichtet, mit diesem einen entsprechenden Vertrag abzuschließen. Zuvor läuft jedoch eine Wartezeit, während der Personen, deren Rechte durch einen im Verfahren erlassenen Verwaltungsakt verletzt wurden, zur Anfechtung dieses Akts befugt sind. Diese Wartezeit beträgt

* 11 Tage ab der Bekanntgabe des Ergebnisses für Verträge, welche die Veröffentlichungsschwellen betreffend Ausschreibungs- und Vergabeankündigung überschreiten;

* 6 Tage für Verträge, welche die Veröffentlichungsschwellen betreffend Ausschreibungs- und Vergabeankündigung unterschreiten bzw. hiermit gleich sind.

Sämtliche vor Ablauf dieser Frist geschlossene Verträge sind nichtig.

XI. DAS ELEKTRONISCHE AUSSCHREIBUNGSSYSTEM (SEAP)

Dieses System bietet sowohl die Möglichkeit der Durchführung der klassischen Ausschreibungsverfahren mit Hilfe von elektronischen Mitteln, als auch die technischen Instrumente zur Durchführung von elektronischen Ausschreibungen nach den Sonderregelungen der DVO. Der Aufbau des elektronischen Ausschreibungssystems wird gesetzlich sowohl durch die Bestimmungen der DVO und deren Durchführungsnormen, als auch durch spezielle Vorschriften, die in der Norm vom 22.11.2006 betreffend die Anwendung der Bestimmungen zum elektronischen Ausschreibungssystem (M. Of. Nr. 978 vom 07.12.2006) mit späteren Änderungen enthalten sind, geregelt. Jeder Auftraggeber sowie jeder Wirtschaftsteilnehmer kann sich, unabhängig von seiner Herkunft, kostenlos in dem „elektronischen System" unter: www.e-licitatie.ro registrieren lassen. Derzeit führt das System 11.758 Auftraggeber und 25.386 Bieter auf (Stand 11.05.2010).

Der Verwalter des elektronischen Systems ist das dem Ministerium für Telekommunikation und Informationstechnologie untergeordnete Landeszentrum für Management der Informationsgesellschaft (rum. *Centrul National pentru Managementul Societatii Informationale - CNMSI*).

Anschrift: Str. Italianä Nr. 22, RO-020976 Bukarest,

Tel.: 40-21-305.28.31, Fax: + +40-21-303.29.37,

E-Mail: suport.autoritati@assi.ro, suport.companii@assi.ro.

Für die Registrierung ist zunächst das Ausfüllen eines online-Formulars sowie eines Antrags erforderlich. Zusätzlich müssen Nachweise betreffend die Rechtsform des Antragstellers eingereicht werden. Für rumänische juristische Personen bestehen diese Nachweise in einer Kopie des Registrierungszertifikats (rum. *certificatul de înregistrare*) bzw. Richterbeschlusses zur Eintragung in das Vereins- und Stiftungsregister (rum. *incheierea de înscriere în Registrul Asociaţiilor şi Fundaţiilor*). Zweigstellen, Repräsentanzen und ähnliche Nebensitze können nur im Namen der Muttergesellschaft eingetragen werden.

Ausländische Personen haben Nachweise einzureichen, die eine Registrierung als natürliche oder juristische Person in einer im Herkunftsland anerkannten Rechtsform oder die Mitgliedschaft in einer Berufsorganisation belegen. Diese Nachweise müssen in beglaubigter Übersetzung vorgelegt werden.

In der Praxis handelt es sich um folgende Unterlagen, die bei der o. g. Behörde eingereicht werden müssen:

- beglaubigte Übersetzung des Eintragungszertifikates;

- ggf. beglaubigte Übersetzung des Handelsregisterauszuges;

- beglaubigte Übersetzung des Steuerzertifikates bzw. des Nachweises über die steuerliche Registrierung als Umsatzsteuerzahler;

- beglaubigte Übersetzung der Satzung und ggf. späterer Ergänzungen.

Nach der Registrierung wird ein digitales Zertifikat mit einer Gültigkeitsdauer von 2 Jahren ausgestellt, das einer regelmäßigen und ebenfalls kostenlosen Erneuerung bedarf. Dieses Zertifikat ermöglicht es den Inhabern, nach Entrichtung einer geringen Gebühr (derzeit maximal 40 Lei zzgl. USt) an den im elektronischen Ausschreibungssystem aufgeführten Ausschreibungsverfahren teilzunehmen.

Dabei kann es sich um folgende Verfahren handeln:

-   offene oder beschränkte Ausschreibungen und Ersuchen um Angebote, welche *vollständig* durch elektronische Mittel durchgeführt werden;

-   sämtliche Ausschreibungsverfahren, welche nur *teilweise* (in der letzten Etappe) durch elektronische Mittel durchgeführt werden;

-   *elektronische Ausschreibungen* gemäß den Sonderregelungen der DVO (siehe hierzu Teil II);

-   *direkte Anschaffungen*, d.h. ohne Durchführung einer Ausschreibung, von Katalogprodukten mit einem Wert von bis zu 15.000,00 EUR (hierfür wird eine Gebühr von 2 Lei für jedes im Katalog veröffentlichte Produkt entrichtet).

Das Verfahren der Ausschreibungen auf elektronischem Wege besteht im Wesentlichen aus den nachfolgenden Etappen:

•   Veröffentlichung der Ausschreibungsankündigung und ggf. Bereitstellung der Dokumentation in elektronischem Format

•   ggf. Registrierung der Kandidaten und Nachweis der Teilnahmegarantie

•   ggf. Auswahl der Kandidaten und Einladung zum nachfolgenden Schritt

•   Einreichung der Angebote innerhalb der gesetzten Frist

•   ggf. Übersendung des Nachweises über die Teilnahmegarantie

•   Bewertung der Angebote durch die Ausschreibungskommission

•   Bekanntgabe der Ergebnisse der Beurteilung

•   Preisgabe des Gewinners durch den Auftraggeber aufgrund der bereits bekannt gemachten Ergebnisse der Beurteilung

•   Abschluss des Vertrages

•   Veröffentlichung der Vergabeankündigung im SEAP.

Für die elektronische Ausschreibung sowie für die direkte Anschaffung aufgrund der im Katalog angebotenen Produkte gelten abweichende Bestimmungen.

Gemäß den neuesten Regelungen in diesem Bereich ist jeder Auftraggeber verpflichtet, mindestens 40% seiner Ausschreibungen im elektronischen Ausschreibungssystem durchzuführen. Dies bedeutet, dass der Auftraggeber entweder klassische Ausschreibungsverfahren, welche mit Hilfe von elektronischen Mitteln durchgeführt werden, oder Sonderverfahren, wie die elektronische Ausschreibung oder die direkte Anschaffung aufgrund von Produktkatalogen anwenden müssen. Wird die o.g. Quote von 40% nicht erreicht, so stellt dies eine Ordnungswidrigkeit dar und wird mit Geldbußen zwischen 10.000,00 und 35.000,00 Lei sanktioniert[9].

XII. Aufsichtsbehörde

Die Landesbehörde, in deren Kompetenzbereich die Überwachung der Einhaltung sämtlicher Regeln im Bereich der öffentlichen Ausschreibungen fällt, ist die Landesbehörde für die Regulierung und Überwachung der öffentlichen Anschaffungen (rum. *Autoritatea Naţională pentru Reglementarea şi Monitorizarea Achiziţiilor Publice* –kurz ANRMAP genannt).

Diese Behörde ist direkt der Regierung unterstellt; sie hat folgende Kontaktdaten:

> Autoritatea Naţională pentru Reglementarea şi Monitorizarea
> Achiziţiilor Publice
>
> Vorsitzende - Cristina TRĂILĂ:
>
> Bulevardul Dinicu Golescu Nr. 38, RO-Bucureşti
>
> Tel: +40-21.311.80.90 / 21.319.95.65 int. 123.201
>
> E-Mail: anrmap@anrmap.ro

Für Verträge, deren Werte über bestimmte Schwellen hinausgehen (100.000,00 EUR für Liefer- und Dienstleistungsverträge und 750.000,00 EUR für Verträge über öffentliche Arbeiten) wird eine verfahrensrechtliche Überprüfung des Vergabeverfahrens durch das Finanzministerium (rum. *Ministerul Economiei şi Finanţelor*) vorgenommen. Die hierfür gegründete Behörde, die unabhängig von der ANRMAP tätig ist, ist die „Einheit für die Koordinierung und Überprüfung der öffentlichen Aufträge" (rum. *Unitatea pentru Coordonarea şi Verificarea Achiziţiilor Publice)* mit folgenden Kontaktdaten:

---

9   Laut Presse wurde die für das Jahr 2009 geltende Quote von 20% nicht eingehalten, sodass
     davon auszugehen ist, dass die auf 40% erhöhte Quote im Jahr 2010 ebenfalls nicht erreicht
     wird.

Unitatea pentru Coordonarea şi Verificarea Achiziţiilor Publice
B-dul Mircea Vodă, Nr. 44, Intrarea C, et. 7, Bucureşti
Einheitsleiterin : Cornelia Nagy
Tel. 004021/302.53.82
Tel. mobil 0742.129.459
Internet: www.mfinante.ro

Weitere Einzelheiten über die Tätigkeit dieser Überwachungseinheit sind der Anordnung Nr. 2181/2007 (veröffentlicht im Amtsblatt Rumäniens Nr. 55 vom 24.01.2008) zu entnehmen.

XIII. Rechtsschutz

Mit Erlass der DVO 19/2009 zur Änderung der DVO 34/2006 wurde ein gemischtes Zuständigkeitssystem für den Rechtsschutz eingeführt. Die Bieter konnten hiernach den Nachprüfungsantrag entweder an den Nationalrat für die Lösung von Beschwerden (rum. *Consiliul Naţional de Soluţionare a Contestaţiilor - CNSC*) oder bei den Verwaltungsgerichten einreichen. Folgerichtig wurde eine konkurrierende Zuständigkeit aufgrund von unterschiedlichen Verfahrensregeln eingeführt. Der CNSC richtete sich nach den Vorgaben der DVO, während die Gerichte nach den Bestimmungen des Gesetzes Nr. 554/2004 betreffend das Verwaltungsverfahren urteilten. Zusätzlich bestand ein weiteres Nachprüfungsverfahren für Bauaufträge, die für Infrastrukturprojekte von nationalem Interesse im Verkehrssektor erteilt worden waren und welche in die ausschließliche Zuständigkeit des Appellationsgerichtshofs (rum. *curtea de apel*) Bukarest fielen.

Dieses nicht überschaubare Nachprüfungsverfahren hielt nach Ansicht der Europäischen Kommission den Bieter von der Einreichung entsprechender Anträge ab, sodass es vereinfacht werden musste. Gemäß den neuen Vorgaben sind weiterhin alle drei Nachprüfungsverfahren beibehalten worden, nunmehr entscheiden die Verwaltungsgerichte, der Apellationsgerichtshof Bukarest und der Nationalrat nach denselben Verfahrensvorschriften der DVO.

Gegen eine fehlerhafte Vergabe von Verträgen steht Befugten zunächst nach Maßgabe der Bestimmungen der DVO die schriftliche Beschwerde (rum. *contestatie*) beim CNSC zur Verfügung. Diese Behörde wurde neben dem Generalsekretariat der Regierung eingerichtet und bestand ursprünglich gemäß der DVO aus 21 Mitgliedern mit Universitätsabschluss sowie 16 Personen mit Unterstützungsfunktion (derzeit beschäftigt die Behörde 97 Angestellte, davon 33 Sachbearbeiter, rum. *consilieri).* Die Mitglieder des Nationalrates sind

Beamte, die über eine nachgewiesene Erfahrung im Bereich der Rechtswissenschaften und der öffentlichen Ausschreibungen verfügen. Ihre Hauptaufgabe besteht darin, vor dem Abschluss von Vergabeverträgen eventuelle Beschwerden gegen jeden im Rahmen des Ausschreibungsverfahrens ergangenen Verwaltungsakt zu lösen. Ob dieses Organ der Staatsverwaltung sich angesichts der hohen Anzahl an Ausschreibungsverfahren im gesamten Staatsgebiet und der oft mangelnden Kenntnis der Auftraggeber wesentlich zur Rechtssicherheit beitragen wird, bleibt abzuwarten.

Die Fristen für die Einreichung der Beschwerden differieren wiederum je nach Wert der Verträge. Für Verträge, die den Schwellenwert für die Veröffentlichung im Amtsblatt der EU erreichen, gilt eine Frist von 10 Tagen ab Kenntnisnahme des verletzenden Verwaltungsakts. Für die diesen Wert nicht erreichenden Verträge ist diese Frist mit lediglich 5 Tagen äußerst kurz. Die Beschwerde ist gleichzeitig an den Auftraggeber einzureichen, um diesem innerhalb von 3 Werktagen ab Erhalt Gelegenheit zur Stellungnahme zu gewähren. Insgesamt dürfen zwischen dem Erhalt der Ausschreibungsdokumentation des Auftraggebers und der Entscheidung des Nationalrates nicht mehr als 20 Tage vergehen. Die Beschwerde hat einen relativen Suspensiveffekt, d. h. während der gesamten o. g. Zeitdauer wird das Ausschreibungsverfahren nur in bestimmten Fällen suspendiert.

Gibt der Nationalrat der Beschwerde statt, verpflichtet er den Auftraggeber dazu, unter Aufsicht der ANRMAP Maßnahmen zur Korrektur zu treffen. Andererseits kann die Entscheidung des Nationalrates in der Abweisung der Beschwerde bestehen. Die Entscheidung nebst Begründung wird der betroffenen Partei bekannt gegeben und gleichzeitig auf der Internetseite des Nationalrates veröffentlicht.

Gegen die Entscheidung des Nationalrates steht innerhalb einer Frist von 10 Tagen ab Bekanntgabe das Rechtsmittel der Revision vor dem Appelationsgerichtshof, in dessen Kompetenzbereich der Sitz des Auftraggebers liegt, offen. Der Appelationsgerichtshof entscheidet über die Beschwerde im Eilverfahren und fällt ein endgültiges, unwiderrufliches und vollstreckbares Urteil. In der Praxis dürfte wie bisher kaum davon auszugehen sein, dass Gerichtsverfahren künftig in einem überschaubaren Zeitrahmen beendet werden. Die Einreichung der Beschwerde hat allerdings keinen automatischen Suspensiveffekt des Verfahrens. Das Gericht kann in begründeten Fällen den Vertragsschluss verhindern, ist jedoch nicht verpflichtet, dies zu tun.

Abgesehen von diesen Fällen, in denen die Gerichte zweitrangig eingeschaltet werden, sieht das Gesetz eine Möglichkeit vor, die Beschwerde unmittelbar bei den Gerichten einzuleiten. In diesen Fällen wird ebenfalls ein Eilverfahren angeordnet, welches von den Landgerichten (rum. *tribunale*) in erster Instanz und von den Appelationsgerichtshofen in zweiter Instanz durchgeführt wird. Für Schadenersatzansprüche ist ausschließlich das Gericht zuständig.

Für die Durchführung des Nachprüfungsverfahrens wurde zunächst eine Pauschalgebühr von zwei Prozent des Wertes des Ausschreibungsverfahrens eingeführt. Diese Pauschalgebühr erschwerte den Bietern den Zugang vor Gericht, sodass sie geändert wurde. Derzeit richtet sich die Gebühr weiterhin nach dem Wert des Vergabevertrages, der Höchstwert beträgt jedoch 2.200,00 Lei (d.h. ca 520,00 EUR).

XIV. Abschließender Überblick über die Rechtsgrundlagen

Der gesetzliche Rahmen für Ausschreibungen öffentlicher Aufträge und Konzessionierungen steht in der Dringlichkeitsverordnung Nr. 34/2006 (veröffentlicht im Amtsblatt Rumäniens Nr. 418 vom 15.05.2006 und genehmigt mit Änderungen durch das Gesetz Nr. 337/2006, veröffentlicht im Amtsblatt Rumäniens Nr. 625 vom 20.07.2006) und den vielen nachträglichen Änderungen. Eine weitere Änderung steht in diesem Sommer noch auf der Agenda der Regierung. In enger Verbindung hierzu stehen die Durchführungsbestimmungen für öffentliche Ausschreibungen aus dem Regierungsbeschluss Nr. 925/2006 (veröffentlicht im Amtsblatt Rumäniens Nr. 625 vom 20.07.2006). Speziell für die Nutzung von elektronischen Mitteln gelten die durch den Regierungsbeschluss Nr. 1660/2006 (veröffentlicht im Amtsblatt Rumäniens Nr. 978 vom 07.12.2006) genehmigten Durchführungsnormen.

Für Vergabeverfahren im Werbebereich gelten abweichende Bestimmungen, die in der Anordnung Nr. 183/2006 des Vorsitzenden der ANRMAP (veröffentlicht im Amtsblatt Rumäniens Nr. 979 vom 07.12.2006) festgelegt sind.

Die verfahrensrechtliche Überprüfung des Vergabeverfahrens durch das Finanzministerium wird durch die Dringlichkeitsverordnung Nr. 30/2006 (veröffentlicht im Amtsblatt Rumäniens Nr. 365 vom 26.04.2006, genehmigt mit Änderungen durch das Gesetz Nr. 228 vom 04.07.2007, veröffentlicht im Amtsblatt Rumäniens Nr. 471 vom 12.07.2007) geregelt.

Darüber hinaus sind weitere Regierungsbeschlüsse zersplittert vorhanden, die Bestimmungen zu Ausschreibungsverfahren in bestimmten Bereichen enthalten.

Die Gesetzesmaterie bezüglich Ausschreibungen ist nicht zuletzt durch die neu eingeführten Rechtsakte als umfangreich und kompliziert zu betrachten. Auch die Umsetzung seitens der Auftraggeber hat bisher relativ oft zu wünschen übrig gelassen. Aus diesen Gründen empfiehlt es sich, vor der Teilnahme an einer Ausschreibung in Rumänien das Gesetz genau zu studieren bzw. hierzu Rat einzuholen.

XV. Rumänischer Ausschreibungsmarkt in zahlen und Fakten

Der rumänische Ausschreibungsmarkt und dessen Anteil an der rumänischen Wirtschaft kann nicht durch klare Zahlenangaben belegt werden. Nach Auskunft der ANRMAP sind hierzu keine offiziellen Studien veröffentlicht worden. Aus der Presse und einem Studienbericht der Societatea Academica Romana (SAR)[10] gehen jedoch erste Überlegungen betreffend die positiven und negativen Ergebnisse in diesem Bereich hervor.

Positiv sind die Umsetzungen der Regelwerke der EU einzustufen, welche einen modernen Gesetzesrahmen für die Durchführung von besonders wichtigen Rechtsgeschäften geschaffen haben. Positiv wird auch die verstärkte Einführung des elektronischen Ausschreibungsmarktes (SEAP) gewertet: im Jahr 2007 lag Rumänien mit 99,8% an erster Stelle bei den Veröffentlichungen von Ausschreibungsankündigungen (der EU-Durchschnitt lag bei 60-70%). Durch die zunehmende Anwendung der elektronischen Mittel wird mit großen Ersparnissen in Höhe von 2,5 Milliarden EUR für das Jahr 2010 gerechnet.

Allerdings sind weitere Probleme im Zusammenhang mit den geltenden Rechtstexten und vor allem mit deren praktischer Anwendung zu signalisieren. Darunter fällt auf, dass die geltenden Rechtsvorschriften den Auftraggebern aus gesetzestechnischem Versehen die Möglichkeit gewähren, für einige wichtige Ausschreibungen das Vergabeverfahren nicht oder nur zu einem geringen Teil anzuwenden. Dabei handelt es sich um Dienstleistungen nach Anhang 2ᴮ der DVO 34/2006, darunter Dienstleistungen in Gaststätten und im Beherbergungsgewerbe, Rechtsberatung, Arbeits- und Arbeitskräftevermittlung sowie weitere Dienstleitungen. Der letzte breite Begriff bietet den Auftraggebern einen weiten Ermessensspielraum, welcher nicht gerade EU-konform ist.

Betreffend die praktische Verwendung wurde bisher oftmals gerügt, dass die Ausschreibungsverfahren nur wenig Transparenz zeigten. In vielen Fällen seien die Teilnahmebedingungen so formuliert worden, dass der Gewinner bereits vor dem Anfang der Ausschreibung fest gestanden habe[11]. Auch ist die Anzahl

---

10 Siehe SAR POLICY BRIEF No. 43 vom Oktober 2009.

11 In der Praxis sind solche Ausschreibungen als „gewidmete" Lastenhefte (rum. caiete de sarcini dedicate) bekannt.

der durch die Auftraggeber selbst annullierten Ausschreibunsgverfahren un-
üblich hoch (gemäß der Studie der SAR beträgt diese 25%), was auf eventuelle
Korruptionsfälle hinweisen kann.

Abschließend ist anzumerken, dass trotz der wiederholten Neuregelung der
DVO 34/2006 eine neue Änderung in diesem Sommer geplant wird. Dies ist
im Kontext der noch offenen Problemstellen zwar begrüßenswert, kann jedoch zur Unübersichtlichkeit des rechtlichen Rahmens vor allem im Hinblick
auf das wesentlichen Änderungen unterzogene Nachprüfverfahren beitragen.
Es bleibt zu hoffen, dass dadurch die bestehende übermäßige Bürokratisierung
verhindert, der neu eingeführte Begriff der PPP (Public-Private-Partnership)
praktische Anwendung erfährt sowie die leider oft mangelhafte Umsetzung
der Bestimmungen seitens der beteiligten Behörden nachhaltig verbessert
wird.

Kontakt und weitere Informationen:

STALFORT Legal. Tax. Audit.
Bukarest – Sibiu – Bistrita –Berlin

Büro Bukarest:
Str. Lt. Av. Vasile Fuică Nr. 15, Sektor 1,
012083 Bukarest, Rumänien
Tel.: +40 21 301.03.53; Fax: +40 21 315.78.36
E-Mail: bukarest@stalfort.ro

Büro Sibiu:
Str. Cetății Nr. 38
550160 Sibiu
Rumänien
Tel.: +40 269 244 996
Fax: +40 269 244 997
E-Mail: sibiu@stalfort.ro

Büro Bistrita:
Str. Împăratul Traian Nr. 27
420145 Bistriţa
Rumänien
Tel.: +40 263 233 370
Fax: +40 263 233 035
E-Mail: bistrita@stalfort.ro

Büro Berlin:
Bogotastraße 21
14163 Berlin
Deutschland
Tel.: +49 30 801 9960
Fax: +49 30 801 99625
E-Mail: berlin@stalfort.ro

XVI. Wichtige Adressen

Die wichtigsten ausschreibenden Stellen sind neben den Ministerien:

Eisenbahnverwaltung

COMPANIA NAȚIONALĂ
DE CĂI FERATE CFR S.A.
Bd. Dinicu Golescu Nr. 38
RO-010873 București
Generaldirektor: Herr Emil SABO
Tel.: +40/21/3192400
Fax: +40/21/3192401
E-Mail: emil.sabo@cfr.ro
Internet: www.cfr.ro

Straßenverwaltung

COMPANIA NAȚIONALĂ DE
AUTOSTRĂZI ȘI DRUMURI
NAȚIONALE
Generaldirektor: Frau Dorina TIRON
Bd. Dinicu Golescu Nr. 38
RO-010873 București
Tel.: +40/21/3186600
Fax: +40/21/3120984
E-Mail: dirgen@andnet.ro
Internet: www.andnet.ro

Wasserverwaltung

REGIA GENERALĂ DE APĂ
„APA NOVA"
Generaldirektor: Herr Bruno ROCHE
Str. Aristide Demetriade Nr. 2
RO-010147 București
Tel.: +40/21/2077777
E-Mail: consumator@apabucur.ro
Internet: www.apabucur.ro

Stromverwaltung

TRANSELECTRICA
Generaldirektor:
Herr Adrian BĂICUȘI
Str. Armand Călinescu Nr. 2-4,
RO-021012 București
Tel.: +40/21/3035611
Fax: +40/21/3035610
E-Mail: office@transelectrica.ro
Internet: www.transelectrica.ro

U-Bahnverwaltung

METROREX R.A.
Generaldirektor:
Herr Gheorghe UDRIȘTE
Bd. Dinicu Golescu Nr. 38
RO-010873 București
Tel.: +40/21/3193601, 3360090
Fax: +40/21/3125149
E-Mail: contact@metrorex.ro
Internet: www.metrorex.ro

Bukarester Verkehrsbetriebe

REGIA AUTONOMĂ DE
TRANSPORT BUCUREȘTI - RATB
Generaldirektor:
Herr Gheorghe ARON
Bd. Dinicu Golescu Nr. 1
RO-010873 București
Tel.: +40/21/3147130
Fax: +40/21/3110595
E-Mail: office@ratb.ro
Internet: www.ratb.ro

Neben diesen Behörden, die auf Landesebene tätig sind, können auch deren lokale Niederlassungen erwähnt werden. Auch ist auf lokaler Ebene auf die verwaltungsrechtliche Aufteilung in 41 Kreise (rum. *judeţe*), geführt von Kreisräten (rum. *consilii judeţene*), hinzuweisen. Diesen Behörden und weiteren Behörden auf Stadt- oder Kommunalebene steht ebenfalls das Recht zu, öffentliche Ausschreibungen zu organisieren und durchzuführen.

TEVES ⟩

Rechtsberatung GbR
• Externe Rechtsabteilung für deutsches und rumänisches Recht
• Legal Outsourcing for German and Romanian Law

TEVES Rechtsberatung GbR

Deutschland	Rumänien
Waldstr. 45	Somesului Str. 19, cam. 204
35745 Herborn, BRD	550003 Sibiu, Rumänien
Tel.: +49 (0) 2772 923 0576	Tel.: +40 (0) 269 21 25 93
Fax: +49 (0) 2772 92 19 66	Fax: +49 (0) 269 20 65 93
E-Mail: info@teves-rechtsberatung.de	
www.teves-rechtsberatung.de	

Dr. Julian Teves

Mehrjährige Berufserfahrung in Rumänien als Verwaltungsjurist und Syndikusanwalt. Als Verwaltungsjurist mit Schwerpunkt im Bereich Grundbuchrecht, Verwaltungsrecht und Standesamtangelegenheiten. Als Syndikusanwalt mit Schwerpunkt im Bereich Vertragsrecht einschließlich Handelsrecht, Arbeitsrecht und forensische Tätigkeit. Als Rechtsberater von deutschen Mandanten in Bezug auf Geschäftstätigkeit in Rumänien mit Schwerpunkt im Bereich des Gesellschaftsrechts, Handelsrechts, Arbeitsrechts, Steuerrechts sowie des Zollrechts. Erfahrung auch in Bezug auf Finanzierungsprojekte hinsichtlich Investitionen in Rumänien. Autor mehrerer Aufsätze in rumänischen und deutschen juristischen Fachzeitschriften über die relevanten Wirtschaftsrechtsgebiete in deutsch-rumänischen Geschäftsbeziehungen. Verfasser der ersten grundlegenden Darstellung im deutschsprachigen Raum in Bezug auf Investitionen in Rumänien und zum rumänischen Arbeitsrecht. Autor von zahlreichen Mandantenbroschüren zum rumänischen Wirtschaftsrecht.

Dr. Julian Teves ist als Rechtsanwalt bei der Rechtsanwaltskammer Frankfurt am Main und als Avocat bei Rechtsanwaltskammer Sibiu (Rumänien) zugelassen. Er ist ebenfalls Mitglied des Deutschen Anwaltsvereins, des Frankfurter Anwaltsverein e.V. und der Arbeitsgemeinschaft für Internationalen Rechtsverkehr im DAV.

Arbeitsrecht in der Privatwirtschaft Rumäniens

*Dr. Julian Teves**

Inhaltsverzeichnis

I. EINFÜHRUNG 97

II. INDIVIDUALARBEITSRECHT 99

Kap. 1 - DER ARBEITSVERTRAG 99
  1. Überblick über das ArbeitsGB 2003 99
  2. Der Begriff des Arbeitsvertrages 101
  3. Einzelheiten des individuellen Arbeitsvertrages 102
    3.1 Der Arbeitnehmer. 102
      a) Die Geschäftsfähigkeit des Arbeitnehmers 102
      b) Gesetzliche Unvereinbarkeit mit der Stellung
        als Arbeitnehmer 102
      c) Geschäftsfähigkeit von Ausländern beim Abschluss
        von Arbeitsverträgen in Rumänien 103
      d) Ärztliches Attest des Arbeitnehmers 103
    3.2 Der Arbeitgeber. 104
    3.3 Die rechtsgeschäftliche Einigung beim Abschluss
      des Arbeitsvertrages. 104
    3.4 Die Informationspflicht des Arbeitgebers beim
      Abschluss von Arbeitsverträgen. 104
    3.5 Der Gegenstand und der Rechtsgrund
      des Arbeitsvertrages. 105
    3.6 Die Dauer des Arbeitsvertrages 105
    3.7 Die Form des Arbeitsvertrages und dessen
      behördliche Registrierung 106
    3.8 Der Inhalt des Arbeitsvertrages 107
    3.9 Sonderprobleme beim Abschluss von Arbeitsverträgen 108
      a) Die Probezeit 108

b) Die Konkurrenzverbotsklausel 109

c) Anhäufung von Arbeitsverträgen 111

d) Geschäftsführerverträge. 111

e) Arbeitsverträge mit ausländischen Arbeitnehmern 113

f) Einstellungszuschüsse bei Einstellung bestimmter
Arbeitnehmerkategorien. 115

3.10 Die Unterlagen zum Abschluss des Arbeitsvertrages 118

3.11 Das Arbeitnehmerallgemeinregister. 118

3.12 Die Hemmung des Arbeitsvertrages 119

a) Die Hemmung des Arbeitsvertrages durch das Gesetz . . . 120

b) Die Hemmung des Arbeitsvertrages auf Initiative
des Arbeitnehmers. 122

c) Die Hemmung des Arbeitsvertrages auf Initiative
des Arbeitgebers 124

d) Hemmung des Arbeitsvertrages durch Vereinbarung
der Parteien. 125

3.13 Änderung des Arbeitsvertrages 125

a) Die Abordnung (Art. 43 f. ArbeitsGB) 125

b) Die Entsendung (Art. 45 - 47 ArbeitsGB) 126

c) Der vorübergehende Wechsel des Arbeitsplatzes
und der Art der Arbeit (Art. 48 ArbeitsGB) 129

3.14 Das Arbeitsbuch als Nachweis eines Arbeitsvertrages 130

**Kap. 2 – ENTLOHNUNG UND
SOZIALVERSICHERUNGSBEITRÄGE.** 132

1. Die Elemente des Entlohnungssystems. 132

2. Die Formen des Entlohnungssystems 134

3. Gehaltsabzüge und Abgaben des Arbeitgebers 135

3.1 Die Lohnsteuer 135

3.2 Beiträge zur Rentenversicherung (rum. Abkürzung CAS) . . 137

3.3 Beiträge zur Krankenversicherung
(rum. Abkürzung CASS) 138

3.4 Beiträge zur Arbeitsunfall- und
Berufskrankheitsversicherung
(rum. Abkürzung CAAM) 139

3.5 Beiträge zur Arbeitslosenversicherung
(rum. Abkürzung AS). 140

3.6 Beiträge zum Garantiefonds für die Zahlung von
Lohnforderungen (rum. Abkürzung CFCS). 140

3.7 Abgabe für die Aufbewahrung und Verwaltung
der Arbeitsbücher 141

3.8 Überblick über die herkömmlichen Lohnnebenkosten. 141

3.9 Abgabe für die Nichtanstellung von behinderten Personen . . 142

3.10 Andere mögliche Personalkosten 143

4. Sozialrechtliche Maßnahmen zur Arbeitgeberunterstützung
wegen der Wirtschaftskrise 143

Kap. 3 - DIE ARBEITSZEIT 145

1. Die gewöhnliche Arbeitszeit. 145

2. Die gekürzte Arbeitszeit 146

3. Die Nachtarbeitszeit 146

4. Unterschiedliche Gestaltung der Arbeitszeit 147

5. Überstunden. 147

Kap. 4 - DIE ERHOLUNGSZEIT 150

1. Periodische Ruhezeiten 150

2. Die Urlaube 151

2.1 Der Erholungsurlaub 151

a) Der Grundurlaub 151

b) Der Zusatzurlaub. 153

2.2 Andere Urlaube 153

a) Bezahlter Urlaub 154

b) Unbezahlter Urlaub 154

c) Fortbildungsurlaub 154

Kap. 5 - BEENDIGUNG DES ARBEITSVERTRAGES 155

1. Erscheinungsformen der Beendigung
des Arbeitsvertrages 155

2. Beendigung des Arbeitsvertrages von Gesetzes wegen 156

3. Beendigung des Arbeitsvertrages durch die Einigung
der Vertragsparteien 156

4. Beendigung des Arbeitsvertrages aufgrund der einseitigen
Willenserklärung der Vertragsparteien. 157

4.1 Kündigung durch den Arbeitgeber 157

a) Personenbedingte Kündigung 158

b) Betriebsbedingte Kündigung 158

c) Das Verfahren bei Beendigung des Arbeitsvertrages
durch den Arbeitgeber. 159

d) Kündigungsverbote bei Kündigungen durch
den Arbeitgeber 161
4.2 Beendigung des Arbeitsvertrages durch den Arbeitnehmer . . 162

**Kap. 6 - ARBEITSRECHTSSTREITIGKEITEN
AUS INDIVIDUELLEN ARBEITSVERTRÄGEN** 162
1. Der Begriff der Arbeitsstreitigkeit aus individuellen
Arbeitsverträgen 162
2. Die Zuständigkeit und die Besetzung von Gerichtsinstanzen
in Arbeitssachen 163
3. Das Verfahren in Arbeitssachen 164
4. Rechtsmittel und Zweitinstanzen in Arbeitssachen 166
5. Die strafrechtliche Haftung des Arbeitgebers wegen
Nichtbefolgung von arbeitsrechtlichen Gerichtsurteilen 167

Kap. 7 - ARBEITSAUFSICHTSBEHÖRDE 168

III. KOLLEKTIVARBEITSRECHT 171

Kap. 8 - GEWERKSCHAFTEN IN RUMÄNIEN 171
1. Allgemeines 171
2. Rechtsstellung der Gewerkschaften 172
3. Mitgliedschaft in den Gewerkschaften 173
4. Organisation und Struktur der Gewerkschaften 174
5. Rechte der Gewerkschaften 175

Kap. 9 - DER KOLLEKTIVARBEITSVERTRAG 178
1. Der Begriff und die Rechtsnatur des Kollektivarbeitsvertrages . . . 178
2. Die Vertragsparteien des Kollektivarbeitsvertrages 179
3. Das Abschlussverfahren von Kollektivarbeitsverträgen 182
4. Der Inhalt des Kollektivarbeitsvertrages 183
5. Der Geltungsbereich des Kollektivarbeitsvertrages 184
6. Die Vertragsform und der Eintragungszwang
der Kollektivarbeitsverträge 185
7. Änderungen, Hemmung und Beendigung
des Kollektivarbeitsvertrages 186

Kap. 10 - ARBEITSKAMPFRECHT 188
1. Allgemeines 188
2. Schlichtung von Interessenkonflikten 190
2.1 Der Begriff der Interessenkonflikte und ihre Parteien 190

2.2 Die Auslösung von Interessenkonflikten 191

2.3 Schlichtung von Interessenkonflikten durch das
Ministerium für Arbeit, Familie und Sozialschutz 192

2.4 Die Mediation der Interessenkonflikte . . . : 194

2.5 Schlichtung des Interessenkonflikts durch
ein Schiedsgericht 194

3. Der Streik 195

3.1 Rechtmäßigkeit, Ausrufung und Arten von Streiks 196

3.2 Personenbezogene Streikverbote und
Streikeinschränkungen 197

3.3 Vorübergehende gerichtliche Aufhebung des Streiks 198

3.4 Abwicklung des Streiks 198

3.5 Beendigung des Streiks 200

3.6 Haftung aus arbeitsrechtlichen Interessenkonflikten 201

3.7 Die Aussperrung 203

4. Anspruchskonflikte aus Kollektivarbeitsverträgen 203

ANLAGE 1. Muster eines Individualarbeitsvertrages 205

ANLAGE 2. Muster eines Kündigungsschreibens 210

**ANLAGE 3. Übersicht über das Verfahren
einer Kollektivkündigung** 213

* Der Autor bedankt sich ausdrücklich bei Frau Assessorin Alexandra Löseke/Gießen für das Lektorat des Manuskripts.

I. EINFÜHRUNG

Arbeitsrecht in Rumänien – Ein Überblick - Im deutschen Recht ist der Arbeitsvertrag im BGB geregelt. Im rumänischen Recht dagegen ist der Arbeitsvertrag bereits 1929 durch ein besonderes Gesetz geregelt und als solcher aus dem Zivilgesetzbuch ausgesondert worden. Nach dem Zweiten Weltkrieg wurden die durch verschiedene Gesetze geregelten Bereiche des Arbeitsrechts in einem Arbeitsgesetzbuch vereint. So wurde 1950 das erste Arbeitsgesetzbuch Rumäniens verabschiedet. 1972 wurde ein neues Arbeitsgesetzbuch verkündet, welches, mit einigen Änderungen nach der Revolution 1989, bis Anfang 2003 Anwendung fand. Am 1. März 2003 ist das neue Arbeitsgesetzbuch Rumäniens (Gesetz Nr. 53/2003) In-Kraft getreten.

Im Sinne des rumänischen Rechts befasst sich das **Arbeitsrecht**[1] (*Dreptul muncii*) mit den Arbeitsrechtsverhältnissen aus dem individuellen Arbeitsvertrag und aus anderen damit zusammenhängenden Rechtsverhältnissen.

Die Rechtsquellen des rumänischen Arbeitsrechts können als allgemeine Rechtsquellen (allgemein, weil sie auch für andere Rechtsgebiete gelten) und als spezifische Rechtsquellen (nur für das Arbeitsrecht geltend) betrachtet werden.

Die allgemeinen Rechtsquellen des rumänischen Arbeitsrechts bestehen aus Grundgesetz, Gesetzen, Regierungsbeschlüssen und Anordnungen der Regierung, Verordnungen der Ministerien usw. Das wichtigste Gesetz im Bereich des rumänischen Arbeitsrechts ist das **Arbeitsgesetzbuch** von 2003[2] (*nachfolgend ArbeitsGB genannt*). Es ist als Rahmengesetz gestaltet. Seine Bestimmungen sind in weitere Gesetze übernommen und weiter konkretisiert worden. Darüber hinaus sind die Bestimmungen des Nationalem Kollektivarbeitsvertrages[3] für 2007-2010, welche alle Arbeitgeber und Arbeitnehmer in Rumänien gleichermaßen verpflichten von besonderem Interesse.

---

1   Siehe beispielhaft zur Fachliteratur *Ion Traian Ştefănescu*, Monographie des Arbeitsrechts [Tratat de dreptul muncii], Bukarest 2007, nachfolgend *Ştefănescu*, Arbeitsrecht; *Alexandru Ţiclea*, Abhandlung des Arbeitsrechts [Tratat de dreptul muncii], Bukarest 2006, nachfolgend *Ţiclea*, Arbeitsrecht.

2   Gesetz Nr. 53/2003 mit den nachfolgenden Änderungen und Ergänzungen [M. Of. (Amtsblatt von Rumänien) Nr. 75/05.02.2003]; Siehe zum Arbeitsgesetzbuch *Alexandru Ţiclea*, Arbeitsgesetzbuch - Handkommentar, Bukarest, 2007, nachfolgend *Ţiclea*, Handkommentar, *Costel Gîlcă*, Arbeitsgesetzbuch - Handkommentar, Bukarest, 2008, nachfolgend *Gîlcă*, Handkommentar.

3   M. Of. Teil V, Nr. 5/29.01.2007. Nach deutscher arbeitsrechtlicher Terminologie entspricht der Kollektivarbeitsvertrag in etwa dem Tarifvertrag.

Die folgende Darstellung des rumänischen Arbeitsrechts ist leichter zu verfolgen, wenn man über die an verschiedenen Stellen angesprochenen arbeitsrechtlichen Behörden im Bilde ist.

Auf Nationalebene ist das **Ministerium für Arbeit, Familie und Sozialschutz**[4] (*Ministerul Muncii, Familiei Protecției Sociale*) die oberste Behörde auf dem Gebiet der Arbeitsverwaltung. Sein Zuständigkeitsbereich ergibt sich aus seiner Gliederung. Laut Regierungsbeschluss Nr. 11/2009 zur Organisation und Funktionsweise des Ministeriums für Arbeit, Familie und Sozialschutz [5] gliedert sich dieses Ministerium in mehrere Zentralabteilungen, vom Gesetz Allgemeindirektionen genannt (*Direcții generale*), und Abteilungen, vom Gesetz Direktionen (*Direcții*) genannt. Zur Organisationstruktur des Ministeriums zählen auch die sog. Nationalagentur für Arbeitnehmerbeschäftigung (*Agenția Națională pentru Ocuparea Forței de Muncă, abgekürzt ANOFM*), Nationalagentur für Sozialleistungen (*Agenția Națională pentru Prestații Sociale, abgekürzt ANPS*), sowie die Arbeitsaufsichtsbehörde[6] (*Inspecția muncii*). Dem Ministerium für Arbeit, Familie und Sozialschutz sind auch die Nationalkasse für Renten und andere Sozialversicherungsleistungen (*Casa Națională de Pensii și Alte Drepturi de Asigurări Sociale, abgekürzt CNPAS*) sowie die Nationalagentur für Arbeitnehmerbeschäftigung[7] (ANOFM) untergeordnet.

Die Nationalagentur für Arbeitnehmerbeschäftigung (ANOFM) entspricht dem deutschen Begriff „Arbeitsamt" und verwirklicht die Beschäftigungspolitik der Regierung. Die Nationalagentur für Arbeitnehmerbeschäftigung unterhält auf Kreisebene Kreisagenturen für Arbeitnehmerbeschäftigung (AJOFM).

Die Arbeitsaufsichtsbehörde (*Inspecția muncii*) hat Zuständigkeiten überwiegend im Bereich der Kontrolle von Arbeitsverhältnissen, welche auf Kreisebene Territorialarbeitsaufsichtsbehörden (*Inspecții teritoriale de muncă, abgekürzt ITM*) unterhält, geschaffen.

Eine andere Institution von Bedeutung im Bereich des Arbeitsmarktes ist das **Nationalamt für Erwachsenenberufsbildung**[8] (*Consiliul Național de Formare Profesională a Adulților, abgekürzt CNFPA*).

---

4   Siehe www.mmuncii.ro oder www.mmssf.ro auch in Englisch. Die Bezeichnung des Ministeriums hat sich im Laufe der Zeit mehrmals geändert, deshalb weisen einige Verordnungen des Ministeriums verschiedene Bezeichnungen bezüglich des Emittenten auf.

5   M. Of. Nr. 41/23.01.2009

6   Siehe www.inspectmun.ro oder www.inspectiamuncii.ro.

7   Siehe www.anofm.ro.

8   Siehe www.cnfpa.ro auch in Englisch.

Die Nationalkasse für Renten und andere Sozialversicherungsleistungen[9] (CNPAS) gilt als eine andere wichtige Institution des Ministeriums für Arbeit, Familie und Sozialschutz. Sie ist für die Verwirklichung der Rentenpolitik der Regierung und für die Organisation und Durchführung der Rentenversicherung zuständig. Auf Lokalebene gibt es Kreiskassen für Renten und andere Sozialversicherungsleistungen.

Die Angelegenheiten der Krankenversicherung werden zentral von der **Nationalkasse für Krankenversicherung**[10] (*Casa Naţională de Asigurări de Sănătate, abgekürzt CNAS*) betreut. Die Nationalkasse unterhält auf Lokalebene sog. Ämter für Krankenversicherung (*Oficii de asigurări de sănătate*).

Ähnlich wie im deutschen Recht auch, unterscheidet man im rumänischen Arbeitsrecht zwischen Individualarbeitsrecht und Kollektivarbeitsrecht. Das **Individualarbeitsrecht** beschäftigt sich mit dem Arbeitsvertrag als Grundlage der Rechtsbeziehungen zwischen Arbeitgebern und Arbeitnehmern. Das **Kollektivarbeitsrecht** hat die vertraglichen Rechtsbeziehungen zwischen einem Arbeitgeber, Arbeitgeberverband oder dem Dachverband der Arbeitgeber von Rumänien und die in einer (oder mehreren) Gewerkschaft organisierten Arbeitnehmer eines Betriebs, Gewerkschaftsverband einer Branche oder dem Dachverband der Gewerkschaften von Rumänien, als Gegenstand.

II. INDIVIDUALARBEITSRECHT

Kap. 1 - DER ARBEITSVERTRAG

1. Überblick über das ArbeitsGB 2003

Das ArbeitsGB enthält 298 Artikel. Es ist in XIII Titel untergliedert. Jeder Titel ist in Kapitel unterteilt. Die Artikel eines Kapitels sind in verschiedenen Abschnitten gruppiert. Die Titel der ArbeitsGB enthalten Bestimmungen über folgende Bereiche des Arbeitsrechts:

- Titel I – Allgemeine Bestimmungen;
- Titel II – Individualarbeitsvertrag;
- Titel III – Arbeits- und Erholungszeit;
- Titel IV – Entlohnung;
- Titel V – Arbeitsgesundheit und -sicherheit;
- Titel VI – Berufsbildung;
- Titel VII – Sozialdialog;

---

9   Siehe www.cnpas.ro oder www.cnpas.org.
10   Siehe www.cnas.ro.

- Titel VIII – Kollektivarbeitsverträge;
- Titel IX – Arbeitskonflikte;
- Titel X – Arbeitsaufsichtsbehörde;
- Titel XI – Haftung im Arbeitsrecht;
- Titel XII – Arbeitsgerichtsbarkeit;
- Titel XIII – Schluss- und Übergangsbestimmungen.

Das ArbeitsGB hat eine heterogene Struktur. Einige Titel haben die vorherige Gesetzgebung der jeweiligen Materie aufgehoben und regeln diese Bereiche durch die eigenen Bestimmungen umfassend. Dazu zählen Titel II (Individualarbeitsvertrag), III (Arbeits- und Erholungszeit), IV (Entlohnung), VI (Berufsbildung) und XI (Haftung im Arbeitsrecht). Die anderen Titel und zwar VII (Sozialdialog), VIII (Kollektivarbeitsverträge), IX (Arbeitskonflikte), X (Arbeitsaufsichtsbehörde) und XII (Arbeitsgerichtsbarkeit) enthalten nur grundsätzliche Bestimmungen zu den jeweiligen Bereichen. Diese werden dann in Spezialgesetzen weiter vertieft und dementsprechend geregelt.

Bei der Erarbeitung des rumänischen ArbeitsGB wurden die gängigen EU-Arbeitsrechtsbestimmungen und die Bestimmungen der Europäischen Sozialcharta mitberücksichtigt. Die neuen Gestaltungsmöglichkeiten im Bereich des Individualarbeitsvertrages bieten bei Arbeitsverhältnissen mehr Flexibilität. So wurde ein neuer Typus bei Arbeitsverträgen, wie z. B. das Arbeitsverhältnis mit bestimmter Dauer, das Teilzeitarbeitsverhältnis, der Arbeitnehmerüberlassungsvertrag etc. jetzt gesetzlich verankert. Es wurden Minimalklauseln für Arbeitsverträge, die als zwingendes Recht gelten, festgelegt.

Das Probearbeitsverhältnis und der Kündigungsschutz wurden neu geordnet. Die nicht rechtzeitige Abführung der einbehaltenen Sozialversicherungsbeiträge durch den Arbeitgeber wurde als Straftat eingestuft etc.

Aufgrund der von den Arbeitgeberverbänden geäußerten Kritik in Bezug auf die Unausgewogenheit der Rechte und Pflichten der Arbeitgeber, im Vergleich mit den Rechten und Pflichten der Arbeitnehmer in der alten Fassung des Arbeitsgesetzbuches, wurden Verhandlungen zwischen Arbeitsverbänden und Gewerkschaften zur Verbesserung der Gesetzgebung eingeführt. Während der Verhandlungen sind Vertreter des Arbeitsministeriums als Vermittler zwischen den Parteien aufgetreten. Nach zwei Monatsverhandlungen haben sich die Parteien auf alle zur Diskussion stehenden Gesetzbestimmungen geeignet. Folglich wurde das Arbeitsgesetzbuch novelliert. Durch die erfolgte Novellierung wurden über 30 % der älteren Bestimmungen des Arbeitsgesetzbuches besser an die Bedürfnisse des Arbeitsmarktes angepasst. Dazu zählen insbesondere bessere Bestimmungen über die Konkurrenzverbotsklausel in Arbeitsverträgen, die Verbesserung des Verfahrens zu Kollektivkündigung von

Arbeitsverträgen, bessere Bestimmungen über die Leistung von Überstunden durch die Arbeitnehmer etc. Die jeweiligen Änderungen bzw. Ergänzungen des Arbeitsgesetzbuches werden weiter unten an den jeweiligen Stellen dargestellt.

2. Der Begriff des Arbeitsvertrages

Der individuelle Arbeitsvertrag (*nachfolgend als Arbeitsvertrag bezeichnet*) im rumänischen Recht hat seine Wurzeln in den Bestimmungen des Art. 1470 Pkt. 1 Cod civil[11] (*nachfolgend als C. civ. abgekürzt*), wo er als eine Art „*Dienstmiete*" (*locaţiune a lucrărilor*) bezeichnet wurde. Wie bereits erwähnt, wurde der Arbeitsvertrag 1929 aus dem C. civ. herausgenommen und seitdem in einem Spezialgesetz (Gesetz über Arbeitsverträge von 1929) reglementiert.

Der **Arbeitsvertrag** ist in Art. 10 des ArbeitsGB als „*der Vertrag aufgrund dessen sich eine natürliche Person, als Arbeitnehmer bezeichnet, Arbeit zugunsten und unter der Aufsichtgewalt eines Arbeitgebers, natürliche oder juristische Person, im Gegenzug einer Entlohnung, als Gehalt[12]bezeichnet, verpflichtet*" gesetzlich definiert.

Nach rumänischem Recht hat der Arbeitsvertrag folgende Merkmale:
- der Abschluss des Arbeitsvertrages unterliegt dem Grundsatz der Vertragsfreiheit der Parteien;
- der Arbeitsvertrag kann nur von zwei Vertragsparteien abgeschlossen werden: dem Arbeitgeber (*angajator; patron*) und dem Arbeitnehmer (*angajat; salariat*);
- der Arbeitsvertrag ist ein gegenseitiger Vertrag: der Arbeitnehmer verpflichtet sich, die Arbeit gegen Zahlung eines Lohnes (Gehaltes) seitens des Arbeitgebers zu leisten;
- der Arbeitsvertrag ist ein „*intuitu personae*"-Vertrag. Nur die im Arbeitsvertrag als Arbeitnehmer bezeichnete Person darf die Arbeit leisten. Die Arbeit darf nicht durch Dritte verrichtet werden;
- der Arbeitsvertrag ist durch eine sukzessive Leistung charakterisiert: Die Arbeit und die Gehaltszahlungen erfolgen nach und nach auf eine in der Regel unbestimmte Zeitspanne;
- der Arbeitnehmer übernimmt durch den Arbeitsvertrag die Verpflichtung, „etwas zu tun" bzw. die vereinbarte Arbeit zu verrichten. Diese vereinbarte Arbeit kann nicht durch eine andere Leistung ersetzt werden;

---

11 M. Of. Nr. 271/04.12.1864; bereinigte Fassung des Justizministeriums von 1993 - M. Of. Nr. 177/26.06.1993 mit den nachfolgenden Änderungen.

12 In der rumänischen Sprache wird nicht strikt zwischen Lohn und Gehalt differenziert, sodass bei dem Begriff Lohn auch Gehalt zu verstehen ist und umgekehrt.

- der Arbeitsvertrag kann nicht unter einer aufschiebenden oder auflösenden Bedingung abgeschlossen werden;
- der Arbeitsvertrag kann jedoch in den vom Gesetz vorgesehenen Fällen unter einer auflösenden Frist abgeschlossen werden. Es handelt sich dabei um befristete Arbeitsverträge im Sinne von Art. 80 ff. ArbeitsGB.

3. Einzelheiten des individuellen Arbeitsvertrages

Der Arbeitsvertrag hat, wie bereits dargelegt, seine Wurzeln im Zivilrecht. Traditionell bedarf der Abschluss eines Vertrages vier Elemente: die Geschäftsfähigkeit der Vertragsparteien, deren Konsens für den Abschluss des Vertrages (übereinstimmende Willenserklärungen zum Abschluss des Vertrages), den Vertragsgegenstand und den Rechtsgrund (*cauza*)[13].

3.1 Der Arbeitnehmer

a) Die Geschäftsfähigkeit des Arbeitnehmers

Die Geschäftsfähigkeit einer natürlichen Person im Bereich des Arbeitsrechts wird durch die Erreichung des 16. Lebensjahres begründet (Art. 13 Abs. 1) ArbeitsGB). Art. 45 Abs. 4) der Verfassung[14] Rumäniens besagt, dass *„Minderjährige unter 15 Jahren nicht eingestellt werden dürfen"*. Als Folge davon haben Jugendliche zwischen 15 und 16 Jahren eine begrenzte Geschäftsfähigkeit Arbeitsverträge zu schließen. Solche Arbeitsverträge bedürfen stets der vorherigen ausdrücklichen Zustimmung der Eltern oder des gesetzlichen Vertreters (Art. 13 Abs. 2) ArbeitsGB).

b) Gesetzliche Unvereinbarkeit mit der Stellung als Arbeitnehmer

Es gibt Situationen, in denen unterschiedliche Personengruppen aus verschiedenen Gründen nicht die Stellung eines Arbeitnehmers übernehmen können.

Diese Gründe können z. B. in den Schutzüberlegungen für Frauen und Jugendliche, dem Schutz des Eigentums oder anderen Überlegungen (wie Integrität der Amtsträger oder aufgrund von Strafrechtsbestimmungen) liegen. So verbietet das Gesetz die Einstellung oder den Einsatz von schwangeren Frauen oder von Frauen, die Kinder stillen, in schädliche, schwere oder gefährliche Arbeitsstellen. Die Einberufung solcher Frauen zur Leistung von Überstunden ist verboten. Weiterhin ist es verboten, schwangere Frauen, oder Frauen, die Kinder stillen, für Nachtarbeit einzusetzen (Art. 13 Abs. 3) bis 5) i.V.m. Art. 125 ArbeitsGB).

---

13 Vgl. Art. 948 C. civ.
14 M. Of. Nr. 767/31.10.2003.

Solche Unvereinbarkeiten setzen eine zwingende gesetzliche Bestimmung voraus. Sie haben einen restriktiven Charakter sowohl für die vom Gesetz vorgesehenen Fälle und Eintrittsbedingungen als auch für die vom Gesetz bestimmten Zeitspannen.

c) Geschäftsfähigkeit von Ausländern beim Abschluss von Arbeitsverträgen in Rumänien

Nach den Bestimmungen des Art. 11 des rumänischen IPR-Gesetzes[15] (nachfolgend als rum. IPRG bezeichnet) unterliegt die Geschäftsfähigkeit von Ausländern, Arbeitsverträge mit rumänischen Handelsgesellschaften zu schließen, dem *„lex patriae"* (Gesetz des Staates, dessen Staatsangehörige die Ausländer sind).

Das rumänische Gesetz kommt nur in dem Falle zur Geltung, wenn das ausländische Gesetz erleichterte Bedingungen für die Erlangung der Geschäftsfähigkeit im Vergleich mit den rumänischen Bestimmungen vorsieht.

d) Ärztliches Attest des Arbeitnehmers

Um einen Arbeitsvertrag schließen zu können, muss der Arbeitnehmer nicht nur geschäftsfähig sein, sondern auch die Arbeitsfähigkeit im biologischen Sinne haben.

Sowohl Art. 27 f. ArbeitsGB als auch andere gesetzliche Bestimmungen sehen eine ärztliche Untersuchung und die Aushändigung eines entsprechenden ärztlichen Attests vor Abschluss des Arbeitsvertrages vor. Die Detailbestimmungen über die Durchführung der ärztlichen Untersuchung sind in einer Verordnung des Gesundheitsministeriums[16] geregelt. Das Fehlen des ärztlichen Attests beim Abschluss des Arbeitsvertrages führt zur Nichtigkeit des Arbeitsvertrages. Ein Nachreichen des nötigen ärztlichen Attests, welches die Arbeitsfähigkeit des Arbeitnehmers bescheinigt, heilt den unwirksamen Arbeitsvertrag.

---

15 Gesetz Nr. 105/1992 zur Regelung der Verhältnisse des internationalen Privatrechts (M. Of. Nr. 245/01.10.1992).

16 Siehe dazu Art. 13 lit. j) des Gesetzes Nr. 319/2006 betreffend die Arbeitssicherheit und -gesundheit (M. Of. Nr. 646/26.07.2006).

3.2 Der Arbeitgeber

Arbeitgeber in einem Arbeitsvertrag können sowohl juristische Personen[17] als auch natürliche Personen sein (Art. 14 ArbeitsGB).

Die juristische Person im rumänischen Recht ist durch eine starke Spezialisierung charakterisiert und kann deshalb nur diejenigen Rechte, einschließlich beim Abschluss von Arbeitsverträgen, haben, welche ihrem Unternehmenszweck dienen. Der Unternehmenszweck kann vom Gesetz, vom Gründungsakt oder der Satzung bestimmt werden.

Die Rechte und Pflichten der juristischen Personen werden von ihren Organen ausgeübt. Bei Handelsgesellschaften mit Privatkapital werden die Organe der Gesellschaft durch Gründungsvertrag und/oder Satzung der Gesellschaft bestimmt. Arbeitsverträge werden bei der AG vom Vorstandsvorsitzenden und bei der GmbH vom Geschäftsführer abgeschlossen, wobei auch andere Führungsorgane infrage kommen können, je nachdem, was für eine Führungsstruktur bei der jeweiligen Gesellschaft vorhanden ist und ob diese Kompetenz nicht evtl. auch auf andere Personen der Geschäftsführung delegiert werden kann.

Natürliche Personen als Arbeitgeber können Arbeitsverträge ab Erreichung des 18. Lebensjahres abschließen.

3.3 Die rechtsgeschäftliche Einigung beim Abschluss des Arbeitsvertrages

Der wirksame Abschluss des Arbeitsvertrages setzt einerseits die ausdrückliche und eindeutige Willenserklärung der Vertragsparteien und andererseits deren rechtsgeschäftliche Einigung voraus.

Die rechtsgeschäftliche Einigung stellt sich in der Praxis konkret durch die Unterschriften der beiden Vertragsparteien auf dem Arbeitsvertrag dar.

3.4 Die Informationspflicht des Arbeitgebers beim Abschluss von Arbeitsverträgen

Nach Art. 17 ArbeitsGB obliegt dem Arbeitgeber die Informationspflicht, den zukünftigen Arbeitnehmer vor Abschluss des Arbeitsvertrages über die Eckdaten des Arbeitsvertrages zu informieren. Die Gesetzesbestimmung ent-

---

17   Nach rumänischem Gesellschaftsrecht gelten als juristische Personen auch die Personengesellschaften. Die möglichen Gesellschaftsformen, vom Gesetz als Numerus clausus geregelt, sind OHG, KG, GmbH, AG und KGaA.

hält eine Aufzählung von 13 Klauseln, welche sich in dem Arbeitsvertrag widerspiegeln sollen und praktisch den Inhalt des zukünftigen Arbeitsvertrags darstellen. Die Informationspflicht des Arbeitgebers gilt entsprechend auch für zukünftige Änderungen des jeweiligen Arbeitsvertrages. Durch die Novellierung des Arbeitsgesetzbuches Mitte 2005 wurde die Pflicht des Arbeitgebers den Arbeitnehmer 15 Tage vor dem Abschluss bzw. der beabsichtigen Vertragsänderung zu informieren, abgeschwächt. So bestimmt Art. 17 Abs. 1') ArbeitsGB, dass die Informationspflicht zum Zeitpunkt der Mitteilung der wesentlichen Klauseln des Arbeitsvertrages bzw. der Vertragsänderung als erbracht angesehen wird.

3.5 Der Gegenstand und der Rechtsgrund des Arbeitsvertrages

Der Gegenstand des Arbeitsvertrages ist in der gegenseitigen Hauptleistungen der Vertragsparteien dargestellt: Arbeitsleistung durch den Arbeitnehmer und ihre Entlohnung durch den Arbeitgeber. Die Arbeitsleistung muss im gesetzlichen Rahmen möglich sein, ohne gegen die Moral oder die öffentliche Ordnung zu verstoßen. Die Entlohnung der Arbeit ist für den Arbeitnehmer ein in Geld ausbezahlter Lohn oder ein Gehalt.

Der Rechtsgrund des Arbeitsvertrages ist sein subjektives Element und stellt den von jeder Vertragspartei verfolgten Zweck dar. Für den Arbeitnehmer bedeutet dies die Erzielung von finanziellen Mitteln für seinen Lebensunterhalt und für den Arbeitgeber die Erzielung eines Gewinns aus seiner unternehmerischen Tätigkeit.

3.6 Die Dauer des Arbeitsvertrages

Die rumänischen arbeitsrechtlichen Bestimmungen sehen zwei Arten von Arbeitsverträgen vor: befristete und unbefristete Arbeitsverträge. Nach Art. 12 Abs. 1) ArbeitsGB werden Arbeitsverträge in der Regel auf eine unbefristete Dauer abgeschlossen.

Befristet abgeschlossene Arbeitsverträge werden nur als Ausnahme in den vom Gesetz ausdrücklich vorgesehenen Fällen abgeschlossen (Art. 12 Abs. 2) i. V. m. Art. 80 ff. ArbeitsGB). Infolge dessen ist die befristete Vertragsklausel in den Fällen, welche nicht mit den gesetzlich vorgeschriebenen Fällen übereinstimmen, nichtig. Eine solche Klausel wird automatisch durch die gesetzlich vorgeschriebene Regel ersetzt, sodass solche Arbeitsverträge im Allgemeinen als unbefristet betrachtet werden.

Nach den Bestimmungen des Art. 81 ArbeitsGB können befristete Arbeitsverträge in folgenden Fällen vorkommen:

- bei vorübergehender Ersetzung eines Arbeitsstelleninhabers, dessen Arbeitsvertrag suspendiert wurde. Wenn die Suspendierung aufgrund eines Streiks erfolgt ist, ist die vorübergehende Einstellung eines anderen Arbeitnehmers auf die jeweilige Arbeitsstelle verboten;
- die vorübergehende Produktionssteigerung aufgrund einer günstigen Auftragslage des Arbeitgebers;
- für die Leistung einer Arbeit mit vorübergehendem Charakter (z. B. Tourismus, Bauindustrie, Landwirtschaft usw.);
- im Falle von Gesetzesbestimmungen zur Arbeitseingliederung von bestimmten Arbeitnehmergruppen angehörenden Arbeitslosen;
- im Falle einer Person, welche innerhalb der nächsten 5 Jahre ab Vertragsabschluss das Rentenalter erreicht;
- bei der Besetzung einer Arbeitsstelle dessen Arbeitnehmer vorübergehend als Funktionär in der Gewerkschaft oder Arbeitgeberverbände für die Wahlperiode gewählt wurde;
- Einstellen von Rentnern, welchen von Gesetz her erlaubt ist, die Rente mit dem Arbeitslohn zu kumulieren;
- aufgrund ausdrücklichen Bestimmungen von besonderen Gesetzen.

3.7 Die Form des Arbeitsvertrages und dessen behördliche Registrierung

Art. 16 Abs. 1) des ArbeitsGB besagt, dass der Arbeitsvertrag schriftlich abzuschließen ist. Die schriftliche Form ist keine Bedingung zum Wirksamwerden des Vertrages (*ad validitatem*), sondern ein Beweismittel (*ad probationem*). Deshalb enthält Art. 16 Abs. 2) ArbeitsGB die gesetzliche Vermutung, dass im Falle eines nicht schriftlich niedergelegten Arbeitsvertrags er als unbefristet gilt und die Vertragsparteien den Inhalt und die vorgenommenen Leistungen mit allen Beweismitteln nachweisen können. Die befristeten Arbeitsverträge dagegen können ausschließlich in der Schriftform und unter Benennung der Vertragsdauer abgeschlossen werden (Art. 80 Abs. 2) ArbeitsGB).

Der Arbeitsvertrag muss in rumänischer Sprache abgefasst werden (Art. 16 Abs. 1) ArbeitsGB).

Die Arbeitgeber sind nach Art. 1 des Gesetzes Nr. 130/1999[18] verpflichtet, abgeschlossene Arbeitsverträge bei der dafür zuständigen örtlichen Arbeitsaufsichtsbehörde (ITM) binnen 20 Tage nach deren Abschließung

---

18 Gesetz Nr. 130/1999 über einige Maßnahmen zum Schutz von arbeitstätigen Personen mit den nachfolgenden Änderungen (bereinigte Fassung M. Of. Nr. 190/20.03.2007); siehe weiterhin auch Regierungsbeschluss Nr. 935/1999 über die Festlegung der Bedingungen zur Ausübung der Tätigkeit von Personen ohne individuellen Arbeitsvertrag sowie Anwendung der von örtlichen Arbeitsaufsichtsbehörden bzw. Allgemeindirektionen für Arbeit und Sozialsolidarität erhobenen Abgaben (M. Of. Nr. 560/17.11.1999).

anzumelden und einzureichen und binnen 5 Tage jede Änderung, Aufhebung, und die Beendigung der Arbeitsverträge anzumelden. Diese gesetzliche Bestimmung ist im Detail in der Verordnung Nr. 747/1999[19] des Ministeriums für Arbeit, Sozialsolidarität und Familie bzw. deren Anlage 2 - Verfahrensbestimmungen zur Eintragung und Registrierung von Arbeitsverträgen, geregelt.

3.8 Der Inhalt des Arbeitsvertrages

Der Arbeitsvertrag hat nach rumänischem Recht einen gesetzlichen Teil und einen Teil, der den Vereinbarungen der Parteien vorbehalten bleibt.

Der gesetzliche Teil des Arbeitsvertrages bezieht sich auf Rechte und Pflichten, die in Gesetzestexten als Minimal- oder Maximalbestimmungen vorgesehen sind. Infolgedessen werden sie von Gesetzes wegen als Vertragsklausel angesehen, auch wenn sie im Vertragstext nicht als Vertragsklausel erwähnt wurden.

Der verhandelbare Teil des Arbeitsvertrages kommt mit der Einigung der Vertragsparteien zustande. Auch diese Vertragsklauseln müssen den gesetzlichen Bestimmungen, den Bestimmungen des Kollektivarbeitsvertrages sowie der öffentlichen Ordnung entsprechen.

Die Klauseln eines Arbeitsvertrages sind multipler Natur. Dabei ist die Arbeitsart, der Arbeitsort und Lohn oder Gehalt als die wichtigsten anzusehen. Was die Arbeitsart anbelangt, sind bei der Anstellung von Personal die gesetzlichen Bestimmungen der Klassifikation der Beschäftigungen in Rumänien (COR)[20] zu beachten.

In der Praxis verwendet man für gewöhnliche Arbeitsstellen Musterverträge. Ein solches Arbeitsvertragsmuster ist den o. g. Verfahrensbestimmungen bei gefügt. Auch der nationale Kollektivarbeitsvertrag für 2007-2010, sowie die Branchen-Kollektivarbeitsverträge haben als Anlage Arbeitsvertragsmuster (siehe Übersetzung des Musterarbeitsvertrages des Kollektivarbeitsvertrags für 2007-2010 in der **Anlage 1**).

---

19 M. Of. Nr. 653/31.12.1999.

20 Verordnung Nr. 138/1949/1995 des Ministeriums für Arbeit, Sozialsolidarität und Familie und des Nationalausschusses für Statistik zur Zustimmung der Klassifikation der Beschäftigungen in Rumänien (COR) mit den nachfolgenden Änderungen (M. Of. Nr. 272/17.04.1995).

3.9 Sonderprobleme beim Abschluss von Arbeitsverträgen

Besondere Aufmerksamkeit beim Abschluss eines Arbeitsvertrages gilt der Vereinbarung einer Probezeit und der Aufnahme einer Konkurrenzverbotsklausel in den Arbeitsvertrag.

Darüber hinaus stellt sich die Frage, inwieweit der Abschluss mehrerer Arbeitsverträge durch einen Arbeitnehmer zulässig ist. Als eine Besonderheit stellt sich auch die arbeitsrechtliche Beurteilung der Einstellung von Geschäftsführern dar. In der Vergangenheit war die entsprechende Abgrenzung der Arbeitsverträge von Geschäftsführern von zivilrechtlichen Verträgen in diesem Bereich umstritten. Durch eine ausdrückliche gesetzliche Bestimmung, allerdings gesellschaftsrechtlicher Natur, hat der Gesetzgeber nun Klarheit geschaffen: das Rechtsverhältnis zwischen dem Geschäftsführer und der zu führenden Gesellschaft stellt kein Arbeitsverhältnis dar.

Aus der Sicht eines ausländischen Investors stellt sich insbesondere das Problem der Arbeitsverträge mit ausländischen Arbeitnehmern dar.

Unter Geltung des älteren Arbeitsgesetzbuchs waren die o. g. Klauseln im Arbeitsvertrag entweder überhaupt nicht gesetzlich oder nur unzureichend geregelt. Das neue ArbeitsGB enthält nun ausdrückliche Bestimmungen zur Probezeit, zur Wettbewerbsklausel, zur Verschwiegenheitspflicht und zur sog. Flexibilitätsklausel.

a) Die Probezeit

Die Probezeit[21] (*perioadă de probă*) ist die Zeitspanne, innerhalb derer die Arbeitsfähigkeiten und die Qualifikation des Arbeitnehmers im Arbeitseinsatz geprüft werden und während der der Arbeitgeber - sofern das Ergebnis negativ ist - die Möglichkeit hat, den Arbeitsvertrag einseitig zu kündigen.

Nach den gesetzlichen Bestimmungen des Art. 31 ArbeitsGB ist die Vereinbarung einer Probezeit nur für eine relativ kurze Zeitspanne möglich. So beträgt die Probezeit für ausführende Arbeitsstellen 30 Tage und für leitende Stellen höchstens 90 Tage. Bei behinderten Arbeitnehmern[22] beträgt die Probezeit 45 Tage. Bei ungelernten Arbeitskräften beträgt die Probezeit maximal 5 Arbeitstage. Eine Sonderregelung gibt es auch bei der ersten Anstellung von

---

21 *Ştefănescu*, Arbeitsrecht, S. 337 ff.
22 Art. 83 Abs. 1) Buchstabe d) des Gesetzes Nr. 448/2006 über den Schutz und Förderung der Rechte von behinderten Personen (Neuverkündung in M. Of. Nr. 1/3.01.2008) i. V. m. Art. 31 Abs. 2) ArbeitsGB.

Hochschulabsolventen. Art. 31 Abs. 4) ArbeitsGB sieht bei Erstanstellung von Hochschulabsolventen eine Probezeit von maximal 6 Monaten vor.

Die Vereinbarung einer anderen als der durch das Gesetz bestimmten Dauer der Probezeit ist nicht möglich. Das würde dazu führen, dass die Probezeitklausel nichtig ist und eine einseitige Kündigung seitens des Arbeitgebers außerhalb der gesetzlich vorgeschriebenen Probezeit als illegal mit den dazugehörigen Folgen zu betrachten wäre. In solchen Fällen kommt eine Kündigung nur nach den strengeren Bestimmungen über die ordentliche Kündigung des Arbeitsvertrages in Betracht.

Zwischen Arbeitgeber und Arbeitnehmer kann nur eine einzige Probezeit vereinbart werden. Ausnahmsweise kann während der Laufbahn bei demselben Arbeitgeber eine zweite Probezeit vereinbart werden, wenn der jeweilige Arbeitnehmer zukünftig eine andere Arbeitsstelle übernehmen soll. Dem Arbeitgeber obliegt eine Informationspflicht im Sinne des Art. 17 Abs. 4) ArbeitsGB über die Probezeit. Bei Nichtbeachtung der Informationspflicht in Bezug auf die Probezeit gilt die entsprechende Zeitspanne nicht als Probezeit[23] (Art. 32 Abs. 3) ArbeitsGB). Die Folge ist, dass der jeweilige Arbeitsvertrag nicht aufgrund der vereinfachten, sofortigen Kündigung während der Probezeit, gekündigt werden kann, sondern dass nur eine herkömmliche, viel strengere, Kündigungsmöglichkeit in Betracht kommen kann. Die Nachteile davon für den Arbeitgeber sind offensichtlich. Die Einstellung von mehr als drei Arbeitnehmern auf Probezeit für den gleichen Arbeitsplatz ist verboten (Art. 33 ArbeitsGB).

b) Die Konkurrenzverbotsklausel

Die Konkurrenzverbotsklausel (*clauza de neconcurenţă*) war im rumänischen Arbeitsrecht bis 2003 nicht ausdrücklich geregelt. Sie ist jetzt ausdrücklich in Art. 21 bis 24 ArbeitsGB geregelt.

Ohne als arbeitsrechtliche Gesetzesbestimmung geregelt zu sein, gibt es auch andere Bestimmungen in einigen Gesetzestexten handels- oder wettbewerbsrechtlicher Natur, welche in den vom Gesetz vorgesehenen Fällen eine Konkurrenz des Arbeitnehmers gegenüber seinem Arbeitgeber verbieten. So z. B. der Fall des Art. 397 rum. HandelsGB[24], welcher dem Bevollmächtigten eines Kaufmanns sowohl die Ausübung eines ähnlichen Handelsgeschäfts wie sein Arbeitgeber als auch eine gleichzeitige Zweitbeschäftigung in dem gleichen

---

23 Zustimmend *Ştefănescu*, Arbeitsrecht, S. 245
24 M. Of. Nr. 31/10.05.1887; bereinigte Fassung des Justizministeriums von 1944 mit nachfolgenden Änderungen.

Bereich verbietet, es sei denn, dass der Arbeitgeber dies ausdrücklich erlaubt. Für Aktiengesellschaften bestimmt Art. 153[15] des Gesetzes Nr. 31/1990 über Handelsgesellschaften, dass Mitglieder des Direktorenausschusses oder die Direktoren der Gesellschaft weder Geschäftsführer noch Aufsichtsratsmitglieder oder Gesellschafter mit unbeschränkter Haftung bei Konkurrenzgesellschaften ohne die Genehmigung des Vorstandes sein dürfen. Dies gilt auch für die Ausübung von ähnlichen Geschäften im eigenen Namen. Auch das Gesetz Nr. 11/1991[25] zur Bekämpfung des unlauteren Wettbewerbs sieht das Verhalten eines Arbeitnehmers in bestimmten Situationen als unerlaubt an und sanktioniert es als Ordnungswidrigkeit mit Geldbußen. Als solche Ordnungswidrigkeit gilt z. B. „das Anbieten von Dienstleistungen durch den Arbeitnehmer eines Kaufmanns gegenüber einem Konkurrenten oder die Annahme eines solchen Angebots" oder „die Abwerbung von Kunden eines Kaufmanns aufgrund von Beziehungen aus der früheren Arbeitstätigkeit bei diesem Kaufmann".

Das Wettbewerbsverbot wird im deutschen Recht als eine Nebenpflicht jedes Arbeitnehmers angesehen. Art. 21 Abs. 1) ArbeitsGB betrachtet dagegen die Wettbewerbsklausel als eine besondere Arbeitspflicht eines Arbeitnehmers, welche nur durch ausdrückliche Vereinbarung und unter der genauen Benennung der verbotenen Handlungen des Arbeitnehmers wirksam ist.

Grundsätzlich endet das Wettbewerbsverbot zum Zeitpunkt der Beendigung des Arbeitsvertrages. Die Vereinbarung einer Konkurrenzverbotsklausel nach Beendigung des Arbeitsvertrages ist ausdrücklich in Art. 21 Abs. 3) Arbeits-GB verankert. Dabei ist zu beachten, dass sie zeitlich begrenzt sein muss und keine überwiegende Einschränkung der Berufsausübung mit sich bringt. Laut Art. 22 Abs. 1) ArbeitsGB kann ein Wettbewerbsverbot nach Beendigung des Arbeitsvertrages für maximal 2 Jahre ab Vertragsaufhebung vereinbart werden. Darüber hinaus wird sie nur auf das Gebiet, in dem auch eine tatsächliche Konkurrenz für den Arbeitgeber möglich ist, begrenzt. Die Interessen des Arbeitgebers müssen dabei in einem vernünftigen Verhältnis zu den Interessen des Arbeitnehmers stehen. Sowohl der Arbeitnehmer als auch die territorial zuständige Arbeitsaufsichtsbehörde haben die Möglichkeit für den Arbeitnehmer benachteiligende Wettbewerbsverbotsklausel gerichtlich überprüfen zu lassen.

Für die Unterlassung der verbotenen Handlungen ist der Arbeitgeber verpflichtet, den Arbeitnehmer dementsprechend zu vergüten. Die Höhe der da-

---

25 Vgl. Art. 4 Abs. 1) Buchstabe a) und g) des Gesetzes Nr. 11/1991 zur Bekämpfung des unlauteren Wettbewerbes (M. Of. Nr. 24/30.01.1991) mit nachfolgenden Änderungen. Siehe dazu auch *Octavian Căpăţînă*, Wettbewerbsrecht - Allgemeiner Teil [Dreptul concurenţei comerciale - Partea generală], 2. Auflage, 1998, S. 284 ff.

für vorgesehenen Gehaltszulage ist gesetzlich bestimmt und beläuft sich auf mindestens 50 % der durchschnittlichen Bruttogehälter der letzten 6 Monate vor der Beendigung des Arbeitsvertrages (Art. 21 Abs. 3) ArbeitsGB). Für den Arbeitgeber sind die für Einhaltung der Wettbewerbsklausel ausbezahlten Beträge Betriebsausgaben und können dementsprechend bilanziert werden.

Bei Nichtbeachtung des Wettbewerbsverbots durch den Arbeitnehmer ist er gehalten, die dafür erhaltene Gehaltszulage zurückzuzahlen und darüber hinaus die dem Arbeitgeber verursachten Schäden bis zum vollständigen Ausgleich zu beheben.

c) Anhäufung von Arbeitsverträgen

Vor 1989 durfte jede Person nur einen Arbeitsvertrag abschließen. Unter den heutigen Arbeitsmarktbedingungen kommt es oft vor, dass Arbeitnehmer gleichzeitig mehrere Arbeitsstellen bei verschiedenen Arbeitgebern aufnehmen müssen, um finanziell „über die Runden zu kommen".

Dieser Notwendigkeit kommt die Bestimmung des Art. 35 ArbeitsGB entgegen, wonach ein Arbeitnehmer gleichzeitig Arbeitsverträge mit mehreren Arbeitgebern abschließen kann. Ist dies der Fall, obliegt dem Arbeitnehmer die Verpflichtung, die Hauptarbeitsstelle für die Einrichtung von Sozialabgaben zu bestimmen und dies jedem Arbeitgeber mitzuteilen. Jeder Arbeitgeber ist verpflichtet, je nach der Höhe des erzielten Arbeitseinkommens, Sozialabgaben für den jeweiligen Arbeitnehmer einzubehalten und abzuführen.

d) Geschäftsführerverträge

Im deutschen Recht ist der Anstellungsvertrag eines Geschäftsführers ein Dienstvertrag. Damit wird kein Arbeitsverhältnis begründet, *„denn der Geschäftsführer ist nicht Arbeitnehmer"*[26].

Im rumänischen Recht sah bis in die jüngste Vergangenheit die Lösung der Beziehung Gesellschaft - Geschäftsführer (*administrator*) ganz anders aus. Es gab in diesem Bereich noch keine klare Abgrenzung zwischen dem Innenverhältnis der Gesellschafter bzw. Geschäftsführer einer Gesellschaft und deren Außenverhältnis gegenüber Dritten. Die Abgrenzung erfolgte mühsam durch in Betracht Ziehung, ob der jeweilige Geschäftsführer auch zugleich Gesellschafter der jeweiligen Gesellschaft war oder nicht. War der Geschäftsführer

---

26 Siehe beispielhaft für den GmbH-Geschäftsführer *Schultze-Petzold* in *Büchel / von Rechenberg* Handels- und Gesellschaftsrecht, 2009 Köln, S. 662 ff.

zugleich Gesellschafter, stellte sein Rechtsverhältnis mit der Gesellschaft einen zivilrechtlichen Mandatsvertrag dar. War er dagegen nicht Gesellschafter der Gesellschaft, so war von einem Arbeitsvertrag die Rede.

Nun hat eine Ergänzung des Gesetzes Nr. 31/1990[27] über Handelsgesellschaften Klarheit geschaffen. Art. 137¹ Abs. 3) besagt, dass das Rechtsverhältnis zwischen den Geschäftsführern von Handelsgesellschaften mit der jeweiligen Gesellschaft kein Arbeitsverhältnis darstellt und eventuelle frühere Arbeitsverträge während der Amtsausübung als Geschäftsführer ruhen.

Nach wie vor stellt der Mandatsvertrag zwischen der Gesellschaft und dem Geschäftsführer einige Besonderheiten dar. Der Anstellungsvertrag gilt als ein entgeltlicher Mandatsvertrag[28].

Die Qualifizierung des Geschäftsführervertrages als Mandatsvertrag hat zur Folge, dass seine Haftung entsprechend den Bestimmungen des rumänischen C. civ. erfolgt. Wenn der Geschäftsführer in seiner Eigenschaft als Mandatar[29] (also Geschäftsführer der Gesellschaft) Verträge im Namen der Gesellschaft mit Dritten abschließt, verpflichtet er die Gesellschaft, soweit er die ihm übertragene Vertretungsmacht nicht überschreitet. Zwischen ihm als Mandatar und dem Dritten entsteht kein Rechtsverhältnis. Geht er beim Abschluss von Verträgen über seine Vertretungsmacht hinaus, hängt seine Handlung von der Gesellschaft ab. Genehmigt die Gesellschaft die Handlung des Geschäftsführers, dann verpflichtet sich die Gesellschaft dadurch selbst; sie wird ex tunc Vertragspartei. Lehnt dagegen die Gesellschaft die Genehmigung ab, wird sie nur für den Fall, dass sie dadurch Vorteile erlangt hat, selbst verpflichtet, aber nur in deren Höhe. Ansonsten haftet allein der Mandatar in seiner Eigenschaft als natürliche Person.

Für den Fall, dass der Geschäftsführer bei der Gesellschaft auch noch eine andere Tätigkeit als die des Geschäftsführers ausübt, z. B. als Techniker, Kaufmann usw. ist der Abschluss eines Arbeitsvertrages für die Ausübung dieser Tätigkeit mit der Stellung eines Geschäftsführers vereinbar. Die Ausübung der Geschäftsführertätigkeit in solchen Fällen wird nach den handels- bzw. zivilrechtlichen Bestimmungen geregelt, die Ausübung der Tätigkeit als Techniker, Kaufmann usw. nach arbeitsrechtlichen Bestimmungen.

---

27 Neuverkündung in M. Of. Nr. 1066/17.11.2004 mit den nachfolgenden Änderungen und Ergänzungen.

28 Vgl. Art. 72 des Gesetzes Nr. 31/1990 über Handelsgesellschaften.

29 Siehe über den Mandatsvertrag *Francisc Deak*, Monographie des Zivilrechts - Spezialverträge [Tratat de drept civil - contracte speciale], Bukarest 2006, Bd. II, S. 215 ff.

In beiden Fällen ist es empfehlenswert, den Kompetenzbereich des Geschäftsführers so genau wie möglich zu bestimmen, da die Einhaltung bzw. die Überschreitung seiner Vertretungsmacht als Instrument für die Verpflichtung der Gesellschaft bzw. seiner eigenen Verpflichtung dient.

e) Arbeitsverträge mit ausländischen Arbeitnehmern

Nach dem rumänischen Recht[30] sind Ausländer grundsätzlich dem rumänischen Staatsbürger gleichgestellt. Zu beachten sind allerdings einschränkende Gesetzesbestimmungen, welche insbesondere den Aufenthalt und die Arbeitsaufnahme von Ausländern in Rumänien regeln.

Aus der Sicht der arbeitsrechtlichen Gesetzesbestimmungen können die Vertragsparteien (sofern der Arbeitnehmer Ausländer ist) nach Art. 73 des rum. IPRG das Recht des Vertrages frei wählen. Das fremde Recht ist aber nur insoweit anwendbar, als es nicht zwingenden rumänischen arbeitsrechtlichen Gesetzesbestimmungen widerspricht. Tritt ein solcher Fall auf, wird die für den Arbeitnehmer günstigere Regelung bzw. die rumänische Norm angewandt.

Falls die Vertragsparteien keine Rechtswahl getroffen haben, bestimmt Art. 102 rum. IPRG die Kollisionsnormen des Vertragsrechtes. Danach wird das Vertragsrecht nach dem Recht des Staates angewandt, auf dessen Gebiet

- der Arbeitnehmer gewöhnlich seine Arbeit verrichtet, auch wenn er vorübergehend in einen anderen Staat versetzt wurde;
- sich der Verwaltungssitz des Arbeitgebers befindet, falls der Arbeitnehmer seine Arbeit in mehreren Staaten verrichtet. Gibt es aber stärkere Anhaltspunkte für einen anderen Staat, wird das Recht dieses Staates den Arbeitsvertrag regeln.

Aus Sicht der Praxis ist zur Problematik der Wahl eines ausländischen Rechts als Vertragsrecht des Arbeitsvertrages oder gar keiner Rechtswahl Folgendes zu sagen: Man muss bedenken, dass etwaige Streitigkeiten aus einem solchen Arbeitsvertrag von rumänischen Gerichten zu lösen sind. Ob diese Gerichte zum Vorteil eines ausländischen Arbeitgebers und aufgrund eines ausländischen Rechts entscheiden, ist fraglich.

Aus Sicht der gesetzlichen Bestimmungen über Aufenthalt in Rumänien und Erteilung von Arbeitserlaubnissen wird zwischen EU und EWR Bürger und Staatsangehörige aus Ländern außerhalb der EU und EWR Länder unterschieden. Hierbei ist auch zu beachten, dass es Besonderheiten für die Staatsange-

---

30 Vgl. Art. 2 Abs. 1) i. V. m. Art. 101 u. 102 des rum. IPRG

hörigen von Ländern, mit denen Rumänien Abkommen in diesem Bereich hat, gibt.

Der aufenthaltsrechtliche Status von EU und EWR Bürger in Rumänien ist hauptsächlich von der Dringlichkeitsanordnung Nr. 102/2005[31] über die Freizügigkeit von EU und EWR Staatsangehörige in Rumänien (abgekürzt als DringlichkeitsAN Nr. 102/2005) geregelt. Aufenthaltsrechtliche Gesetzesbestimmungen betreffend Staatsangehörige anderer Länder als EU oder EWR sind in der DringlichkeitsAN Nr. 194/2002[32] über die Rechtsstellung von Ausländer in Rumänien enthalten. Da die Materie des Aufenthaltsrechts und Arbeitsaufnahme durch nicht EU oder EWR Bürger relativ kompliziert ist und den Rahmen dieser Darstellung sprengen wurde, wird sie hier außer Acht gelassen.

Die Aufenthaltsbestimmungen von EU und EWR Bürger enthalten Regelungen, unter welchen sich diese Bürger und deren Familienangehörigen in Rumänien einreisen und frei bewegen können, sowie die Grenzen dieser Freizügigkeit etwa zum Schutz von öffentlichen Interessen, Nationalsicherheit und öffentlicher Gesundheit.

Nach der Einreise in Rumänien haben die EU und EWR Bürger gemäß Art. 12 der DringlickeitsAN Nr. 102/2005 das Recht sich hier, ohne weiteren Formalitäten, für 3 Monate aufzuhalten.

Einen Aufenthalt für eine Dauer von über 3 Monaten ist für EU und EWR Bürger mit minimalen Formalitäten möglich, wenn die dafür vorgesehenen gesetzlichen Bedingungen erfüllt sind. So bestimmt Art. 15 der DringlickeitsAN Nr. 102/2005, dass ein zuerst befristetes Aufenthaltsrecht den EU und EWR Bürger zu gewähren ist, wenn sie:
- eine nicht selbstständige oder selbstständige Tätigkeit üben;
- über Geldmittel zumindest in der Höhe des rumänischen Mindestlohns verfügen, um sich und ihre Familienmitglieder zu versorgen, und über eine in Rumänien anerkannte Sozialversicherung verfügen;
- studieren oder an Fort- oder Weiterbildungsprogrammen in Rumänien teilnehmen und über eine in Rumänien anerkannte Sozialversicherung sowie über Geldmittel zumindest in der Höhe des rumänischen Mindestlohns verfügen, um sich und ihre Familienmitglieder zu versorgen;
- Familienmittglieder eines EU oder EWR Staatsbürgers sind, der die vorher genannten Bedingungen erfüllt.

---

31 M. Of. Nr. 646/21.07.2005 mit den nachfolgenden Änderungen und Ergänzungen, in Kraft getreten am 1. 01. 2007.
32 Neuverkündung in M. Of. Nr. 421/5.06.2008.

Das Aufenthaltsrecht eines EU oder EWR Staatsbürgers in Rumänien wird durch ein sog. Registrierungszertifikat (*Certificat de înregistrare*) dokumentiert.

Zuständig für die Ausstellung des Registrierungszertifikats ist die **Rumänische Einwanderungsbehörde**[33] (*Oficiul Român pentru Imigrări, ORI*). Die Rumänische Einwanderungsbehörde arbeitet als eine dafür spezialisierte Nationalbehörde innerhalb des – Verwaltungs- und Innenministeriums und unterhält in jedem Kreis Einwanderungsstellen (*Serviciu pentru Imigrari*). Soweit eine Arbeitserlaubnis benötigt wird (andere als EU und EWR Bürger), ist für dessen Erteilung ebenso die Rumänische Einwanderungsbehörde zuständig. Diese Zuständigkeit zur Erteilung von Arbeitserlaubnissen wurde der Behörde durch eine Zusammenführung von dem Zuständigkeitsbereich des Ministeriums für Arbeit, Familie und Sozialschutz übertragen. Damit werden sowohl die Aufenthaltstitel als auch die Arbeitserlaubnisse von der gleichen Behörde ausgestellt, was sehr zu begrüßen ist. Für die Ausübung von nicht selbstständigen oder selbstständigen Tätigkeiten in Rumänien benötigen EU und EWR Bürger keine Arbeitserlaubnis.

Die Erteilung eines Registrierungszertifikats erfolgt aufgrund der Vorlage der folgenden Unterlagen: amtliches Formular, gültiger Ausweis oder Reisepass im Original und Kopie, von der Arbeitsaufsichtsbehörde bestätigtem Arbeitsvertrag im Original und Kopie oder Beschäftigungsbescheinigung des rumänischen Arbeitgebers, Nachweis der Gebührenzahlung. Der Antrag ist binnen 90 Tagen nach der Einreise in Rumänien zu stellen. Das Registrierungszertifikat wird am Tag der Antragsstellung erteilt. Das gleiche gilt im Falle einer Entsendung eines EU oder EWR Bürgers nach Rumänien, wobei hier statt dem Arbeitsvertrag der Entsendungsvertrag vorzulegen ist.

Die EU oder EWR Staatsbürger können nach 5 Jahren ununterbrochenen Aufenthalt in Rumänien ein unbegrenztes Aufenthaltsrecht (*drept de rezidență permanentă*) erlangen.

f) Einstellungszuschüsse bei Einstellung bestimmter Arbeitnehmerkategorien

Die Arbeitgeber können im Falle der Einstellung bestimmter Kategorien von Arbeitnehmern von Einstellungszuschüssen profitieren. Die gesetzliche Grundlage sind die dafür vorgesehenen Bestimmungen des Gesetzes Nr. 76/2002[34]

---

33   Siehe www.ori.mai.gov.ro auch in Englisch.
34   M. Of. Nr. 103/6.02.2002.

über das System der Arbeitslosenversicherung sowie der Förderung der Arbeitseingliederung von Arbeitskräften und der dazu erlassene Regierungsbeschluss Nr. 174/2002[35] zur Genehmigung der Durchführungsbestimmungen zum Gesetz Nr. 76/2002.

Die Einstellungszuschüsse stehen den Arbeitgebern zu, welche bestimmten Kategorien von Arbeitnehmern einstellen. Dazu zählt die Einstellung von Absolventen verschiedener staatlicher oder staatlich anerkannter Ausbildungseinrichtungen, die Einstellung von Arbeitslosen, die über 45 Jahre alt sind oder die als einzige erwerbstätig in der Familie sind, und schließlich die Einstellung von Behinderten.

Bei der Gewährung von Einstellungszuschüssen wendet das Gesetz als Referenzmaßstab den sog. Sozialreferenzindikator (*indicator social de referință*). Der Sozialreferenzindikator ist als der in Lei periodisch festgelegte Betrag auf Basis dessen die Geldleistungen, welche zum Schutz der Arbeitssuchenden und zur Förderung von Arbeitgebern zur Einstellung von Arbeitssuchenden, berechnet und geleistet werden, definiert. Nach Art 33[1] des Gesetzes Nr. 76/2002 beträgt der Sozialreferenzindikator zurzeit 500,- Lei.

Die Förderung von Arbeitnehmer zur **Einstellung von Absolventen** erfolgt nach den durch Regierungsbeschluss Nr. 377/2002[36] geregelten Durchführungsbestimmungen. Als Absolvent gilt diejenige Person, welche aufgrund eines Diploms oder Abschlusszertifikats, eine Berufsschule, ein Gymnasium oder Fachgymnasium, ein voruniversitäres oder universitäres Studium erfolgreich abgeschlossen hat (Art. 82 des Gesetzes Nr. 76/2002).

Als Einstellungszuschuss gilt die Befreiung von der Zahlung von Sozialversicherungsbeiträgen des Arbeitgebers für eine Dauer von 12 Monaten ab Einstellung. Unter den Begriff Sozialversicherungsbeiträge fällt der Beitrag zur Rentenversicherung, zur Unfallversicherung und Berufskrankheiten, zur Krankenversicherung und schließlich zur Arbeitslosenversicherung. Darüber hinaus ist für die gleiche Dauer die Zahlung des als Sozialreferenzindikators festgelegten Betrages für Absolventen von Berufsschulen, von 1,2 des Wertes des Sozialreferenzindikators für Absolventen von Gymnasien und Fachgymnasien und von 1,5 des Wertes des Sozialreferenzindikators für Absolventen von Universitäten gesetzlich vorgeschrieben. Ist der Absolvent zugleich eine behinderte Person, werden die jeweiligen Zahlungen für eine Dauer von 18 Monaten vorgenommen.

---

35 M. Of. Nr. 181/18.03.2002
36 M. Of. Nr. 310/10.05.2002.

Der Anspruch auf Einstellungszuschuss besteht nur in dem Fall, dass das Arbeitsverhältnis mindestens 3 Jahre besteht. Wenn der Arbeitgeber den Arbeitsvertrag binnen dieser Frist kündigt, ist er verpflichtet, den Einstellungszuschuss vollumfänglich verzinst mit Referenzzins der Nationalbank von Rumänien zurückzuzahlen. Dies gilt nicht, wenn der Arbeitsvertrag von dem Arbeitnehmer gekündigt wird oder die Kündigung durch den Arbeitgeber verhaltensbedingt ausgesprochen wurde.

Dauert das jeweilige Arbeitsverhältnis über die 3 Jahre hinaus, so erhält der Arbeitgeber gem. Art. 84¹ des Gesetzes Nr. 76/2002 eine sog. finanzielle Unterstützung (*ajutor financiar*) in der Höhe der für die jeweilige Arbeitnehmer gezahlten Sozialversicherungsbeiträgen für eine Dauer von maximal 2 Jahre. Die Inanspruchnahme dieser finanziellen Unterstützung erfolgt auf Antrag aufgrund der durch Verordnung Nr. 342/2009[37] des Ministeriums für Arbeit, Familie und Sozialschutz genehmigten Durchführungsbestimmungen.

Der Einstellungszuschuss im Falle der **Einstellung von Arbeitslosen** im Alter von über 45 Jahren, besteht in der Befreiung von der Zahlung des Arbeitslosenversicherungsbeitrages für eine Dauer von 12 Monaten. Für diese Zeitdauer haben die jeweiligen Arbeitgeber einen Anspruch auf die monatliche Zahlung des Betrages, welcher den Sozialreferenzindikator darstellt. Voraussetzung für die Befreiung bzw. Zahlung ist das Bestehen des jeweiligen Arbeitsverhältnisses für eine Dauer von mindestens 2 Jahren. Von den gleichen Vorteilen profitieren auch die Arbeitgeber, welche Arbeitslose, egal welchen Alters einstellen, die alleinerziehend sind. Darüber hinaus gilt die monatliche Zahlung des Betrages, welcher den Sozialreferenzindikator darstellt, bei Einstellung von Arbeitslosen, welche noch 3 Jahre bis zum Rentenalter aufweisen oder keinen Anspruch auf Frührente haben.

Die Arbeitgeber, welche neue Arbeitsplätze schaffen und dafür Arbeitnehmer einstellen, welche seit mindestens 3 Monaten arbeitslos gemeldet sind, haben Anspruch auf einen Betrag mit der 8-fachen Wert des Sozialreferenzindikators, es sei denn, dass das jeweilige Arbeitsverhältnis nicht zumindest 3 Jahre dauert.

Schließlich muss derjenige Arbeitgeber, der Arbeitslose einstellt und sie für mindestens 6 Monate beschäftig, für jedes Prozent von Neuangestellten im Vergleich zum Vorjahr, 0,5 % Arbeitslosenversicherungsbeitrag weniger zahlen. Die Vergünstigung kann für eine Dauer von 6 Monaten im Laufe des nächsten Kalenderjahres nach der Neueinstellung in Anspruch genommen werden.

---

37   M. Of. Nr. 266/23.04.2009.

Die Arbeitgeber, welche zugleich Absolventen und/oder Arbeitslose einstellen und neue Arbeitsplätze schaffen, können nicht kumuliert von allen Einstellungszuschüssen bzw. Vergünstigungen profitieren, sondern sollen eine Wahl darüber treffen.

Unter Umständen, bei der Erfüllung der dafür vorgesehenen gesetzlichen Voraussetzungen, können die jeweiligen Arbeitgeber wie Kleinunternehmen, Familienunternehmen, Gewerbetreibende als Arbeitgeber usw. von begünstigten Krediten zur Schaffung von Neuarbeitsplätzen sowie Betriebserweiterung in Anspruch nehmen (Art. 86 ff. des Gesetzes Nr. 76/2002).

3.10 Die Unterlagen zum Abschluss des Arbeitsvertrages

Die Personalabteilung eines Arbeitgebers legt für jeden Arbeitnehmer eine Personalakte an. Der Personalakte sind folgende Unterlagen (bzw. Angaben) beizufügen, welche zuerst dem Arbeitgeber für den Abschluss des Arbeitsvertrages vorzulegen sind:

- Kopie bzw. Angaben des Personalausweises - dadurch werden die Staatsangehörigkeit und der Wohnsitz des Arbeitnehmers offenkundig;
- das Arbeitsbuch[38]- amtliches Dokument mit den Personalien des Arbeitnehmers, in dem alle bisherigen Arbeitsstellen mit der entsprechenden Arbeitszeit, Lohn bzw. Gehalt und andere arbeitnehmerspezifische Rechte eingetragen werden, ab 1. 01. 2011 aufgehoben;
- die Ausbildungsunterlagen - Abiturzeugnis, Hochschuldiplom usw., die eine bestimmte Qualifikation belegen;
- das ärztliche Attest;
- eine Bescheinigung des letzten Arbeitgebers über evtl. noch bestehende Schuldverpflichtungen;
- andere in bestimmten Fällen vorgesehene Unterlagen, z. B. ein polizeiliches Führungszeugnis bei der Anstellung von Lagerverwaltern usw.

3.11 Das Arbeitnehmerallgemeinregister

Art. 34 ArbeitsGB verpflichtet die Arbeitgeber ein sog. Arbeitnehmerallgemeinregister (*Registrul general de evidență a salariaților*) bei der Gründung der jeweiligen Gesellschaft bzw. bei Tätigkeitsaufnahme durch natürliche Personen als Arbeitgeber ein- und durchzuführen. Die Einzelheiten dazu sind im

---

38   Siehe dazu die Erklärungen des Abschnitts 3.14.

Regierungsbeschluss Nr. 161/2006[39] zur Errichtung und Führung des Arbeitnehmerallgemeinregisters geregelt. Das Arbeitnehmerallgemeinregister ist
elektronisch zu führen und bei jeder Datenänderung bzw. Datenergänzung,
ist eine elektronische Meldung an die örtliche Arbeitsaufsichtsbehörde vorzunehmen.

Im Arbeitnehmerallgemeinregister müssen alle Arbeitnehmer bei Einstellung
mit allen vom Gesetz vorgesehenen Personalien und Daten aufgenommen
werden. So z. B. sind außer den Personalien, Angaben über den jeweiligen
Arbeitsvertrag, sowie die im Laufe der Zeit stattgefundenen Änderungen zu
machen. Der Arbeitgeber ist verpflichtet, auf Antrag des Arbeitnehmers, ihm
Bescheinigungen über die im Arbeitnehmerallgemeinregister enthaltenen Daten auszuhändigen.

Bei jeder neuen Anstellung müssen die Eintragungen im Arbeitnehmerallgemeinregister bereits **am Vortag** der Beginn der Tätigkeit durch den neuen
Arbeitnehmer vorgenommen werden. Bei Beendigung eines Arbeitsvertrages
sind die notwendigen Eintragungen **am letzen Arbeitstag** des jeweiligen Arbeitnehmers vorzunehmen. Die gleichen Fristen gelten für die Übertragung
der neuen Fassung des elektronischen Arbeitnehmerallgemeinregisters an die
zuständige Arbeitsaufsichtsbehörde.

Ordnungswidrigkeiten in Bezug auf Nichtbeachtung der dem Arbeitgeber
obliegenden Pflichten hinsichtlich des Arbeitnehmerallgemeinregisters können mit Geldbußen bis zu 5.000 Lei geahndet werden.

3.12 Die Hemmung des Arbeitsvertrages

Die Durchführung des Arbeitsvertrages ist durch die sukzessive Leistung seiner Hauptpflichten, die Arbeit und ihre Entlohnung, charakterisiert. Es gibt
aber auch Situationen, in denen die Vertragsparteien verhindert sind, ihren
Pflichten nachzukommen.

Die vorübergehende „Befreiung" der Vertragsparteien von ihren Pflichten
aus dem Arbeitsvertrag wird im rumänischen Arbeitsrecht als Hemmung
des Arbeitsvertrages (*suspendarea contractului de muncă*) bezeichnet. Im
deutschen Recht entspricht die Hemmung des Arbeitsvertrages dem funkti-
onsäquivalenten Institut der Arbeitsvergütung ohne Arbeitsleistung, auch als

---

39   M. Of. Nr. 172/22.02.2006. Zur Bekämpfung der Schwarzarbeit wurde zuletzt durch den Re-
     gierungsbeschluss Nr. 37/2010 (M. Of. Nr. 45/20.01.2010) die Eintragungsfristen im Arbeit-
     nehmerverzeichnis verkürzt und die Geldbuße für Verstöße dagegen drastisch erhöht.

Entgeltfortzahlung bekannt. Gelegentlich spricht man auch von Suspendierung[40] des Arbeitsvertrages. Da aber die Fälle der Suspendierung des Arbeitsvertrages im rumänischen und deutschen Recht nicht identisch sind, wird hier der Begriff Hemmung des Arbeitsvertrages angewandt.

Die Gründe für die Hemmung des Arbeitsvertrages können in einer Gesetzesbestimmung, im alleinigen Willen des Arbeitgebers oder des Arbeitnehmers und schließlich in einer rechtsgeschäftlichen Vereinbarung der Parteien liegen (Art. 49 Abs. 1) ArbeitsGB). Kommt die Hemmung des Arbeitsvertrages aufgrund einer schuldhaften Handlung des Arbeitnehmers, wie z. B. unentschuldigte Abwesenheit am Arbeitsplatz, zustande, verfügt der Arbeitnehmer über keinerlei ihm zustehendes Recht aufgrund des Arbeitsvertrages (Art. 49 Abs. 4) ArbeitsGB).

a) Die Hemmung des Arbeitsvertrages durch das Gesetz

Art. 50 ArbeitsGB sieht 9 Fälle von gesetzlichen Hemmungsgründen des Arbeitsvertrages vor. Hier wird jedoch nur die Hemmung aufgrund der vorübergehenden Arbeitsunfähigkeit wegen Krankheit und wegen Schwangerschaft angesprochen.

-   **Vorübergehende Arbeitsunfähigkeit (Art. 50 lit. b) ArbeitsGB)** -
    Während der Zeit der Arbeitsunfähigkeit des Arbeitnehmers wegen Krankheit, Berufskrankheit, Arbeitsunfall oder einer anderen Art von Unfall kann der Arbeitnehmer die Arbeit ohne sein Verschulden nicht leisten. Die Arbeitsunfähigkeit wird aufgrund einer ärztlichen Untersuchung festgestellt. Der Arbeitgeber ist für diese Zeit nur begrenzt verpflichtet, dem Arbeitnehmer Lohn oder Gehalt zu zahlen. Der Arbeitnehmer bekommt für die Zeit der Arbeitsunfähigkeit Krankengeld[41]. Die Verpflichtung zur Zahlung von Krankengeld für Arbeitsunfähigkeit gilt für die maximale Dauer von 183 Tage in einem Kalenderjahr, wobei die Zeitspanne der Arbeitsunfähigkeit über 91 Tage nur durch Begutachtung durch einen Facharzt für Arbeitsmedizin verordnet werden kann. Während der Arbeitsunfähigkeit kann der Arbeitgeber den Arbeitsvertrag nicht kündigen (Art. 60 Abs. 1) lit. a) ArbeitsGB).

---

40 Siehe im deutschen Recht beispielhaft *Schaub/Bearbeiter* Arbeitsrechts-Handbuch, § 110 RN 8-14.

41 Die Dauer des vom Arbeitgeber zu leistenden Krankengelds ist in Art. 12 und dessen Höhe in Art. 17 der Dringslichkeitsanordnung Nr. 158/2005 über Arbeitsunfähigkeit und Krankengeld, M. Of. Nr. 1074/29.11.2005, bestimmt.

- Die Höhe der Sozialversicherungsleistungen wird berechnet aus dem durchschnittlichen Bruttoeinkommen des Versicherten zuzüglich aller Zuschläge der letzten 6 Monate. Sind das monatliche Bruttoeinkommen und die Zuschläge höher als der 12-fache Bruttomindestlohn, so ist das Letzte maßgeblich. Der so errechnete Monatsdurchschnitt wird durch die Zahl der Arbeitstage im Monat der Leistungsgewährung geteilt und so ein Tageswert ermittelt. Aus dem Tageswert werden 75 % berechnet; das Resultat wird dann mit der Zahl der Tage, in denen Sozialversicherungsleistungen gewährt werden sollen, multipliziert. Handelt es sich dabei um eine Berufskrankheit, einen Arbeitsunfall, Tuberkulose, HIV-Krankheit, Krebs oder Ähnliches, so beträgt das Krankengeld 100 % des berechneten Einkommenstagewertes.

- Infolge einer Krankheit ist ein Arbeitnehmer von der Leistung der Arbeit befreit (nach rumänischer arbeitsrechtlicher Terminologie handelt es sich hierbei um Krankheitsurlaub - *concediu de boală*) und darüber hinaus steht dem Kranken Krankengeld zu. Dieses Krankengeld wird während der ersten fünf Tage der Arbeitsunfähigkeit vom Arbeitgeber getragen und danach aus dem Sozialversicherungshaushalt gezahlt.

- Die Befreiung von Arbeitsleistung bzw. Inanspruchnahme von Krankengeld erfolgt nach Vorlage eines von einem dazu befähigten Arzt ausgestellten Krankenscheins (*certificat de concediu medical*). Das Krankschreiben und die Ausstellung von Krankenscheinen durch den Arzt erfolgt entsprechend der durch Verordnung Nr. 399/2004[42] des Ministeriums für Arbeit, Familie und Sozialschutz genehmigten Bestimmungen zur Ausstellung und Aushändigung von Krankenscheinen.

- Überschreitet die Dauer der Krankheit des Versicherten die Dauer der Zahlungspflicht des Arbeitgebers, übernimmt der Sozialversicherungshaushalt die Zahlung des Krankengeldes nach Ablauf der Verpflichtungsfrist des Arbeitgebers. Bei über 183 Krankheitstagen im Kalenderjahr und in den Fällen, in denen Maßnahmen für die Rehabilitation wenige Chancen auf Erfolg haben, wird die Pensionierung wegen Invalidität in Erwägung gezogen.

Wurde der Arbeitnehmer aufgrund eines Arbeitsunfalls oder einer Berufskrankheit krank, so hat der Arbeitgeber das Krankengeld für die ganze Zeit der Arbeitsunfähigkeit des Arbeitnehmers zu zahlen.

---

42   M. Of. Nr. 714/6.08.2004.

Die anderen Sozialversicherungsleistungen, und zwar die Leistungen zur Krankheitsverhütung und Rehabilitation, das Mutterschaftsgeld, das Erziehungsgeld für Kindererziehung und das Pflegegeld für die Pflege kranker Kinder sowie das Sterbegeld werden vom Sozialversicherungshaushalt getragen.

- **Schwangerschaft/Mutterschaft (Art. 50 lit. a) ArbeitsGB)** - Gemäß Art. 50 lit. a) ArbeitsGB i.V.m. Art. 23 Abs. 1) und Art. 24 Abs. 1) der Dringlichkeitsanordnung Nr. 158/2005 über Arbeitsunfähigkeit und Krankengeld wird der schwangeren Arbeitnehmerin ein Mutterschaftsurlaub von 126 Tagen gewährt. Gewöhnlich können 63 Tage davon vor und 63 Tage nach der Entbindung in Anspruch genommen werden. Die Frau kann den Urlaub vor der Entbindung mit dem Urlaub nach der Geburt kompensieren unter der Bedingung, dass sie nach der Entbindung mindestens 42 Tage nicht ihren arbeitsrechtlichen Verpflichtungen nachkommt.

- Während des Mutterschaftsurlaubs erhält die Arbeitnehmerin Mutterschaftsgeld von der Sozialversicherung. Art. 66 des nationalen Kollektivarbeitsvertrages für 2007-2010 sieht jedoch vor, dass die Arbeitnehmerinnen während des Mutterschaftsurlaubes einen zeitlich begrenzten Ausgleichsanspruch in Höhe des Differenzbetrages zwischen der Höhe des Mutterschaftsgeldes und des Grundgehaltes gegenüber dem Arbeitgeber haben. Die Dauer des Ausgleichsanspruches ist durch den Betriebs-, Branchen- bzw. Nationalkollektivarbeitsvertrag bestimmt, jedoch nicht für weniger als 6 Wochen. Während des Mutterschaftsurlaubs darf der Arbeitgeber die Stelle nur vorübergehend an einen Arbeitnehmer mit einem befristeten Arbeitsvertrag vergeben.

b) Die Hemmung des Arbeitsvertrages auf Initiative des Arbeitnehmers

Art. 51 ArbeitsGB enthält 7 Tatbestände, welche zur Hemmung des Arbeitsvertrages auf Initiative des Arbeitnehmers führen. Hier werden einige davon angesprochen und zwar Erziehungsurlaub[43], Urlaub für die Pflege eines behinderten Kindes, Bildungsurlaub, Streik und unentschuldigtes Fernbleiben.

- **Erziehungsurlaub (Art. 51 lit. a) i.V.m. lit. c) ArbeitsG)** - Nach der Allgemeinnorm des Arbeitsgesetzbuches i.V.m. Art. 28 Abs. 2) der Dring-

---

43 Laut der rumänischen arbeitsrechtlichen Terminologie, handelt es sich in den Ausdrücken Erziehungsurlaub oder Urlaub für die Pflege von kranken Kindern um „Urlaub" (*concediu*), auch wenn dies kein Urlaub im eigentlichen Sinne ist.

lichkeitsanordnung 148/2005[44] über die Unterstützung der Familie bei der Kindererziehung muss jeder Arbeitgeber Erziehungsurlaub bis zur Vollendung des 2. Lebensjahres des Kindes dem antragstellenden Elternteil gewähren, wenn dies von demjenigen Arbeitnehmer schriftlich beantragt wurde. Der Erziehungsurlaub kann sofort nach dem Mutterschaftsurlaub oder beliebig danach bis zur Vollendung des 2. Lebensjahres des Kindes genommen werden. Handelt es sich um ein behindertes Kind, beträgt der Erziehungsurlaub 3 Jahre. Den Erziehungsurlaub kann jedes Elternteil des Kindes, je nach Vereinbarung, in Anspruch nehmen. Während des Erziehungsurlaubs erhält der Erziehungsberechtigte Erziehungsgeld nach eigener Wahl in Höhe von 600 Lei oder von 85 % des durchschnittlichen Einkommens der letzten 12 Monate, jedoch höchstens 4.000 Lei, welches vollständig vom Sozialversicherungshaushalt getragen wird. Voraussetzung zur Gewährung von Erziehungsurlaub ist die Erzielung von steuerpflichtiger Löhne und Gehälter in den letzen 12 Monaten vor der Geburt des Kindes:

- **Urlaub für Pflege von kranken Kindern (Art. 51 lit. b) ArbeitsGB)** – Die arbeitsrechtliche Gesetzesbestimmung i.V.m. Art. 27 f. der Dringlichkeitsanordnung Nr. 158/2005 über Arbeitsunfähigkeit und Krankengeld gewähren einem Elternteil einen Anspruch auf Urlaub für Pflege des kranken Kindes bis zur Erreichung des 7. Lebensjahres, oder bei Erkrankung von behinderten Kindern, bis zur Erreichung des 18. Lebensjahres. Dieser Urlaub wird auf Antrag des Berechtigten gewährt. Auch diese Art von Urlaub kann jeder Elternteil des Kindes, je nach Vereinbarung, in Anspruch nehmen. Während dieser Art von Urlaub erhält der Berechtigte eine finanzielle Unterstützung, die ihrer Höhe nach gleich dem Erziehungsgeld ist. Dieser Urlaubsanspruch ist auf 45 Tage pro Jahr und Kind begrenzt, es sei denn, es handelt sich bei der Erkrankung des Kindes um eine ansteckende Krankheit, einen chirurgischen Eingriff oder wenn das kranke Kind auf ärztliche Verordnung ständige Betreuung benötigt. Die Höhe dieses Krankengeldes beträgt 85% des durchschnittlichen Einkommens der letzten 6 Monate und wird von dem Sozialversicherungsträger getragen.

- **Bildungsurlaub (Art. 51 lit. d) ArbeitsGB)** – Die gesetzliche Bestimmung regelt nur den Anspruch auf Bildungsurlaub an sich ohne weitere Angaben. In die Privatwirtschaft gelten die Bestimmungen des nationalen Kollektivarbeitsvertrages 2007-2010, welcher in Art. 61 Abs. 2) einen einmaligen Bildungsurlaub von maximal 30 Tage, aber nur zur Vorbe-

---

44   M. Of. Nr. 1008/14.11.2005, mit den nachfolgenden Änderungen und Ergänzungen.

reitung der Diplomarbeit bei einer Hochschule im Fern- oder Abendstudium, vorsieht.

- **Streik (Art. 51 lit. f) ArbeitsGB)** - Während der Durchführung eines Streiks sind die Arbeitsverträge gehemmt[45]. Für die Dauer des Streiks hat der Arbeitnehmer die Arbeit nicht zu leisten, infolgedessen hat der Arbeitgeber auch keine Lohn- bzw. Gehaltszahlungsverpflichtung.

c) Die Hemmung des Arbeitsvertrages auf Initiative des Arbeitgebers

Art. 52 ArbeitsGB enthält 5 Tatbestände, aufgrund derer der Arbeitgeber die Hemmung eines Arbeitsvertrages bestimmen kann. Die Wichtigsten davon beziehen sich auf vorübergehende Produktionsstilllegung, auf die Entsendung und auf zwingende Beurlaubung als Disziplinarmaßnahme.

- **Die vorübergehende teilweise oder vollumfängliche Unterbrechung der Unternehmenstätigkeit (Art. 52 lit. d) ArbeitsGB)** - Die Gründe für die vorübergehende teilweise oder vollumfängliche Unterbrechung der Unternehmenstätigkeit, auf rumänisch sog. *şomaj tehnic*, können wirtschaftlicher, technologischer oder struktureller Natur sein. Die Arbeitsverhältnisse zwischen Arbeitgeber und seinen Arbeitnehmern bleiben davon unberührt. Der Arbeitgeber kann jederzeit die Wiederaufnahme der Unternehmenstätigkeit bestimmen, weswegen die Arbeitnehmer während der vorübergehenden Unterbrechung der Unternehmenstätigkeit verpflichtet sind, dem Arbeitgeber jederzeit zur Verfügung zu stehen. In einem solchen Fall ist der Arbeitgeber nach Art. 53 Abs. 1) ArbeitsGB verpflichtet, den Arbeitnehmern eine Vergütung in Höhe von 75 % des Grundgehalts zu zahlen.

- **Die Entsendung (Art. 52 lit. e) ArbeitsGB)** - Die Entsendung des Arbeitnehmers trifft in den Fällen zu, in denen der Arbeitnehmer vorübergehend die Arbeit in einer anderen Betriebsstätte des Arbeitgebers oder sogar in einem anderen Unternehmen zu verrichten hat. Trifft letzteres zu, leistet der Arbeitnehmer seine Arbeit bei einem anderen Arbeitgeber, welcher ihn auch entlohnt. Sein Arbeitsvertrag mit dem ersten Arbeitgeber ist für die Dauer der Entsendung gehemmt. Es handelt sich hier um eine zeitlich begrenzte Abtretung des Arbeitsvertrages mit einer Rückabtretungsklausel. Die Abtretung erfolgt nur teilweise: der Zedent bleibt weiterhin Vertragspartei des Arbeitsvertrages.

---

45 Vgl. auch Art. 54 Abs. 3) des Gesetzes Nr. 168/1999 zur Regelung von Arbeitskonflikten (M. Of. Nr. 582/29.11.1999).

- **Die zwingende Beurlaubung des Arbeitnehmers (Art. 52 lit. a), b) oder c) ArbeitsGB)** - Die zwingende Beurlaubung kommt in mehreren Konstellationen vor. So kann der Arbeitgeber eine zwingende Beurlaubung im Falle eines Verstoßes gegen die Arbeitsdisziplin bestimmen. Dies ist sowohl für die Zeit der notwendigen Ermittlungen, als auch als Disziplinarmaßnahme möglich. Eine solche Beurlaubung kommt auch dann vor, wenn der Arbeitgeber gegen den Arbeitnehmer eine Strafanzeige für eine Straftat in Verbindung mit seiner Arbeit (z. B. Diebstahl) erstattet hat oder wenn der Arbeitnehmer für eine solche Straftat vor Gericht gestellt wurde (ohne dass der Arbeitgeber dafür Strafanzeige erstattet hat).

d) Hemmung des Arbeitsvertrages durch Vereinbarung der Parteien

Die Parteien können Vereinbarungen zur Hemmung des Arbeitsvertrages treffen. Nach Art. 54 ArbeitsGB kann eine solche Hemmung des Arbeitsvertrages im Falle eines unbezahlten Urlaubs, des Urlaubs für den Besuch eines Weiterbildungskurses oder für Privatzwecke vorkommen.

3.13 Änderung des Arbeitsvertrages

Die Änderung des Arbeitsvertrages kann grundsätzlich nur durch die Einigung der Vertragsparteien vorgenommen werden (Art. 41 Abs. 1) ArbeitsGB). Dies trifft insbesondere zu, wenn die Änderung Hauptklauseln des Arbeitsvertrages, und zwar die Vertragsdauer, der Arbeitsplatz (der Ort und/oder die Betriebsstätte, wo die Arbeit geleistet wird), die Arbeitsart (also den Aufgabenbereich), die Arbeitsbedingungen, den Lohn bzw. das Gehalt, die Arbeits- und Erholungszeit, betrifft. Unter der Beachtung der gesetzlichen Voraussetzungen kann der Arbeitgeber einseitig den Arbeitsvertrag vorübergehend ändern (Art. 42 ArbeitsGB).

a) Die Abordnung (Art. 43 f. ArbeitsGB)

Von **Abordnung**[46] (*delegarea*) spricht man, wenn der Arbeitnehmer seinen Arbeitsaufgaben und spezifischen Arbeitspflichten vorübergehend außerhalb seiner gewöhnlichen Arbeitsstelle nachkommt. Dies geschieht aufgrund einer entsprechenden Anordnung des Arbeitgebers. Ein solcher Fall kann z. B. ein-

---

46 Auch wenn das Wort „Abordnung" im deutschen Sprachgebrauch mehr auf ein Beamtendienstverhältnis hindeutet, gilt *„delegarea"* im rumänischen Recht für alle Kategorien von Arbeitnehmern.

treten, wenn der Arbeitgeber einen seiner Techniker zu einem Kunden zur Instandhaltung einer Industrieanlage schickt.

Die Abordnung ist durch folgende Merkmale charakterisiert:
- sie ist eine für den Arbeitnehmer zwingende Maßnahme des Arbeitgebers;
- sie ist vorübergehend - sie kann maximal 60 Tage dauern, wobei eine Verlängerung um nochmals maximal 60 Tage möglich ist;
- sie ändert vorübergehend den Arbeitsplatz des Arbeitnehmers.

Der Arbeitsvertrag des Arbeitnehmers bleibt ansonsten unverändert bestehen. Während der Abordnung haben die betroffenen Arbeitnehmer Anspruch auf Erstattung entstandener Reise-, Übernachtungskosten sowie Tagegeld. Nur für aus Haushaltsmitteln entlohnte Arbeitnehmer ist die Anspruchshöhe gesetzlich[47] vorgeschrieben. In der Privatwirtschaft sind diese Bestimmungen in den nationalen bzw. Branchenkollektivarbeitsverträgen festgelegt. Die Entschädigungsbestimmungen dürfen im Vergleich zu den in öffentlichen Behörden beschäftigten Arbeitnehmern kein niedrigeres Niveau aufweisen (Art. 45 lit. b) des nationalen Kollektivarbeitsvertrages für das Jahr 2007-2010).

b) Die Entsendung (Art. 45 - 47 ArbeitsGB)

Die **Entsendung** (*detaşarea*) ist die vorübergehende Leistung der Arbeit bei einem anderen Unternehmen aufgrund der Anordnung des Arbeitgebers. Für die Dauer der Entsendung leistet der Arbeitnehmer die Arbeit für das neue Unternehmen. Dies ist z. B. der Fall, wenn eine Muttergesellschaft vorübergehend Mitarbeiter zum Aufbau der Controllingabteilung einer Zweigniederlassung mit eigener Rechtspersönlichkeit entsendet.

Die Merkmale der Entsendung sind:
- sie ist eine vorübergehende Maßnahme für maximal 1 Jahr. Ausnahmsweise kann die Dauer der Entsendung um je 6 Monate verlängert werden, aber nur im Einvernehmen von Arbeitgeber und Arbeitnehmer;
- sie ist eine zwingende Maßnahme für den Arbeitnehmer; der Arbeitnehmer kann die Entsendung nur ausnahmsweise, aufgrund objektiv begründeter persönlicher Gründe ablehnen;
- sie endet mit Ablauf der Entsendungsfrist, Aufhebung der Entsendung oder durch Beendigung des Arbeitsvertrages mit dem Erstarbeitgeber.

---

47 Regierungsbeschluss Nr. 1860/2006 über die Rechte und Pflichten der Arbeitnehmer der öffentlichen Behörden und Institutionen während der dienstlichen Abordnung und Entsendung in einer anderen Ortschaft, M. Of. Nr. 1046/29.12.2006.

Der Lohn bzw. das Gehalt, der Urlaub usw. werden vom Zweitarbeitgeber getragen. Der Arbeitnehmer hat ein Wahlrecht zwischen der ihm zustehenden Rechten beim Ersten- und beim Zweitarbeitgeber. Dem Arbeitnehmer stehen die gleichen Ansprüche zu wie bei einer dienstlichen Abordnung, z. B. Reisekosten, Übernachtungskosten und Tagegeld. Das Tagegeld wird in solchen Fällen pauschal pro Monat gewährt. In der Privatwirtschaft ist bei Entsendung über 30 Tage das Tagegeld auf 50 % des täglichen Grundgehalts festgesetzt (Art. 46 des nationalen Kollektivarbeitsvertrages für das Jahr 2007-2010). Für die Entsendung ist ein Entsendungsbeschluss des Arbeitgebers notwendig, wobei auch der Abschluss eines Entsendungsvertrags denkbar ist.

Außer den herkömmlichen Bestimmungen des Arbeitsgesetzbuches in Bezug auf die Entsendung, sind nach dem Beitritt Rumäniens zu der Europäischen Union auch andere Gesetzesbestimmungen, welche im Wege der Übernahme des EU-Rechts erlassen wurden, maßgeblich. Dies betrifft insbesondere die Fälle der Entsendung von Arbeitnehmern von in der EU oder EWR angemeldeten Gesellschaften, die zugleich Staatsbürger dieser EU oder EWR Länder sind, zu den in Rumänien angemeldeten Gesellschaften. Es kommen auch Fälle vor, in denen rumänische Staatsangehörige, zugleich Arbeitnehmer von rumänischen Gesellschaften, zu den in der EU oder EWR angemeldeten Gesellschaften entsandt werden.

Spezielle arbeitsrechtliche Gesetzesbestimmungen betreffend die **Entsendung von Arbeitnehmern, EU und EWR Bürgern** in Rumänien enthalten das Gesetz Nr. 344/2006[48] über die Entsendung von Arbeitnehmern im Rahmen von grenzüberschreitenden Dienstleistungen sowie dessen Durchführungsbestimmungen durch den Regierungsbeschluss Nr. 104/2007[49] über die Regelung des besonderen Entsendungsverfahrens innerhalb von grenzüberschreitenden Dienstleistungen in Rumänien. Voraussetzung für eine Entsendung ist ein schriftlich abgeschlossener Werk-, Dienst- oder ähnlicher Vertrag zwischen dem ausländischen Unternehmen, zugleich entsendender Arbeitgeber, und dem rumänischen Unternehmen, für welches die entsandten Arbeitnehmer tätig werden. Spätestens 5 Tage vor Aufnahme der Tätigkeit ist das ausländische Unternehmen verpflichtet, der zuständigen rumänischen Arbeitsaufsichtsbehörde eine formliche Mitteilung (Anlage 1 zum Regierungsbeschluss 104/2007) vorzulegen. Für den Fall, dass die entsandten Arbeitnehmer nicht EU oder EWR Bürger sind, muss das ausländische Unternehmen zusätzlich eine Bestätigung vorlegen (Anlage 2 zum Regierungsbeschluss 104/2007), dass

---

48 M. Of. Nr. 636/24.07.2006.
49 M. Of. Nr. 111/14.02.2007.

die jeweiligen Personen die gesetzlichen Bestimmungen bezüglich der Arbeitsaufnahme im jeweiligen Land erfüllen.

Aus dem Blickwinkel der entsandten Arbeitnehmer kommt die EG-Verord-
nung Nr. 883/2004[50] zur Koordinierung der Systeme der sozialen Sicherheit
zur Anwendung. Die Entsendung unter der Geltung der EU-Regelung ist stets
von vornherein befristet. Sie kann für maximal 24 Monaten gelten. Für diese
Zeitspanne bleibt der entsandte Arbeitnehmer weiterhin in dem Sozialsystem
des Entsendungsstaates versichert. Der Nachweis der Versicherung wird mit
dem sog. Formular E 101 – Bescheinigung über die anzuwendenden Rechtsvorschriften erbracht. Für die Dauer der Geltung des Formulars E 101 ist der
entsandte Arbeitnehmer von der gesetzlichen Sozialversicherungspflicht in
Rumänien befreit. Dauert die Entsendung allerdings länger als 24 Monaten, so
ist dann der jeweilige Arbeitnehmer verpflichtet, Sozialversicherungsbeiträge
nach rumänischen Gesetzesbestimmungen zu entrichten.

Die steuerlichen Aspekte der Entsendung hängen davon ab, ob zwischen dem
Entsendungsstaat und Rumänien ein DBA-Abkommen existiert oder nicht. Im
Falle einer Entsendung aus Deutschland kommt das Abkommen[51] zwischen
Bundesrepublik Deutschland und Rumänien zur Vermeidung der Doppelbe-
steuerung auf dem Gebiet der Steuern vom Einkommen und vom Vermögen
zur Anwendung. Grundsätzlich gilt die Regel, dass nach 183 Tage Tätigkeit in
Rumänien, die von rumänischen Gesetzen vorgesehener Besteuerung[52] rück-
wirkend abwendbar wird. Die jeweilige entsandte Person hat sich in Rumänien
steuerlich anzumelden[53] und monatlich Steuererklärungen[54] mit den erzielten
Einkünften abzugeben bzw. die Steuer von 16 % abzuführen.

Erfolgt eine Entsendung von Arbeitnehmer durch einen Arbeitgeber aus einem
nicht EU oder EWR Land und der jeweilige Arbeitnehmer ist kein EU oder
EWR Bürger, so kommt die Dringlichkeitsanordnung Nr. 56/2007[55] über Einstellung und Entsendung von Ausländer in Rumänien zur Anwendung. Laut
Art. 2 lit. a) der DringlichkeitsAN Nr. 56/2007 gelten als Ausländer Personen,

---

50 Amtsblatt der Europäischen Union L 166 vom 30. 04. 2004.

51 BGBl. II 2003, S. 1594; Das DBA-Abkommen BRD – Rumänien wurde von Rumänien mit
    Gesetz Nr. 29/2002 ratifiziert, M. Of. Nr. 73/31.01.2002.

52 Siehe insbesondere Art. 113-121 Fiskalgesetzbuch, Gesetz Nr. 571/2003, M. Of. Nr.
    927/23.12.2003 mit zahlreichen Änderungen und Ergänzungen.

53 Sog. steuerliche An- bzw. Abmeldung Nr. 222, siehe dazu Verordnung Nr. 2371/2007 des
    Ministeriums für Wirtschaft und Finanzen, M. Of. Nr. 878/21.12.2007.

54 Sog Steuererklärung Nr. 224, siehe dazu Verordnung Nr. 2371/2007 des Ministeriums für
    Wirtschaft und Finanzen.

55 Neuverkündung, M. Of. Nr. 421/5.06.2008.

die eine andere Staatsbürgerschaft als die rumänische oder die Staatsbürgerschaft eines EU oder EWR Staates besitzen. Das Prozedere der Entsendung ist etwas komplizierter, weil dann die entsandten Personen für die Ausübung derer Arbeitstätigkeit in Rumänien sowohl eine Aufenthaltserlaubnis[56] als auch eine Arbeitserlaubnis benötigen. Die zuständige Behörde dafür ist die Rumänische Einwanderungsbehörde (ORI).

Umgekehrt, wenn **rumänische Arbeitnehmer ins Ausland** entsandt werden oder zur Arbeit im Ausland vermittelt werden, sind die Bestimmungen des Gesetzes Nr. 156/2000[57] zum Schutz der im Ausland Arbeitstätigen rumänischen Staatsbürger zu beachten. Bezüglich der Sozialversicherungspflicht im EU und EWR Ausland gelten die Bestimmungen der oben erwähnten EU-Verordnung Nr. 883/2004. Bei einer Entsendung von Arbeitnehmern aus Rumänien nach Deutschland ist die Regierungsbeschluss Nr. 930/1999[58] zur Genehmigung der Vereinbarung zwischen dem Ministerium für Arbeit, Familie und Sozialschutz und der Bundesagentur für Arbeit betreffend die Einstellung von rumänischen Arbeitnehmern zur Durchführung einer zeitlich begrenzten Tätigkeit in der Bundesrepublik Deutschland sowie der Regierungsbeschluss Nr. 167/1991[59] zur Genehmigung der Vereinbarung zwischen der Regierung von Rumänien und der Bundesregierung betreffend die Entsendung von rumänischen Arbeitnehmer von Unternehmen mit Sitz in Rumänien zur Durchführung von Werkverträgen zu beachten. Die Ausübung der Arbeitstätigkeit in Deutschland hat insbesondere nach dem Gesetz über zwingende Arbeitsbedingungen für grenzüberschreitend entsandte und für regelmäßig im Inland beschäftigte Arbeitnehmer und Arbeitnehmerinnen (Arbeitnehmer-Entsendegesetz – AEntG)[60] zu erfolgen.

c) Der vorübergehende Wechsel des Arbeitsplatzes und der Art der Arbeit (Art. 48 ArbeitsGB)

Das bedeutet konkret, dass der Arbeitnehmer vorübergehend eine andere als im Arbeitsvertrag vorgesehene Arbeit bzw. Arbeitsplatz zu leisten hat. Dies kann aufgrund höherer Gewalt wie z. B. Überschwemmungen, Brände usw., als Disziplinarmaßnahme oder als Maßnahme zum Schutz des Arbeitneh-

---

56   Siehe dazu Dringlichkeitsanordnung Nr. 194/2002 zur Rechtstellung der Ausländer in Rumänien, Neuverkündung in M. Of. Nr. 421/5.06.2008.
57   Neuverkündung M. Of. Nr. 291/5.05.2009.
58   M. Of. Nr. 581/29.11.1999.
59   M. Of. Nr. 61/23.03.1991.
60   BGBl. I 2009, S. 799.

mers erfolgen. In allen Fällen ist die Zustimmung des Arbeitnehmers nicht notwendig.

3.14 Das Arbeitsbuch als Nachweis eines Arbeitsvertrages

Vor dem Zweiten Weltkrieg gab es eine Gesetzgebung aufgrund dessen der Rentenanspruch auf Basis der Zahlung von Rentenversicherungsbeiträgen an verschiedene Rentenversicherungsanstalten begründet wurde. In den ersten Jahren nach der Machtübernahme durch die Kommunisten wurde dann auf das frühere Rentensystem verzichtet. Es wurde nach und nach das System des Nachweises des Rentenanspruchs durch die Eintragungen in das sog. Arbeitsbuch (*carnet de muncă*) eingeführt. Der Rentenanspruch entstand durch Nachweis des Bestandes eines Arbeitsvertrages, welcher dementsprechend im Arbeitsbuch eingetragen wurde. Im Rentenalter, durch Addition aller Zeitspannen des Bestandes von Arbeitsverträgen (*sog. vechime în muncă, Dienstalter*[61]) wurde dann den Rentenbetrag berechnet.

Ursprünglich, laut Art. 296 ArbeitsGB in der Fassung der Verkündung, sollte das Arbeitsbuch nur noch bis 31. 12. 2003 als Beweismittel für die Arbeitszeit und als Medium für die Eintragungen des Arbeitgebers bezüglich arbeitsrechtlich relevanter Aufzeichnungen in Bezug auf den Inhaber (Arbeitnehmer) gelten. Danach ist jedoch die Anwendbarkeit der Gesetzgebung über das Arbeitsbuch mehrmals[62] verlängert worden. Zuletzt hat die Dringlichkeitsanordnung Nr. 148/2008[63] zur Änderung des Gesetzes Nr. 53/2003 - Arbeitsgesetzbuch den Art. 296 ArbeitsGB geändert und bestimmt, dass das Arbeitsbuch allein bis 31. 12. 2011 als Beweis des Dienstalters dient.

Der Grund dafür ist die geänderte Fassung des Art. 298 Abs. 3) ArbeitsGB, welche die Gesetzesgrundlage von Arbeitsbüchern, nämlich Dekret Nr. 92/1976[64] über Arbeitsbücher zum 1. 01. 2011 aufhebt.

---

61 Im Unterschied zum herkömmlichen Gebrauch des Begriffs „Dienstalter", nämlich die im Beamten- oder Militärdienst abgeleisteten Jahre, bezieht sich der Begriff *„vechime în muncă"* – Dienstalter nach rumänischen Recht auf abgeleistete Jahre aufgrund eines Arbeitsvertrages, egal wo die Arbeit geleistet wurde oder mit wem der Arbeitsvertrag abgeschlossen war.

62 Einer der Gründe dürfte sein, dass für die Eintragungen in die Arbeitsbücher Gebühren durch die Arbeitsaufsichtsbehörde erhoben werden. Nach Abschaffung der Arbeitsbücher wird der Staatskasse diese Einnahmequelle verloren gehen.

63 M. Of. Nr. 765/13.11.2008.

64 B. Of. (Amtsblatt der Sozialistischen Republik Rumänien) Nr. 37/26.04.1976. Bestimmungen über Arbeitsbücher enthält auch das Gesetz Nr. 130/1999 über einige Maßnahmen zu Schutz von arbeitstätigen Personen (Neuverkündung in M. Of. Nr. 190/20.03.2007).

Durch die Abschaffung der Arbeitsbücher wird die Rückkehr zum einzigen objektiven Kriterium zur Festlegung der Rentenhöhe vollzogen, nämlich der Nachweis von Zahlung der Rentenversicherungsbeiträge.

Das Arbeitsbuch ist also allein noch bis 31. 12. 2010 das amtliche Dokument, womit man den Abschluss und die Dauer eines Arbeitsvertrages (und dadurch das rentenmäßig relevante Dienstalter), die Dauer der Leistung von Arbeit in Arbeitsstellen mit besonderen Arbeitsbedingungen, die Höhe des Grundgehalts bzw. -lohns und Ähnliches nachweisen kann.

Die Arbeitsbücher enthalten auch Angaben über: Familienstand, Ausbildung, Änderung von Arbeitsstellen während der Laufbahn des jeweiligen Arbeitnehmers, die Höhe des Gehalts bzw. Lohns, Versetzung, Entsendung und Kündigung des Arbeitsvertrages mit der Benennung der gesetzlichen Bestimmung aufgrund dessen die Kündigung ausgesprochen wurde. Das Arbeitsbuch ist eine persönliche Urkunde. Damit sind die Rechte, die aus dem Arbeitsbuch abgeleitet werden können, nicht übertragbar. Es kann nicht übereignet oder abgetreten werden. Jeder Arbeitnehmer bekommt grundsätzlich nur einmal ein Arbeitsbuch ausgestellt.

Die Eintragungen in die Arbeitsbücher durch Kleinunternehmen aus der Privatwirtschaft werden von den zuständigen Territorialarbeitsaufsichtsbehörden vorgenommen. Nach einer bestimmten Unternehmensgröße könnten die Arbeitsaufsichtsbehörden, auf Antrag des jeweiligen Arbeitgebers auch zustimmen, dass die Arbeitsbücher der eigenen Arbeitnehmer von dem jeweiligen Arbeitgeber geführt werden. Die Genehmigung wird für 1 Jahr erteilt und dann entsprechend verlängert. Auch in diesem Fall muss allerdings die Arbeitsaufsichtsbehörde die Richtigkeit und die Gesetzmäßigkeit der von dem jeweiligen Arbeitgeber vorgenommenen Eintragungen bestätigen.

Der Arbeitgeber muss dem Arbeitnehmer bei Beendigung des Arbeitsverhältnisses das Arbeitsbuch aushändigen. Er hat alle dafür notwendigen gesetzlich vorgesehenen Eintragungen vorzunehmen. Nach der aktuellen Fassung des Art. 296 Abs. 3) ArbeitsGB sollten die Arbeitsbücher, welche von den Arbeitgebern selbst verwaltet werden, bis 30. 06. 2011 an den jeweiligen Arbeitnehmer mit allen notwendigen Eintragungen ausgehändigt werden. Die von der Arbeitsaufsichtsbehörde verwalteten Arbeitsbücher sollten ebenso mit allen notwendigen Eintragungen binnen derselben gesetzlichen Frist den jeweiligen Arbeitnehmer ausgehändigt werden.

Verstöße gegen die gesetzlichen Bestimmungen über das Arbeitsbuch stellen Ordnungswidrigkeiten dar, die mit Geldbußen von bis zu 6.000 Lei geahndet werden. Solche Verstöße stellen z. B. die unbegründete Nichteintragung von notwendigen Vermerken in das Arbeitsbuch, der Abschluss von Arbeitsverträgen ohne Aushändigung des Arbeitsbuches usw. dar.

Kap. 2 – ENTLOHNUNG UND SOZIALVERSICHERUNGS-BEITRÄGE

Der Lohn bzw. das Gehalt ist die in Geld ausgedrückte Gegenleistung für die geleistete Arbeit aufgrund eines Arbeitsvertrages. Die Gesetzesbestimmungen über die Grundsätze des Entlohnungssystems sind in Titel IV, Art. 154 bis 170 des ArbeitsGB festgelegt.

Bestimmungen zur Entlohnung sind darüber hinaus in einer ganzen Reihe von anderen Gesetzen, Regierungsbeschlüssen, Anordnungen usw. enthalten.

1. Die Elemente des Entlohnungssystems

Der **Grundlohn** bzw. das **Grundgehalt** (*salariul de bază*) ist der Hauptbestandteil des Arbeitseinkommens[65]. Im Privatsektor wird der Grundlohn bzw. das Grundgehalt, zwischen bestimmten Grenzen, durch Verhandlungen der Arbeitsvertragsparteien festgelegt. Der Grundsatz dabei ist, dass der Grundlohn bzw. das Grundgehalt höher oder zumindest gleich dem Mindestbruttolohn in der Volkswirtschaft ist. Der Mindestbruttolohn wird periodisch durch Regierungsbeschluss[66] nach Anhörung der Gewerkschaften und Arbeitgeberverbände festgelegt (Art. 159 ArbeitsGB).

Die **Zulagen** zum Grundlohn/-gehalt (*sporuri la salariul de bază*), sind in Art. 155 ArbeitsGB ohne Bestimmung der Höhe als Bestandteil des Lohns/Gehalts bestimmt. Die Höhe der Zulage bestimmen die Vereinbarungen der Parteien. Der nationale Kollektivarbeitsvertrag bestimmt jedoch die Mindesthöhe der wichtigsten Zulagen (Art. 41 Abs. 3) des nationalen Kollektivarbeitsvertrages für 2007-2010). Es gibt folgende Zulagen:

- **Zulage für besondere Arbeitsbedingungen** (*schwer, gefährlich oder penibel*) - Die Mindesthöhe dieser Zulage ist auf 10 % des Grundlohns/-

---

65 Für statistischen Informationen bezüglich der Durschnittslöhne/-Gehälter in Rumänien siehe Nationalinstitut für Statistik, www.insse.ro.

66 Siehe zuletzt Regierungsbeschluss Nr. 1051/2008 zur Festlegung des zahlungsgarantierten Landesmindestlohns, M. Of. Nr. 649/12.09.2008.

gehalts des Arbeitnehmers festgelegt (Art. 41 Abs. 3) lit. a) Kollektivarbeitsvertrag für 2007-2010);

- **Zulage für gesundheitsschädliche Arbeitsstellen** - Die Höhe liegt bei mindestens 10 % des in dem Unternehmen geltenden Mindestlohns/-gehalts (Art. 41 Abs. 3) lit. b) Kollektivarbeitsvertrag für 2007-2010);

- **Zulage für Überstunden**, für Arbeit am Wochenende oder an Feiertagen - Die Mindesthöhe liegt bei 100 % des Grundlohns/-gehalts. (Art. 41 Abs. 3) lit. c) Kollektivarbeitsvertrag für 2007-2010);

- **Zulage für Dienstalter** (sporul de vechime) - Die Höhe liegt bei mindestens 5 % des Grundlohns/-gehalts für 3 Jahre Beschäftigungszeit und höchstens 25 % für über 20 Jahre Beschäftigungszeit (Art. 41 Abs. 3) lit. d) Kollektivarbeitsvertrag für 2007-2010);

- **Zulage für Nachtarbeit** - Die Mindesthöhe liegt bei 25 % des Grundlohns/-gehalts (Art. 41 Abs. 3) lit. e) Kollektivarbeitsvertrag für 2007-2010);

- **Zulage für die Anhäufung von Funktionen** (Posten) - Die Höhe liegt bei bis zu 50 % des Grundlohns/-gehalts der zusätzlich ausgeübten Tätigkeit (die genaueren Bedingungen dieser Zulage werden durch Branchen- bzw. Betriebs- und Kollektivarbeitsverträge festgelegt; Art. 41 Abs. 3) lit. f) Kollektivarbeitsvertrag für 2007-2010).

Die **Zuschläge** zum Grundlohn bzw. -gehalt (*adausuri la salariul de bază*) sind durch gesetzliche Bestimmungen oder durch die Bestimmungen der Kollektivarbeitsverträge geregelt. Der nationale Kollektivarbeitsvertrag für 2007-2010 sieht folgende Zuschläge vor:

- **Zuschläge für Akkord** (Art. 42 Abs. 1) lit. a) Kollektivarbeitsvertrag für 2007-2010);

- **Leistungszuschlag** - wird mit mindestens 1,5 % der monatlichen Gesamtlöhne und -gehälter eines Unternehmens festgelegt (Art. 42 Abs. 1) lit. b) Kollektivarbeitsvertrag für 2007-2010);

- **Beteiligungszuschlag** von bis zu 10 % des Gewinns in der Privatwirtschaft und bis zu 5 % bei sog. autonomen Regiebetrieben (Staatsbetrieben) (Art. 42 Abs. 2) lit. a) Kollektivarbeitsvertrag für 2007-2010);

- **Essenmarken, Geschenke, Krippen-Tikets,** etc. (Art. 42 Abs. 2) lit. b) Kollektivarbeitsvertrag für 2007-2010). .

Die Zuschläge begründen keinen Anspruch der Arbeitnehmer. Die Gewährung von Zuschlägen liegt im Ermessen des Arbeitgebers.

2. Die Formen des Entlohnungssystems

Es gibt keine gesetzlichen, arbeitsrechtlichen Bestimmungen, die festlegen, wie die Entlohnung der Arbeitnehmer im Privatsektor zu erfolgen hat. Jedoch erwähnen sowohl das Gesetz als auch die Kollektivarbeitsverträge in ihren Bestimmungen die Formen des Entlohnungssystems.

In der Praxis kommen folgende Formen der Entlohnung[67] zur Anwendung:
- Entlohnung im Akkord - kann direkt, progressiv, indirekt, individuell oder kollektiv gestaltet sein;
- Entlohnung nach Arbeitszeit (auf Stundenbasis);
- gemischte Entgeltung - Fixbetrag für eine Zeiteinheit, welcher aber nur bei der Erfüllung anderer Bedingungen (technischer oder organisatorischer Natur) fällig wird;
- Entlohnung auf Provisionsbasis - wird meistens im Handel, Tourismus und Dienstleistungsbereich praktiziert.

Zwischen den verschiedenen Arbeitsstellen eines Unternehmens gibt es eine bestimmte Hierarchie. Nach der Art der Arbeit, der Komplexität und der damit verbundenen Verantwortung sind manche Arbeitsstellen an der Spitze dieser Hierarchie, andere dagegen bilden die Basis.

Art. 39 des nationalen Kollektivarbeitsvertrages für 2007-2010 bestimmt die interne Gewichtung der Arbeitsstellen von Unternehmen aus dem Privatsektor. Es wird von einem verhandelten Mindestlohn/-gehalt von 600 Lei für ein Arbeitsprogramm von 170 Stunden pro Monat ausgegangen, also von einem Stundenlohn von 3,529 Lei (Art. 39 Abs. 4) des nationalen Kollektivarbeitsvertrages für 2007-2010). Als Mindestkoeffizienten der Arbeitsstellen gilt Folgendes:

a) Arbeiter
  - ungelernte Arbeiter = 1
  - Facharbeiter = 1,2
b) Verwaltungspersonal mit folgender Ausbildung
  - Lyzeum[68] = 1,1
  - Post-Lyzeum[69] = 1,15
c) Fachpersonal mit folgender Ausbildung
  - Post-Lyzeum = 1,25

---

67 So auch Art. 38 des nationalen Kollektivarbeitsvertrages für 2007-2010
68 Lyzeum, Begriff für Gymnasium, also Absolventen mit Abitur als Abschlussprüfung.
69 Unterrichtseinrichtungen bzw. Abschlussmöglichkeit, die das Abitur voraussetzen aber keine Universitäten oder Fachhochschulen sind.

- Meisterschule $= 1,3$
- Fachhochschule $= 1,4$

d) Hochschulabsolventen
- Hochschule $= 1,5$

Innerhalb des öffentlichen Sektors wird die Höhe des Gehalts bzw. des Lohns nach Berufsgraden (*grad profesional*) und Berufsstufen (*trepte profesionale*) für Angestellte und nach Stundensätzen für Arbeiter bestimmt. Damit erzielt man eine Trennung zwischen den unterschiedlichen Niveaus in der beruflichen Entwicklung und der Fähigkeiten der infrage kommenden Arbeitnehmer. Solche gesetzliche Regelung für die Festlegung von verschiedenen Hierarchien der Berufserfahrung gibt es nur für aus Haushaltsmitteln finanzierte Arbeitsstellen.

So z. B. für eine Stelle als Syndikusanwalt bei einem Zentralverwaltungsorgan - es wird zwischen Syndikusanwaltanwärter und weiteren fünf Berufsgraden (IV, III, II, I und IA) unterschieden.

3. Gehaltsabzüge und Abgaben des Arbeitgebers

Der Arbeitgeber ist durch gesetzliche Bestimmungen verpflichtet, sowohl für den Arbeitnehmer die Lohnsteuer sowie Renten- und Sozialversicherungsbeiträge vom Lohn/Gehalt abzuziehen bzw. abzuführen, als auch selbst seinen Anteil an das Sozialversicherungssystem beizutragen. Weiterhin muss er die Abgaben der für ihn geleisteten Dienstleistungen in Verbindung mit seinem Arbeitnehmer abführen.

3.1 Die Lohnsteuer

Seit Anfang 2004, gleich mit Inkrafttreten des Fiskalgesetzbuches, gilt ein neues System für die Bestimmung der Einkünfte natürlicher Personen und ihrer Besteuerung. Das Verfahren und die Handhabung ähneln der Prozedur betreffend die Einkommensteuer in Deutschland.

Die aktuellen gesetzlichen Bestimmungen sind in das neue Gesetz Nr. 571/2003 – Das Fiskalgesetzbuch Rumäniens[70] (nachfolgend FiskalGB) seit dem 1. Januar 2004 in kraft, enthalten.

---

70 M. Of. Nr. 927/23.12.2003 mit zahlreichen Änderungen und Ergänzungen.

Zur Bestimmung der Lohnsteuer werden alle Einkünfte aus Löhnen/Gehältern einer Person (Geld oder geldwerte Vorteile aufgrund eines Arbeitsvertrages) herangezogen. Hier werden auch das Krankengeld, das Mutterschaftsgeld sowie das Erziehungsgeld berücksichtigt. Als Arbeitseinkünfte gelten auch andere Arten von Einkünften, wie z. B. die Vergütung als Vorstandsmitglied, Aufsichtsratsmitglied etc. (Art. 55 FiskalGB).

Die Arbeitgeber als Steuerschuldner dieser Steuer sind verpflichtet, die Lohnsteuer ihrer Arbeitnehmer zu bestimmen, sie von dem monatlichen Bruttolohn/ Bruttogehalt des Arbeitnehmers abzuziehen und bis spätestens zum 25. des nächsten Monats an das Finanzamt abzuführen (Art. 58 FiskalGB).

Die Arbeitgeber sind weiterhin verpflichtet, die jährlichen Einkünfte ihrer Arbeitnehmer zu bestimmen, die Jahreslohnsteuer zu berechnen und die Aufrechnung zwischen den monatlichen Lohnsteuerabzügen und der Jahreslohnsteuer vorzunehmen, wenn kumulativ die folgenden Bedingungen erfüllt sind:

-   der Arbeitnehmer war das ganze Jahr dauernd beschäftigt;
-   der Arbeitnehmer hat keine anderen Einkommensquellen außer den Arbeitseinkünften.

Die konkrete Festlegung der monatlichen Lohnsteuer erfolgt durch Berechnung der Nettoarbeitseinkünfte als Differenz zwischen den Bruttoarbeitseinkünften und den geleisteten Arbeitslosen- und Sozialversicherungsbeiträgen, Steuerfreibetrag, Gewerkschaftsbeitrag und freiwillige private Zusatzrentenversicherung (nicht höher als 400 € im Jahr) nach dem Art. 57 FiskalGB. Die Detailbestimmungen dazu sind in den Durchführungsbestimmungen zum FiskalGB, Ziff. 106 bis 117 enthalten[71].

Auf die so festgelegten Nettoarbeitseinkünfte wird die monatliche Lohnsteuer von 16% berechnet.

Die Nichtbeachtung der gesetzlichen Bestimmungen zur Einkommensteuer durch die Arbeitgeber (Ausfüllen und Aufbewahren der Lohnsteuerkarten (sog. *fişe fiscale*), rechtzeitige Einreichung der Lohnsteuerkarten beim Finanzamt) stellen Ordnungswidrigkeiten dar und werden mit hohen Geldbußen geahndet.

---

71   Regierungsbeschluss. Nr. 44/2004 betreffend die Durchführungsbestimmungen zum Fiskalgesetzbuch, M. Of. Nr. 112/06.02.2004, mit den nachfolgenden Änderungen und Ergänzungen.

3.2 Beiträge zur Rentenversicherung[72] (rum. Abkürzung CAS)

Die Problematik der Rentenversicherungsbeiträge (*contribuția de asigurari sociale – CAS*) wird von Art. 18 bis 39 des Gesetzes Nr. 19/2000[73] über das öffentliche Rentensystem und andere Sozialversicherungsansprüche (nachfolgend als RentenversicherungsG bezeichnet) geregelt. Das RentenversicherungsG unterscheidet die Arbeitsstellen nach Stellen mit normalen, besonderen und speziellen Arbeitsbedingungen. Die Kriterien und das Verfahren über die Zuordnung der Arbeitsstellen als besondere Arbeitsplätze hängen von den Risikofaktoren der jeweiligen Arbeitsstellen ab und werden durch Regierungsbeschluss Nr. 246/2007[74] über die Kriterien und das Verfahren zur Einstufung der Arbeitsplätze mit besonderen Arbeitsbedingungen bestimmt. Die Arbeitsplätze mit besonderen Arbeitsbedingungen werden durch betriebliche Kollektivarbeitsverträge mit Zustimmung der örtlichen Arbeitsaufsichtsbehörden festgelegt. Arbeitsstellen mit speziellen Arbeitsbedingungen sind beispielhaft jene des Untertagebergbaus, der Forschung und Arbeit in Atombetrieben sowie einige Berufe in der Zivilluftfahrt sowie andere Berufe wie in Regierungsbeschluss Nr. 1025/2003[75] über die Methodologie und Einstufungskriterien der Arbeitsstellen mit speziellen Arbeitsbedingungen, geregelt.

Die Beiträge für die Rentenversicherung werden jährlich durch das Haushaltsgesetz für staatliche Sozialversicherungen festgelegt. 2010 sind die Rentenversicherungsbeiträge, je nach der Gruppe der vorhandenen Arbeitsstellen (mit normalen, besonderen und speziellen Arbeitsbedingungen) auf 31,3, 36,3 und 41,3 % des Bruttolohns festgelegt[76]. Die Arbeitnehmer tragen 10,5 % der jährlich zu entrichtenden Rentenversicherungsbeiträge selbst. Die Arbeitgeber tragen die Differenz, also jeweils 20,8 %, 25,8 % und 30,8 %. Die Rentenversicherungsbeiträge sind weder für den Arbeitnehmer noch für den Arbeitgeber steuerpflichtig (Art. 21 Abs. 8) RentsnversicherungsG). Die Berechnungsbasis für den Arbeitnehmeranteil ist der monatliche Bruttolohn bzw. das Bruttogehalt. Sowohl die Berechnung als auch die Abführung der Arbeitgeberbeiträge werden vom Arbeitgeber aus dem gesamten Bruttolohn-

---

72 Wörtlich Sozialversicherung. Der rumänische Begriff *„asigurări sociale"* ist teilweise irreführend, weil es konkret hauptsächlich um die Rentenversicherung geht. Die ursprüngliche Geltung des Gesetzes Nr. 19/2000 auch für andere Sozialversicherungsarten wurde dann im Laufe der Zeit durch deren Ausgliederung eingegrenzt und Verabschiedung von eigenständigen Gesetzen dafür geregelt.

73 M. Of. Nr. 140/01.04.2000 mit nachfolgenden Änderungen und Ergänzungen.

74 M. Of. Nr. 169/09.03.2007.

75 M. Of. Nr. 645/10.09.2003.

76 Siehe dazu Art. 18 des Gesetzes Nr. 12/2010 über den Haushalt der staatlichen Sozialversicherungen für 2010, M. Of. Nr. 61/27.01.2010.

fonds der bei ihm tätigen Arbeitnehmer, der sich aus allen Löhnen bzw. Gehältern ergibt, kalkuliert[77]. Detailfragen werden in der Verordnung Nr. 7/2004[78] des Ministeriums für Arbeit, Sozialsolidarität und Familie geregelt.

Als Berechnungsgrundlage der gesamten Rentenversicherungsbeiträge eines Unternehmens gilt nach Art. 24 des RentenversicherungsG[79] eine Höchstgrenze von 5 Durchschnittslöhnen in der Volkswirtschaft. Die Abführung der Rentenversicherungsbeiträge eines Unternehmens erfolgt auf der Grundlage aller Einkommen der vorhandenen Arbeitnehmer. Ist die Summe aller Löhne und Gehälter - je nach Arbeitsstellen mit normalen, besonderen oder speziellen Arbeitsbedingungen - niedriger als 5 Durchschnittslöhne in der Volkswirtschaft, wird der nominale Gesamtbetrag aller Löhne und Gehälter im Unternehmen als Berechnungsbasis für die Rentenversicherungsbeiträge genommen. Ist der Gesamtbetrag aller Löhne und Gehälter im Unternehmen dagegen höher als 5 Durchschnittslöhne in der Volkswirtschaft, wird die monatliche Durchschnittszahl der Arbeitnehmer x 5 Durchschnittslöhne in der Volkswirtschaft als Berechnungsbasis für die Rentenversicherungsbeiträge genommen.
Die Abführung des Beitrags an den Rentenversicherungsträger wird mit der Auszahlung des Lohns/Gehalts für den vergangenen Monat, aber nicht später als am 20. des nächsten Monats, für welchen die Lohn-, Gehaltszahlung geschuldet wird, fällig. Die Abführung von Rentenversicherungsbeiträgen wird von einer sog. Erklärung[80] mit dem namentlichen Verzeichnis der Versicherten und der geschuldeten Zahlungen von Rentenversicherungsbeiträgen begleitet. Diejenigen Arbeitgeber, die nicht fristgerecht zahlen, werden zusätzlich mit entsprechenden Säumniszuschlägen belastet.

3.3 Beiträge zur Krankenversicherung (rum. Abkürzung CASS)

Die Krankenversicherung wurde von dem Gesetz Nr. 95/2006[81] über die Reform in Gesundheitsbereich grundlegend reformiert. Die Krankenversicherungsbeiträge (*contribuția de asigurări sociale de sănătate – CASS*) werden anteilsmäßig von Arbeitgeber und Arbeitnehmer getragen.

---

77 Siehe dazu Verordnung Nr. 340/2001 des Ministeriums für Arbeit und Sozialsolidarität zur Genehmigung der Durchführungsbestimmungen zum Gesetz Nr. 19/2000, M. Of. Nr. 237/10.05.2001 mit zahlreichen Änderungen und Ergänzungen.

78 M. Of. Nr. 45/20.01.2004.

79 So wie es durch Art. 4) 4 der Dringlichkeitsanordnung Nr. 147/2002 geändert wurde.

80 So Ziff. 1 – 6 der Durchführungsbestimmungen zum Gesetz Nr. 19/2000.

81 M. Of. Nr. 372/28.04.2006.

Für 2010 ist nach Art. 7 alin. 2 lit. a) des Gesetzes Nr. 11/2010[82] über den Staatshaushalt der Beitrag des Arbeitnehmers auf 5,5 % seines einkommenspflichtigen Gehalts- bzw. Lohneinkommen festgelegt. Die Arbeitgeber leisten für die Krankenversicherung einen Beitrag von 5,2 % des gesamten monatlich ausgezahlten Lohns bzw. Gehalts (Art. 7 alin. 2 lit. b) des Gesetzes Nr. 11/2010).

Beginnend mit dem 1. Januar 2006 wurde eine neue Sozialversicherungsabgabe für Krankheitsfälle und Krankengeld eingeführt (*contribuție pentru concedii și indemnizații de asigurări sociale de sănătate, CCI*). Der Arbeitgeberbeitrag zur Sozialversicherungsabgabe für Krankheitsfälle und Krankengeld beträgt 0,85[83] % der gesamten monatlichen ausbezahlten Löhne und Gehälter.

3.4 Beiträge zur Arbeitsunfall- und Berufskrankheitsversicherung (rum. Abkürzung CAAM)

Die Arbeitsunfall- und Berufskrankheitsversicherung ist im Gesetz Nr.346/2002[84] über die Versicherung für Arbeitsunfälle und Berufskrankheiten geregelt.

Die zu entrichtenden Beiträge zur Arbeitsunfall- und Berufskrankheitsversicherung (*contribuția de asigurare pentru accidente de muncă și boli profesionale – CAAM*) werden jährlich durch das Haushaltgesetz für die staatlichen Sozialversicherungen[85] bestimmt. Laut Art. 20 Abs. 1) des Gesetzes Nr. 12/2010 über den Haushalt der staatlichen Sozialversicherungen für das Jahr 2010 werden die Beiträge zwischen 0,15 % und 0,85 % liegen, je nach Risikoklasse der bei dem Arbeitgeber existierenden Arbeitsstellen.

---

82 M. Of. Nr. 60/27.01.2010.

83 Eigentlich sieht Art. 256 Abs, 5) des Gesetzes Nr. 95/2006 eine Quote von 0,75 % für die Sozialversicherungsabgabe vor. Art. 4 der Dringlichkeitsanordnung Nr. 158/2005 zuletzt geändert bezüglich dieser Quote durch Dringlichkeitsanordnung 91/2006 (M. Of. Nr. 958/28.11.2006) legte die Quote ab dem 1. 01. 2007 bei 0,85 % fest. Es handelt sich hierbei also um eine Gesetzeskollision. Nach dem Grundsatz, dass das ranghöhere Gesetz dem rangniedrigeren vorgeht, sollte die Bestimmung des Art. 256 Abs. 5) des Gesetzes Nr. 95/2006, also 0,75 %, gelten. Wie oft in Rumänien wurde auch die Regierungsanordnung Nr. 148/2008 zur Änderung und Ergänzung der Dringlichkeitsanordnung 158/2005, M. Of. Nr. 268/26.04.2010, erlassen. Nach Art. I Ziff. 3 ist die Quote auf 0,85 % festgesetzt. In der Praxis wird diese Quote, ohne Rücksicht, dass ein Verwaltungsakt der Regierung (Regierungsanordnung) ein Gesätz nicht ändern kann (darf), angewandt. Allein eine Verwaltungsklage bis zum Obersten Kassation und Justizhof könnte hier Klarheit schaffen, ist bis jetzt jedoch nicht erfolgt.

84 M. Of. Nr. 454/27.06.2002.

85 M. Of. Nr. 454/27.06.2002.

Die Einstufung in einer Risikoklasse erfolgt nach Art. 99 des Gesetzes Nr. 346/2002 mittels eines Regierungsbeschlusses, welcher im Abstand von je vier Jahren eine Anpassung vornimmt. Aktuell gilt der Regierungsbeschluss Nr. 144/2008[86] zur Genehmigung der Durchführungsbestimmungen zur Berechnung der Beiträge zur Arbeitsunfall- und Berufskrankheitsversicherung. Aufgrund der Unternehmenstätigkeit resultiert die Risikoklasse aus der Tabelle und damit wird die konkrete Quote zwischen 0,15 % und 0,85 % bestimmt.

3.5 Beiträge zur Arbeitslosenversicherung (rum. Abkürzung AS)

Die Arbeitslosenversicherung ist im Gesetz Nr. 76/2002[87] über das System der Arbeitslosenversicherung sowie der Arbeitseingliederungsförderung von Arbeitskräften geregelt. Die Prozentsätze der Versicherungsbeiträge zur Arbeitslosenversicherung werden jährlich durch das Haushaltgesetz für die staatlichen Sozialversicherungen festgelegt (Art. 29 des Gesetzes Nr. 76/2002). Laut Art. 19 Abs. 1) des Gesetzes Nr. 12/2010 über den Haushalt der staatlichen Sozialversicherungen für das Jahr 2010 liegen die Beiträge für die Arbeitslosenversicherung (*contribuție de asigurări pentru șomaj – AS*) für die Arbeitgeber bei 0,5 % der gesamten monatlichen ausgezahlten Löhne und Gehälter und für Arbeitnehmer ebenso bei 0,5 % ihres monatlichen Bruttoarbeitseinkommens. Die Arbeitgeber sind verpflichtet, die Beiträge einzuziehen und abzuführen. Detailfragen in Bezug auf die monatlich abzugebende Beitragserklärung sowie der Zahlung der Arbeitslosenversicherungsbeiträge werden in der Verordnung Nr. 405/2004[88] des Ministeriums für Arbeit, Sozialsolidarität und Familie zur Genehmigung der jeweiligen Durchführungsbestimmungen geregelt.

3.6 Beiträge zum Garantiefonds für die Zahlung von Lohnforderungen (rum. Abkürzung CFCS)

Die Rolle des Garantiefonds für die Zahlung von Lohnforderungen (*contribuția pentru constituirea fondului de garantare a creanțelor salariale, CFCS*) besteht darin, die ausstehenden Gehaltsforderungen der Arbeitnehmer im Falle des Insolvenzfalls des Arbeitgebers bedienen zu können. Die gesetzliche Grundlage des Garantiefonds für die Zahlung von Lohnforderungen sind vom Gesetz Nr. 200/2006[89] zur Gründung und Nutzung des Garantiefonds für die Zahlung von Lohnforderungen.

---

86   M. Of. Nr. 124/18.02.2008.
87   M. Of. Nr. 103/06.02.2002.
88   M. Of. Nr. 765/20.08.2004.
89   M. Of. Nr. 453/20.06.2006.

Einer der Finanzierungsquelle des Garantiefonds für die Zahlung von Lohnforderungen sind die Beiträge des Arbeitgebers. Nach Art. 7 Abs. 1) hat der Arbeitgeber einen Beitrag von 0,25 % der gesamten monatlichen ausgezahlten Löhne und Gehälter an diesen Garantiefonds zu entrichten.

3.7 Abgabe für die Aufbewahrung und Verwaltung der Arbeitsbücher

Es wurde bereits gesagt, dass die örtlichen Arbeitsaufsichtsbehörden die Arbeitsbücher der Arbeitnehmer für die Arbeitgeber aus der Privatwirtschaft aufbewahren und verwalten.

Für diese Dienstleistung werden nach Art. 3 des Gesetzes Nr. 130/1999 betreffend einige Maßnahmen zum Schutz von Arbeitnehmer folgende Abgaben[90] erhoben:

- der Arbeitgeber muss 0,75 % des gesamten monatlichen Lohn- und Gehaltsfonds an die örtliche Arbeitsaufsichtsbehörde, die die Arbeitsbücher aufbewahrt und verwaltet, entrichten;

- der Arbeitgeber muss 0,25 % des gesamten monatlichen Lohn- und Gehaltsfonds an die örtliche Arbeitsaufsichtsbehörde, die die vorgenommenen Eintragungen in den Arbeitsbüchern überprüft und die Gesetzmäßigkeit bestätigt, entrichten.

3.8 Überblick über die herkömmlichen Lohnnebenkosten

Da sich die Sozialversicherungsbeiträge verschiedener Versicherungsarten heterogen und relativ unübersichtlich darstellen, ist es angebracht eine Gesamtdarstellung in der Form einer Tabelle, mit allen zu entrichtenden Sozialversicherungsbeiträgen bzw. Abgaben zusammenzufassen:

---

90   Siehe dazu Anlage 1 der Verordnung Nr. 747/1999 des Ministeriums für Arbeit und Sozialsolidarität zur Genehmigung der Durchführungsbestimmungen zum Gesetz Nr. 130/1999 (M. Of. Nr. 653/31.12.1999).

Beiträge nach Art der Versicherung	Gesamt	AG	AN
Rentenversicherung (CAS)*	31,30 %	20,80 %	10,50 %
Krankenversicherung (CASS)	10,70 %	5,20 %	5,50 %
Beitrag für Krankheitsfälle und Krankengeld (CCI)	0,85 %	0,85 %	-
Arbeitsunfall-und Berufskrankheitsversicherung (CAAM)	0,50 %	0,50 %	-
Arbeitslosenversicherung (AS)	1,- %	0,50 %	0,50 %
Beitrag zum Garantiefonds (CFCS)	0,25 %	0,25 %	-
Abgabe für Arbeitsbücher	1,- %	0,75 %	0,25 %
GESAMT	**45,60 %**	**28,85 %**	**16,75 %**

* Es sind allein Arbeitsstellen mit gewöhnlichen Arbeitsbedingungen berücksichtigt.

3.9 Abgabe für die Nichtanstellung von behinderten Personen

Laut Art. 42 der Dringslichkeitsanordnung Nr. 102/1999[91] über den besonderen Schutz und die Arbeitseingliederung von behinderten Personen obliegt dem Arbeitnehmer mit mehr als 75 Arbeitnehmern die Verpflichtung zu einer Abgabenzahlung, wenn er nicht mindestens 4 % seiner Arbeitsstellen mit behinderten Personen belegt.

Die Höhe der Abgabe ergibt sich aus der Multiplikation der mit behinderten Personen zu besetzenden Arbeitsstellen mit dem Brutto Mindestarbeitslohn in der Volkswirtschaft (ab 1 Januar 2009, 600 Lei). Diese Abgabe ist jedoch nicht zu entrichten, wenn der Arbeitgeber den Nachweis erbringt, dass er Quartalsweise bei der Nationalagentur für Arbeitnehmerbeschäftigung einen Antrag zur Vermittlung von behinderten Personen zur Anstellung gestellt hat.

---

91 M. Of. Nr. 310/30.06.1999; Dringslichkeitsanordnung Nr. 102/1999 wurde mit dem Gesetz Nr. 519/2002 (M. Of. Nr. 555/29.07.2002) mit Änderungen und Ergänzungen vom Parlament genehmigt und mit Gesetz Nr. 343/2004 (M. Of. Nr. 641/15.07.2004) geändert bzw. ergänzt.

Es liegt also bei dem Arbeitgeber, ob er diese Abgabe zahlt. Stellt er entsprechende Anträge mit den benötigten Qualifikationen, auch wenn die gesuchten Arbeitnehmer behindert sind und erhält dafür keinen Behinderten vermittelt, ist die Abgabe nicht zu entrichten.

3.10 Andere mögliche Personalkosten

Nach Art. 51 des nationalen Kollektivarbeitsvertrages für 2007-2010 haben die Arbeitgeber den Arbeitnehmern folgende Hilfestellung beim Eintritt von folgenden Ereignissen zu leisten:

-   im Todesfall des Arbeitnehmers bekommt seine Familie eine Hilfe in Höhe von mindestens 2 Betriebsdurchschnittslöhnen[92];

-   falls der Tod als Folge eines Arbeitsunfalls, eines Unfalls in Verbindung mit der Arbeit oder aufgrund einer Berufskrankheit eingetreten ist, erhält die Familie eine Hilfe in Höhe von mindestens 3 Betriebsdurchschnittslöhnen;

-   im Falle einer Geburt erhält die Arbeitnehmerin eine Hilfe in Höhe eines Betriebsdurchschnittslohnes; falls die Mutter nicht Arbeitnehmerin ist, bekommt ihr Ehemann die Hilfe eines Betriebsdurchschnittslohnes;

-   eine Hilfe in Höhe eines Betriebsdurchschnittslohnes beim Tod des Ehegatten oder beim Tod eines Verwandten I. Grades, welcher von dem jeweiligen Arbeitnehmer unterhalten wurde.

4. Sozialrechtliche Maßnahmen zur Arbeitgeberunterstützung wegen der Wirtschaftskrise

Im Vergleich mit anderen Ländern fallen die Regierungsmaßnahmen der rumänischen Regierung zur Bekämpfung der Folgen der Weltwirtschaftskrise eher düster ein. Konkret handelt es sich allein um eine kurzzeitige begrenzte Lockerung der Arbeitgeberbelastung im Bereich der Sozialversicherungsbeiträge. Auch dies wird mit einem solchen Verwaltungsaufwand gestaltet, dass sich höchstwahrscheinlich per saldo, auf der Ebene der rumänischen Volkswirtschaft, kaum eine Entlastung herbeibringt. Von entschiedenen Gegen-

---

92 Der nationale Kollektivarbeitsvertrag für 2007-2010 definiert nicht, was Betriebsdurschnittslohn heißt. Dies soll zuerst durch Adition aller monatlichen Löhne und Gehälter des Unternehmens ermittelt werden. Das Ergebnis soll dann durch die Arbeitnehmerzahl geteilt werden, um den Betriebsdurschnittslohn zu ermitteln.

maßnahmen zur Wirtschaftskrise mit dem Ziel der Ankurbelung der Volkswirtschaft kann nicht die Rede sein.

Die Maßnahmen konzentrieren sich auf zwei Gruppen von Unternehmen: Die
eine Gruppe wird von denjenigen Unternehmen dargestellt, bei denen der Ein-
bruch der Auftragslage zur Anwendung des Art. 52 Abs. 1) lit. d) ArbeitsGB,
also die teileweise oder vollständige Hemmung der bestehenden Arbeitsverträge aufgrund der teilweisen oder vollständigen **Unterbrechung der Unternehmenstätigkeit**, geführt hat. Die andere Gruppe wird von denjenigen Unternehmen dargestellt, welche trotzt der Wirtschaftskrise ihre Unternehmenstätigkeit ausbaut und dadurch **neue Arbeitsplätze** schafft.

Die Rechtlage und die **Entlastungen für die erste Unternehmensgruppe** sind durch Dringslichkeitsanordnung Nr. 4/2010[93] zur Regelung einiger
Maßnahmen zum Sozialschutz für das Jahr 2010 geregelt. Hat der Arbeitgeber von der Möglichkeit der Hemmung von Arbeitsverträgen, aufgrund der
teilweisen oder vollständigen Unterbrechung der Unternehmenstätigkeit
(*şomaj tehnic*) gebraucht gemacht und zahlt den jeweiligen Arbeitnehmern,
allein die von Art. 53 Abs. 1) ArbeitsGB vorgesehene Vergütung von 75 % des
Grundlohns oder Grundgehalts, so ist er von der Zahlung von dazugehörigen
Sozialversicherungsbeiträgen für eine Zeitspanne von maximal 90 Tagen befreit. Die Befreiung kann allein in der Zeitspanne Februar – Dezember 2010
in Anspruch genommen werden und betrifft alle zurzeit bestehenden Sozialversicherungsarten. Von der gleichen Befreiung profitieren auch die jeweiligen Arbeitnehmer, welche ebenso für die jeweiligen 90 Tage keine Sozialversicherungsbeiträge zahlen müssen.

Um die Befreiung in Anspruch nehmen zu können, hat der Arbeitgeber eine ei-
desstaatliche Versicherung über die teilweise oder vollständige Unterbrechung
der Unternehmenstätigkeit und die Gründe dafür abzugeben und der örtlichen
Arbeitsaufsichtsbehörde vorzulegen. Darüber hinaus müssen die individuellen
Arbeitgeberbeschlüsse zur Hemmung des Arbeitsvertrages (*decizii de suspen-
dare*) der betroffenen Arbeitnehmer ebenso der Arbeitsaufsichtsbehörde vorgelegt werden.

Im Falle **der zweiten Unternehmensgruppe**, welche in 2010 **neue Arbeitsplätze** schafft, sieht die Dringlichkeitsanordnung Nr. 13/2010[94] zur Regelung
einiger Maßnahmen zur Förderung von Schaffung von neuen Arbeitsplätzen

---

93   M. Of. Nr. 93/10.02.2010.
94   M. Of. Nr. 136/1.03.2010.

und Verringerung der Arbeitslosigkeit in 2010 ebenso Entlastungen auf die Ebene der Zahlung von Sozialversicherungsbeiträgen vor.

Die Befreiung von der Zahlung von Sozialversicherungsbeiträgen des Arbeitgebers wird gewährt, wenn neue Arbeitsplätze geschaffen worden sind und mit, seit mindestens 3 Monaten angemeldeten Arbeitslosen, besetzt werden. Das Arbeitsverhältnis muss mindestens 12 Monate besehen. Die Einstellung darf nicht für Arbeitsstellen erfolgen, wenn diese durch die Kündigung der jeweiligen Arbeitsverträge in den letzten 6 Monaten frei geworden sind. Die Befreiung von der Zahlung von Sozialversicherungsbeiträgen des Arbeitgebers wird für 6 Monate ab Arbeitseinstellung gewährt und bezieht sich auf alle Sozialversicherungsarten. Wenn der Arbeitgeber, welcher die Befreiung in Anspruch genommen hat, andere Arbeitsverträge in der Zeitspanne von 12 Monaten des Mindestbestehens der Arbeitsverhältnissen für die neu geschaffene Arbeitsstellen aus anderen Gründen als personenbedingt kündigt, so hat er die befreiten Sozialversicherungsbeiträgen doch zu zahlen. Das gleiche gilt, wenn das Arbeitsverhältnis für die neu geschaffene Arbeitsstelle, in der Zeitspanne des Mindestbestehens von 12 Monate gem. Art. 55 lit. b) ArbeitsGB (einvernehmliche Beendigung) oder Art. 65 ArbeitsGB (nicht personenbedingte Kündigung) beendet wird.

Kap. 3 - DIE ARBEITSZEIT

Unter **Arbeitszeit** (*timpul de muncă*) wird die tägliche, wöchentliche oder monatliche Dauer der zu leistenden Arbeit durch den Arbeitnehmer gemäß seiner Verpflichtung aus dem Arbeitsvertrag verstanden. Die Arbeitszeit ist hauptsächlich von den Bestimmungen der Art. 108 bis 125 ArbeitsGB geregelt. Als Arbeitszeit gilt die effektive Arbeitsleistung ohne die Dauer der Be- und Entkleidung von Arbeitskleidern, die Dauer des Arbeitsweges und die Essenpause. Die Bestimmungen über die Arbeitszeit sind zwingend und können vertraglich nicht geändert werden.

1. Die gewöhnliche Arbeitszeit

Die tägliche Arbeitszeit beträgt 8 Stunden (Art. 38 Abs. 3) Verfassung) und 40 Stunden pro Woche (Art. 109 Abs. 1) ArbeitsGB). Die maximale Arbeitszeit pro Woche darf, Überstunden eingeschlossen, nicht mehr als 48 Stunden betragen (Art. 111 Abs. 1) ArbeitsGB). Falls das Produktionsverfahren in Schichten organisiert ist, kann die Arbeitszeit länger als 8 Stunden pro Tag bzw. 48 Stunden pro Woche dauern, aber nur unter der Bedingung, dass der Durchschnitt der Arbeitsstunden in einer Referenzperiode von 3 Monaten nicht mehr als 8 Stunden pro Tag bzw. 48 Stunden pro Woche beträgt. Was an Arbeitszeit mehr geleistet wird, ist dementsprechend als Überstunden anzusehen (siehe dazu weiter unten).

2. Die gekürzte Arbeitszeit

Falls die Arbeit an Stellen mit schädlichen, schweren oder gefährlichen Bedingungen zu leisten ist, beträgt die Arbeitszeit weniger als 8 Stunden täglich. Die Einstufung als Arbeitsstelle mit schädlichen, schweren oder gefährlichen Bedingungen wird von den Inspektoren für technischen Arbeitsschutz aufgrund von Gutachten von Fachpersonal des Gesundheitsministeriums vorgenommen. Die gesetzliche Regelung dieser Materie ist im Gesetz Nr. 31/1991[95] über die Festsetzung der Arbeitszeit unter 8 Stunden für die Arbeitnehmer, die unter besonderen Bedingungen arbeiten, verankert. Die Dauer der Verminderung der Arbeitszeit sowie die Bestimmung der davon betroffenen Arbeitnehmer werden durch Verhandlungen in den betrieblichen Kollektivarbeitsverträgen festgelegt. Von einer gesetzlich festgelegten, gekürzten Arbeitszeit von 6 Stunden täglich profitieren:

- jugendliche Arbeitnehmer unter 18 Jahren;
- arbeitstätige Eltern (Mutter oder je nach Fall Vater), welche auf dem gesetzlichen Erziehungsurlaub bis zum Kindesalter von 2 Jahre verzichten (Art. 17 Abs. 1) Kollektivarbeitsvertrages 2007-2010).

3. Die Nachtarbeitszeit

Als Arbeitszeit während der Nacht gilt nach Art. 122 Abs. 1) ArbeitsGB die Leistung der Arbeit zwischen 22:00 Uhr abends bis 6:00 Uhr morgens. Laut Art. 16 Abs. 1) des nationalen Kollektivarbeitsvertrages für 2007-2010 kann eine innerbetriebliche Abweichung von einer Stunde von der gesetzlichen Nachtarbeitszeit vorgenommen werden. Bei Leistung von mindestens 3 Stunden Arbeit während der Nacht ist die Arbeitszeit um 1 Stunde kürzer im Vergleich mit der normalen Arbeitszeit. Der Arbeitgeber muss jede Arbeitsstunde während der Nacht mit 25 % mehr vergüten (Art. 41 Abs. 3) lit. e) des nationalen Kollektivarbeitsvertrages für 2007-2010).

Nach Art. 125 ArbeitsGB dürfen Arbeitgeber nicht für Nachtarbeit einsetzen:

- schwangere Frauen und Frauen, die stillen;
- Jugendliche unter 18 Jahren.

---

95   M. Of. Nr. 64/27.03.1991.

4. Unterschiedliche Gestaltung der Arbeitszeit

Je nach Unternehmensart und den Merkmalen des Produktionsverfahrens kann die Arbeitszeit unterschiedlich geregelt werden. Die häufigsten Formen sind:

- **Schichten**
  Arbeitszeit von 8 Stunden täglich mit 16 Stunden frei, welche Samstagmorgen enden. Die Arbeit wird Montagmorgen wieder aufgenommen.

- **ununterbrochene Schichten**
  Es wird auch samstags und sonntags gearbeitet. Dafür werden zwingend andere Tage als frei bestimmt.

- **Turnus**
  Wird von Unternehmen genutzt, wo zu bestimmten Zeitpunkten des Tages mehr Personal benötigt wird, wie z. B. bei der Bahn und Personenbeförderungsunternehmen.

In den unterschiedlichen Wirtschaftssektoren wie Bauindustrie, Forstwirtschaft, Landwirtschaft usw., werden andere Arbeitszeitprogramme benutzt, um den Gegebenheiten der jeweiligen Tätigkeit gerecht zu werden.

5. Überstunden

Die über die normale Arbeitsdauer pro Tag oder Woche geleistete Arbeit ist als zusätzliche Arbeit zu betrachten. Die Regelung der zusätzlichen Arbeitszeit ist in Art. 117 bis 121 des ArbeitsGB geregelt. Die Überstunden werden grundsätzlich mit freier Zeit in den nächsten 30 Tagen nach ihrer Leistung ausgeglichen.

Die Leistung von Überstunden ist jedem freigestellt. Jedoch verpflichtet Art. 117 Abs. 2) ArbeitsGB die Arbeitnehmer zur Leistung von Überstunden zur Vorbeugung oder Entschärfung von Naturereignissen oder Situationen, welche die Schädigung von Rohstoffen, Produkten usw. mit sich bringen.

Falls die Überstunden nicht mit freier Zeit in den nächsten 30 Tagen ausgeglichen werden können, werden sie durch die Zahlung von Zuschlägen für Überstunden abgegolten. Die Zuschläge sind frei verhandelbar und werden in Kollektivarbeitsverträgen oder je nach Fall in Individualarbeitsverträgen verankert, müssen aber mindestens 75 % des Grundgehalts betragen (Art. 120 Abs. 2) ArbeitsGB).

Der **Leistung von Überstunden** sind aber Obergrenzen gesetzt. Allein unter Einhaltung der gesetzlich bestimmten Obergrenze ist die Leistung von Überstunden[96] erlaubt. Dabei setzt der Gesetzgeber zwei kumulative Maßstäbe zur Beurteilung von Gesetzesmäßigkeit der Leistung von Überstunden: die Gesamtzahl der geleisteten Überstunden und deren Leistung in einer bestimmten Zeitspanne. Nach beiden Beurteilungskriterien dürfen bestimmte Obergrenze nicht überschritten werden.

Wie bereits erwähnt, darf die reguläre Arbeitszeit 48 Stunden pro Woche, einschließlich Überstunden, nicht überschreiten (Art. 111 Abs. 1) ArbeitsGB). Ausnahmsweise ist es erlaubt mehr als 48 Stunden, einschließlich Überstunden zu überschreiten, wenn der Durchschnitt der Arbeitsstunden für eine Referenzperiode von 3 Monaten nicht höher als 48 Stunden ist (Art. 111 Abs. 2) ArbeitsGB).

Für bestimmte Wirtschaftszweige oder Berufe sieht jedoch Art. 111 Abs. 2[1]) ArbeitsGB eine weitere Ausnahme vor. Bedingung dafür ist, dass der Arbeitgeber der in der Anlage Nr. 6 des Kollektivarbeitsvertrages für 2007 – 2010 vorgesehene Wirtschaftszweige angehört und dass der Kollektivarbeitsvertrag auf Branchenebene eine solche Möglichkeit vorsieht. So ist der Fall z. B. für Landwirthaft, Forstwirtschaft, Bauwesen etc. Der Kollektivarbeitsvertrag für die Baubranche sieht eine Referenzperiode von einem Jahr vor (Art. 53 Abs. 3).

Die gesetzliche Frist von 3 Monaten als Referenzperiode wurde in der arbeitsrechtliche Rechtsliteratur kritisiert[97], weil sie Art. 16 Buchstabe b) der Richtlinie Nr. 2003/88/CE, welche durch Art. 111 ArbeitsGB im nationalen Recht umgesetzt wurde, eine Frist von 4 Monate vorsieht. Es ist jedoch ungewiss, wie in einem konkreten Fall die Arbeitsaufsichtbehörde gegenüber einer solchen Ausdehnung, ohne ausdrückliche Verankerung in der Anlage Nr. 6 zum Kollektivarbeitsvertrag 2007 – 2010 reagieren wird. Zieht man die Bestimmung des Art. 112 Abs. 1) ArbeitsGB, wonach auf Betriebsebene oder individuell, auch anderen Arbeitszeiten als 8 Stunden pro Tag vereinbart werden können, zur Hilfe, kann man davon ausgehen, dass eine solche Klausel jedoch wirksam ist.

Die Überstunden werden mit bis zu 100 % des Stundenlohns aber nicht weniger als 75 % des Stundenlohns vergütet. Es kommt also auf die jeweilige Bestimmung des Kollektivarbeitsvertrages oder aber, wenn ein solcher Vertrag

---

96   Siehe rechtsvergleichend *Ovidiu Ţinca*, Die zusätzliche Arbeit, RDC Nr. 1/2004, S. 39 ff.; *Ovidiu Ţinca*, UE-Bestimmungen über die Arbeitszeit – Die Richtlinie Nr. 2003/88 vom 4 November 2003, RDC Nr.3/2004

97   Siehe *Ţiclea*, Arbeitsrecht, S. 580.

auf Betriebsebene nicht existiert, auf betriebsinterne Verhaltensregeln an. Wie bereits erwähnt erfolgt die Vergütung der Überstunden nur, wenn sie nicht mit Freizeit in den nächsten 30 Tagen nach deren Leistung ausgegolten werden. In verschiedenen Kollektivarbeitsverträgen wie z. B. der Kollektivarbeitsvertrag für die Baubranche, gibt es Klauseln zur Vergütung von Arbeitnehmern, welche aufgrund der Gegebenheiten der Arbeitsstellen systematisch über die normale Arbeitszeit Arbeit leisten. In einem solchen Fall werden die Überstunden mit 25 % des normalen Lohns/Gehalts vergütet (Art. 45 Abs. 1) lit. g) des Kollektivarbeitsvertrages für die Baubranche für 2008-2009, verlängert auch für 2010).

Art. 116 ArbeitsGB enthält die Verpflichtung von Arbeitgebern, die Leistung von Überstunden für jeden Arbeitnehmer aufzuzeichnen, sowie der Arbeitsaufsichtsbehörde den Zugang zu diesen Daten zu ermöglichen. Art. 276 Abs. 1) ArbeitsGB, welcher die Verhängung von Geldbußen für verschiedene Vergehen gegen die Bestimmungen des Arbeitsgesetzbuches enthält, bestimmt unter Buchstabe h) Geldbußen zwischen 1.500 und 3.000 Lei bei Verstößen gegen die gesetzlichen Bestimmungen in Bezug auf Leistung von Überstunden.

Um die **Lohnnebenkosten in Bezug auf Leistung von Überstunden relativ gering zu halten**, sind aktive Maßnahmen auf der Ebene des Betriebskollektivvertrages oder aber der betrieblichen Verhaltensregeln zu treffen. So sieht Art. 110 Abs. 2) ArbeitsGB vor, dass je nach Besonderheit der Arbeitsstätte oder der zu leistenden Arbeit, die Parteien eine unregelmäßige Verteilung der Arbeitszeit bestimmen können. Diese gesetzliche Bestimmung ist von Art. 10 Abs. 3) des Nationalkollektivarbeitsvertrages für 2007 – 2010 übernommen und noch genauer formuliert: *„Für die Anpassung des Arbeitszeitprogramms mit den Produktionsbedürfnissen kann man durch Verhandlungen auf Betriebsebene ein Arbeitszeitprogramm von 36 bis 33 Stunden unter der Bedingung festlegen, dass der monatliche Durschnitt 40 Stunden beträgt und die festgesetzte Arbeitszeit eine Woche zuvor mitgeteilt wird."* Weder dem Arbeitsgesetzbuch noch dem Nationalkollektivarbeitsvertrag für 2007 – 2010 ist genau zu entnehmen, auf welche Zeitspanne sich solche Klauseln in Bezug auf die Festlegung des Arbeitszeitprogramms beziehen. Zieht man die Bestimmungen von anderen Kollektivarbeitsverträgen zurate, stellt man fest, dass die als Maßstab angewandte Zeitspanne das Kalenderjahr beträgt. So sieht der Kollektivarbeitsvertrag für die Baubranche als jährlichen Durchschnitt eine Arbeitszeit von 48 Stunden pro Woche vor (Art. 53 Abs. 3)).

Es ist also denkbar, dass durch Verhandlungen auf Betriebsebene, die Vertragsparteien eine unregelmäßige Verteilung der Arbeitszeit während eines

Kalenderjahres, durch Betriebskollektivarbeitsvertrag oder je nach Fall, durch betriebsinterne Verhaltensregeln, festlegen. Dies ist von dem Arbeitgeber durch entsprechende Wirtschaftszahlen bezüglich der Auftragslage zu belegen. Insoweit dies zur Sicherung der Arbeitsplätze und Festigung des Betriebsergebnisses dient, sind keine ersichtlichen Gründe für die Unwirksamkeit einer solchen Festlegung der Arbeitszeit ersichtlich[98].

Allerdings ist eine solche Klausel des Kollektivarbeitsvertrages oder der betriebsinternen Verhaltensregel, durch Bezugnahme in den individuellen Arbeitsvertrag einfließen zu lassen, um die Wirksamkeit einer solchen Klausel nicht zu gefährden (Art. 113 Abs. 2) ArbeitsGB).

Kap. 4 - DIE ERHOLUNGSZEIT

Die **Erholungszeit** stellt sich nach dem neuen ArbeitsGB als periodische Ruhezeit und als Urlaub dar.

1. Periodische Ruhezeiten

Die periodischen Ruhezeiten bestehen aus den täglichen Essenspausen und täglichen Ruhezeiten, wöchentlichen Ruhezeiten und Feiertagen.

Bei einer Arbeitszeit von mehr als 6 Stunden täglich hat der Arbeitnehmer Anspruch auf eine tägliche Essenpause. Die Dauer der Essenpause und andere Ruhezeiten werden durch den Kollektivarbeitsvertrag und die Unternehmensverhaltensordnung bestimmt. Die Pausen stellen keine Arbeitszeit dar, es sei denn, sie sind als solche im Kollektivarbeitsvertrag oder in der Betriebsinternen Verhaltensregel bestimmt.

Die Zeitdauer zwischen zwei Arbeitstagen muss 12 Stunden konsekutiv betragen. Gemäß Art. 131 Abs. 2) ArbeitsGB darf die Zeitdauer zwischen zwei Schichten (bei Schichtwechsel) auch kürzer sein, aber nicht weniger als 8 Stunden.

Die wöchentliche Ruhezeit wird an zwei aufeinanderfolgenden Tagen, in der Regel samstags und sonntags, also am Wochenende gewährt. Falls das Pro-

---

98 Siehe *Ţiclea*, Handkommentar, Kommentar zum Art. 110 ff., S. 331 ff.; *Gîlcă*, Handkommentar, Kommentar zum Art. 110 ff., S. 319 ff.

duktionsverfahren die Unterbrechung der Tätigkeit nicht erlaubt oder die unternehmerische Tätigkeit auch Arbeit am Samstag und am Sonntag verlangt, werden einvernehmlich mit den Arbeitnehmern andere Tage als freie Tage bestimmt. In solchen Fällen hat der Arbeitnehmer Anspruch auf eine Zulage entsprechend dem Kollektivarbeitsvertrag oder entsprechend der Vereinbarung im Individualarbeitsvertrag. Ausnahmsweise und mit der Zustimmung der Arbeitsaufsichtsbehörde und der Gewerkschaft, oder je nach Fall, der Arbeitnehmervertreter, ist es auch möglich, dass die freien Tage kumuliert nach einer längeren Zeitspanne, die nicht länger als 14 Tage betragen darf, genommen werden (isolierte Wetterstationen, Bergbaustätten usw.).

Die gesetzlichen Feiertage sind: 1. und 2. Januar, Ostersonntag und Ostermontag, 1. Mai, Pfingstsonntag und Pfingstmontag, Mariä Himmelfahrt, 1. Dezember und 25. und 26. Dezember. Gläubige anderer Religionen als des Christentums haben Anspruch auf zwei Feiertage, so wie sie von gesetzlich anerkannten Gläubigergemeinschaften bestimmt sind. Erlaubt das Produktionsverfahren die Einhaltung der Feiertage nicht, muss der Arbeitgeber sie innerhalb der nächsten 30 Tage gewähren. Wenn dies begründet nicht möglich ist, haben Arbeitnehmer einen Anspruch auf eine Zulage von nicht weniger als 100 % zum Grundgehalt (Art. 137 Abs. 2) ArbeitsGB).

2. Die Urlaube

Im Unterschied zur früheren Lage sind jetzt Urlaube im ArbeitsGB geregelt. Für den Privatsektor sind die gesetzlichen Bestimmungen über den Urlaub als Mindestbestimmungen zu betrachten. Vertragliche Vereinbarungen, aufgrund derer der Arbeitnehmer vollständig oder teilweise auf seinen Urlaubsanspruch verzichtet, abtritt oder einschränkt, sind unwirksam (Art. 139 Abs. 2) Arbeits-GB).

Das ArbeitsGB unterscheidet einerseits zwischen Erholungsurlaub (einschließlich Zusatzurlaub und andere Urlaube) und andererseits Fortbildungsurlaub.

2.1 Der Erholungsurlaub

a) Der Grundurlaub

Der Erholungsurlaub (*concediu de odihnă*) in seiner Form als Grundurlaub beträgt mindestens 20 Arbeitstage (Art. 140 Abs. 1) ArbeitsGB). Durch den nationalen Kollektivarbeitsvertrag für 2007-2010 wurde aber die Mindestdauer des

Urlaubs auf 21 Arbeitstage festgelegt[99]. Davon ausgenommen sind Jugendliche unter 18 Jahren und Arbeitnehmer bei Erstanstellung im ersten Jahr der Beschäftigung. Die Jugendlichen unter 18 Jahren haben einen Urlaubsanspruch von 24 Arbeitstagen. Arbeitnehmer über 18 Jahre bei Erstanstellung haben für das 1. Jahr der Beschäftigung einen Urlaubsanspruch von 20 Arbeitstagen. Aus dem zwingenden Charakter des nationalen Kollektivarbeitsvertrages (Art. 11 des Gesetzes Nr. 130/1996 über den Kollektivarbeitsvertrag[100]) ist der Schluss zu ziehen, dass auch in den Individualarbeitsverträgen eine Urlaubsdauer unter 21 Arbeitstagen nicht zulässig ist.

Der Anspruch auf Urlaub gilt ab dem Abschluss des Arbeitsvertrages und entsteht schrittweise mit der geleisteten Arbeit für jedes Kalenderjahr. Fängt ein Arbeitnehmer erst im Laufe des Jahres das Arbeitsverhältnis an, hat er einen anteilmäßigen Urlaubsanspruch. Handelt es sich beim Arbeitnehmer um eine Person mit Anhäufung von Arbeitsverträgen, hat er Urlaubsanspruch nur beim Hauptarbeitgeber.

Die Urlaubsplanung der Arbeitnehmer wird zum Jahresende für das nächste Jahr vorgenommen. In der Regel werden die Urlaube über das ganze Jahr verteilt, damit die unternehmerische Aktivität aufrechterhalten werden kann. Im Privatsektor gibt es keine gesetzlichen Bestimmungen dafür. Es ist auch denkbar, wenn es der Arbeitgeber für richtig hält, alle Urlaube auf einmal als Betriebsferien zu gestalten.

Der Urlaub kann auf einmal oder auf Antrag des Arbeitnehmers teilweise genommen werden. Eine der Urlaubsperioden muss mindestens 15 Arbeitstage betragen (Art. 60 des nationalen Kollektivarbeitsvertrags für 2007-2010). Der Urlaub muss vollständig in dem Jahr, für das er bestimmt ist, genommen werden.

Normalerweise dient der Urlaub der Erholung des Arbeitnehmers, und er muss als solcher durchgeführt werden. Es kommt aber auch vor, dass der Urlaub nicht genommen werden kann. Dies ist der Fall bei Arbeitnehmern, deren Arbeitsverträge beendet werden, die zum Militärdienst antreten oder in anderen von besonderen Gesetzesbestimmungen vorgesehenen Fällen. In solchen Fällen haben die betroffenen Arbeitnehmer einen Anspruch auf einen Geldausgleich des noch nicht genommenen Urlaubs.

Für die Urlaubsdauer haben die Arbeiter einen Anspruch auf Urlaubsentgelt. Das Urlaubsentgelt muss mindestens 5 Tage vor dem Urlaub ausbezahlt

---

99   So Art. 56 Abs. 1) des nationalen Kollektivarbeitsvertrages für 2007-2010.
100 Neuverkündung in M. Of. Nr. 184/19.05.2004.

werden. Die Höhe des Urlaubsentgeltes bemisst sich nach dem Grundgehalt und der Zulage für das Dienstalter und muss mindestens auf deren Höhe liegen. Konkret wird die Höhe des Urlaubsentgeltes im Privatsektor durch die Multiplikation der Urlaubstage mit dem täglichen Durchschnitt des Grundgehalts für den Monat / die Monate, während denen der Urlaub durchgeführt wird, berechnet (Art. 59 Abs. 1) des nationalen Kollektivarbeitsvertrags für 2007-2010). Im Privatsektor können die Vertragsparteien auch höhere Urlaubsentgelte als die gesetzlich vorgeschriebenen vereinbaren. Darüber hinaus wird dem Arbeitgeber empfohlen, je nach wirtschaftlicher Lage, auch Ferienprämien (nach deutscher Terminologie Urlaubsgeld) zu gewähren (Art. 59 Abs. 3) des nationalen Kollektivarbeitsvertrags für 2007-2010). Beendet der Arbeitnehmer sein Arbeitsverhältnis mit dem Arbeitgeber, nachdem er den Jahresurlaub genommen hat, schuldhaft oder auf eigenen Wunsch hin, ist er verpflichtet, das Urlaubsentgelt anteilsmäßig entsprechend des nicht für den Arbeitgeber gearbeiteten Jahresteils zurück zu erstatten.

b) Der Zusatzurlaub

Zusatzurlaub (*concediu suplimentar*) wird Arbeitnehmern gewährt, die in besonderen Arbeitsstellen arbeiten oder eine besondere persönliche Situation haben. So haben Arbeitnehmer, die schwere, gefährliche oder schädliche Arbeiten[101] verrichten, blinde Arbeitnehmer und diejenigen, die in die unterschiedlichen Arbeitsunfähigkeitsgrade eingestuft sind sowie Jugendliche unter 18 Jahre einen Anspruch auf Zusatzurlaub von mindestens 3 Arbeitstagen (Art. 142 ArbeitsGB).

Nach Art. 58 des nationalen Kollektivarbeitsvertrages für 2007-2010 werden die Bedingungen zur Gewährung von längeren Zusatzurlauben für diese Arbeitnehmergruppen in den Branchen-Kollektivarbeitsverträgen festgelegt.

2.2 Andere Urlaube

Durch gesetzliche Bestimmungen oder durch den Kollektivarbeitsvertrag werden auch andere Arten von Urlauben (besser gesagt: freie Tage) geregelt. Sie sind nicht zur Erholung bestimmt, sondern sind Folge von Ereignissen im Leben des Arbeitnehmers. Einige sind auch von der Zahlung des Arbeitseinkommens für diese Zeitdauer begleitet - **bezahlter Urlaub** (*concediu cu plată*). Andere sind nur als reine arbeitsfreie Tage gestaltet - **unbezahlter Urlaub** (*concediu fara plată*).

---

101 So wie sie durch Gesetz Nr. 31/1991 über die Festlegung der schweren, gefährlichen oder schädlichen Arbeitsstellen bestimmt sind, M. Of. Nr. 64/27.03.1991.

a) Bezahlter Urlaub

Im Privatsektor sind solche Urlaube in Art. 61 des nationalen Kollektivarbeits-vertrages für 2007-2010 bestimmt:

- bei der Heirat des Arbeitnehmers - 5 Tage;
- bei der Heirat eines Kindes des Arbeitnehmers - 2 Tage;
- bei der Geburt eines Kindes - 5 Tage;
- beim Tod des Ehegatten, eines Kindes, der Eltern oder Schwiegereltern - 3 Tage;
- beim Tod der Großeltern oder Geschwister - 1 Tag;
- für Blutspender, nach gesetzlichen Bestimmungen 102, - 2 Tage;
- beim Wechsel der Arbeitsstelle in eine andere Betriebsstätte und an einen anderen Ort beim gleichen Arbeitgeber - 5 Tage.

Auch eine Reihe von Gesetzen sieht für bestimmte Situationen bezahlten Urlaub vor wie z.b. höchstens 3 Tage für die Klärung der Wehrsituation[103] der jugendlichen Arbeitnehmer und, auf Antrag, 5 Tage für die Erledigung von persönlichen und familiären Problemen bei der Einberufung.

b) Unbezahlter Urlaub

Im Unterschied zu öffentlichen Behörden, wo diese Urlaubsart gesetzlich geregelt ist, werden im Privatsektor die unbezahlten Urlaube durch die Kollektivarbeitsverträge geregelt.

So können Arbeitnehmerinnen, neben dem Erziehungsurlaub bis zur Erreichung des 2. Lebensjahres des Kindes, im Einverständnis mit dem Arbeitgeber von einem unbezahlten Urlaub von einem Jahr profitieren. Während dieses Urlaubs kann der Arbeitgeber den Arbeitsvertrag nicht kündigen (Art. 62 Abs. 2) des nationalen Kollektivarbeitsvertrages für 2007-2010).

Die Arbeitnehmer haben zur Lösung persönlicher Probleme einen Anspruch auf unbezahlten Urlaub (Art. 61 Abs. 3) des nationalen Kollektivarbeitsvertra-ges für 2007-2010).

c) Fortbildungsurlaub

Der Fortbildungsurlaub stellt einen Anspruch des Arbeitnehmers dar, wird

---

102 Gesetz Nr. 4/1995 über das Blutspenden, die therapeutische Nutzung von menschlichem Blut und die Organisation von Blutspenden in Rumänien, M. Of. Nr.9/19.01.1995.
103 Gesetz Nr. 46/1996 über die Vorbereitung der Bevölkerung zur Verteidigung, M. Of. Nr. 120/11.06.1996.

aber nur auf Antrag gewährt. Der Fortbildungsurlaub kann als bezahlter oder als unbezahlter Fortbildungsurlaub vorkommen.

Handelt es sich um eine Fortbildungsmaßnahme auf Initiative des Arbeitnehmers, ist der Fortbildungsurlaub **unbezahlt**. Die Absage des Antrags auf unbezahltem Fortbildungsurlaub kann der Arbeitgeber nur mit Zustimmung der Gewerkschaft aussprechen. Der Antrag des Arbeitnehmers ist mit mindestens einen Monat vor Beginn der Fortbildungsmaßnahme zu stellen. Der Fortbildungsurlaub kann auch teilweise während des jeweiligen Kalenderjahres, je nach Bedarf des Arbeitnehmers und den Gegebenheiten der jeweiligen Fortbildungsmaßnahme in Anspruch genommen werden. So sieht Art. 61 Abs. 2) des nationalen Kollektivarbeitsvertrages für 2007-2010 einen unbezahlten Urlaub von 30 Tagen vor für die Arbeitnehmer, die eine Diplomarbeit zum Abschluss eines Hochschulstudiums im Abend- oder Fernstudium vorbereiten. Die Arbeitnehmer in einer solchen Situation haben nur ein einziges Mal einen Anspruch auf unbezahlten Urlaub dieser Art.

Die Arbeitgeber mit weniger als 21 Arbeitnehmern haben die Verpflichtung zur Gewährung von Fortbildungsmaßnahmen für alle Arbeitnehmer alle 2 Jahre. Diese Verpflichtung besteht bei Arbeitgeber mit mehr als 21 Arbeitnehmern alle 3 Jahre (Art. 190 Abs. 1) ArbeitsGB).

Die Arbeitnehmer, die in zwei aufeinander folgenden Jahren, nicht an einer vom Arbeitgeber getragene Fortbildungsmaßnahme teilgenommen haben, haben Anspruch auf einen von Arbeitgeber **bezahlten** Fortbildungsurlaub von bis zu 10 Arbeitstagen oder bis zu 80 Arbeitsstunden (Art. 152 Abs. 1) ArbeitsGB).

Kap. 5 - BEENDIGUNG DES ARBEITSVERTRAGES

1. Erscheinungsformen der Beendigung des Arbeitsvertrages

Die gesetzlichen Bestimmungen hinsichtlich der Beendigungsgründe des Arbeitsvertrages befinden sich überwiegend in der arbeitsrechtlichen Gesetzgebung. Es gibt aber auch Fälle, in denen Bestimmungen anderer Rechtsgebiete Einfluss auf das Weiterbestehen eines Arbeitsvertrages haben können. So führt z. B. die gerichtliche Todeserklärung einer natürlichen Person zur Beendigung ihres Arbeitsvertrages. Eine Beendigung von Arbeitsverträgen kommt auch zustande, wenn für ein Unternehmen ein Insolvenzverfahren[104] eröffnet wurde.

---

104 Siehe Art. 86 Abs. 6) des Gesetzes Nr. 85/2006 über das Insolvenzverfahren, M. Of. Nr. 359/21.04.2006 mit den nachfolgenden Änderungen und Ergänzungen.

Art. 55 des neuen ArbeitsGB unterteilt die Gründe, die zur Beendigung eines Arbeitsvertrages führen:

- von Gesetzes wegen;
- durch Einigung der Vertragsparteien zum vereinbarten Zeitpunkt, und
- aufgrund der einseitigen Willenserklärung einer der Vertragsparteien, ausschließlich unter der Beachtung der von Gesetz vorgesehenen Fälle und dazugehörigen Voraussetzungen.

2. Beendigung des Arbeitsvertrages von Gesetzes wegen

Art. 56 ArbeitsGB sieht 10 Gründe vor, aufgrund deren ein Arbeitsvertrag von Gesetzes wegen beendet wird. Dazu zählen beispielhaft der Tod oder die gerichtliche Todeserklärung des Arbeitnehmers oder des Arbeitgebers (natürliche Person), Auflösung des Arbeitgebers (juristische Person), Verrentung des Arbeitnehmers, bei einvernehmlicher oder gerichtlicher Feststellung der Nichtigkeit des Arbeitsvertrages, bei Ablauf der Vertragsdauer im Falle von befristeten Arbeitsverträgen etc.

3. Beendigung des Arbeitsvertrages durch die Einigung der Vertragsparteien

Der in Art. 969 C. civ. enthaltene Grundsatz der Vertragsfreiheit gilt entsprechend auch für die Beendigung eines Arbeitsvertrages. Einigen sich der Arbeitgeber und der Arbeitnehmer daruaf, den Arbeitsvertrag zu beenden, wird dieser zum vereinbarten Zeitpunkt aufgehoben. Die Einigung selbst kommt zustande nach den für den Abschluss des Arbeitsvertrages geltenden Regeln. Die Einigung der Parteien muss als Schlussfolgerung des ausdrücklichen und konkreten Willens, den Arbeitsvertrag zu beenden[105], zustande kommen. Mit anderen Worten: Die Einigung muss schlüssig und unumkehrbar sein.

Das Gesetz sieht keine bestimmte Form für die Beendigung des Arbeitsvertrages durch die Einigung der Vertragsparteien vor. Es ist jedoch ratsam, die Vereinbarung der Parteien zur Beendigung des Arbeitsvertrages, auch wenn nur *ad probationem* - zu Beweiszwecken, schriftlich niederzulegen.

Aufhebungsverträge sind im rumänischen Arbeitsrecht noch wenig verbreitet. Nach der deutlichen Formulierung des Art. 55 lit. b des ArbeitsGB, dass Arbeitsverträge auch durch „... *einvernehmliche Einigung der Parteien* ..." beendet

---

105 Gerichtshof Bukarest, Zivilsenat, Beschluss Nr.1246/1992 in Rechtsprechungssammlung in Zivilsachen für 1992 mit Kurzkommentaren von *Mihuță*, S. 184 f.

werden können sowie dem allgemein herrschenden Grundsatz der Vertragsfreiheit steht der Beendigung eines Arbeitsverhältnisses durch einen Aufhe-
bungsvertrag nichts im Wege. Das entspricht Art. 295 Abs. 1) letzter Satz des
ArbeitsGB, wonach zivilrechtliche Bestimmungen fehlende arbeitsrechtliche
Bestimmungen ergänzen.

Der Abschluss von Aufhebungsverträgen zur Beendigung von Arbeitsverhältnissen kann Vorteile sowohl für den Arbeitgeber als auch für den Arbeitnehmer mit sich bringen. Vorteil für den Arbeitgeber kann z. B. sein, dass die Anhörung der Gewerkschaft vor Abschluss eines Aufhebungsvertrages gesetzlich
nicht vorgeschrieben ist. Der Arbeitgeber muss bei einem betriebsbedingten
Personalabbau keine restriktiven gesetzlichen Voraussetzungen beachten. Dadurch kann ein evtl. zeit- und kostenaufwendiger Kündigungsprozess vermieden werden. Vorteile für den Arbeitnehmer können darin liegen, dass er eine
Abfindung erhält, die ihm gesetzlich nur in Ausnahmefällen zusteht. Durch
Art. 78 Abs. 1) des nationalen Kollektivarbeitsvertrags für 2007-2010 ist lediglich eine Ausgleichszahlung (*compensaţie*) von einem Grundgehalt bei einer
nicht verhaltensbedingten Kündigung des Arbeitsvertrages durch den Arbeitgeber vorgesehen, welche nur in den von Abs. 2) dieses Artikels vorgesehenen
Fällen fällig wird.

Das Zustandekommen eines Aufhebungsvertrages erfolgt nach den allgemeinen Bestimmungen des Zivilrechts, da eine arbeitsrechtliche Regelung
solcher Verträge nicht vorhanden ist. Als Vertragsinhalt des Aufhebungsvertrages empfiehlt sich außer der Einigung der Parteien über die Beendigung
des Arbeitsverhältnisses zu einem bestimmten Zeitpunkt auch die Regelung
anderer möglicher potenzieller Konfliktsituationen, soweit hier im Einzelfall
eine Veranlassung besteht.

Im Einzelnen ist es ratsam mindestens folgende Klauseln im Aufhebungsver-
trag aufzunehmen: Abfindung, Freistellung, Urlaub, Vergütung, Wettbewerbsverbot, Ausgleichsklausel.

4. Beendigung des Arbeitsvertrages aufgrund der einseitigen Willens-erklärung der Vertragsparteien

4.1 Kündigung durch den Arbeitgeber

Die Kündigung des Arbeitsvertrages durch den Arbeitgeber unterliegt dem
Grundsatz der Arbeitsstabilität für Arbeitnehmer. Deswegen sind die Kündigungsgründe des Arbeitsvertrages durch den Arbeitgeber ausdrücklich und
begrenzend vom Gesetz geregelt. Art. 58 Abs. 2) ArbeitsGB unterteilt die

Kündigungsgründe aufgrund deren der Arbeitgeber berechtigt ist eine Kündigung auszusprechen in zwei Gruppen: **personenbedingte Kündigung**, wobei nach den Bestimmungen des ArbeitsGB im Sinne des deutschen Arbeitsrechts sowohl die eigentliche personenbedingten Gründe als auch die verhaltensbedingten Gründe zur Kündigung summiert sind, und **betriebsbedingte Kündigung**, also ohne Bezug auf die Person des Arbeitnehmers.

Die Kündigung des Arbeitsvertrages durch den Arbeitgeber darf nicht willkürlich vorgenommen werden. Das ArbeitsGB regelt ausschließlich in Art. 61 bzw. 65 die möglichen Kündigungsgründe, an die sich der Arbeitgeber zu halten hat. Da die Kündigungsgründe als *numerus clausus* geregelt sind, muss sich jede Kündigung auf einen der vom Gesetz bestimmten Tatbestände stützen. Die Kündigung eines Arbeitsvertrages ohne dass diese einen der im ArbeitsGB ausschließlich aufgeführten Kündigungsgründe aufweist, ist unwirksam.

a) Personenbedingte Kündigung

Art. 61 ArbeitsGB enthält fünf Tatbestände aufgrund derer eine personenbedingte Kündigung durch den Arbeitgeber ausgesprochen werden kann:

- als Disziplinarmaßnahme wegen eines schwerwiegenden Verstoßes oder, je nach Fall wiederholten Verstößen, gegen die Regeln der Arbeitsdisziplin, des Arbeitvertrages, des Kollektivarbeitsvertrages oder der Unternehmensverhaltensordnung (Art. 61 lit. a) ArbeitsGB);
- im Fall einer Vorbeugehaft von mehr als 60 Tagen (Art. 61 lit. b) ArbeitsGB);
- im Fall, dass aufgrund einer arbeitsmedizinischen Untersuchung durch einen zugelassenen Arzt für Arbeitsmedizin bescheinigt wird, dass der Arbeitnehmer physisch und/oder psychisch nicht in der Lage ist, den für die Arbeitstelle vorgesehenen Arbeitsaufgaben nachzukommen (Art. 61 lit. c) ArbeitsGB);
- bei beruflicher Unfähigkeit des Arbeitnehmers in Bezug auf die von ihm besetzte Arbeitsstelle (Art. 61 lit. d) ArbeitsGB);
- wenn der Arbeitnehmer das Rentenalter und die Beitragszeit für die Gewährung von Rente erreicht hat, und trotz dies einen Rentenantrag nicht gestellt hat (Art. 61 lit. e) ArbeitsGB).

b) Betriebsbedingte Kündigung

Im Falle einer betriebsbedingten Kündigung liegen die Gründe auf der Ebene der Unternehmenstätigkeit des Arbeitgebers. Aus konjunkturellen, technologischen oder organisatorischen Gründen kann eine betriebsbedingte Kündigung ausgesprochen werden, wenn aus den genannten Gründen der jeweilige Arbeitsplatz zukünftig nicht mehr zur Verfügung steht. Der Wegfall des infrage kommenden Arbeitsplatzes muss tatsächlicher Natur sein (Art. 65 Abs. 2) ArbeitsGB).

Die betriebsbedingte Kündigung ist individuell, wenn sie einzelne Arbeitsplätze betrifft. Sind mehrere Arbeitsplätze betroffen, handelt es sich um eine Kollektivkündigung.

Kollektivkündigungen können nur unter der strikten Beachtung der dafür vorgesehnen Bestimmungen des Art. 68 bis 72 ArbeitsGB ausgesprochen werden. Die Qualifizierung einer Kündigung als Kollektivkündigung hängt von der Zahl der von der Kündigung erfassten Arbeitsplätze und von der Größe des Unternehmens ab. So handelt es sich bei einem Arbeitgeber mit mehr als 20 aber weniger als 100 Arbeitnehmer um eine Kollektivkündigung, wenn mindestes 10 Arbeitnehmer innerhalb von 30 Kalendertagen gekündigt werden. Für Unternehmen mit mindestens 100 aber weniger als 300 Arbeitnehmern handelt es sich um eine Kollektivkündigung, wenn mindestens 10 % der Arbeitsplätze wegfallen sollen. Bei Unternehmen mit mindestens 300 Arbeitnehmern gilt die Kündigung der Arbeitsverträge von mindestens 30 Arbeitnehmern als Kollektivkündigung (Art. 68 ArbeitsGB). Dazu werden auch diejenigen Kündigungen mitgezählt, wenn es sich dabei um wenigstens 5 betriebsbedingte Kündigungen handelt.

Die Aussprache von Kollektivkündigungen unterliegt einer besonderen Kontrolle und muss streng das dafür vorgesehene Verfahren beachten (siehe am Ende **Anlage 3** über das Verfahren einer Kollektivkündigung). So ist der Arbeitgeber verpflichtet, vor Aussprache der Kollektivkündigung die Gewerkschaft darüber zu informieren, einen Sozialplan aufzustellen und 9 Monate nach der Kollektivkündigung einen Einstellungsstopp einzuhalten.

c) Das Verfahren bei Beendigung des Arbeitsvertrages durch den Arbeitgeber

Bei Beendigung eines Arbeitsvertrages, aus welchen Gründen auch immer, müssen eine Reihe von Formalitäten beachten werden. Die Kündigung des Arbeitsvertrages durch den Arbeitgeber muss in einer schriftlichen Kündigungserklärung von ihm verfasst werden. Der Kündigungsbeschluss muss den konkreten Kündigungsgrund und die dafür im Gesetz vorgesehene Bestimmung, auf die sich der Beschluss stützt, enthalten. Weiterhin müssen die Kündigungsfrist und die Belehrung des Arbeitnehmers bzw. die zu beachtenden Fristen enthalten sein und die Berufungsorgane sowie eventuelle freie Arbeitsplätze, wofür der Arbeitnehmer sich eventuell entscheiden kann (Art.62 Abs. 2) i. V. m. Art. 74 ArbeitsGB). Die Kündigungserklärung wirkt ab Zustellung.

Entscheidungsträger der Kündigung ist derjenige, der für den Abschluss des Arbeitsvertrages zuständig war. Je nach Gesellschaftsform des Arbeitgebers kann es sich um den Vorstandsvorsitzenden bzw. Generaldirektor oder Direktor bei einer AG, den Geschäftsführer bei einer GmbH, die Gesellschafter einer Personengesellschaft, eine natürliche Person usw. handeln.

Im Falle einer Kollektivkündigung unterliegt der Arbeitgeber der Anhörungspflicht der Gewerkschaft. Darüber hinaus muss er die beabsichtigte Kollektivkündigung der Arbeitsaufsichtsbehörde und der Kreisagentur für Arbeitnehmerbeschäftigung zum Zeitpunkt der Gewerkschaftsanhörung mitteilen (Art. 70 ArbeitsGB). Das Gesetz bestimmt in Art. 70 Abs. 1) ArbeitsGB, dass die Mitteilung über die zukünftige Kollektivkündigung an die Gewerkschaft schriftlich 45 Tage vor Aussprache der Kollektivkündigungen erfolgen muss. Der Arbeitgeber ist aber nicht an die Stellungnahme der Gewerkschaft gebunden. Das Gesetz bestimmt nicht, ob die Anhörung der Gewerkschaft schriftlich oder mündlich stattfinden soll. Aus Beweisgründen ist aber die schriftliche Form zu empfehlen.

Auch nach Art. 79 lit. c) des nationalen Kollektivarbeitsvertrages 2007-2010 muss der Arbeitgeber die Gewerkschaft im Voraus informieren, wenn er Personalabbau in Form einer Kollektivkündigung beabsichtigt. Die Informationspflicht des Arbeitgebers enthält auch die Begründung der geplanten Maßnahmen. Die Gewerkschaft kann eine Stellungnahme und eigene Vorschläge dazu an den Vorstand bzw. Geschäftsleitung des Arbeitgebers weiterleiten.

Die für die Kündigung des Anstellungsverhältnisses geltende Kündigungsfrist ist vor deren Ausspruch zu beachten. Der Arbeitnehmer hat für die im Gesetz vorgesehenen Kündigungsgründe einen gesetzlichen Anspruch auf die Gewährung der Kündigungsfrist (Art. 73 ArbeitsGB). Die gesetzlich vorgeschriebene Kündigungsfrist beträgt mindestens 15 Arbeitstage. Art. 74 Abs. 2) des nationalen Kollektivarbeitsvertrages für 2007-2010 sieht eine Kündigungsfrist von 20 Arbeitstagen vor. Da diese Verlängerung der Kündigungsfrist dem Vorteil der Arbeitnehmer dient, wird sie als zulässig angesehen. Die Gewährung einer Kündigungsfrist ist in den von Art. 61 lit. c) und d), Art. 65 sowie Art. 66 ArbeitsGB vorgesehenen Fällen zwingend. Die Nichtgewährung der Kündigungsfrist oder die Gewährung einer kürzeren Kündigungsfrist verpflichtet den Arbeitgeber zur Zahlung einer Entschädigung an den Arbeitnehmer. Die Höhe entspricht dem Grundgehalt/-lohn vor der Kündigung (Art. 74 Abs. 4) des nationalen Kollektivarbeitsvertrages für 2007-2010). Die Kündigungsfrist ist keine Verjährungsfrist. Sie kann weder gehemmt noch unterbrochen werden. Bei ihrer Berechnung wird der Zustellungstag nicht mitgerechnet. Während der Kündigungsfrist hat der Arbeitnehmer das Recht, sich 4 Stunden pro Arbeitstag eine neue Arbeitsstelle zu suchen. Diese Abwesenheit lässt die Einkommensansprüche des Arbeitnehmers unberührt. Im Einverständnis mit dem Arbeitgeber kann der Arbeitnehmer auch kumuliert die Zeit für die Suche nach einer neuen Arbeitsstelle in Anspruch nehmen (Art. 74 Abs. 3) des nationalen Kollektivarbeitsvertrages für 2007-2010).

d) Kündigungsverbote bei Kündigungen durch den Arbeitgeber

Eine Kündigung von Arbeitnehmern in schutzwürdigen Situationen ist nicht erlaubt. Der Grundsatz des Kündigungsverbots für bestimmte Arbeitnehmer ist in Art. 59 und 60 ArbeitsGB verankert.

Art. 59 ArbeitsGB enthält grundsätzliche arbeitsrechtliche Kündigungsverbote aufgrund des Geschlechts, der sexuellen Orientierung, der genetischen Prägung, des Alters, der Nationalität, der Rasse, der Hautfarbe, der Religion etc. Eine Kündigung aufgrund einer Streikteilnahme ist ebenso ausgeschlossen.

Art. 60 ArbeitsGB enthält die konkreten Tatbestände, bei deren Erfüllung eine arbeitgeberseitige Kündigung ausgeschlossen ist. So darf nach dieser Bestimmung der Arbeitgeber so lange keine Kündigung des Arbeitsvertrages aussprechen, wie der Arbeitnehmer vorübergehend arbeitsunfähig ist. Dies liegt vor, wenn der Arbeitnehmer krank ist und Krankengeld bezieht, sich im Schwangerschafts- oder Mutterschaftsurlaub, Erziehungsurlaub für Kinder bis 2. Lebensjahr oder bis 3. Lebensjahr bei behinderten Kindern, befindet. Dies gilt dementsprechend auch für den Fall des Urlaubs für die Pflege eines kranken Kindes bis zur Erreichung des 7. Lebensjahres oder des 18. Lebensjahres im Falle von behinderten Kindern. Darüber hinaus ist eine Kündigung wegen Leistung des Militärdienstes oder während des Erholungsurlaubs ausgeschlossen.

Befindet sich der Arbeitgeber in einem gerichtlichen Reorganisationsverfahren oder im Insolvenzfall, gelten die in Art. 60 Abs. 1) ArbeitsGB vorgesehene Kündigungsschutzverbote nicht.

4.2 Beendigung des Arbeitsvertrages durch den Arbeitnehmer

Der Arbeitnehmer hat entsprechend des Grundsatzes der Freiheit der Arbeit das Recht, den Arbeitsvertrag nach der Gewährung einer Kündigungsfrist zu kündigen (Art. 79 ArbeitsGB). Beim Ausspruch der Kündigung hat der Arbeitnehmer eine Kündigungsfrist von 15 Arbeitstagen oder, wenn er eine Führungsposition innehat, von 30 Arbeitstagen, zu wahren.

Die Kündigung des Arbeitsvertrages ist demjenigen zu erklären, der auch für den Abschluss zuständig war. Die Kündigungserklärung muss klar, zutreffend und schlüssig sein. Sie kann auch mündlich erfolgen, wobei die schriftliche Form aus Beweisgründen zu bevorzugen ist. Die Kündigung bedarf keiner Zustimmung durch den Arbeitgeber oder des Erlasses eines Arbeitgeberbeschlusses. Der Arbeitnehmer hat während der Kündigungsfrist die Arbeit vertragsgemäß zu verrichten.

Einmal ausgesprochen kann der Arbeitnehmer die Kündigung nicht mehr widerrufen. Der Arbeitsvertrag bleibt jedoch weiterhin bestehen, wenn der Arbeitgeber ausdrücklich oder stillschweigend dem Widerruf zustimmt[106].

Kap. 6 - ARBEITSRECHTSSTREITIGKEITEN AUS INDIVIDUELLEN ARBEITSVERTRÄGEN

1. Der Begriff der Arbeitsstreitigkeit aus individuellen Arbeitsverträgen

Das Gesetz Nr. 168/1999[107] zur Regelung von Arbeitskonflikten regelt die Rechtsstreitigkeiten über arbeitsrechtliche Ansprüche, einschließlich aus einem individuellen Arbeitsvertrag. Art. 5 des Gesetzes Nr. 168/1999 zur Regelung von Arbeitskonflikten bezeichnet auch die Arbeitsrechtsstreitigkeiten aus einem individuellen Arbeitsvertrag als Anspruchskonflikte (*conflicte de drepturi*). Als Anspruchskonflikte aus einem individuellen Arbeitsvertrag werden folgende Tatbestände definiert:

---

106 Oberster Gerichtshof, Zivilsenat, Beschluss Nr. 2017/1983 in „Revista română de drept" Nr. 7/1984, S. 58.

107 Siehe dazu Gesetz Nr. 168/1999 zur Regelung von Arbeitskonflikten, M. Of. Nr. 582/29.11.1999 1997 mit den nachfolgenden Änderungen; Siehe zur Gesetzeslage *Şerban Beligrădeanu*, Gesamtbetrachtung des Gesetzes Nr. 168/1999 zur Regelung von Arbeitskonflikten [Examen de ansamblu asupra Legii Nr. 168/1999 privind soluţionarea conflictelor de muncă] in „Dreptul„ Nr. 1/2000, S. 3 ff. sowie Ion *Traian Ştefănescu*, Arbeitsstreitigkeiten [Conflictele de muncă], Bukarest, 2000, nachfolgend *Ştefănescu*, Arbeitsstreitigkeiten.

- Arbeitskonflikte betreffend Abschluss, Abwicklung, Änderung, Hemmung und Beendigung von individuellen Arbeitsverträgen (Art. 67 lit. a) des Gesetzes Nr. 168/1999);

- Arbeitskonflikte über Schadenersatzansprüche aus Nichterfüllung oder vertragsuntreuer Erfüllung von Verpflichtungen aus einem individuellen Arbeitsvertrag (Art. 68 lit. a) des Gesetzes Nr. 168/1999);

- Arbeitskonflikte aus der Nichtigkeitsfeststellung von individuellen Arbeitsverträgen oder deren Vertragsklauseln (Art. 67 lit. b), 1. Alt. des Gesetzes Nr. 168/1999).

Die Parteien einer Arbeitsstreitigkeit sind hauptsächlich der Arbeitnehmer und der Arbeitgeber. Eine natürliche Person kann auch nach Beendigung des Arbeitsverhältnisses Partei in einer Arbeitsstreitigkeit sein, wenn der Gegenstand des Streits Rechte und Pflichten aus einem Arbeitsvertrag betrifft. Auch die Nachfolger eines Arbeitnehmers können Partei sein, falls der Erblasser verstorben ist und aus seinem Arbeitsvertrag ein arbeitsrechtliches Verfahren eingeleitet wurde. Unter Umständen können Gewerkschaften als Prozesspartei für die Gewerkschaftsmitglieder in einem arbeitsrechtlichen Verfahren auftreten.

2. Die Zuständigkeit und die Besetzung von Gerichtsinstanzen in Arbeitssachen

Die Kreisgerichtshöfe (*tribunale*) sind grundsätzlich als Erstinstanz sachlich zuständig für alle Arten von Arbeitsstreitigkeiten (Art. 2 Ziff. 1 lit. b[1]) Zivilprozessordnung[108]). Ausnahmsweise liegen lediglich einige Verfahrensarten wie z. B. Klagen in Verbindung mit den Arbeitsbüchern (Art. 8 des Dekrets Nr. 92/1976 über das Arbeitsbuch) oder Anträge bezüglich der Feststellung der Repräsentativität (Tariffähigkeit) von Gewerkschaften auf der Unternehmensebene (Art. 17 Abs. 2) lit. h) des Gesetzes Nr. 130/1996 über den Kollektivarbeitsvertrag) in der Zuständigkeit von Amtsgerichten (*judecătorii*). Von der allgemeinen Zuständigkeit der Kreisgerichtshöfe sind ebenfalls ausgenommen diejenigen Streitigkeiten, besonders in der Materie des Disziplinarrechts, die aufgrund von besonderen gesetzlichen Bestimmungen in der Zuständigkeit anderer Gerichte liegen. Abweichend von den allgemeinen örtlichen Zuständigkeitsregeln der Zivilprozessordnung, bestimmt Art. 284 ArbeitsGB, dass unabhängig davon, wer Kläger oder Beklagter ist, immer die

---

108 Zuletzt veröffentlicht als Broschüre BRO Nr. 0/26.07.1993 mit zahlreichen Änderungen und Ergänzungen.

Gerichtsinstanz in dessen Bezirk der Kläger sein Wohnsitz (bzw. Sitz) hat, örtlich zuständig ist. Der Grundgedanke der Regelung besteht darin, dass in den meisten Fälle Kläger der Arbeitnehmer ist und seine Rechtsstellung, einschließlich des leichten Zugangs zu Gericht, erleichtert werden soll.

Über die Arbeitsrechtsstreitigkeiten[109] entscheiden, außer im Falle des Obersten Kassation- und Justizgerichtshofs, die bei allen Kreisgerichtshöfe bestehenden Arbeitsrechtskammern (*Secţii pentru conflicte de muncă şi litigii de muncă*) durch den dafür aus zwei Berufsrichter, und zwei Gerichtsassistenten[110] entsprechend gesetzlicher Bestimmungen gebildeten spezialisierten Spruchkörper (*complete specializate*). Die Urteile werden durch Stimmmehrheit der Richter gefällt. Die Stimmen der Gerichtsassistenten haben nur einen konsultativen Charakter (Art. 55 Abs. 2) des Gesetzes Nr. 92/1992 Gerichtsverfassungsgesetz). Die Gerichtsassistenten werden auf Vorschlag des Wirtschafts- und Sozialrates entsprechend des dafür vorgesehenen Regierungsbeschlusses durch den Justizminister für eine Dauer von 4 Jahren ernannt.

Seit Inkrafttreten des RentenversicherungsG (01.04.2001) werden auch alle Rechtsstreitigkeiten über Sozialversicherungsbeiträge, Rentenbeschlüsse sowie die Nichtgewährung von Sozialversicherungsleistungen wie Krankengeld, Mutterschaftsgeld etc. von der Sozialversicherungskammer (*Secţii de asigurări sociale*) oder dem dafür gebildeten Spruchkörper für Sozialversicherungssachen (*Complete specializate pentru asigurări sociale*) bei den Kreisgerichtshöfen entschieden. Für Klagen gegen CNPAS (*Casa Naţională de Pensii şi Asigurări Sociale - Rentenversicherungsträger auf Landesebene*) oder gegen örtliche Rentenversicherungsträger sind die Kreisgerichtshöfe am Sitz oder Wohnsitz des Klägers zuständig. Alle Anträge in Arbeits- oder Sozialversicherungssachen sind von der Zahlung von Gerichtsgebühren befreit.

3. Das Verfahren in Arbeitssachen

Art. 73 des Gesetzes Nr. 168/1999 zur Regelung von Arbeitskonflikten stellt zusammenfassend die möglichen Anträge zur Begründung von arbeitsrechtlichen Ansprüchen dar:

---

109 Siehe Art. 55 Abs. 1) des Gesetzes Nr. 92/1992 - Gerichtsverfassungsgesetz, Neuverkündung in M. Of. Nr. 576/29.06.2004 mit den nachfolgenden Änderungen und Ergänzungen.

110 Das Institut des Gerichtsassistenten entspricht in etwa dem des Laienrichters (ehrenamtlicher Richter) im deutschen Recht mit dem Unterschied, dass es sich im rumänischen Recht um Personen mit juristischer Ausbildung handeln muss.

- Anträge gegen einseitige Maßnahmen des Arbeitgebers betreffend Abwicklung, Änderung, Hemmung oder Beendigung des individuellen Arbeitsvertrages einschließlich Lohnabzugsbeschlüsse des Arbeitgebers oder Schadensübernahmeerklärungen des Arbeitnehmers;

- Anträge zur Feststellung der Nichtigkeit eines individuellen Arbeitsvertrages, solange der Vertrag noch Geltung hat.

Dazu gehören auch „de facto" geschaffene Sachverhalte, wie z. B. die Fälle, in denen der Arbeitgeber den Arbeitnehmer nicht beschäftigt oder nicht mehr beschäftigen will. Dies aufgrund einer „mündlichen" Kündigung mit oder ohne Aushändigung des Arbeitsbuches, mit oder ohne die dazu notwendigen Eintragungen. Weitere Anspruchskonflikte sind die arbeitsrechtlichen Sachverhalte, die in besonderen gesetzlichen Bestimmungen geregelt sind, wie etwa Streitigkeiten über das Arbeitsbuch bzw. die Nichtvornahme von Eintragungen ins Arbeitsbuch, die Nichtberechtigung von falschen Angaben sowie die Nichtaushändigung des Arbeitsbuches bei Beendigung des Arbeitsverhältnisses.

Die Fristen zur Erhebung von Klagen in arbeitsrechtlichen Verfahren sind in Art. 283 ArbeitsGB festgelegt. Die Frist beträgt 30 Tage ab Kenntnisnahme des Ereignisses, welches zur Arbeitsstreitigkeit führt. Für Geldforderungen des Arbeitnehmers aus erlittenem Schaden oder aus nicht gewährten Geldansprüchen gegenüber dem Arbeitgeber beträgt die Frist 3 Jahre[111] ab Zufügung des Schadens bzw. Nichtgewährung der Geldbeträge.

Die Arbeitsstreitigkeiten werden von Gerichten im Eilverfahren abgewickelt. Die Verhand-lungstermine dürfen nicht später als 15 Tage ab Antragstellung angesetzt werden. Die Parteien sind ordnungsgemäß geladen, wenn die Ladung mindestens einen Tag vor dem Gerichtstermin erfolgt ist (Art. 286 ArbeitsGB).

Falls einseitige Maßnahmen des Arbeitgebers beanstandet werden, ist er zunächst verpflichtet, alle diese begründenden Unterlagen dem Gericht vor dem ersten Verhandlungstermin vorzulegen.

Das Gericht ist beim ersten Verhandlungstermin vor Aufnahme von Gerichtsverhandlungen verpflichtet, den Parteien die Versöhnung anzuraten.

---

111 Es handelt sich um Art. 19 des Dekrets Nr. 167/1958 über Verjährung, B. Of. Nr. 19/21.04.1958.

Das Gericht hat alle tatsächlichen und rechtlichen Aspekte der Sache zu bewerten und zu beurteilen. Handelt es sich um einen Antrag zur Aufhebung einer Disziplinarmaßnahme des Arbeitgebers, kann das Gericht diese aufheben und durch eine mildere Arbeitssanktion ersetzen[112].

Die Verfahrensbestimmungen der Art. 72 bis 81 des Gesetzes Nr. 168/1999 zur Regelung von Arbeitskonflikten werden nach dem Wortlaut des Art. 82 mit den Normen der Zivilprozessordnung entsprechend ergänzt. **Die Beweislast in Arbeitssachen obliegt immer dem Arbeitgeber** (Art. 287 ArbeitsGB).

Die in Erledigung der Sache vom Gericht erlassenen Urteile werden am Schlusstag der mündlichen Verhandlung verkündet. Nur ausnahmsweise kann die Verkündung solcher Urteile um maximal zwei Tage verschoben werden (Art. 78 des Gesetzes Nr. 168/1999 zur Regelung von Arbeitskonflikten). Die Urteile der Erstinstanz sind Endurteile. Sie müssen binnen 15 Tagen ab Verkündung schriftlich verfasst und den Parteien zugestellt werden.

Die arbeitsrechtlichen Urteile des Kreisgerichtshofes sind Endurteile und als solche vollstreckbar. Die Vollstreckbarkeit bleibt auch in den Fällen bestehen, in denen Rekus eingelegt wird.

In arbeitsrechtlichen Verfahren fallen keine Gerichtskosten (Art. 89 des Gesetzes Nr. 168/1999 zur Regelung von Arbeitskonflikten i. V. m. Art. 285 ArbeitsGB) an.

4. Rechtsmittel und Zweitinstanzen in Arbeitssachen

Der Appellationsgerichtshof ist Rekursgericht (Zweitinstanz) für arbeitsrechtliche Urteile der Kreisgerichtshöfe als Erstinstanz.

Die Urteile der Erstinstanz sind nur mit Rekurs[113] innerhalb von 10 Tagen ab Zustellung anfechtbar. Falls die Zweitinstanz dem Berufungsantrag zustimmt, kommt es zu einer neuen Entscheidung des Rechtsstreits. Wurden von der Erstinstanz die Bestimmungen über die Zuständigkeit oder über die Ladung

---

112 Die Kompetenz des Arbeitsgerichts, eine mildere Arbeitssanktion auszusprechen, ist umstritten. Die Rechtsprechung tendiert zur Bejahung der Kompetenz der Gerichte, mildere Arbeitssanktionen auszusprechen. Siehe hierzu Oberster Justizgerichtshof, Zivilsenat, Beschluss Nr. 550/1995 in „Dreptul" Nr. 2/1996, S. 109 f., Appellationsgerichtshof Craiova, Zivilkammer, Beschluss Nr. 2188/1996 in „Dreptul" Nr. 2/1997, S. 116 f.

113 Der Rekurs entspricht in etwa der Berufung im deutschen Recht. Das Rekursgericht in arbeitsrechtlichen Sachen (Art. 81 Abs. 1) des Gesetzes Nr. 168/1999 zur Regelung von Arbeitskonflikten) hat die Möglichkeit, das Verfahren neu aufzurollen oder es fortzusetzen, falls die dafür bestehenden zivilprozessualen Voraussetzungen erfüllt sind.

der Parteien nicht beachtet, wird das Urteil der Erstinstanz aufgehoben und die Sache an die untere Instanz zurückgewiesen.

Im Falle von Sozialversicherungssachen kann man gegen die Entscheidungen der Kreisgerichtshöfe mit Rekurs ebenso bei den zuständigen Appellationsgerichtshöfen vorgehen.

5. Die strafrechtliche Haftung des Arbeitgebers wegen Nichtbefolgung von arbeitsrechtlichen Gerichtsurteilen

Mit den Art. 83 bis 85 des Gesetzes Nr. 168/1999 zur Regelung von Arbeitskonflikten hat der Gesetzgeber die Nichtbefolgung von arbeitsrechtlichen Gerichtsurteilen durch den Arbeitgeber als Straftat aufgenommen. Ähnliche Bestimmungen sind auch in den Art. 277 f. ArbeitsGB enthalten.

So ist *„die Nichtbefolgung eines rechtskräftigen Gerichtsurteils, wodurch der Arbeitgeber zur Zahlung von Löhnen und Gehältern verurteilt wurde"* (Art. 83 des Gesetzes Nr. 168/1999) als Straftat definiert. Wurde ein Arbeitgeber in einem arbeitsrechtlichen Verfahren zur Zahlung der Löhne bzw. Gehälter zugunsten eines Arbeitnehmers durch ein rechtskräftiges Endurteil verurteilt, hat er innerhalb von 15 Tagen ab Zugang des Zahlungsantrages des Arbeitnehmers die Zahlung zu leisten.

Mit Ablehnung der Zahlung begeht der Arbeitgeber eine Straftat, die mit Gefängnisstrafe von 3 bis 6 Monaten oder Geldstrafe geahndet wird.

Die Ablehnung der Wiedereinstellung eines Arbeitnehmers, dessen Arbeitsvertrag durch den Arbeitgeber widerrechtlich gekündigt wurde, wird ähnlich als Straftat inkriminiert, falls der Arbeitgeber die Anordnung des Gerichts ablehnt. Dies wird mit Gefängnisstrafe von 6 Monaten bis zu 1 Jahr oder mit Geldstrafe geahndet.

Der strafrechtlichen Haftung unterliegen die Führungskräfte des Arbeitgebers, in deren Kompetenz die Zahlung bzw. Wiedereinstellung fällt. In beiden Fällen werden die Strafverfahren auf Antrag des Arbeitnehmers in Gang gesetzt. Die Versöhnung der Parteien hebt die strafrechtliche Haftung des Arbeitgebers auf.

Kap. 7 - ARBEITSAUFSICHTSBEHÖRDE

Die Arbeitsaufsichtsbehörde (*Inspecția muncii*) wurde durch das Gesetz Nr. 108/1999[114] über die Gründung und Organisationsweise der Arbeitsaufsichtsbehörde als neue Behörde im Bereich der Kontrolle von Arbeitsangelegenheiten gegründet. Hierdurch wurde eine unzureichende gesetzliche Regelung der Kontrollkompetenzen im Bereich der Bekämpfung von Schwarzarbeit, Einhaltung von arbeitsrechtlichen Bestimmungen durch den Arbeitgeber sowie die Bestrafung von Ordnungswidrigkeiten und Straftaten in diesem Bereich behoben.

Die Arbeitsaufsichtsbehörde ist ein Fachorgan der öffentlichen Nationalverwaltung mit der Aufgabe der Kontrollsicherung von gesetzlichen arbeitsrechtlichen Bestimmungen über Arbeitsverhältnisse, Arbeitsschutz und Sicherung der Gesundheit während der Arbeit (Art. 1 Abs. 1) des Gesetzes Nr. 108/1999 über die Arbeitsaufsichtsbehörde). Die Arbeitsaufsichtsbehörde ist dem Ministerium für Arbeit, Familie und Sozialschutz unterstellt.

Auf der Ebene der Kreise und in der Hauptstadt Bukarest sind örtliche Territorialarbeitsaufsichtsbehörden (*Inspecții teritoriale de muncă*) organisiert. Die Arbeitsaufsichtsbehörde bewältigt ihre vom Gesetz übertragenen Kontrollaufgaben durch Arbeitsinspektoren und Hilfspersonal. Die Arbeitsinspektoren haben Beamtenstatus (*funcționar public*) und sind in ihrer Tätigkeit unabhängig (Art. 16 des Gesetzes Nr. 108/1999 über die Arbeitsaufsichtsbehörde).

Die Kontrollkompetenzen der Arbeitsaufsichtsbehörde erstrecken sich gemäß Art. 6 des Gesetzes Nr. 108/1999 auf:

im Bereich von Arbeitsverhältnissen
- Arbeitseinstellungen und Beendigung von Arbeitsverhältnissen sowohl aufgrund von Arbeits- als auch Zivilverträgen (Dienstverträgen);
- Festlegung und Einhaltung der Arbeitszeit;
- Festlegung und Gewährung des Arbeitslohnes und anderer ähnlicher Rechte;
- undiskriminierender Arbeitszugang aller arbeitsfähigen Personen und Einhaltung der Schutzrechte von Jugendlichen, Frauen und Behinderten;

---

114 Neuverkündung in M. Of. Nr. 740/10.10.2002. Siehe auch Regierungsbeschluss Nr. 1377/2009 zur Genehmigung des Reglements zur Organisation und Funktionsweise der Arbeitsaufsichtsbehörde, M. Of. Nr. 802/25.11.2009.

- Einhaltung aller anderen arbeitsrechtlichen Gesetzesbestimmungen und der Kollektivarbeitsverträge.

im Bereich des Arbeitsschutzes und der Sicherung der Gesundheit während der Arbeit

- Beratung des Arbeitgebers bei der Erstellung von Programmen zur Vermeidung von Berufsrisiken und Kontrolle der Einhaltung;
- Erstellung von Gutachten zur Einschätzung von Risikofaktoren oder Verlangung von solchen Gutachten von den Arbeitgebern;
- Anordnung der vorübergehenden oder endgültigen Außerbetriebsetzung von Maschinen und Anlagen, falls der dringende Verdacht eines Arbeitsunfalls oder einer Berufskrankheit vorliegt;
- Erteilung von Betriebsgenehmigungen und. deren Aufhebung, wenn die Gegebenheiten zur Erteilung, insbesondere wegen mangelnder Arbeitssicherheit, nicht mehr vorhanden sind und damit gegen die gesetzlichen Bestimmungen verstoßen wird;
- Untersuchung von Arbeitsunfällen entsprechend den gesetzlichen Bestimmungen über die Meldung, Untersuchung, Registrierung, Berichterstattung und deren Übersichtstafel;
- Koordinierung der Fortbildung von Sicherheitsbeauftragten und Mitwirkung bei der Ausbildung solcher Fachkräfte;
- Überwachung der Einhaltung der gesetzlichen Bestimmungen über die Zertifizierung von Erzeugnissen, Maschinen, Anlagen und sonstiger Ausrüstung aus der Sicht des Arbeitsschutzes bei Importen aus dem Ausland.

Das Gesetz stattet die Arbeitsinspektoren mit umfassenden Befugnissen aus, um der Erfüllung dieser Aufgaben und Kompetenzen gerecht zu werden (Art. 19 des Gesetzes Nr. 108/1999 über die Arbeitsaufsichtsbehörde):

- die Arbeitsinspektoren haben dauernd freien Zugang ohne vorherige Ankündigung sowohl zum Verwaltungssitz jeden Arbeitgebers als auch zu allen von ihm eingerichteten Arbeitsplätzen;
- sie haben Zugangsrecht zu allen notwendigen Dokumenten und Informationen, um die Durchführung einer Kontrolle oder die Untersuchung eines Arbeitsunfalls zu ermöglichen;
- sie haben das Recht zur Beweissicherung, Anhörung von Zeugen, Durchführung von Untersuchungen, Messungen, Aufnahme von Proben sowie Einsicht in interne Dokumentationen von Produktionsabläufen;
- sie können Unrechtmäßigkeiten aufheben und Fristen dafür festsetzen;

- sie können Arbeitsverfahren aufheben, falls eindeutig festgestellt wird, dass eine dringende Arbeitsunfallgefahr oder die Gefahr einer Berufserkrankung vorhanden ist;
- sie können entsprechende Maßnahmen anordnen, wenn der Arbeitgeber seinen gesetzlichen Verpflichtungen nicht nachkommt;
- sie können die Aufhebung der Betriebsgenehmigung aus Sicht der Arbeitssicherung empfehlen, wenn die Gegebenheiten für ihre Erteilung nicht mehr vorhanden sind;
- sie können die Staatsanwaltschaft einschalten, wenn die Begehung von Straftaten festgestellt wird.

Die Arbeitsinspektoren haben darüber hinaus das Recht, Ordnungswidrigkeiten in allen Bereichen der arbeitsrechtlichen Gesetzesbestimmungen festzustellen und die Verantwortlichen mit den vom Gesetz vorgesehenen Geldbußen zu belegen. So wird auf der Homepage der Behörde eine Liste mit den bei einer Kontrolle vorzulegenden Unterlagen aufgestellt. Es sind nicht weniger als 97 Unterlagen vorzulegen!

Das Gesetz Nr. 108/1999 über Arbeitsaufsichtsbehörden sieht für die Behinderung der Arbeit von Arbeitsinspektoren, die sie gemäß der in Art. 6 und 19 vorgesehenen Kompetenzen durchführen, relativ hohe Geldbußen vor. So werden Arbeitgeber mit Geldbußen zwischen 4.500 und 9.000 Lei bestraft.

Lehnt dagegen ein Arbeitgeber die von einem Arbeitsinspektor angeordneten Maßnahmen entsprechend seiner ihm gemäß Art. 6 und 19 des Gesetzes Nr. 108/1999 über Arbeitsaufsichtsbehörden verliehenen Kompetenzen ab oder erfüllt er diese nicht fristgemäß, muss er mit Geldbußen zwischen 3.000 und 10.000 Lei rechnen (Art. 21 des Gesetzes Nr. 108/1999).

In Extremfällen, wenn ein Arbeitgeber wiederholt schwerwiegende Verstöße gegen die arbeitsrechtlichen Gesetzesbestimmungen oder die Bestimmungen über Arbeitssicherheit vornimmt, kann die Arbeitsaufsichtsbehörde die Löschung aus dem Handelsregister beantragen (Art. 24 des Gesetzes Nr. 108/1999 über Arbeitsaufsichtsbehörden). Das Gesetz ist hier nicht deutlich genug, es kann sich aber nur um einen an das entsprechende Gericht gerichteten Antrag handeln. Es ist nicht vorstellbar, dass die Arbeitsaufsichtsbehörde allein und direkt über die Löschung einer Firma im Handelsregister entscheiden kann. Das entspricht im Übrigen auch den Bestimmungen des Art. 25 des Gesetzes Nr. 26/1990[115] über das Handelsregister,

---

115 Neuverkündung in M. Of. Nr. 49/04.02.1998 mit den nachfolgenden Änderungen und Ergänzungen

wonach die Löschung von Eintragungen im Handelsregister auf Antrag von Dritten in die Entscheidungskompetenz des Richters beim Handelsregister fällt. Seine Entscheidungen können mit Rekurs bei den Kreisgerichtshöfen angefochten werden. Gegen die Urteile der Kreisgerichtshöfe sieht das Gesetz keine weiteren Rechtsmittel vor.

III. KOLLEKTIVARBEITSRECHT

Das Arbeitsgesetzbuch regelt nur im Kern die Grundsätze des Kollektivarbeitsrechts. Die im Arbeitsgesetzbuch vorhandenen Grundsätze werden durch besondere Gesetze im Detail geregelt. So enthält Titel VII ArbeitsGB, Art. 214 bis 235 Grundsatzbestimmungen über den Sozialdialog, also über Gewerkschaften und Arbeitgeberverbände, und Titel VIII ArbeitsGB, Art. 236 bis 247 allein Grundsatzbestimmungen über Kollektivarbeitsverträge.

Kap. 8 - GEWERKSCHAFTEN IN RUMÄNIEN

1. Allgemeines

Die Gewerkschaften in Rumänien haben eine jahrhundertealte Tradition. Bereits 1872 wurde der Allgemeinverbund der Arbeiter von Rumänien gegründet. Nach dem Zweiten Weltkrieg wurden die Gewerkschaften stark politisiert und haben nur als Hilfsorganisation der Partei eine Rolle gespielt. Nach der Revolution 1989 wurden die Strukturen der alten Gewerkschaften aufgelöst und hierfür andere auf demokratischer Basis neu gegründet. Zu dieser Zeit gab es in Rumänien über 14.100 Gewerkschaften, organisiert in ca. 18 Gewerkschaftsverbänden und mit ca. 7 Mio. Gewerkschaftsmitgliedern. Charakteristisch für die Gewerkschaften in dieser Zeit der Reformen in Rumänien sind die ununterbrochenen Änderungen der Landschaft über die Zahl der Gewerkschaftsmitglieder, das Weiterbestehen von Gewerkschaften und deren Zugehörigkeit zu den verschiedenen Gewerkschaftsverbänden.

Aufgrund der in Art. 40 Abs. 1) der Verfassung vorgesehenen Koalitionsfreiheit: *„Die Bürger können sich frei in politischen Parteien, Gewerkschaften und anderen Vereinigungsformen zusammenschließen"* können Gewerkschaften gegründet werden. Das Gesetz Nr. 54/2003[116] über Gewerkschaften regelt Gründung, Organisation und Funktionsweise der Gewerkschaften (nachfolgend als GewerkschaftenG bezeichnet).

---

116 M. Of. Nr. 73/5.02.2003

Ein umfassendes Mitbestimmungsrecht, wie es z. B. im deutschen Recht selbstverständlich ist, gibt es im rumänischen Recht erst im Anzeichen[117]. Vereinfacht kann gesagt werden, dass in die Zuständigkeit der Gewerkschaften auch die typischen Aufgaben des Betriebsrates fallen. Dabei ist aber zu beachten, dass deren Aufgabenumfang viel geringer ausfällt als beispielsweise beim deutschen Mitbestimmungsrecht.

2. Rechtsstellung der Gewerkschaften

Die Gründung einer Gewerkschaft findet durch den Zusammenschluss von mindestens 15 Arbeitnehmern statt, die sich den Schutz der beruflichen, wirtschaftlichen und sozialen Interessen und Rechte aufgrund einer entsprechenden Satzung vorgenommen haben (Art. 2 Abs. 2) des GewerkschaftenG).

Die Gründung von Gewerkschaften ist einer gerichtlichen Kontrolle unterworfen. Der Bevollmächtigte der Gründer stellt einen entsprechenden Antrag beim Amtsgericht des Gewerkschaftssitzes. Dem Antrag müssen das Original und zwei Kopien des von allen der mindestens 15 Gründer unterschriebenen Gründungsprotokolls, die Satzung und die Personalien der Mitglieder des Führungsorgans beigefügt werden. Innerhalb von 5 Tagen ab Antragseingang muss das Amtsgericht unter Ladung des Bevollmächtigten der Gründer über die Eintragung entscheiden. Der gefällte Gerichtsbeschluss wird den Antragstellenden binnen 5 Tagen ab Verkündung zugestellt. Mit Zustellung beginnt eine 15-tägige Rekursfrist (Berufungsfrist).

Die Gründung von Gewerkschaften unterliegt einer Publizitätspflicht (Art. 17 des GewerkschaftenG). Die Amtsgerichte führen von Amts wegen ein Register über die genehmigten Gründungen von Gewerkschaften. In dem Register der Gewerkschaften werden alle wesentlichen Angaben eingetragen (ähnlich dem Vereinsregister).

Die Gewerkschaften haben juristische Persönlichkeit ab Erlangung der Rechtskraft des Urteils des für die Eintragung der Gewerkschaft zuständigen Amtsgerichts. Als Folge der Rechtspersönlichkeit kann die Gewerkschaft eigenes Vermögen erlangen, Verträge abschließen (z. B. den Kollektivarbeitsvertrag mit dem Arbeitgeber[118], bei dem ihre Mitglieder als Arbeitnehmer tätig sind) sowie in eigenem Namen oder im Namen ihrer Mitglieder Prozesse führen.

---

117 Siehe Gesetz Nr. 467/2006 über den Allgemeinrahmen zur Arbeitnehmerinformation und Arbeitnehmerberatung, M. Of. Nr. 1006/18.12.2006.

118 Aber nur wenn die jeweilige Gewerkschaft auch über Repräsentativität (Tariffähigkeit) verfügt – siehe dazu Kap. 9 – Der Kollektivarbeitsvertrag

Aufgrund der Dynamik des Wirtschaftslebens in Rumänien ändern sich oft die Strukturen der Gewerkschaften durch deren Umwandlung. Das GewerkschaftenG enthält nur eine knappe Bestimmung über die Umwandlung von Gewerkschaften. Als Folge davon gelten die allgemeinen Bestimmungen des Dekrets Nr. 31/1954[119] über natürliche und juristische Personen betreffend Fusion, Ausgliederung oder Spaltung.

Die Gewerkschaft kann per Beschluss aufgelöst werden, wenn die Versammlung der Gewerkschaftsmitglieder dies satzungsgemäß beschlossen hat. Eventuell vorhandenes Vermögen wird entsprechend der Satzung oder bei fehlenden Satzungsbestimmungen entsprechend des Mitgliederbeschlusses verteilt. Die Gewerkschaftsführer der aufgelösten Gewerkschaft müssen binnen 5 Tagen ab Auflösungsbeschluss beim zuständigen Amtsgericht die Löschung der Gewerkschaft aus dem Gewerkschaftsregister beantragen.

3. Mitgliedschaft in den Gewerkschaften

Mitglieder von Gewerkschaften sind hauptsächlich Arbeitnehmer (Art. 2 Abs. 1) GewerkschaftenG). Es können aber auch andere Personen, wie z. B. diejenigen, die individuell der rechtmäßigen Ausübung eines Handwerks oder eines freien Berufes nachgehen, sowie anderer Berufskategorien als die Arbeitnehmer Gewerkschaftsmitglied werden.

Zwischen Art. 9 der Verfassung Rumäniens und den oben genannten Bestimmungen des GewerkschaftenG gibt es eine gewisse Unstimmigkeit bezüglich des Personenkreises, der Gewerkschaftsmitglied werden kann. Die herrschende Meinung der juristischen Literatur dazu ist, dass ein größerer Personenkreis als wortwörtlich „Arbeitnehmer" Gewerkschaftsmitglieder werden können.

Arbeitslose, Rentner, Schüler und Studenten dagegen können nicht Gewerkschaftsmitglieder werden. Darüber hinaus schließt Art. 4 des GewerkschaftenG eine Mitgliedschaft in Gewerkschaften für folgenden Personenkreis aus:

- Führungskräfte und die mit der Ausübung der Staatsgewalt ausgestatteten Amtsträger des Parlaments, der Regierung, der Ministerien und anderer Landesbehörden der öffentlichen Verwaltung sowie der Präfekturen und Rathäuser;
- Staatsanwälte und Richter;
- das Personal des Verteidigungs-, Innen- und zum Teil des Justizministeriums (wie z. B. das Personal von Gefängnissen).

---

119 B. Of. Nr. 8/30.01.1954

4. Organisation und Struktur der Gewerkschaften

Die Gewerkschaften sind organisiert und wickeln ihre Tätigkeiten aufgrund der Satzungen ab. Die Satzung einer Gewerkschaft muss gemäß Art. 6 des GewerkschaftenG mindestens folgende Bestimmungen enthalten: Zweck der Gewerkschaft, Erlangung und Verlust der Mitgliedschaft, Rechte und Pflichten der Mitglieder, Höhe der Mitgliedschaftsgebühren, Führungsorgane, deren Wahl und Abwahl sowie deren Zuständigkeiten, Änderung der Satzung sowie der Beschlussfassung, Umwandlung der Gewerkschaft sowie Art und Weise für die Koalition in Branchen- und Landesverbände.

Die Gewerkschaften haben das Recht, eigene Strukturen in Unternehmen, Wirtschaftszweigen, berufsmäßig und gebietsmäßig zu bilden (Art. 41 des GewerkschaftenG).

Dies ist der sogenannte Grundsatz des *„gewerkschaftlichen Pluralismus"* (*pluralism sindical*) im rumänischen Recht. Danach können sowohl auf Wirtschaftszweig-, als auch Branchen- und sogar Betriebsebene mehrere unterschiedliche Gewerkschaften existieren.

Auf Betriebsebene bedeutet dies, dass der Arbeitgeber in seinem Unternehmen oft mit mehreren Gewerkschaften zu tun hat. Dadurch kann eine relativ komplizierte Rechtsgrundlage entstehen:

- In individuellen arbeitsrechtlichen Angelegenheiten kommt es im Falle der Kündigung des Arbeitsvertrages eines in Organen der Gewerkschaftsführung gewählten Arbeitnehmers nur auf die schriftliche Zustimmung (*acordul scris*) der Gewerkschaft an (Art. 10 Abs. 1) des GewerkschaftenG), deren Mitglied der betroffene Arbeitnehmer ist;

- nach den Bestimmungen des Art. 11 Abs. 2) des Gesetzes Nr. 130/1996 über den Kollektivarbeitsvertrag, welcher besagt, dass auf Betriebsebene (wie auf anderen Ebenen auch) nur ein Kollektivarbeitsvertrag abgeschlossen werden kann, bedeutet dies im Bereich des kollektiven Arbeitsrechts, dass der Arbeitgeber diesen mit einer der im Unternehmen vorhandenen Gewerkschaften abzuschließen hat. Bestehen mehrere Gewerkschaften im Unternehmen, kann dies ein Vorteil für den Arbeitgeber sein. Die Gewerkschaften müssen sich untereinander einigen, um eine einheitliche Linie gegenüber dem Arbeitgeber zu finden. Wird der betriebliche Kollektivarbeitsvertrag unter Mitwirkung aller oder zumindest einer Gewerkschaft abgeschlossen, gilt er für alle Arbeitnehmer des Unternehmens. Dies gilt auch dann, wenn die eine oder andere Gewerkschaft vorteilhaftere Vertragsklauseln aushandeln wollte (mehr dazu in Kap. 9 - Der Kollektivarbeitsvertrag).

Eine ähnliche Situation entsteht bei der Führung von Arbeitskämpfen, für die das Gesetz nicht verlangt, dass Verhandlungen mit allen Gewerkschaften eines Betriebes zu führen sind, sondern neutrale Verhandlungen mit der Gewerkschaft als Vertreter der gewerkschaftlich organisierten Arbeitnehmer (mehr dazu unten in Kap. 10 - Arbeitskampfrecht).

Auf Branchen- und Nationalebene konkretisiert sich der in Art. 42 des GewerkschaftenG verankerte Grundsatz des gewerkschaftlichen Pluralismus in dem von Gewerkschaften oft in Anspruch genommenen Recht der gewerkschaftlichen Vereinigung. Zwei oder mehrere Gewerkschaften der gleichen Branche können sich zu einer Gewerkschaftsvereinigung (*federație sindicală*) zusammenschließen. Gewerkschaftsvereinigungen können gemeinsam Gewerkschaftsverbände (*confederații sindicale*) bilden.

Der Zusammenschluss in Gewerkschaftsvereinigungen bzw. -verbänden wird durch den entsprechenden Beschluss der Delegiertenversammlungen hervorgebracht. Die juristische Rechtspersönlichkeit der neu entstandenen Gewerkschaftsorganisation wird auf Antrag von dem zuständigen Kreisgerichtshof bzw. Gerichtshof Bukarest, je nach Sitz, verliehen. Dem Antrag sind die Unterlagen für die Gründung der Gewerkschaft beizufügen. Der Gerichtshof erlässt ein entsprechendes Urteil, wenn die gesetzlichen Voraussetzungen als erfüllt angesehen werden.

Die so entstandene Gewerkschaftsvereinigung bzw. der -verband wird von Amts wegen in dem beim Kreisgerichtshof geführten Register eingetragen. Beispiele[120] von Gewerkschaftsverbänden sind der Gewerkschaftsverband *„Frăția"* aus ca. 5.800 Gewerkschaften, der Gewerkschaftsverband *„Cartel Alfa"* mit ca. 2.000 Gewerkschaften, der Gewerkschaftsverband *„Blocul Național Sindical"* mit ca. 400 Gewerkschaften, der Gewerkschaftsverband *„Confederația Sindicatelor Democratice"* mit ca. 20 Gewerkschaftsvereinigungen.

5. Rechte der Gewerkschaften

Die Befugnisse der Gewerkschaften[121] sind hauptsächlich im GewerkschaftenG geregelt. Hierzu enthalten aber auch eine Reihe von anderen gesetzlichen Regelungen Bestimmungen, von denen das ArbeitsGB hervorzuheben ist. Sie ha-

---

120 Siehe *Țiclea*, Arbeitsrecht S. 179 f.
121 Siehe die Darstellung von *Ştefănescu*, Arbeitsrecht, S. 101 ff.

ben Wirkung sowohl auf Betriebsebene, als auch allgemeinen Charakter bzw. auf Nationalebene.

Die Befugnisse der Gewerkschaften auf Betriebsebene konzentrieren sich auf mehrere Bereiche: Verhandlung und Abschluss von betrieblichen Kollektivarbeitsverträgen, Erarbeitung der betrieblichen Verhaltensnormen zusammen mit dem Arbeitgeber, Abwicklung der individuellen Arbeitsverträge im Betrieb, Beendigung von individuellen Arbeitsverträgen, Sicherung und Durchsetzung von Rechten der Arbeitnehmer.

Auf Betriebsebene handelt es sich um folgende Befugnisse:

-   Die repräsentativen Gewerkschaften sind durch Gesetz berechtigt, Verhandlungen mit dem Arbeitgeber zu führen und den Kollektivarbeitsvertrag für das jeweilige Unternehmen abzuschließen (Art. 3 und Art. 10 des Gesetzes Nr. 130/1996 über den Kollektivarbeitsvertrag);

-   die Erfassung von betriebsinternen Verhaltensnormen für die in dem Unternehmen beschäftigten Arbeitnehmer (Art. 257 ArbeitsGB) gemeinsam mit dem Arbeitgeber;

-   Informationsrecht der Gewerkschaft im Falle von Personalabbau - handelt es sich um einen sich mindestens mit 2/3 in Privateigentum stehenden Arbeitgeber, muss er 60 Tage im Voraus die Gewerkschaft über den beabsichtigten Personalabbau, die Gründe dafür und die Zahl der betroffenen Arbeitnehmer informieren[122];

-   Abwicklung der individuellen Arbeitsverträge;

-   Kontrollrecht der Durchführung von Arbeitsverhältnissen im Unternehmen (Art. 98 des nationalen Kollektivarbeitsvertrages für 2007-2010);

-   Erörterungsrecht der Arbeitsbedingungen und der Entlohnung der Arbeitnehmer mit den geschäftsführenden Organen von Handelsgesellschaften. Diese Organe sind verpflichtet, die Gewerkschaften zu den Sitzungen zu laden, bei denen die o. g. Probleme diskutiert werden (Art. 30 Abs. 1) des GewerkschaftenG);

-   Bei der Beendigung von individuellen Arbeitsverträgen haben die Gewerkschaften ein Erörterungsrecht der Gewerkschaft bei der Aussprache der sog. Massenentlassungen durch den Arbeitgeber (Art. 69 Abs. 2) lit. f) ArbeitsGB);

---

122 Art. 26 der Dringslichkeitsanordnung Nr. 98/1999 über den sozialen Schutz der Personen, deren individuelle Arbeitsverträge aufgrund von Massenentlassungen gekündigt wurden, M. Of. Nr. 303.06.1999

Auf Nationalebene haben die Gewerkschaften folgende Befugnisse:

- Zustimmungsrecht zu den Gesetzesentwürfen über die Regelung von Arbeitsverhältnissen und Entlohnungspolitik im Rahmen der Aktivität des Wirtschafts- und Sozialrates (*Consiliul Economic si Social*; entsprechend den Bestimmungen des Gesetzes Nr. 109/1997[123] über die Organisation und Funktionsweise des Wirtschafts- und Sozialrates i. V. m. Art. 29 des GewerkschaftenG);
- Verhandlungs- und Abschlussrecht von Kollektivarbeitsverträgen auf Branchen- und Nationalebene (Gesetz Nr. 130/1996 über den Kollektivarbeitsvertrag);
- freie Nutzung der gesetzlich vorgesehenen Mittel für den Schutz der Rechte von Gewerkschaftsmitgliedern;
- Vertretung und Schutz der Gewerkschaftsmitglieder durch eigene Anwälte bei individuellen Arbeitsstreitigkeiten.

Allgemein können die Gewerkschaften **auf allen Ebenen** von allen gesetzlichen Mitteln Gebrauch machen, um die Interessen und Rechte der Mitglieder zu wahren, sie zu erlangen oder die o. g. Aufgaben zu erfüllen. Dazugehören:

- die Petition - ist in Art. 51 der Verfassung von Rumänien verankert. Danach haben die Gewerkschaften das Recht, ausschließlich im Namen ihrer Mitglieder Gesuche an öffentliche Behörden einzureichen.
- Abhaltung von öffentlichen Versammlungen, Demonstrationen - müssen den Bestimmungen des Gesetzes Nr. 60/1991[124] über Organisation und Abwicklung von öffentlichen Versammlungen entsprechen. Hiernach dürfen solche Versammlungen nur nach vorheriger Ankündigung und Genehmigung abgehalten werden.
- Streiks - dürfen nur im Rahmen der vom Gesetz Nr. 168/1999[125] zur Regelung von Arbeitskonflikten geregelten Bedingungen als Arbeitskampfmittel eingesetzt werden.

Zur Wahrung der Rechte von Gewerkschaften inkriminiert Art. 53 des GewerkschaftenG als Straftat:

- jede Tat, die auf die Verhinderung der Koalitionsfreiheit in Gewerkschaften gerichtet ist;

---

123 M. Of. Nr. 141/07.07.1997
124 Neuverkündung in M. Of. Nr. 888/29.09.2004.
125 Vgl. Art. 54 Abs. 1) des Gesetzes Nr. 168/1999 zur Regelung von Arbeitskonflikten, M. Of. Nr. 582/29.11.1999.

- jede Tat, die zur Behinderung der Entscheidungsfreiheit von Gewerkschaftsführern bzw. zur Begrenzung der Ausübung ihrer Kompetenzen führt.

Kap. 9 - DER KOLLEKTIVARBEITSVERTRAG

1. Der Begriff und die Rechtsnatur des Kollektivarbeitsvertrages

In Rumänien wurde bereits 1929 der Kollektivarbeitsvertrag gesetzlich geregelt. Im Laufe der Zeit hatte er mal mehr und mal weniger Bedeutung für die Regelung der allgemeinen Beziehungen zwischen Arbeitgeber und Arbeitnehmer. Der Kollektivarbeitsvertrag ist während des kommunistischen Regimes wegen der Politisierung der Gewerkschaften mehr eine Formalität geworden, ohne wirkliche Bedeutung für die Regelung von Arbeitgeber (sprich Staat) - Arbeitnehmerverhältnissen.

Die Kollektivarbeitsverträge in Rumänien sind von dem bereits erwähnten Gesetz Nr. 130/1996 über den Kollektivarbeitsvertrag (nachfolgend als KollektivarbeitsVG bezeichnet) geregelt.

Der Kollektivarbeitsvertrag[126] (*contractul colectiv de muncă*) ist die zwischen dem Arbeitgeber, oder, je nach Fall, dem Arbeitgeberverband und dem Arbeitnehmer, oder, je nach Fall, den Gewerkschaften abgeschlossene Vereinbarung, in der die Arbeitsbedingungen, die Entlohnung sowie andere in Verbindung mit dem Arbeitsrechtsverhältnis stehenden Rechte und Pflichten geregelt sind (Art. 1 des KollektivarbeitsVG).

Nach rumänischem Arbeitsrecht[127] ist der Kollektivarbeitsvertrag:

- ein bürgerlich-rechtlicher Vertrag und unterliegt, was das Zustandekommen, die Durchführung, Änderung, Auslegung und Beendigung anbelangt, dem allgemeinen Vertragsrecht des C. civ.;
- eine arbeitsrechtliche Rechtsquelle. Die Zuordnung der Kollektivarbeitsverträge zu den Rechtsquellen des Arbeitsrechts wird durch eine Reihe von Merkmalen unterstützt:

---

126 Nach deutscher arbeitsrechtlicher Terminologie entspricht der Kollektivarbeitsvertrag in etwa dem Tarifvertrag.

127 Siehe *Ţiclea*, Arbeitsrecht, S. 264 ff.; Ştefanescu, Arbeitsrecht, S. 126 ff. ; *Alexandru Athanasiu*, Das Gesetz Nr. 130/1996 über den Kollektivarbeitsvertrag, [Legea Nr. 130/1996 privind contractul colectiv de muncă] in „Dreptul" Nr. 3/1997, S. 5 ff.

- der Abschluss und die Normativwirkung der Kollektivarbeitsverträge erfolgt aufgrund einer verfassungsrechtlichen Anweisung (Art. 41 Abs. 5) Verfassung von Rumänien);
- haben allgemeine Gültigkeit (betreffen nicht das Arbeitsverhältnis einer bestimmten Person);
- sind umfassend (betreffen das ganze Spektrum der arbeitsrechtlichen Probleme von Arbeitsverhältnissen);
- haben einen permanenten Charakter (sind auf eine unbestimmte Zahl von Fällen während ihrer Gültigkeit anwendbar).

2. Die Vertragsparteien des Kollektivarbeitsvertrages

Die Vertragsparteien des Kollektivarbeitsvertrages sind der Arbeitgeber und die Arbeitnehmer. Nach Art. 14 des KollektivarbeitsVG werden die Vertragsparteien beim Abschluss des Kollektivarbeitsvertrages wie folgt vertreten:

- **der Arbeitgeber:**
- auf Betriebsebene von dem gesetzlich vorgesehenen Führungsorgan je nach Gesellschaftsform;
- auf der Ebene der Unternehmensgruppen, Branchen oder des Landes durch die gesetzlich gebildeten Arbeitgeberverbände;

Als Beispiel ist hier zu nennen, dass der nationale Kollektivarbeitsvertrag für 2007-2010 von Vertretern der folgenden Arbeitgeberverbände verhandelt wurde: Arbeitgeberverband der Industrie von Rumänien - CONPIROM (*Confederația Patronală din Industria României*); Nationalverband der rumänischen Arbeitgeber - CNPR (*Confederația Națională a Patronatului Român*); Nationalrat der kleinen und mittelständigen Privatunternehmen - CNIPMMR (*Consiliul Național al Întreprinderilor Private Mici și Mijlocii*); Allgemeinverband der Unternehmen von Rumänien 1903 - UGIR 1903 (*Uniunea Generală a Industriașilar din România 1903*) und Allgemeinverband der Unternehmen von Rumänien - UGIR (*Uniunea Generală a Industriașilar din România*).

Exkurs:
- **Arbeitgeberverbände**
  Als Arbeitgeber (*angajator, patron*) werden Handelsgesellschaften, sog. autonome Regiebetriebe (Staatsbetriebe), juristische und natürliche Personen, die auf die Arbeitskraft anderer angewiesen sind, angesehen.

  Art. 40 Abs. 1) der rumänischen Verfassung gewährt symmetrisch zu dem Recht der Arbeitnehmer, sich in Gewerkschaften zu organisieren, auch dem Arbeitgeber ein Koalitionsrecht.

Die Rechtsstellung der Arbeitgeberverbände wird vom Gesetz Nr. 356/2001[128] über die Arbeitgeberverbände und von der Regierungsanordnung Nr. 26/30.01.2000 über Vereine und Stiftungen[129] geregelt.

Ein Arbeitgeberverband wird von mindestens 15 eingetragenen juristischen oder natürlichen Personen gegründet. Arbeitgeberverbände können aber auch schon ab 5 Mitgliedern gegründet werden, wenn sie zusammen in ihrem Wirtschaftszweig mindestens 70 % der Produktion erzielen.

Die Gründung setzt eine schriftliche Satzung mit vorgeschriebenem Mindestinhalt über Ein- und Austritt der Mitglieder, Berufung der Mitgliederversammlung, Bestellung des Vorstands und der Vorstandsvorsitzenden usw. (Art. 6 Abs. 3) des Gesetzes Nr. 356/2001) voraus. Arbeitgeberverbände werden juristische Personen ab Eintragung im Vereinigungsregister beim Kreisgerichtshof.

- **Arbeitnehmer:**
  - auf Betriebsebene von der gesetzlich gegründeten Gewerkschaft oder, falls eine solche nicht vorhanden ist, von dem gewählten Vertreter der Arbeitnehmer;
  - auf der Ebene der Unternehmensgruppen und Branchen von den Gewerkschaftsvereinigungen;
  - auf nationaler Ebene von den Gewerkschaftsverbänden.

Folgende Gewerkschaftsverbände waren bei den Verhandlungen und beim Abschluss des nationalen Kollektivarbeitsvertrages für 2007-2010 vertreten: „Fraţia", „Cartel Alfa", „Blocul Naţional Sindical", „Confederaţia Sindicatelar Democratice" und „Meridian".

Um **Parteifähigkeit** beim Abschluss des Kollektivarbeitsvertrages zu erlangen, müssen die o. g. Parteien Vertretungsmacht haben und außerdem **repräsentativ**[130] sein. Der Grundgedanke der Erfüllung dieser gesetzlichen Voraussetzungen beim Abschluss von Kollektivarbeitsverträgen liegt darin, dass die entsprechende Partei eine gewisse Deckung bezüglich der vertretenen Arbeitgeber bzw. -nehmer erlangen muss. Vor allem, um die ausgehandelten vertraglichen Bestimmungen allgemeiner und zwingender Anwendbarkeit für alle angesprochenen Arbeitgeber bzw. -nehmer zu erlangen.

---

128 M. Of. Nr. 380/12.07.2001.

129 M. Of. Nr. 39/31.01.2000.

130 Es handelt sich dabei um Tariffähigkeit im Sinne des deutschen Rechts. Siehe beispielhaft dazu *Schaub/Bearbeiter*, Arbeitsrechtshandbuch, München 2009, § 199 RN 7 ff.

Das Gesetz setzt unterschiedliche Maßstäbe, um seitens der Arbeitgeber bzw. -nehmer die eine oder andere Partei als repräsentativ zu betrachten. Dies hängt davon ab, was für ein Kollektivarbeitsvertrag auf Betriebs-, Unternehmensgruppen, Branchen oder Nationalebene abgeschlossen werden soll.

Art. 15 Abs. 1) lit. a) des KollektivarbeitsVG verlangt z. B., dass beim Abschluss des nationalen Kollektivarbeitsvertrages seitens der Arbeitgeber von einem Arbeitgeberverband aus mindestens die Hälfte der Landkreise Rumäniens einschließlich Bukarest vertreten sind. Weiterhin sollen 25 % der vorhandenen Branchen abgedeckt und mindestens 7 % der in Rumänien vorhandenen Arbeiter beschäftigt sein, um repräsentativ zu sein.

Ähnlich sieht Art. 17 Abs. 1) lit. a) des KollektivarbeitsVG als repräsentativ für den Abschluss nur den Gewerkschaftsverband an, welcher eigene Gewerkschaftsstrukturen in mindestens der Hälfte der Landkreise einschließlich Bukarest hat. Außerdem müssen diese Gewerkschaftsvereinigungen mindestens 25 % der Wirtschaftszweige und mindestens 5 % der Beschäftigten in der Gesamtwirtschaft als Mitglieder haben.

Seitens der Arbeitnehmer müssen auf Betriebsebene die Gewerkschaften mindestens 1/3 der Arbeitnehmer als Mitglied haben, um repräsentativ zu sein (Art. 17 Abs. 1) lit. c) KollektivarbeitsVG).

Die gesetzlichen Bestimmungen, um die Eigenschaft als repräsentativ beim Abschluss von Kollektivarbeitsverträgen zu erfüllen, werden **gerichtlich** geprüft. Auf National- und Branchenebene ist dafür der Gerichtshof Bukarest zuständig. Auf Betriebsebene ist das Amtsgericht des Unternehmenssitzes zuständig. Die hier erlassenen Urteile können nur mit Rekurs (Berufung) angefochten werden.

Die vom Gericht geprüften Vertragsparteien bleiben **4 Jahre** lang ab Erlangung der Rechtskraft der entsprechenden Urteile repräsentativ. Die Urteile werden dem Ministerium für Arbeit, Familie und Sozialschutz von Amts wegen bekannt gegeben, welches darüber ein Register führt.

Nach Ablauf der 4-jährigen Frist müssen die Vertragsparteien die Erfüllung der gesetzlichen Bestimmungen erneut bei Gericht beantragen, um weiterhin repräsentativ zu sein.

3. Das Abschlussverfahren von Kollektivarbeitsverträgen

Nach Art. 10 Abs. 1) KollektivarbeitsVG **können** *„Kollektivarbeitsverträge auf Betriebs-, Branchen- und Nationalebene abgeschlossen werden".* Als Folge dessen, dass der Abschluss von Kollektivarbeitsverträgen auf allen Ebenen nicht zwingend ist, stellt er allein eine Möglichkeit der zwei Sozialparteien dar.

Trotzdem besagt das KollektivarbeitsVG in Art. 3 Abs. 1), dass die Führung von Verhandlungen für den Abschluss von Kollektivarbeitsverträgen auf Betriebsebene zwingend ist, es sei denn, dass das Unternehmen weniger als 21 Arbeitnehmer hat. Es spricht aber nichts dagegen, falls die Vertragsparteien dies wünschen, dass auch in Unternehmen mit weniger als 21 Arbeitnehmern Kollektivarbeitsverträge abgeschlossen werden. Der Abschluss von Kollektivarbeitsverträgen aufgrund dieser obligatorischen Verhandlungsführung ist dagegen freigestellt.

Auf der der Betriebsebene höher gestellten Ebene - Unternehmensgruppen, Branchen und Nationalebene - ist weder die Führung von Verhandlungen zum Abschluss von Kollektivarbeitsverträgen noch deren Abschluss zwingend.

Die Initiative zum Abschluss des Kollektivarbeitsvertrages obliegt dem Arbeitgeber. Macht er von seinem Initiativrecht keinen Gebrauch ist der Arbeitgeber verpflichtet, binnen 15 Tagen ab Antrag der Gewerkschaft auf Eröffnung von Verhandlungen für den Abschluss des Kollektivarbeitsvertrages zuzustimmen (Art. 4 Abs. 1) KollektivarbeitsVG).

Anlässlich der ersten Verhandlungsrunde ist der Arbeitgeber gesetzlich verpflichtet, der Gewerkschaft die notwendigen Informationen für die Verhandlungsführung zukommen zu lassen sowie den Zeitpunkt der Bekanntmachung zu bestimmen. Als Mindestinformation sieht das Gesetz die Information für den Vergleich der Arbeitsstellensituation, die Berufs- und Handwerksklassifikation, die Höhe der Arbeitsvergütung, die Arbeitszeitdauer und ihrer Organisation vor. Darüber hinaus müssen die Parteien über den Ort und die Zeitplanung der künftigen Treffen entscheiden.

Die Vertragsverhandlungen dürfen nicht länger als 60 Tage dauern. Wurde binnen dieser Frist kein Vertragsabschluss erzielt, sind die Verhandlungen als gescheitert anzusehen. Dies kann unter Umständen einen Arbeitskampf auslösen.

Die Weigerung des Arbeitgebers, Verhandlungen einzuberufen oder die Ablehnung des Verhandlungsantrages der Gewerkschaft, stellt eine Ordnungswidrigkeit dar. Sie wird mit einer Geldstrafe zwischen 300 und 600 Lei geahndet (Art. 5 KollektivarbeitsVG).

4. Der Inhalt des Kollektivarbeitsvertrages

Das Gesetz regelt nicht ausreichend, welche Vertragsklauseln ein Kollektivarbeitsvertrag haben muss. Je nach Art des Kollektivarbeitsvertrages, auf Betriebsebene oder Nationalebene, unterliegen seine Bestimmungen einem höheren oder niedrigeren Grad der Allgemeinheit. Dies bedeutet, dass ein auf Betriebsebene abgeschlossener Kollektivarbeitsvertrag mehr konkrete Klauseln über die Regelung der Arbeitgeber-Arbeitnehmer-Verhältnisse beinhaltet. Der nationale Arbeitsvertrag enthält dagegen Bestimmungen, die allgemeiner sind, um seine Anwendbarkeit auf alle Beschäftigten der gesamten Wirtschaftssektoren zu gewährleisten.

Das KollektivarbeitsVG erwähnt in mehreren Artikeln den Inhalt des Kollektivarbeitsvertrages. Art. 3 Abs. 4) bestimmt z. B., dass die Verhandlungen über den Abschluss des Kollektivarbeitsvertrages mindestens die Vergütung der Arbeitnehmer, die Arbeitszeit bzw. das Arbeitsprogramm sowie die Arbeitsbedingungen beinhalten müssen.

Art. 8 des KollektivarbeitsVG verpflichtet die Vertragsparteien, im Kollektivarbeitsvertrag nur Vertragsklauseln aufzunehmen, die im Einklang mit den gesetzlichen Bestimmungen stehen und dem festgesetzten Ausmaß entsprechen. Dies bedeutet konkret, dass folgende Vertragsklauseln zulässig sind:

- Klauseln über Art und Höhe der Arbeitsvergütung, falls gesetzliche Bestimmungen besagen, dass dies durch den Kollektivarbeitsvertrag zu bestimmen ist;
- Klauseln über die Festlegung einer höheren Arbeitsvergütung als in den gesetzlichen Bestimmungen vorgesehen;
- Klauseln über die Gewährung von Rechten, über die das Gesetz keine Bestimmungen enthält.

Bei Aufnahme solcher Vertragsklauseln in den Kollektivarbeitsvertrag ist stets die Bestimmung des Art. 8 Abs. 4) KollektivarbeitsVG, wonach die gesetzlichen Bestimmungen über die Arbeitnehmerrechte als Minimalbestimmungen zu betrachten sind, zu beachten.

Dieser Regel ist als Grundsatz zu entnehmen, dass die Kollektivarbeitsverträge nur Vertragsklauseln enthalten dürfen, die höher oder mindestens gleich mit den gesetzlichen Bestimmungen des Arbeits- und Sozialrechts sind. Aus der

Praxis der vergangenen Jahre ist zu erkennen, dass die Vertragsparteien Kollektivarbeitsverträge abgeschlossen haben, die sehr detailliert die Verhältnisse bzw. die gegenseitigen Rechte und Pflichten der Arbeitnehmer und Arbeitgeber festlegen. Sie sind in der Tat gewisse eigene „Arbeitsgesetzbücher" für die Betroffenen.

So enthält der nationale Kollektivarbeitsvertrag für 2007-2010 insgesamt 108 Artikel und 7 Anlagen. Er ist in IX Kapitel untergliedert: Kap. I - Allgemeine Bestimmungen, Kap. II - Arbeitszeit, Kap. III - Arbeitsbedingungen und Arbeitsschutz, Kap. IV - Entlohnung und ähnliche Rechte, Kap. V - Urlaub, Kap. VI - Individueller Arbeitsvertrag, Kap. VII - Berufsausbildung und Weiterbildung, - Kap. VIII - Sonstige Bestimmungen über die Rechte und Pflichten der Vertragsparteien und Kap. IX - Schlussbestimmungen.

5. Der Geltungsbereich des Kollektivarbeitsvertrages

Man spricht über einen zeitlichen und einen persönlichen Geltungsbereich des Kollektivarbeitsvertrages. Die Kollektivarbeitsverträge werden befristet abgeschlossen. Ein auf unbefristete Dauer abgeschlossener Kollektivarbeitsvertrag ist dem rumänischen Kollektivarbeitsvertrag unbekannt.

Der zeitliche Geltungsbereich des Kollektivarbeitsvertrages darf nicht kürzer als 12 Monate sein. In Ausnahmefällen, wenn es sich um die Durchführung eines bestimmten Projektes handelt, kann der Kollektivarbeitsvertrag für die Dauer der Projektdurchführung abgeschlossen werden, auch wenn diese weniger als 12 Monate dauert. Das KollektivarbeitsVG bestimmt in Art. 23 Abs. 1) allein die Mindestdauer des Kollektivarbeitsvertrages. Durch Parteivereinbarung kann auch eine längere Dauer als 12 Monate festgelegt werden. Unter dem Drang, die Umstände zu ändern, werden die Parteien sich sicherlich nicht auf eine lange Vertragsdauer einigen wollen.

30 Tage vor Ablauf der Geltungsdauer des Kollektivarbeitsvertrages haben die Vertragsparteien die Pflicht, Verhandlungen über den Abschluss eines neuen bzw. über die Verlängerung oder Änderung des existierenden Kollektivarbeitsvertrages aufzunehmen.

Wurde zwischen den Parteien ein Kollektivarbeitsvertrag mit einer längeren Geltungsdauer als 1 Jahr abgeschlossen, werden neue Verhandlungen für die Anpassung bzw. den Abschluss eines neuen Kollektivarbeitsvertrages (falls seine Geltung demnächst endet) frühestens 12 Monate ab dem Inkrafttreten notwendig.

Der persönliche Geltungsbereich des Kollektivarbeitsvertrages betrifft beide Vertragsparteien, also Arbeitnehmer und Arbeitgeber. Nach Art. 11 Abs. 1) KollektivarbeitsVG wirkt der persönliche Geltungsbereich je nach Art des Kollektivarbeitsvertrages - auf Betriebs-, Unternehmensgruppe, Branche- oder Nationalebene - wie folgt:

-   auf Betriebsebene für alle Arbeitnehmer, egal, ob sie bei Vertragsabschluss Gewerkschaftsmitglieder sind oder waren oder nicht angestellt waren;
-   auf Unternehmensgruppenebene für alle Arbeitnehmer der betroffenen Gruppe von Unternehmen;
-   auf Branchenebene für alle Arbeitnehmer, die in den Unternehmen des Wirtschaftszweiges angestellt sind;
-   auf Nationalebene für alle Beschäftigten.

Aus der Sicht des Arbeitgebers wird der Geltungsbereich des Kollektivarbeitsvertrages dadurch festgelegt, dass im Vertrag selbst die Unternehmen genannt werden, die der Unternehmensgruppe bzw. der Branche angehören.

6. Die Vertragsform und der Eintragungszwang der Kollektivarbeitsverträge

Die Kollektivarbeitsverträge bedürfen gem. Art. 25 Abs. 1) Kollektivarbeits-VG stets der Schriftform. Sie müssen, um wirksam zu werden, in einer von allen Parteien unterschriebenen Vertragsurkunde niedergeschrieben werden. Die Schriftform ist eine „ad validitatem" gesetzliche Voraussetzung für den Abschluss von Kollektivarbeitsverträgen. Bei Verstößen gegen die Schriftform ist der betroffene Kollektivarbeitsvertrag nichtig und hat damit nicht die Bedeutung einer arbeitsrechtlichen Rechtsquelle.

Darüber hinaus müssen die abgeschlossenen Kollektivarbeitsverträge, um Wirkung zu erlangen, in einem dafür bei der Nationalagentur für Sozialleistungen[131] (*Agenția Națională pentru Prestații Sociale*) oder, je nach Fall, beim Ministerium für Arbeit, Familie und Sozialschutz geführten Register eingetragen werden. Kollektivarbeitsverträge auf Branchen- und Nationalebene werden auch innerhalb von 30 Tagen im Amtsblatt von Rumänien, V. Teil, veröffentlicht.

---

131 Eigentlich verweist Art. 27 Abs. 1) des KollektivarbeitsVG auf die Allgemeindirektion für Arbeit und Sozialsolidarität. Durch Regierungsbeschluss Nr. 1387/2009 zur Reorganisation des Ministeriums für Arbeit, Familie und Sozialschutz (M. Of. Nr. 807/26.11.2009) wurde innerhalb des Ministeriums die Allgemeindirektion für Arbeit und Sozialsolidarität aufgelöst und dessen Kompetenzen der Nationalagentur für Sozialleistungen übertragen.

Auch wenn der nationale Kollektivarbeitsvertrag für in der Anlage 4 den Abschluss von Branchenkollektivarbeitsverträgen in 32 Branchen empfiehlt, wurden in der Vergangenheit wesentlich weniger Branchenkollektivarbeitsverträge abgeschlossen.

Die o. g. Behörden haben bei der Eintragung von Kollektivarbeitsverträgen ein eingeschränktes Kontrollrecht. Das Kontrollrecht erstreckt sich auf die Prüfung, ob der Vertrag den gesetzlichen Mindestvoraussetzungen entspricht. Falls bei der Prüfung Vertragsklauseln festgestellt werden, die gesetzlichen Mindestbestimmungen oder Bestimmungen der übergeordneten Kollektivarbeitsverträge entgegenstehen, hat die feststellende Arbeitsbehörde die Pflicht, die Vertragsparteien darüber zu unterrichten. Die gegen die arbeitsrechtlichen Bestimmungen oder Bestimmungen der übergeordneten Kollektivarbeitsverträge verstoßenden Vertragsklauseln sind nichtig. Sie werden bis zu ihrer Neuverhandlung durch die entsprechenden Gesetzesbestimmungen erset.

Sind die in Art. 26 KollektivarbeitsVG vorgesehenen Tatbestandsmerkmalen vorhanden, wird von der Arbeitsbehörde die Eintragung des betroffenen Kollektivarbeitsvertrages abgelehnt. Dies betrifft die Fälle, in denen die vom Kollektivarbeitsvertrag erfassten Branchen bzw. Unternehmen nicht genannt werden, die Vertragsparteien nicht repräsentativ waren und die Vertragsparteien den Vertrag nicht unterschrieben haben. Die interessierte Vertragspartei kann gegen eine Eintragungsablehnung entsprechend des Gesetzes Nr. 554/2004[132] Verwaltungsverfahrensgesetz vorgehen.

7. Änderungen, Hemmung und Beendigung des Kollektivarbeitsvertrages

Wurde der Kollektivarbeitsvertrag abgeschlossen und eingetragen, müssen sich die Vertragsparteien an seine Bestimmungen halten. Dieser Grundsatz entspricht sowohl den Bestimmungen des Art. 969 Abs. 1) C. civ. (*pacta sunt servanda*), als auch des Art. 30 Abs. 1) des KollektivarbeitsVG. Art. 7 Abs. 2) des KollektivarbeitsVG besagt dazu, dass die entsprechend den gesetzlichen Bestimmungen abgeschlossenen Verträge *„das Gesetz der Parteien ist"*.

Die Parteien sind an die Vertragsklauseln gebunden, solange die Gegebenheiten, die zum Abschluss des Kollektivarbeitsvertrages geführt haben, vorhanden sind. Deshalb enthält das KollektivarbeitsVG auch Bestimmungen über dessen Änderung. Änderungen des Kollektivarbeitsvertrages können, ähnlich wie auch sein Abschluss, nur durch die Einigung der Vertragsparteien hervorgerufen werden.

---

132 M. Of. Nr. 1154/7.12.2004 mit den nachfolgenden Änderungen und Ergänzungen.

So legt z. B. Art. 5 des nationalen Kollektivarbeitsvertrages für 2007-2010 die Bedingungen für die Änderung des Vertrages und das zu beachtende Verfahren dazu fest. Eine Änderung des nationalen Kollektivarbeitsvertrages für 2007-2010 von Amts wegen ist allein in Art. 8 Abs. 2) vorgesehen: Werden während der Geltung des Kollektivarbeitsvertrages günstigere gesetzliche Bestimmungen erlassen, als sie die Vertragsklauseln enthalten, werden diese Bestimmungen automatisch Bestandteil des nationalen Kollektivarbeitsvertrages.

Die Änderungen von Kollektivarbeitsverträgen müssen, ähnlich wie die Eintragung des Kollektivarbeitsvertrages selbst, der dafür zuständigen Arbeitsbehörde gemeldet werden.

Die Hemmung von Kollektivarbeitsverträgen erfolgt:

- für die Dauer von Streiks, falls die am Streik nicht teilnehmenden Arbeitnehmer die betriebsübliche Tätigkeit nicht weiterführen können (Art. 32 KollektivarbeitsVG);
- infolge der Parteivereinbarung;
- aufgrund des Eintretens höherer Gewalt. Die Beurteilung der Ereignisse der höheren Gewalt wird nach den allgemeinen Bestimmungen des Zivilrechts vorgenommen.

Die Beendigung von Kollektivarbeitsverträgen erfolgt:

- mit Ablauf der vertraglich vorgesehenen Geltungsdauer;
- mit Eintritt der Auflösung oder der Insolvenz des Unternehmens;
- aufgrund der Parteivereinbarung;
- im Falle der Umwandlung des Unternehmens; hier können je nach Umwandlungsart verschiedene Situationen eintreten. Findet eine Fusion statt, erlöschen beide Kollektivarbeitsverträge. Bei Verschmelzung durch Aufnahme erlischt der Kollektivarbeitsvertrag des aufgenommenen Unternehmens. Bei Aufspaltung eines Unternehmens wird der Kollektivarbeitsvertrag ebenso beendet. Findet nur die Ausgliederung eines Teils des Unternehmens statt, bleibt der Kollektivarbeitsvertrag für den weiterhin bestehenden Unternehmensteil in Kraft.

Im Falle eines Unternehmenskaufes[133] bleibt der Kollektivarbeitsvertrag davon unberührt. Die Erklärung liegt darin, dass der Käufer auch die Rechte

---

133 Siehe dazu Gesetz Nr. 67/2006 zum Schutz der Rechte von Arbeitnehmer im Falle des Unternehmenskaufs, Kauf eines Werks oder von einigen Teilen davon, M. Of. Nr. 276/28.03.2006.

und Pflichten des Verkäufers übernimmt. Die Ersetzung des Arbeitgebers als Vertragspartei des Kollektivarbeitsvertrages durch den Käufer erfolgt durch eine sog. Novation. Der Käufer ist verpflichtet, der Gewerkschaft Mitteilung zu machen, wenn er beabsichtigt, Personal abzubauen, das Unternehmen zu reorganisieren usw. Infolgedessen können die Parteien Verhandlungen über die Änderung bzw. den Abschluss eines neuen Kollektivarbeitsvertrages entsprechend dem oben dargestellten Verfahren vornehmen.

Die Kollektivarbeitsverträge können nicht einseitig gekündigt werden, da sie nach rumänischem Arbeitsrecht nicht unbefristet abgeschlossen werden können. Art. 13 KollektivarbeitsVG zur Regelung von Arbeitskämpfen verbietet den Arbeitnehmern, die Änderung eines Kollektivarbeitsvertrages durch einen Streik zu erkämpfen.

Sowohl die Hemmung als auch die Beendigung eines Kollektivarbeitsvertrages muss binnen 5 Tagen der Arbeitsbehörde angezeigt werden, bei der die Eintragung vorgenommen wurde.

Streitigkeiten betreffend Durchführung, Änderung, Hemmung oder Beendigung von Kollektivarbeitsverträgen werden als Anspruchskonflikte eingestuft. Sie fallen als Erstinstanz in die Zuständigkeit von Kreisgerichtshöfen. Alle Klagen, die Kollektivarbeitsverträge betreffen, sind von der Zahlung von Gerichtsgebühren aller Art befreit.

Kap. 10 - ARBEITSKAMPFRECHT

1. Allgemeines

Die gesetzliche Grundlage für die Regelung von Arbeitskämpfen ist in dem bereits mehrmals erwähnten Gesetz Nr. 168/1999 zur Regelung von Arbeitskonflikten (nachfolgend als ArbeitskonfliktenG bezeichnet) bestimmt[134].

Bereits 1920[135] wurde in Rumänien dieser Teil des kollektiven Arbeitsrechts weitgehend kodifiziert. Die Garantie des Streikrechts wurde vor dem Zweiten Weltkrieg und während des Krieges stark eingeschränkt. Nach der Machtübernahme durch die Kommunisten bis zur Revolution gab es kein gesetzlich verankertes Streikrecht.

---

134 Siehe zur Regelung von Arbeitskonflikten *Şerban Beligrădeanu*, in „Dreptul" Nr. 1/2000, S. 3 ff.

135 Gesetz zur Regelung von kollektiven Arbeitskonflikten vom 5. 09. 1920, M. Of. Nr. 122/05.09.1920.

Gegenwärtig ist das Streikrecht durch Art. 40 der Verfassung von Rumänien garantiert. Art. 3 des ArbeitskonfliktenG definiert den Arbeitskonflikt als *„Konflikt zwischen den Arbeitnehmern und den Arbeitgebern, bei denen sie beschäftigt sind, aufgrund von Interessen mit beruflichem, wirtschaftlichem oder sozialem Charakter oder aus Abwicklung von Arbeitsverhältnissen hervorgerufenen Ansprüchen".*

Die Bestimmungen des ArbeitskonfliktenG finden Anwendung bei zwei Gruppen von Arbeitskonflikten:
- Interessenkonflikte (*conflicte de interese*);
- Anspruchskonflikte (*conflicte de drepturi*).

Art. 4 des ArbeitskonfliktenG definiert die Interessenkonflikte als *„Arbeitskonflikte, welche die Festlegung von Arbeitsbedingungen anlässlich der Verhandlungen von Kollektivarbeitsverträgen als Gegenstand haben und sich als Interessen mit beruflichem, wirtschaftlichem oder sozialem Charakter der Arbeitnehmer darstellen".* Sie werden in den Bestimmungen des Gesetzes allgemein als „Interessenkonflikte" bezeichnet.

Im Sinne des Art. 12 des ArbeitskonfliktenG sind als Interessenkonflikte folgende Tatbestände zu qualifizieren:
- Der Arbeitgeber lehnt die Verhandlungen für den Abschluss eines neuen Kollektivarbeitsvertrages ab. Dabei ist belanglos, ob früher im Betrieb ein solcher Vertrag existierte oder ob der geltende Kollektivarbeitsvertrag beendet wurde;
- der Arbeitgeber lehnt die von den Arbeitnehmern gestellten Forderungen ab;
- der Arbeitgeber lehnt trotz erfolgreich abgeschlossenen Verhandlungen die Unterzeichnung des Kollektivarbeitsvertrages ab;
- der Arbeitgeber kommt seiner gesetzlich zwingend vorgeschriebenen Verpflichtung, jährliche Verhandlungen[136] über Löhne bzw. Gehälter, Dauer der Arbeitszeit und Arbeitsbedingungen zu führen, nicht nach.

Die Anspruchskonflikte werden in Art. 5 des ArbeitskonfliktenG als *„Arbeitskonflikte, welche die Ausübung einiger Rechte oder die Erfüllung einiger Verpflichtungen gemäß Gesetzesbestimmungen, Kollektivarbeitsverträge oder individuellen Arbeitsverträge als Gegenstand haben",* definiert.

Die Tatbestände, die in Art. 67 und 68 ArbeitskonfliktenG als Anspruchskonflikte qualifiziert sind, können in zwei Gruppen zusammengefasst werden:

---

136 Siehe dazu Art. 3 KollektivarbeitsVG.

- Anspruchskonflikte aus individuellen Arbeitsverträgen (wurden oben, in Kap. 6 - Arbeitsstreitigkeiten aus individuellen Arbeitsverträgen, dargestellt);
- Anspruchskonflikte aus Kollektivarbeitsverträgen.

Aus der Sicht des in diesem Kapitel angesprochenen Problemkreises interessiert hier nur die zweite Gruppe von Anspruchskonflikten. Sie ist von folgenden Tatbeständen dargestellt:

- Anspruchskonflikte betreffend die Abwicklung von Kollektivarbeitsverträgen (Art. 67 lit. b) ArbeitskonfliktenG);
- Anspruchskonflikte aus der Nichtigkeitsfeststellung von Kollektivarbeitsverträgen oder von deren Vertragsklauseln (Art. 68 lit. b), 2. Alt. ArbeitskonfliktenG);
- Anspruchskonflikte aus der Feststellung der Beendigung der Wirksamkeit von Kollektivarbeitsverträgen (Art. 68 lit. c) ArbeitskonfliktenG) und werden weiter unten behandelt.

Das Gesetz bestimmt[137] auch die Fälle, die sachbezogen gesehen nicht Gegenstand eines Arbeitskonfliktes werden dürfen (sachbezogene Streikverbote):

- Forderungen der Arbeitnehmer, für deren Gewährung der Erlass eines Gesetzes notwendig ist;
- Durchsetzung von Forderungen mit Hilfe von Streiks, die keine Interessen mit beruflichem, wirtschaftlichem oder sozialem Charakter der Arbeitnehmer darstellen;
- Erzielung von politischen Zwecken.

2. Schlichtung von Interessenkonflikten

2.1 Der Begriff der Interessenkonflikte und ihre Parteien

Das Gesetz garantiert den Arbeitnehmern das Recht auf kollektive Verhandlungen sowie den Anspruch, entsprechende Arbeitsbedingungen zu verlangen (Art. 7 Abs. 1) ArbeitskonfliktenG).

Die Interessenkonflikte können auf zwei Ebenen entstehen:
- auf Betriebsebene;
- auf der Ebene von Unternehmensgruppen, Branchen und auf Nationalebene.

Interessenkonflikte können auch innerhalb des jeweiligen Betriebes entstehen, wenn die Verhandlungspartner sich geeinigt haben, dass mit dem Kollektiv-

---

137 Siehe Art. 8 und 49 ArbeitskonfliktenG.

arbeitsvertrag unterschiedliche Arbeitsbedingungen (bzw. Vertragsklauseln, -bestimmungen darüber) auf der Ebene der Betriebsstätten, Abteilungen bzw. Arbeitnehmergruppen desselben Berufs innerhalb des Unternehmens begründet werden. Dies gilt auch, wenn es solche Vertragsklauseln bereits in früheren Kollektivarbeitsverträgen gab.

Die Parteien der Interessenkonflikte auf Betriebsebene sind die repräsentativen (tariffähigen) Gewerkschaften auf der einen Seite und der Arbeitgeber auf der anderen Seite. Gibt es keine repräsentativen Gewerkschaften in dem jeweiligen Betrieb, werden die Arbeitnehmer von den Personen vertreten, die sie für die Führung von Verhandlungen gewählt haben. Bei der Entstehung von Interessenkonflikten auf Unternehmensebene, Betriebsstätte, Abteilungen, Berufsgruppen gelten die gleichen Grundsätze für die Vertretung der Arbeitnehmer.

Auf der Ebene der Unternehmensgruppen, Branchen oder Nationalebene werden die Arbeiter von den repräsentativen Gewerkschaften vertreten. Die Entstehung von Interessenkonflikten auf diesen Ebenen kann nur nach der vorherigen Anmeldung der Interessenkonflikte (bzw. Forderungen der Arbeitnehmer) bei dem Arbeitgeber, welcher an der Organisationsstruktur des jeweiligen Arbeitgeberverbundes (auf Unternehmensgruppen-, Branchen- oder Nationalebene) beteiligt ist, geschehen. Parteien der Interessenkonflikte sind die beteiligte Gewerkschaft, Gewerkschaftsvereinigungen und entsprechend die repräsentativen Arbeitgeberverbände.

2.2 Die Auslösung von Interessenkonflikten

Der Grundsatz *„pacta sunt servanda"* wurde in Art. 7 Abs. 2) Kollektivarbeits-VG zur Gesetzesbestimmung erhoben: *„Die gesetzmäßig abgeschlossenen Kollektivarbeitsverträge stellen das Gesetz der Parteien dar".*

Als Folge davon bestimmt Art. 13 Abs. 1) ArbeitskonfliktenG, dass die Arbeitnehmer während der Geltung von Kollektivarbeitsverträgen keine Interessenkonflikte auslösen dürfen.

Wie bereits erwähnt, bestimmt das Gesetz selbst (Art. 12 ArbeitskonfliktenG). Sind die jeweiligen Tatbestände erfüllt bzw. gibt es Anzeichen von Interessenkonflikten, sind die repräsentativen Gewerkschaften oder, falls solche nicht vorhanden sind, die Vertreter der Arbeitnehmer gehalten, dem Arbeitgeber die Spannungen offen zu legen.

Hierbei nutzt man die Schriftform, wobei die Forderungen der Arbeitnehmer und ihre Vorschläge für Verbesserungen enthalten sein sollten.

Der Arbeitgeber ist gesetzlich verpflichtet, die Niederschrift der Arbeitnehmerforderungen anzunehmen. Wird die Benachrichtigung mündlich vorgetragen, ist der Arbeitgeber verpflichtet, Protokoll darüber zu führen.

Der Arbeitgeber muss innerhalb von 2 Arbeitstagen ab Zustellung bzw. nach Protokollierung der Benachrichtigung über die Forderungen der Arbeitnehmer Stellung zu jeder einzelnen Forderung nehmen.

Geht der Arbeitgeber auf die Forderungen der Arbeitnehmer ein, kommt es nicht zum kollektiven Arbeitskonflikt.

Auch der nationale Kollektivarbeitsvertrag für 2007-2010 enthält in Art. 7 eine Bestimmung zur Entschärfung von Spannungen zwischen Arbeitgebern und Arbeitnehmern. Danach wird auf nationaler Ebene aus Vertretern der beim Abschluss des nationalen Kollektivarbeitsvertrages beteiligten Gewerkschaftsverbände und der gleichen Anzahl von Vertretern der Arbeitgeberverbände ein Paritätsausschuss (*comisie paritară*) gebildet. Der Paritätsausschuss tagt auf Antrag jedes seiner Mitglieder und fasst Beschlüsse aufgrund der Anwesenheit von mindestens ¾ seiner Mitglieder. Eine so gefasste Entscheidung ist für die Parteien des nationalen Kollektivarbeitsvertrages bindend.

Solche Paritätsausschüsse sind auch in den Kollektivarbeitsverträgen der Branchen-, Unternehmensgruppen- und Betriebsebene vorgesehen.

Erzielen die Parteien jedoch keine volle Einigung oder werden einige Standpunkte des Arbeitgebers von den Arbeitnehmern nicht akzeptiert, ist der Interessenkonflikt hinfällig.

2.3 Schlichtung von Interessenkonflikten durch das Ministerium für Arbeit, Familie und Sozialschutz

Ist der Interessenkonflikt ausgelöst, sind die repräsentative Gewerkschaft bzw. die Vertreter der Arbeitnehmer berechtigt, das Ministerium für Arbeit, Familie und Sozialschutz in das Schlichtungsverfahren einzubeziehen.

Die Benachrichtigung des Ministeriums für Arbeit, Familie und Sozialschutz bzw. seiner Territorialbehörde hat in schriftlicher Form zu erfolgen. Sie muss datiert sein und von der Führung der repräsentativen Gewerkschafts- bzw. Arbeitnehmervertretern unterschrieben sein.

Die Benachrichtigung muss nach Art. 18 ArbeitskonfliktenG mindestens folgende Angaben enthalten:
- Firma und Sitz des Arbeitgebers sowie Name des Geschäftsführers (bzw. Vorstand, Generaldirektion etc.);
- Gegenstand und Gründe des Interessenkonfliktes;
- Beweis über die Durchführung des Verfahrens auf Betriebsebene bzw. Offenlegung der Arbeitnehmerforderungen sowie die Stellungnahme des Arbeitgebers dazu;
- Namen der vertretungsberechtigten Personen der repräsentativen Gewerkschaft bzw. Arbeitnehmervertreter, wenn die Arbeitnehmer nicht gewerkschaftlich organisiert sind.

Das Ministerium für Arbeit, Familie und Sozialschutz muss innerhalb von 24 Stunden ab Zustellung der Benachrichtigung einen Bevollmächtigten zur Schlichtung des Interessenkonfliktes benennen. Der Bevollmächtigte muss die eingegangene Benachrichtigung der Arbeitnehmer dem Arbeitgeber binnen 48 Stunden ab seiner Bestellung schriftlich zustellen. Weiterhin muss der Bevollmächtigte die Parteien zu einem ersten Schlichtungstermin laden, der nicht später als 7 Tage nach Eingang der Benachrichtigung der Arbeitnehmer liegen darf.

Auf Arbeitnehmerseite wählen die Gewerkschaft bzw. die Arbeitnehmer eine Delegation von 2 - 5 Personen. Dazu können auch Vertreter der Gewerkschaftsvereinigung bzw. -verbund, zu dem die Gewerkschaft gehört, zählen. Die Delegationsmitglieder werden schriftlich zur Führung des Schlichtungsverfahrens beauftragt. Die delegierten Personen müssen mindestens 21 Jahre alt, im Unternehmen beschäftigt oder Vertreter der Gewerkschaftsvereinigung bzw. -verbund sein und dürfen nicht vorbestraft sein.

Der Arbeitgeber wird, falls er nicht persönlich teilnimmt, von einer Delegation von 2 - 5 Personen aufgrund einer schriftlichen Vollmacht vertreten.

Das Schlichtungsverfahren beginnt mit der Überprüfung der Vertretungsmacht der teilnehmenden Personen durch den Bevollmächtigten des Ministeriums für Arbeit, Familie und Sozialschutz. Über die geführten Gespräche und evtl. Schlichtungsergebnisse wird Protokoll in 3 Exemplaren geführt.

Haben sich die Parteien aufgrund der durchgeführten Schlichtung geeinigt, werden die erzielten Ergebnisse Bestandteil des Kollektivarbeitsvertrages und der Interessenkonflikt wird dadurch beigelegt.

Werden nur Teilergebnisse erzielt, wird Protokoll über die Teileinigung und über die Begründung der Parteien über die offen gebliebenen Punkte geführt. Die erzielten Ergebnisse des Schlichtungsverfahrens werden anschließend den Arbeitnehmern zur Kenntnis gebracht.

2.4 Die Mediation der Interessenkonflikte

Falls die Parteien sich aufgrund des Schlichtungsverfahrens durch das Ministerium für Arbeit, Familie und Sozialschutz nicht geeinigt haben, können sie sich einvernehmlich einem Mediationsverfahren unterziehen.

Die Parteien wählen hierfür einvernehmlich die Mediatoren aus einer Liste aus, welche jährlich vom Ministerium für Arbeit, Familie und Sozialschutz mit der Zustimmung des Wirtschafts- und Sozialrates[138] ernannt werden. Das Mediationsverfahren dazu wird im nationalen Kollektivarbeitsverfahren festgelegt (Art. 85 des Kollektivarbeitsvertrages 2007-2010).

Das Mediationsverfahren darf nicht später als 30 Tage ab Annahme der Mediationsaufgabe durch den Mediator beginnen. Die Parteien haben dem Mediator alle Informationen zur Durchführung des Verfahrens zur Verfügung zu stellen.

Zum Abschluss des Mediationsverfahrens hat der Mediator einen Bericht über den Interessenkonflikt mit seinem Standpunkt zu den Positionen der Parteien zu verfassen. Der Bericht ist den Parteien und dem Ministerium für Arbeit, Familie und Sozialschutz vorzulegen.

2.5 Schlichtung des Interessenkonflikts durch ein Schiedsgericht

Die Parteien haben während der Dauer eines Interessenkonflikts die Möglichkeit, diesen einvernehmlich einem Schiedsgericht zur Lösung vorzulegen. Die dazu erlassenen Schiedsurteile sind für die Parteien zwingend und werden Bestandteil der Kollektivarbeitsverträge.
Das Schiedsgericht besteht aus 3 Schiedsrichtern. Hierbei wird je einer vom Arbeitgeber, von der repräsentativen Gewerkschaft und vom Ministerium für Arbeit, Familie und Sozialschutz bestellt.

Die Liste der Schiedsrichter wird jährlich vom Ministerium für Arbeit, Familie und Sozialschutz aus Fachkräften der kaufmännischen, technischen und juristischen Berufe nach Zustimmung des Wirtschafts- und Sozialrates aufgestellt.

---

138 Siehe dazu Art. 9 f. des Gesetzes Nr. 109/1997 für die Organisation und Funktionsweise des Wirtschafts- und Sozialrates.

Das Verfahren vor dem Schiedsgericht wird nach den vom Ministerium für Arbeit, Familie und Sozialschutz zusammen mit dem Justizministerium erarbeiteten Verfahrensregeln[139] durchgeführt.

Die Sitzungen des Schiedsgerichts finden beim Ministerium für Arbeit, Familie und Sozialschutz oder je nach Fall bei der örtlichen Anstalt für Sozialleistungen des jeweiligen Kreises (AJPS) statt. Die Konfliktparteien sind nach Bestellung des Schiedsgerichts verpflichtet, dem Gericht eine Dokumentation über den Interessenkonflikt mit Begründung der vertretenen Position zur Verfügung zu stellen. Das Schiedsgericht muss innerhalb von drei Tagen ab Dokumentationsübergabe die Konfliktparteien laden. In diesem Termin muss der Interessenkonflikt aus Sicht der gesetzlichen Bestimmungen und Vertragsklauseln der Kollektivarbeitsverträge erörtert werden. Innerhalb von 5 Tagen nach Abschluss der Verhandlungen muss das Schiedsgericht einen endgültigen Schiedsspruch aussprechen. Der begründete Schiedsspruch muss innerhalb von 24 Stunden ab Verkündung den Konfliktparteien zugestellt werden. Dem Schiedsspruch müssen die Beweise über die Ladung der Parteien beigefügt werden. Wird diese Regel nicht beachtet, ist der Schiedsspruch unwirksam.

Der Schiedsspruch wird Bestandteil des Kollektivarbeitsvertrages. Ab Verkündungsdatum des Schiedsspruches gilt der Interessenkonflikt als beigelegt.

Das Gesetz bestimmt keine Rechtsmittel gegen den Schiedsspruch. Nach den allgemeinen Regeln der Zivilprozessordnung kommt bei Schiedssprüchen nur eine Anfechtungsklage[140] (*acţiune în anulare*) als Rechtsbehelf in Frage. Das dafür zuständige Gericht ist der Kreisgerichtshof, der für den Arbeitgebersitz örtlich zuständig ist (Art. 364-366[1] i. V. m. 342 Zivilprozessordnung).

Die Schiedsrichter bekommen für ihre Tätigkeit ein von beiden Parteien einvernehmlich festgesetztes Honorar.

3. Der Streik

Art. 43 der Verfassung von Rumänien garantiert den Streik als Kampfmittel der Arbeitnehmer. Die rechtmäßige Ausübung des Streikrechts ist jedoch an bestimmte Voraussetzungen geknüpft.

---

139 Siehe dazu Verordnung des Ministeriums für Arbeit und Sozialsolidarität und des Justizministeriums Nr. 358/2000 zur Genehmigung der Verfahrensbestimmungen des Schiedsgerichts zur Schlichtung von Interessenkonflikten, M. Of. Nr. 128/27.03.2000.

140 Siehe allgemein zu Aufhebungsanträgen *Victor Mihai Ciobanu*, Theoretische und praktische Monographie des Zivilprozesses [Tratat teortic şi practic de procedură civilă], Bukarest 1997, II. Band, S. 612 ff., *Savelly Zilberstein, Ion Băcanu*, Aufhebung des Schiedsspruchs [Desfiinţarea hotarârii arbitrale] in „Dreptul" Nr. 10/1996, S. 27 ff.

Der Streik wird durch Art. 40 ArbeitskonfliktenG als *„eine kollektive und frei bestimmte Arbeitsniederlegung im Laufe des Bestehens eines Interessenkonflikts, unter Beachtung der von diesem Gesetz vorgesehenen Ausnahmen, in einem Unternehmen"* definiert. Eine ähnliche Definition ist auch in Art. 251 Abs. 1) ArbeitsGB enthalten.

Vertragsklauseln in einem individuellen oder Kollektivarbeitsvertrag, durch die auf das Streikrecht verzichtet wird, sind nichtig.

3.1 Rechtmäßigkeit, Ausrufung und Arten von Streiks

Das ArbeitskonfliktenG unterscheidet zwischen legalen und illegalen Streiks. Als gesetzmäßige Streiks gelten die Warnstreiks, die (herkömmlichen) Streiks und die sog. Solidaritätsstreiks.

Arbeitskämpfe dürfen nur eingeleitet und durchgeführt werden, wenn alle Verständigungsmöglichkeiten erschöpft sind. Dies ist das sog. ultima-ratio-Prinzip des Streiks.

Die Ausübung des Streikrechts ist an die vorherige Erfüllung von zwei gesetzlichen Voraussetzungen gebunden:
- die erfolglose Erschöpfung aller vom Gesetz vorgesehenen Schlichtungsverfahren;
- die vorherige fristgemäße Ankündigung des Streiks an den Arbeitgeber. Die Ankündigung hat 48 Stunden vor Streikbeginn durch die Streikorganisatoren zu erfolgen.

Die Durchführung der Mediation oder des Schiedsverfahrens vor Auslösung des Streiks ist nur insofern zwingend, wenn die Konfliktparteien sich auf die Anwendung für die Beilegung des Interessenkonflikts geeinigt haben.

Der Streikbeschluss kann nur unter der Beachtung der dazu geltenden gesetzlichen Voraussetzungen beschlossen werden (Art. 42 ArbeitskonfliktenG):
- Strebt eine repräsentative Gewerkschaft die Auslösung eines Streiks an, muss mindestens die Hälfte ihrer Mitglieder dafür stimmen;
- sind die Arbeitnehmer nicht gewerkschaftlich organisiert, wird der Streikbeschluss durch geheime Stimmabgabe gefällt. Dazu sind die Stimmen von mindestens ¼ der im Unternehmen beschäftigten Arbeitnehmer notwendig. Handelt es sich dabei um Interessenkonflikte auf der Ebene von Betriebsstätten, Abteilungen oder Berufsgruppen, wird der Streikbeschluss ebenso mit ¼ der jeweiligen Arbeitnehmer gefasst.

Beim Streikbeschluss müssen die Arbeitnehmer auch die Dauer des Streiks bestimmen.

Der **Warnstreik** (*greva de avertisment*) darf nicht länger als 2 Stunden dauern, falls dabei eine Niederlegung der Arbeit vorgenommen wird, und darf nicht kürzer als 5 Tage vor dem eigentlichen Streik stattfinden.

Der **Solidaritätsstreik** (*greva de solidaritate*) kann zur Unterstützung der Forderungen der Arbeitnehmer von anderen Betrieben ausgelöst werden. Dazu bestimmt Art. 45 Abs. 2) ArbeitskonfliktenG, dass Solidaritätsstreiks nur für die Arbeitnehmerforderungen derselben Gewerkschaftsvereinigung bzw. -verbands möglich sind. Dies bedeutet z. B., dass die Arbeitnehmer, Gewerkschaftsmitglieder des Gewerkschaftsverbundes „Fraţia" (Maschinenbauindustrie und Ähnliches.) keine Solidaritätsstreiks mit Arbeitnehmern, Gewerkschaftsmitgliedern des Gewerkschaftsverbundes „Cartel Alfa" (Bergbauindustrie, Hüttenindustrie usw.) auslösen dürfen.

Der Solidaritätsstreik darf nicht länger als 1 Tag dauern und muss schriftlich mindestens 48 Stunden vorher dem Arbeitgeber bekannt gegeben werden.

Die herkömmlichen Streiks werden im Weiteren noch dargestellt.

3.2 Personenbezogene Streikverbote und Streikeinschränkungen

Die Streikverbote bzw. Streikeinschränkungen sind hauptsächlich im ArbeitskonfliktenG aber auch in anderen Gesetzestexten geregelt.

Hauptsächlich betreffen die Streikverbote:
- die mit der Ausübung der Staatsmacht ermächtigten Beamten, Staatsanwälte, Richter, das Personal des Verteidigungsministeriums, des Innenministeriums sowie das bewaffnete Personal des Justizministeriums (Art. 63 ArbeitskonfliktenG);

- das Personal der Luft-, Schiffs- und herkömmlicher Verkehrsgesellschaften ab Eintritt bis zur Beendigung einer Beförderungsfahrt (Art. 64 ArbeitskonfliktenG). Das Personal der Handelsflotte muss bei der Durchführung von Streiks den Bestimmungen der von Rumänien ratifizierten internationalen Abkommen genügen.

Die Ausübung des Streikrechts ist für Arbeitnehmer, die in den lebensnotwendigen Branchen beschäftigt sind, nur begrenzt zulässig (Art. 66 Abs. 1) ArbeitskonfliktenG). Dazu gehören Krankenhäuser, Telekommunikationsbetriebe, öffentlicher Rundfunk und Fernsehen, Bahn, Städteverkehr, Lebensmittel-versorgung usw. Für diesen Personenkreis ist der Streik nur dann zulässig, wenn mindestens ein Drittel der vom Gesetz genannten lebensnotwendigen Tätigkeitsbereiche, auch während des Streiks aufrechterhalten werden.

Das Personal des nationalen Stromversorgungssystems, das operative Personal der Atomkraftwerke sowie das Personal der Unternehmen mit ununterbro-chener Produktion darf nur soweit streiken, wie dadurch keine Gefahr für das Leben oder die Gesundheit entsteht und die Sicherheit der Maschinen und Anlagen gewährleistet wird (Art. 66 Abs. 2) ArbeitskonfliktenG). Auch in die-sen Fällen muss mindestens 1/3 der normalen Tätigkeit gesichert sein.

3.3 Vorübergehende gerichtliche Aufhebung des Streiks

Wurde die Auslösung eines Streiks einem Arbeitgeber angekündigt, kann bei gegebenen gesetzlichen Voraussetzungen die vorübergehende gerichtliche Aufhebung des Streiks angestrebt werden.

Der betroffene Arbeitgeber kann beim zuständigen Appellationsgerichtshof die Aufhebung des Streiks für maximal 30 Tage beantragen, falls durch den Streik, das Leben und die Gesundheit von Menschen in Gefahr gebracht wird. Der Appellationsgerichtshof hat binnen 7 Tagen ab Antragseingang über die unter diesen Umständen eingereichten Anträge zu entscheiden. Die gefällten Urteile sind endgültig.

Der Antrag des Arbeitgebers auf die gerichtliche Aufhebung des Streiks hat keine Wirkung auf die Auslösung oder die Fortführung des Streiks. Nur das entsprechende Urteil des Appellationsgerichtshofes hat eine aufhebende Wir-kung.

3.4 Abwicklung des Streiks

Die Streiks sind von den repräsentativen Gewerkschaften oder, je nach Fall, von den Vertretern der Arbeitnehmer entsprechend der gesetzlichen Bestim-mungen organisiert.

Die streikenden Arbeitnehmer werden in allen Phasen des Streiks von den re-präsentativen Gewerkschaften vor dem Arbeitgeber oder, je nach Fall, vor dem Gericht vertreten.

Sind die Arbeitnehmer nicht gewerkschaftlich organisiert, werden sie von ih-ren gesetzmäßig gewählten Vertretern vertreten.

Art. 50 des ArbeitskonfliktenG bestimmt, dass *„die Beteiligung am Streik frei-gestellt ist. Niemand kann gezwungen werden, am Streik teilzunehmen oder seine Beteiligung abzulehnen".* Daraus folgt, dass die freie Entscheidung des Arbeitnehmers, sich am Streik zu beteiligen, sich aus einem Streik zurückzu-ziehen oder seine Beteiligung abzulehnen, nicht von außen beeinflusst werden kann, z. B. durch Drohung oder Gewalt. Verstöße dagegen stellen Ordnungs-widrigkeiten dar und werden mit Geldbußen von 300 bis 1.000 Lei bestraft (Art. 88 Abs. 1) ArbeitskonfliktenG).

Die Beteiligung eines Arbeitnehmers an einem rechtmäßigen Streik oder an dessen Organisation bzw. Führung stellt keine Verletzung von Arbeitspflichten dar. Infolgedessen darf der streikende Arbeitnehmer auch nicht deswegen in irgendeiner Weise benachteiligt oder bestraft werden.

Die Hemmung des Arbeitsverhältnisses ist die einzige legale Wirkung der Be-teiligung an einem rechtmäßigen Streik. Die beiderseitigen Hauptpflichten aus dem Arbeitsverhältnis (Arbeits- und Entgeltzahlungspflicht) ruhen. Die bei-derseitigen Pflichten treten nach Beendigung des Streiks automatisch wieder in Kraft.

Beteiligt sich aber ein Arbeitnehmer an einem nicht rechtmäßigen Streik oder beachtet er die gerichtliche Aufhebung oder Beendigung des Streiks nicht, ver-letzt er seine Arbeitspflichten.

Dafür kann er disziplinär bestraft werden einschließlich der Kündigung des Arbeitsvertrages durch den Arbeitgeber (Art. 61 lit. a) ArbeitsGB).

Der spezielle Schutz führender Mitarbeiter der Gewerkschaft (erschwerte Kündigung des Arbeitsvertrages solcher Arbeitnehmer) entfällt, wenn sie zur Auslösung eines unrechtmäßigen Streiks aufrufen oder einer gerichtlichen Anordnung der Aufhebung oder Beendigung des Streiks nicht Folge leisten.

Arbeitnehmer, die nicht am Streik beteiligt sind, dürfen an der Fortführung der Arbeit, falls dies möglich ist, nicht gehindert werden. Auch eine solche Behinderung durch Drohungen oder Gewalt wird vom Gesetz als Ordnungs-widrigkeit geahndet. Können diese Personen aus objektiven Gründen (unab-hängig von ihrem Willen) nicht arbeiten, haben sie einen Anspruch auf 75 % des Lohnes bzw. Gehaltes (Art. 53 Abs. 1) ArbeitsGB).

Die Konfliktparteien haben die Pflicht (Art. 52 ArbeitskonfliktenG; Art. 92 Abs. 2) des nationalen Kollektivarbeitsvertrages für 2007-2010), Maßnahmen zum Schutz des Unternehmensvermögens zu treffen. Außerdem muss das Weiterbetreiben der Anlagen und Maschinen, wie z. B. Gießanlagen und die Ausschaltung von Gefahren für das Leben oder die Gesundheit von Personen, gesichert werden.

3.5 Beendigung des Streiks

Die Beendigung des Streiks kann durch Verzicht der Streikenden, durch Einvernehmen der Konfliktparteien, durch gerichtliche Entscheidung und durch Schiedsspruch hervorgebracht werden.

Der Streik wird durch Verzicht beendet, wenn die Hälfte der Gewerkschaftsmitglieder oder die Hälfte der nicht gewerkschaftlich organisierten Arbeitnehmer, die der Streikauslösung zugestimmt haben, auf den Streik verzichten (Art. 48 ArbeitskonfliktenG).

Während des Streiks sind die Streikorganisatoren gesetzlich verpflichtet, mit dem Arbeitgeber Verhandlungen zur Lösung des Arbeitskonflikts zu führen. Falls die Streikorganisatoren dies ablehnen, können sie für den dem Arbeitgeber entstandenen Schaden zur Rechenschaft gezogen werden.

Einigen sich die Konfliktparteien über den Forderungskatalog der Arbeitnehmer, fehlt dem Streik die Grundlage für seine Fortführung. Die Einigung kann gesamt oder teilweise erfolgen. Die Streikenden können mit einem Verzicht auf die nicht gelösten Forderungen den Streik beenden, wenn nur eine Teileinigung erzielt worden ist. Die Konfliktparteien sind an die erzielte Einigung im Rahmen der festgelegten Gültigkeitsdauer gebunden.

Die Beendigung des Streiks durch Gerichtsentscheidung kommt nur dann vor, wenn der Arbeitgeber die Meinung vertritt, dass der Streik ohne Beachtung der gesetzlichen Bestimmungen ausgelöst oder durchgeführt wird. Der Arbeitgeber hat gemäß Art. 58 ArbeitskonfliktenG in einem solchen Fall die Möglichkeit, beim zuständigen Gericht die Feststellung der Widerrechtlichkeit der Auslösung oder der Durchführung des Streiks zu beantragen.

Das Amtsgericht muss innerhalb von drei Tagen den ersten Verhandlungstermin und die Ladung der Parteien anberaumen. Die Beweislast der Nichteinhaltung der gesetzlichen Bestimmungen trägt der Arbeitgeber. Das Amtsgericht hat unverzüglich im Eilverfahren über den Antrag zu befinden. Hierbei hat es nur über die Einhaltung der formellen und materiellen Voraussetzungen des Streiks zu entscheiden, nicht aber über die Begründung oder Opportunität des Forderungskataloges der Arbeitnehmer.

Das ausgesprochene Gerichtsurteil kann:
- den Antrag des Arbeitgebers ablehnen;
- die Beendigung des Streiks als gesetzeswidrig anordnen.

Gegen das Urteil des Amtsgerichts kann Rekurs eingelegt werden. Das Rekursgericht kann, je nach Sitz des Arbeitgebers, der Kreisgerichtshof oder der Gerichtshof Bukarest sein. Sowohl die Amtsgerichte als auch die Kreisgerichtshöfe entscheiden mit dem vom Gesetz vorgesehenen Spruchkörper für Arbeitsangelegenheiten. Falls die Gerichte die Beendigung des Streiks als gesetzeswidrig anordnen, haben sie auch über die Anträge auf Schadenersatz zu entscheiden, wenn Schadenersatz geltend gemacht wurde. Alle Anträge der Konfliktparteien sind von der Zahlung von Gerichtsgebühren befreit.

Die Beendigung des Streiks kann auch durch Schiedsspruch ausgesprochen werden in den Fällen, in denen der Streik länger als 20 Tage dauert und dadurch die humanitären Interessen beeinträchtigt werden. Um ein Schiedsgerichtsverfahren zu durchlaufen, muss es sich um einen rechtmäßigen Streik handeln.

Der Antrag auf Durchführung eines Schiedsverfahrens wird an das für die Schlichtung des Interessenkonflikts zuständige Organ gestellt.

Das Schiedsverfahren wird auf Antrag des Arbeitgebers eingeleitet. Das Verfahren selbst ist identisch mit dem für die Schlichtung von Interessenkonflikten durch ein Schiedsgericht angewandten Verfahren.

3.6 Haftung aus arbeitsrechtlichen Interessenkonflikten

Ein Interessenkonflikt kann also, wie bereits ersichtlich, mit rechtmäßigen aber auch gesetzeswidrigen Mitteln geführt werden.

Personen, die bei der Durchführung eines Interessenkonfliktes gegen gesetzliche Bestimmungen verstoßen, zieht das Gesetz zur Verantwortung. Je nach Fall kann es sich um Haftung im Sinne des Straf-, Zivil- oder Arbeitsrechts handeln.

Das ArbeitskonfliktenG inkriminiert in Art. 87 die Straftaten in Verbindung mit Interessenkonflikten.

Die Auslösung eines Streiks von den Organisatoren entgegen den Bestimmungen des Art. 50 Abs. 1) - Nötigung zur Teilnahme oder Nichtteilnahme am Streik - oder der Art. 63 bis 66 ArbeitskonfliktenG - Streikverbot für bestimmte Arbeitnehmergruppen oder Streikeinschränkungen für Arbeitnehmer aus bestimmten Wirtschaftszweigen - stellt eine Straftat dar und wird mit Gefängnisstrafe zwischen 3 und 6 Monaten oder mit Geldstrafe geahndet.

Die bereits erwähnten Handlungen (durch andere Personen als die Streikorganisatoren), durch Drohungen oder Gewalt einen Arbeitnehmer oder eine Gruppe von Arbeitnehmern zu zwingen, am Streik teilzunehmen oder während des Streiks zu arbeiten, stellen Ordnungswidrigkeiten dar. Sie werden mit Geldbußen zwischen 300 und 1.000 Lei geahndet (Art. 88 Abs. 1) bis 3) ArbeitskonfliktenG).

Im Bereich des Zivilrechts kann es zu einer Haftung aus unerlaubter Handlung kommen, wenn das Gericht die Beendigung eines Streiks wegen Gesetzwidrigkeit angeordnet hat. In diesem Fall kann das Gericht auf Antrag des Arbeitgebers die „Verantwortlichen" zur Zahlung von Schadenersatz verpflichten (Art. 61 Abs. 2) ArbeitskonfliktenG).

„Verantwortliche" sind diejenigen, die den widerrechtlichen Streik organisiert und geführt haben bzw. die von der Gewerkschaft hierfür benannten Gewerkschaftler sowie die Vertreter der gewerkschaftlich nicht organisierten Arbeitnehmer.

Der Antrag des Arbeitgebers auf Schadensersatz ist beim Amtsgericht seines Unternehmenssitzes zu stellen. Er kann auch gleichzeitig mit dem Antrag auf Aufhebung des widerrechtlichen Streiks gestellt werden. Der Schadensersatz umfasst sowohl den Schaden als auch die Folgeschäden (Art. 1084 C. civ.). Unter Umständen kann auch die Ausgleichung von erlittenem Nichtvermögensschaden[141] (*daune morale*), z. B. durch Schädigung des Namens der Firma des Arbeitgebers in der Öffentlichkeit, berücksichtigt werden. Da meistens mehrere Personen für den Schaden haften, werden sie gesamtschuldnerisch zum Schadensersatz verpflichtet (Art. 1003 C. civ.).

Eine zivilrechtliche Haftung kann auch vorkommen, wenn während eines gesetzmäßigen Streiks die Streikorganisatoren die Weiterführung der Verhand-

---

141 Siehe *Şerban Beligrădeanu*, Steht dem Arbeitgeber Schadenersatz für Nichtvermögensschäden im Falle der widerrechtlichen Auslösung oder Fortführung des Streiks zu? [Se cuvine repararea daunelar morale, pricinuite unităţii în cazul grevei nelegal declarate sau continuate?] in „Dreptul" Nr. 2/1993, S. 13 ff.; Oberster Justizgerichtshof, Beschluss Nr. 1888/1991, in „Dreptul" Nr. 7/1992, S. 85; Beschluss Nr. 2292/1991 in „Dreptul" Nr. 8/1992, S. 83.

lungen mit dem Arbeitgeber ablehnen (Art. 57 Abs. 3) ArbeitskonfliktenG).

Arbeitsrechtliche Haftung kommt vor, wenn sich die Arbeitnehmer z. B. an einem spontanen Streik beteiligen. Sie verstoßen damit gegen die Arbeitsdisziplin, da sie sich nicht rechtmäßig verhalten und nicht unter den Schutz des Art. 54 Abs. 1) ArbeitskonfliktenG (die Teilnahme am Streik oder die Organisation von rechtmäßigen Streiks dürfen keine negative Wirkung für den Arbeitnehmer mit sich bringen) fallen. Solchen Verstößen kann seitens des Arbeitgebers entsprechend den Bestimmungen des ArbeitsGB mit Disziplinarmaßnahmen entgegengetreten werden.

3.7 Die Aussperrung

Unter Aussperrung versteht man eine vom Arbeitgeber vorgenommene Nichtzulassung einer Mehrzahl von Arbeitnehmern zur Arbeit unter Verweigerung der Lohnzahlung.

Die Aussperrung ist im rumänischen Arbeitsrecht mit dem englischen Begriff „lock-out" bezeichnet[142]. Sie ist zurzeit nicht gesetzlich geregelt und als solche nicht zulässig.

Zwischen den Weltkriegen war in Rumänien auch dieses Rechtsinstitut gesetzlich geregelt und vom Arbeitgeber anwendbar. Betroffen sein konnte das ganze Unternehmen oder nur eine Abteilung, Werkstatt usw.

In der juristischen Literatur[143] finden sowohl die Befürwortung (falls der Arbeitgeber keinen Ausweg mehr für die Fortführung des Unternehmens findet), als auch die Ablehnung der Einführung der Aussperrung als Rechtsinstitut des Arbeitsrechts (weil dadurch das Streikrecht geschwächt wurde) Anhänger.

4. Anspruchskonflikte aus Kollektivarbeitsverträgen

Es wurde am Anfang dieses Kapitels ausgeführt, was einen Anspruchskonflikt charakterisiert. Die Anspruchskonflikte aus individuellen Arbeitsverträgen wurden bereits im, Kap. 6 – Arbeitsstreitigkeiten aus individuellen Arbeitsverträgen, dargestellt.

---

142 *Ştefănescu*, Arbeitsstreitigkeiten, S. 89 ff.
143 *Ion Vasiu*, Diskussionen über die Notwendigkeit der Regelung der Aussperrung [Discuţii despre necesitatea reglementării lock-out-lui] in „Dreptul" Nr. 9/1993, S. 41 ff.

Im Sinne der Bestimmungen des ArbeitskonfliktenG sind als Anspruchskonflikte aus Kollektivarbeitsverträgen folgende zu betrachten:

- Anspruchskonflikte über die Abwicklung von Kollektivarbeitsverträgen (Art. 67 lit. a) ArbeitskonfliktenG);
- Anspruchskonflikte über die Nichtigkeit von Kollektivarbeitsverträgen (Art. 68 lit. b) ArbeitskonfliktenG);
- Anspruchskonflikte über die Feststellung der Beendigung von Kollektivarbeitsverträgen (Art. 68 lit. c) ArbeitskonfliktenG).

Die Zuständigkeit und die Besetzung von Gerichten, das Verfahren und die Rechtsmittel für die gerichtliche Lösung solcher Anspruchskonflikte aus Kollektivarbeitsverträgen sind identisch mit den Anspruchskonflikten aus individuellen Arbeitsverträgen (Ziff 2, 3 und 4 der o. g. Kap. 6); hierauf wird entsprechend verwiesen.

ANLAGE 1

Muster eines Individualarbeitsvertrages

Übersetzung der Anlage Nr. 3 zum nationalen Kollektivarbeitsvertrag
für 2007-2010 -

**Individualarbeitsvertrag, abgeschlossen und eingetragen unter Nr. .....
vom .... im Arbeitnehmerallgemeinregister**

A. Vertragsparteien

Arbeitgeber Juristische/natürliche Person .... mit Sitz/Wohnsitz in ...., eingetragen im Handelregister / beim Gewerbeamt von .... unter Nr. ....., Steuernummer ...., Telefon ...., befähigt zur Ausübung von Haupttätigkeiten mit dem CAEN Code ...., vertreten durch ...., als
....
   und

Arbeitnehmer/Arbeitnehmerin Herr/Frau ...., mit Wohnsitz in ...., ausgewiesen durch Personalausweis Nr. ...., ausgestellt von ...., am ...., Personenkennzeichnungsnummer CNP . . .., Arbeitserlaubnis Serie ..... Nr. ...., vom ....,

haben den vorliegenden Individualarbeitsvertrag mit den folgenden Klauseln, worauf sie sich geeignet haben, abgeschlossen:

B. Vertragsgegenstand
   ....

C. Vertragsdauer:
   a) unbefristet, Der Arbeitnehmer/Die Arbeitnehmerin ....
   wird die Tätigkeit am .... beginnen;
   b) befristet, für ..... Monate, für eine Zeitspanne zwischen .... und
   ..../ für die Dauer der Hemmung des Arbeitsvertrages des Arbeitsstelleinhabers.

D. Arbeitsort

1. Die Arbeitstätigkeit wird bei .... ausgeübt.
2. Bei keiner fixen Arbeitsstelle, der Arbeitnehmer wird seine Tätigkeit wie folgt ....ausüben.

E. Arbeitsart

Funktion/Beruf .... entsprechend der Klassifizierung der Arbeitstätigkeiten in Rumänien.

F. Anforderungen der Arbeitsstelle

Die Anforderungen der Arbeitsstelle entsprechend des Anforderungsprofils, als Anlage des Individualarbeitsvertrages beigefügt.

G. Arbeitsbedingungen

1. Die Tätigkeit wird entsprechend der Bestimmungen des Gesetzes Nr. 31/1991[144]ausgeübt.
2. Die geleistete Tätigkeit wird unter normalen / besonderen / speziellen Arbeitsbedingungen entsprechend des Gesetzes Nr. 19/2000 über das öffentliche Rentensystem und andere Sozialversicherungsrechte mit den nachfolgenden Änderungen und Ergänzungen ausgeübt.

H. Arbeitszeit

1. Vollzeit, mit einer Arbeitszeit von . . . Stunden pro Tag und . . . Stunden pro Woche.
   a) Die Arbeitszeit wird wie folgt verteilt: . . . (Stunden Tag / Stunden Nacht / unregelmäßig).
   b) Die Arbeitszeit kann aufgrund des anzuwendenden Kollektivarbeitsvertrags/ betriebsinterner Verhaltensregeln geändert werden.
2. Teilzeit, mit einer Arbeitszeit von . . . Stunden/Tag . . . Stunden/Woche.
   a) Die Arbeitszeit wird wie folgt verteilt: . . . (Stunden Tag / Stunden Nacht)
   b) Die Arbeitszeit kann aufgrund des anzuwendenden Kollektivarbeitsvertrags / betriebsinterner Verhaltensregeln geändert werden.
   c) Es werden keine Überstunden geleistet, es sei denn, dass es sich um höhere Gewalt oder um dringende Arbeiten zur Vorbeugung von Unfällen oder zur Beseitigung deren Folgen handelt.

---

144 Bei dem Gesetz Nr. 31/1991 handelt es sich um die Einstufung von Arbeitsstellen mit besonderen Arbeitstätigkeiten als schädigenden, schweren oder gefährlichen Arbeiten mit der Folge der Kürzung der Arbeitszeit unter 8 Stunden, M. Of. Nr. 64/27.03.1991.

I. Urlaub

Die Dauer des jährlichen Erholungsurlaubs beträgt . . . Werktage, entsprechend der Arbeitszeit (Vollzeit, Teilzeit).

Darüber hinaus wird es einen Zusatzurlaub von . . . gewährt.

J. Lohn [Gehalt]

1. Der Grundlohn [Grundgehalt] beträgt monatlich brutto: . . . . .Lei.
2. Andere [Vergütung] Bestandsteile:
   a) Zulagen . . . . ;
   b) Zuschläge . . . . ;
   c) Andere Bezüge . . . .
3. Die außerhalb der gewöhnlichen Arbeitszeit geleisteten Überstunden, an arbeitsfreien Tagen oder an gesetzlichen Feiertagen werden mit bezahltem Freizeitausgleich oder mit Überstundenzuschlägen nach dem anwendbaren Kollektivarbeitsvertrag oder nach dem Gesetz Nr. 53/2003 – Arbeitsgesetzbuch ausgegolten.
4. Die Auszahlung des Lohns [Gehalts] wird an dem Tag / an den Tagen . . . geleistet.

K. Rechte und Pflichten der Parteien in Bezug auf Gesundheit und Arbeitsschutz

   a) Individueller Arbeitsschutzausrüstung . . . . ;
   b) Individueller Arbeitsausrüstung . . . . ;
   c) Sanitär- und Hygienematerialien . . . . ;
   d) Schutzernährung . . . . ;
   e) Andere Rechte und Pflichten in Bezug auf Gesundheit und Arbeitsschutz.

L. Andere Klausel:

   a) Die Probezeit beträgt . . . Tage;
   b) Die Kündigungsfrist im Falle einer Kündigung [durch den Arbeitgeber] beträgt . . . Arbeitstage, entsprechend des Gesetzes Nr. 53/2003 – Arbeitsgesetzbuch und/oder Kollektivarbeitsvertrag;
   c) Die Kündigungsfrist im Falle einer Kündigung durch den Arbeitnehmer beträgt . . . Arbeitstage, entsprechend des Gesetzes Nr. 53/2003 – Arbeitsgesetzbuch und/oder Kollektivarbeitsvertrag;
   d) Für den Fall, dass der Arbeitnehmer die Arbeitstätigkeit im Ausland ausüben wird, sind die im Art. 18 Abs. 1) des Gesetzes Nr. 53/2003 – Arbeitsgesetzbuch vorgesehenen Informationen in dem Arbeitsvertrag aufzunehmen;
   e) Andere Klauseln . . . .

M. Allgemeinen Rechten und Pflichten der Parteien

1. Der Arbeitnehmer hat hauptsächlich die folgenden Rechte:

a) Das Recht auf Vergütung der geleisteten Arbeit;

b) Das Recht auf tägliche und wöchentliche Erholungszeit;

c) Das Recht auf jährlichen Erholungsurlaub;

d) Das Recht auf Chancengleichheit und Gleichbehandlung;

e) Das Recht auf Gesundheit und Arbeitsschutz;

f) Das Recht auf Fortbildung entsprechend der Zusatzvereinbarungen.

2. Der Arbeitnehmer hat hauptsächlich die folgenden Pflichten:

a) Die Verpflichtung zur Erfüllung des Arbeitsrichtsatzes oder Erledigung der durch Arbeitsstellenbeschreibung vorgesehenen Arbeiten;

b) Die Verpflichtung zur Einhaltung der Arbeitsdisziplin;

c) Die Einhaltung der Treuepflicht gegenüber dem Arbeitgeber bei der Ausübung der Arbeitstätigkeiten;

d) Die Verpflichtung zur Einhaltung der betrieblichen Maßnahmen zur Gesundheit und Arbeitsschützt;

e) Die Verpflichtung zur Einhaltung des Betriebsgeheimnisses.

3. Der Arbeitgeber hat hauptsächlich die folgenden Rechte:

a) Das Recht für den Arbeitnehmer zwingende Arbeitsanweisungen zu erteilen, es sei denn, dass sie gesetzeswidrig sind;

b) Das Recht auf Kontrolle der Erfüllung von Arbeitstätigkeiten;

c) Das Recht auf Feststellung von Verstößen gegen die Arbeitsdisziplin und auf Aussprache von Disziplinarmaßnahmen entsprechend der gesetzlichen Bestimmungen, des anwendbaren Kollektivarbeitsvertrages und der betriebsinternen Verhaltensregeln.

4. Der Arbeitgeber hat hauptsächlich die folgenden Pflichten:

a) dem Arbeitnehmer alle Rechte zu gewähren, welche ihm aus Individualarbeitsvertrag, aus dem anwendbaren Kollektivarbeitsvertrag oder aus dem Gesetz zustehen;

b) ununterbrochen, allen technischen und organisatorischen Bedingungen, welche bei Festlegung des Arbeitsrichtsatzes angewandt wurden, sowie entsprechende Arbeitsbedingungen zu sichern;

c) den Arbeitnehmer über Arbeitsbedingungen und über die Einzelheiten betreffend die Abwicklung der Arbeitsverhältnisse zu informieren;

d) beim Gesuch des Arbeitnehmers, alle Unterlagen, welche die Stellung als Arbeitnehmer belegen, auszuhändigen;

e) Gewährleistung von Maßnahmen zum Schutz von personenbezogenen Daten des Arbeitnehmers.

N. Schlussbestimmungen

Die Klausel des vorliegenden Individualarbeitsvertrags werden mit den Bestimmungen des Gesetzes Nr. 53/2003 – Arbeitsgesetzbuch und des anwendbaren Kollektivarbeitsvertrags abgeschlossen auf der
- Ebene des Arbeitgebers. . . . .;
- Ebene der Arbeitnehmergruppe. . . . .;
- Ebene der Branche . . . .;
- Nationalebene . . . .

Jede Änderung bezüglich der Vertragsklauseln während der Erfüllung des Individualarbeitsvertrags setzt den Abschluss einer Zusatzvereinbarung, im Einklang mit den gesetzlichen Bestimmungen, voraus.

Der vorliegende Arbeitsvertrag wurde in zwei Exemplaren, je eins für jede Partei ausgefertigt.

O. Die Rechtsstreitigkeiten in Bezug auf Abschluss, Durchführung, Änderung, Hemmung oder Aufhebung des vorliegenden Individualarbeitsvertrags werden, entsprechend des Gesetzes, von dem sachlich und örtlich zuständigen Gericht entschieden.

. . . .

Arbeitgeber   Arbeitnehmer

Gesetzlicher Vertreter

. . . .

Unter Beachtung des gesetzlichen Verfahrens endet der vorliegende Arbeitsvertrag am . . . . entsprechend des Art. . . . . . . des Gesetzes Nr. 53/2003 – Arbeitsgesetzbuch.

. . . .

Arbeitgeber

ANLAGE 2

Muster eines Kündigungsschreibens

Firmenname:. . . . .
Adresse:. . . . .
Handelregister:. . . . .
Steuernummer: . . . .

Ort, den . . . .
Ausgangsnummer . . . .

Kündigungsaussprache
Nr. . . . . vom . . . .
betreffend den Arbeitnehmer . . . .

In Anbetracht der Nachwirkung der Weltwirtschaftskrise und ihrer Einflüsse auf den Wirtschaftszweig, in dem die Gesellschaft tätig ist, hat sich die betriebswirtschaftliche Lage der Gesellschaft drastisch verschlechtert, sodass die Gesellschafterversammlung vom . . . . durch Beschluss, die vorübergehende komplette Einstellung der Tätigkeit der Gesellschaft im Bereich . . . . und die Auflösung aller Arbeitsstellen in diesem Tätigkeitsbereich, entschieden hat. Die Auflösung aller Arbeitsstellen ist effektiv und hat einen reellen und ernsten Grund, so wie es vom Gesetz vorgesehen wird.

Entsprechend der gesetzlichen Bestimmungen in solchen Fällen, dem Art. 65 des Gesetzes Nr. 53/2003 – Arbeitsgesetzbuch

VERFÜGE

1) Der Individualarbeitsvertrag abgeschlossen mit Herrn / Frau . . . . angestellt als . . . . seit . . . . wird mit dem Datum vom . . . . , Datum zu dem die Kündigungsfrist von 20 Arbeitstagen nach Zugang der Kündigungsanzeige am . . . . abgelaufen ist und worauf Anspruch gem. Art. 73 des Gesetzes Nr. 53/2003

– Arbeitsgesetzbuch besteht, und schriftlich mit der Kündigungsanzeige
Nr. . . . . . vom
. . . . .zur Kenntnis gebracht wurde, gekündigt.

Alternativ[145]:

Der Individualarbeitsvertrag abgeschlossen mit Herrn / Frau . . . .
. . . ., angestellt als . . . ., seit . . . . wird
mit dem Datum vom . . . ., Datum zu dem die Kündigungsfrist von 20
Arbeitstagen ablaufen wird und worauf Anspruch gem. Art. 73 des Gesetzes
Nr. 53/2003 – Arbeitsgesetzbuch besteht, gekündigt.

1) Trotz Auflösung aller in der Gesellschaft vorhandenen Arbeitsstellen im
Bereich . . . ., sind die vom Art. 68 des Gesetzes Nr.
53/2003 – Arbeitsgesetzbuch vorgesehenen gesetzlichen Bedingungen
für Kollektivkündigungen nicht erfüllt, sodass die Benennung der Aus-
wahlkriterien zur Bestimmung des Prioritätsrangs bei der Aussprache der
Kündigungen entsprechend des Art. 74 Abs. 1) lit. c) desselben Gesetzes
nicht anwendbar sind.

2) Durch Auflösung aller vorhandenen Arbeitsstellen im Bereich . . . .
. verfügt die Gesellschaft über keine anderen freien Arbeitsstellen in diesem Tätigkeitsbereich oder in, nach Art der Arbeit oder den Anforderungen an die Qualifikation des Arbeitnehmers, vergleichbaren Bereichen im
Sinne des Art. 64 Abs. 1) des Gesetzes Nr. 53/2003 – Arbeitsgesetzbuch,
sodass die Gewährung einer Frist zur Mitteilung einer Option zur Besetzung einer freien Arbeitsstelle in dem vorliegenden Fall gegenstandslos
ist.

3) Der Arbeitgeber gewährt dem Arbeitnehmer eine Abfindung in der Höhe
eines Monatsgehalts entsprechend dem Art. 67 des Gesetzes Nr. 53/2003
– Arbeitsgesetzbuch i. V. m. Art. 78 des Kollektivarbeitsvertrages auf
Nationalebene für 2007 – 2010 Nr. 2895/2006, welche gleichzeitig mit der

---

145 Gewöhnlich wird eine Kündigung in zwei Schritte vollzogen. Zuerst wird eine Kündigungsanzeige mit der Mitteilung der Kündigungsfrist dem jeweiligen Arbeitnehmer schriftlich zugestellt (Art. 73 ArbeitsGB). Das Kündigungsschreiben wird dann schriftlich nach Ablauf der
Kündigungsfrist zugestellt und wirkt ab der Zustellung (Art. 74 f. ArbeitsGB). Durch Urteil
Nr. 7/1999 (M. Of. Nr. 99/9.03.1999 hat das Verfassungsgericht entschieden, dass die Kündigungsanzeige und das Kündigungsschreiben gemeinsam in einem einzigen Schriftstück
wirksam und gesetzeskonform zugestellt werden können.

Auszahlung des bis zur Beendigung des Individualarbeitsvertrages ihm zustehenden Gehalts, ausbezahlt wird.

4) Gegen diese Kündigungsaussprache zur Beendigung des Individualarbeitsvertrages kann innerhalb von 30 Kalendertagen ab ihrer schriftlichen Mitteilung beim Kreisgerichtshof .... Beschwerde eingelegt werden.

5) Die vorliegende Kündigungsaussprache wird dem Arbeitnehmer schriftlich durch Bestätigung ihres Erhalts oder, bei Verweigerung der Annahme, durch Einschreiben mit Rückschein mitgeteilt.

Arbeitgeber   . . . .
                                          Geschäftsführer
                                          Name, Vornahme
                                          [Firmenstempel]

Zur Kenntnis genommen am . . . .

Arbeitnehmer   . . . .
                                          Name, Vorname
                                          Unterschrift

ANLAGE 3

Übersicht über das Verfahren einer Kollektivkündigung

Im Falle der Erfüllung der gesetzlichen Voraussetzungen zur Einstufung mehrerer Individualkündigungen als Kollektivkündigung, oder wenn von Anfang an feststeht, dass eine Kollektivkündigung vorgenommen wird, hat der Arbeitgeber zwingend die folgenden Verfahrensschritte zu durchlaufen:

I. Einleitende Maßnahmen

Der Arbeitgeber hat der Gewerkschaft oder je nach Fall, den Arbeitnehmervertreter, eine schriftliche Anzeige (notificare) über die beabsichtigte Kollektivkündigung mit allen relevanten Informationen darüber zuzustellen (Art. 69 ArbeitsGB).

Die Kollektivkündigungsanzeige ist zugleich der örtlichen Arbeitsinspektion (ITM) und der örtlichen Agentur für Arbeitskraftbeschäftigung (AJOFM) (Art. 70 ArbeitsGB) zuzustellen.

Die Gewerkschaft, bzw. Arbeitnehmervertreter können Vorschläge zur Vermeidung der Kollektivkündigung oder zur Verminderung der gekündigten Arbeitnehmer binnen einer Frist von **10 Kalendertagen** ab Zustellung der Anzeige betreffend die Kollektivkündigung vortragen. Der Arbeitgeber ist dann verpflichtet binnen **5 Kalendertagen** ab Erhalt der Vorschläge, der Gewerkschaft bzw. der Arbeitnehmervertreter schriftlich mit entsprechender Begründung zu antworten (Art. 71 ArbeitsGB).

II. Durchführende Maßnahmen

Wenn nach der Beurteilung der unterbreiteten Vorschläge der Arbeitgeber trotzdem bei seiner Entscheidung zur Aussprache der Kollektivkündigung bleibt, dann hat er folgenden Verpflichtungen:

Schriftliche Anzeige der Kollektivkündigung an die örtliche Arbeitsinspektion und die örtliche Agentur für Arbeitskraftbeschäftigung innerhalb einer Frist von mindestens **30 Kalendertagen nach der ersten Anzeige** und mit mindestens **30 Kalendertagen vor der Zustellung der Kündigungsschreiben** an den betroffenen Arbeitnehmer (Art. 71[1] Abs. 1) ArbeitsGB i. V. m. Art. 79 Abs. 2) Ziff. 3 des nationalen Kollektivarbeitsvertrages für 2007–2010). Die Anzeige hat alle relevanten Informationen bezüglich der beabsichtigten Kollektivkündigung sowie das Ergebnis der geführten Gespräche bzw. Schriftverkehr mit der Gewerkschaft bzw. Arbeitnehmervertreter zu enthalten (Art. 71¹ Abs.2) ArbeitsGB).

Der Arbeitgeber hat eine Kopie der Anzeige an die örtliche Arbeitsinspektion und die örtliche Agentur für Arbeitskraftbeschäftigung (AJOFM) der Gewerkschaft bzw. Arbeitnehmervertreter mitzuteilen. Diese können daraufhin ihren Standpunkt der örtlichen Arbeitsinspektion mitteilen (Art. 71¹ Abs. 3) f. ArbeitsGB).

Im Falle einer eindeutigen Begründung hierzu kann der Arbeitgeber von der örtlichen Arbeitsinspektion die Kürzung der Zeitspanne von 30 Kalendertagen für die Zustellung der Kündigungsschreiben an den betroffenen Arbeitnehmer verlangen. Die örtliche Arbeitsinspektion hat hierzu eine Stellungnahme von der örtlichen Agentur für Arbeitskraftbeschäftigung einzuholen. Die Entscheidung der örtlichen Arbeitsinspektion zur Kürzung der Frist ist der Parteien Frist bewahrend mit einer entsprechenden Begründung mitzuteilen (Art. 71¹ 5) f. ArbeitsGB).

Die örtliche Arbeitsinspektion kann ebenso mit einer entsprechenden Begründung und mit der Einbeziehung der örtlichen Agentur für Arbeitskraftbeschäftigung eine Verlängerung der Frist zur Zustellung der Kündigungsschreiben an den betroffenen Arbeitnehmer mit maximal 10 Kalendertagen verlängern. Die jeweilige Entscheidung, begleitet von einer entsprechenden Begründung, ist der Parteien mitzuteilen (Art. 71² Abs. 2) f. ArbeitsGB).

III. Umsetzende Maßnahmen

Das Kündigungsschreiben, und zwar individuell für jeden betroffenen Arbeitnehmer, wird schriftlich zugestellt (Art. 74 ArbeitsGB). Das Kündigungsschreiben muss Auskunft über:

a) Gründe der Kündigung;
b) Dauer der Kündigungsfrist (20 Arbeitstage gem. Art. 74 Abs. 2) des nationalen Kollektivarbeitsvertrags für 2007-2010);
c) Kriterien zur Bestimmung der betroffenen Arbeitnehmer nach Sozialgesichtspunkten (nach deutschem Recht ähnlich eines Sozialplans);
d) Liste der im Unternehmen freien Arbeitsstellen und die Frist zur Mitteilung einer eventuellen Besetzungsoption, geben.

Das Kündigungsschreiben wirkt gegenüber dem betroffenen Arbeitnehmer ab Zustellungsdatum (Art. 75 ArbeitsGB).

Die Aussprache einer Kündigung ohne die Einhaltung der dafür vorgesehenen gesetzlichen Bestimmungen ist nichtig (Art. 76 ArbeitsGB).

Grundzüge des Gesellschaftsrechts in Rumänien

*Dr. Julian Teves**

Inhaltsverzeichnis

Teil I - Rumänisches Gesellschaftsrecht 217

1. Rechtsquellen und Arten von Handelsgesellschaften 217

2. Generelles zu allen Handelsgesellschaften des
Handelsgesellschaftengesetzes 218

   2.1 Begriff und Rechtsnatur der Handelsgesellschaft
   und des Gesellschaftsvertrages 219

   2.2 Rechtspersönlichkeit und Identifikationsmerkmale von
   Handelsgesellschaften, Gesellschaftswille
   und Gesellschaftsvermögen 221

   2.3 Gründung von Handelsgesellschaften 225

   2.4 Die handelsrechtliche Publizität von Handelsgesellschaften
   und deren Eintragung in das Handelsregister 229

   2.5 Die Rechtslage der Handelsgesellschaften vor
   der Eintragung 236

   2.6 Die Versäumung der Eintragung, die fehlerhafte
   Eintragung und deren Behebung 237

   2.7 Nichtigkeit von Handelsgesellschaften 238

3. Die Funktionsweise von Handelsgesellschaften 239

   3.1 Allgemeines 239

   3.2 Rumänische Handelsgesellschaften im Einzelnen 244

      3.2.1 Die offene Handelsgesellschaft (SNC) 244

      3.2.2 Die Kommanditgesellschaft (SCS) 249

      3.2.3 Die Aktiengesellschaft (SA) 251

* Der Autor bedankt sich bei Frau Rechtsreferandarin Lisa Thelen / Trier für ihren Einsatz in der Aktualisierung des Textes, insbesondere Leitung von Aktiengesellschaften, und bei Frau Rechtsreferandarin Alexandra Löseke / Giessen für das Lektorat. Der Aufsatz bezieht sich auf die Gesetzgebung bis 31. 12. 2009

3.2.4 Die Kommanditgesellschaft auf Aktien (SCA)............ 262

3.2.5 Die Gesellschaft mit beschränkter Haftung (SRL) 263

3.2.6 Die Kommanditgesellschaft Gesellschaft
mit beschränkter Haftung...................... 267

3.2.7 Die Wirtschaftliche Interessenvereinigung
und die Europäische Wirtschaftliche
Interessenvereinigung (GIE und GIEE) 268

3.2.8 Die Europäische Gesellschaft (SE)............... 270

3.2.9 Die stille Gesellschaft, die Bankgesellschaft,
die Versicherungsgesellschaft und
die Leasinggesellschaft........................ 273

**4. Rechnungslegung und Rechnungsprüfung
von Handelsgesellschaften, Offenlegungspflicht
von Jahresabschlüssen.**............................ 276

5. Veränderung von Handelsgesellschaften............... 280

5.1 Kapitalmaßnahmen........................... 282

5.1.1 Kapitalerhöhung........................... 282

5.1.2 Kapitalherabsetzung 287

5.2 Verschmelzung und Spaltung von Handelsgesellschaften 291

5.3 Umwandlung durch Formwechsel.................. 300

6. Nebensitze von Handelsgesellschaften 301

**7. Die Genossenschaft und die Europäische
Genossenschaft (SCE)**............................ 304

**Teil II – Zusammenfassung und Eckpunkte eines
Rechtsvergleichs zwischen deutschem und
rumänischem Gesellschaftsrecht** 307

Übersicht über die einzureichenden Unterlagen bei
der Eintragung einer Gesellschaft mit beschränkter
Haftung mit Auslandsbeteiligung in das Handelregister 309

Übersicht über die Gesellschaftsformen in Rumänien.......... 313

Teil I - Rumänisches Gesellschaftsrecht

1. Rechtsquellen und Arten von Handelsgesellschaften

Das rumänische Gesellschaftsrecht ist vor allem im **Gesetz Nr. 31/1990 über die Handelsgesellschaften** (HGG) geregelt[1]. Das alte **Handelsgesetzbuch**[2] (nachfolgend RumHGB) vom 16. 04. 1887 findet noch hinsichtlich der Regelungen über die stille Gesellschaft und den Versicherungsverein auf Gegenseitigkeit in den Art. 251 - 263 RumHGB Anwendung und wurde bezüglich der übrigen Handelsgesellschaften aufgehoben. Die Vorschriften des **Zivilgesetzbuches** (Cod civil, abgekürzt C. civ.)[3] sind gem. Art. 1 Abs. 2 RumHGB ergänzend anwendbar.

---

1 Gesetz Nr. 31/1990 über die Handelsgesellschaften (nachfolgend als deutsche Abkürzung: **HGG**), neue Veröffentlichung im M. Of. (Amtsblatt von Rumänien) Nr. 1066/17.11.2004; Gesetz Nr. 31/1990 wurde zuletzt durch Gesetz Nr. 284/2008 bezüglich der Genehmigung der Dringlichkeitsanordnung der Regierung Nr. 52/2008 zur Änderung und Ergänzung des Gesetzes Nr. 31/1990 über Handelsgesellschaften, M. Of. Nr. 778/20.11.2008, sowie durch Gesetz Nr. 88/2009 bezüglich der Genehmigung der Dringlichkeitsanordnung der Regierung Nr. 82/2008 zur Änderung und Ergänzung des Gesetzes Nr. 31/1990 über Handelsgesellschaften und der Ergänzung des Gesetzes Nr. 26/1990 über das Handelsregister, M. Of. Nr. 778/14.04.2009, novelliert; Deutsche Übersetzung von *Peter Leonhardt* in *Stephan Breidenbach* - Herausgeber -, Handbuch für Wirtschaft und Recht in Osteuropa (WiRO) nachfolgend als *Breidenbach*, WiRO Handbuch, Länderteil Rumänien, RO 300; Die letzten Änderungen des Gesetzes in der o. g. Übersetzung noch nicht berücksichtigt. Zur Fachliteratur hierzu siehe die Handkommentare von *Stanciu D. Cărpenaru / Cătălin Predoiu / Sorin David / Gheorghe Piperea*, Legea societăților comerciale – Comentariu pe articole [Das Gesetz über Handelgesellschaften - Artikelkommentare] nachfolgend als *Cărpenaru/ Predoiu/David/Piperea*, HGG-Kommentar abgekürzt, 3. Auflage, C.H. Beck, Bukarest 2006; *Ioan Schiau / Titus Prescure*, Legea societăților comerciale – Analize și comentarii pe articole [Das Gesetz über Handelsgesellschaften – Analysen und Artikelkommentare], Hamangiu, Bukarest 2007.

2 Dekret (Gesetz) Nr. 1233/1887, M. Of. Nr. 31/10.05.1887; Neuveröffentlichung als Broschüre, BRO Nr. 0/27.6.1997 mit weiteren Änderungen. Deutsche Übersetzung als Auszug von *Peter Leonhardt* in *Breidenbach*, WiRO Handbuch, Länderteil Rumänien, RO 310.

3 Dekret (Gesetz) Nr. 1655/04.12.1864, (M. Of. Nr. 271/4.12.1864 und M. Of. Nr. 7, 8, 9, 11 und 13/1865); Letzte amtliche Ausgabe als Broschüre, BRO Nr.0/27.7.1993 mit weiteren Änderungen.

Überblick zu den Gesellschaftsarten in Rumänien

Gesellschaftsformen		Besonderheiten bei:
Personengesellschaften (Juristische Personen)	**Kapitalgesellschaften (Juristische Personen)**	• Typenvermischung: GmbH & Co. KG* • Bankgesellschaft
Offene Handelsgesellschaft	Aktiengesellschaft	• Finanzinstitute • Versicherungsgesellschaft
Kommanditgesellschaft	Kommanditgesellschaft auf Aktien	• Leasinggesellschaft • Wirtschaftliche Interessenvereinigung
Stille Gesellschaft	Gesellschaft mit beschränkter Haftung	• Europäische Interessenvereinigung • Europäische Gesellschaft • Genossenschaft

* Nicht ausdrücklich gesetzlich geregelt, per Auslegung möglich und de facto durch Registerrecht zugelassen.

2. Generelles zu allen Handelsgesellschaften des HGG

Das HGG ist hauptsächlich nach Regelungsbereichen, also unabhängig von Gesellschaftsformen strukturiert. Dabei enthält das Gesetz Bestimmungen über die Bereiche (vom Gesetz untergliedert nach sog. Titeln) Gründung von Gesellschaften, Funktionsweise von Gesellschaften (wobei hier unterschiedliche Regelungen je nach Gesellschaftsform enthalten sind), Änderung des Gesellschaftsvertrages, Rücktritt und Ausschließung von Gesellschaftern, Auflösung, Fusion und Spaltung von Gesellschaften und schließlich[4] die Liquidation von Gesellschaften. Die einschlägige

---

4   Das Gesetz enthält eigentlich noch weitere drei Titel bezüglich der Europäischen Gesellschaft, Straftaten und Schluss- und vorübergehenden Bestimmungen.

Fachliteratur[5] zum Handelsrecht[6] hat diese gesetzliche Struktur übernommen.

2.1 Begriff und Rechtsnatur der Handelsgesellschaft und des Gesellschaftsvertrages

Die **Handelsgesellschaft** wird definiert[7] als eine aufgrund eines Gesellschaftsvertrags gebildete Personenzusammenschließung mit juristischer Rechtspersönlichkeit[8], wodurch die Gesellschafter gemeinschaftlich bestimmte Vermögenswerte[9] (rum. *bunuri*) zur Ausübung von Handelsgeschäften[10] mit dem Zweck von Gewinnerzielung und dessen Verteilung einbringen.

Bezüglich der Rechtsnatur der Handelsgesellschaft[11] wird in Anlehnung an französische Fachliteratur von einer sog. vertraglichen, einer Kollektivakts- und einer Institutionstheorie gesprochen. Abgesehen von der Bevorzugung der einen oder der anderen Theorie, was einer Handelsgesellschaft charakteristisch ist, ist dass sie aufgrund eines Gesellschaftsvertrages errichtet wird, dass mittels ihr Handelsgeschäfte getätigt werden und dass sie mit Rechtsper-

---

5   Zur älteren Fachliteratur siehe beispielhaft *I. L. Georgescu*, Drept comercial român [Rumänisches Handelsrecht], Band I und II Stand 1946, Wiederauflage, All Beck, Bukarest 2002. Richtungsführend im Bereich der Wiederbelebung einer rechtswissenschaftlichen Betrachtungsweise des Gesellschaftsrechts nach jahrzehntelanger Staatswirtschaft, siehe *Octavian Căpăţînă*, Societăţile comerciale [Handelsgesellschaften], II. Auflage, Lumina Lex Bukarest, 1996. Zur neueren Fachliteratur, siehe insbesondere: *Stanciu D. Cărpenaru*, Drept comercial român [Rumänisches Handelsrecht], VIII. Auflage, Universul juridic Bukarest, 2008 sowie *Smaranda Angheni, Magda Volonciu, Camelia Stoica*, Drept comercial [Handelsrecht], 3. Auflage, All Beck, Bukarest 2004, nachfolgend *Angheni/Volonciu/ Stoica*, Handelsrecht, *Gheorghe Piperea*, Societăţi comerciale, piaţă de capital, Acquis comunitar [Handelsgesellschaften, Wertpapiermarkt, acquis communautaire], All Beck Bukarest, 2005.

6   In Rumänien hat sich noch kein eigenständiges Gesellschaftsrecht im Sinne des deutschen Rechtsverständnisses für diesen Begriff herauskristallisiert. Ebenso wie vor dem Zweiten Weltkrieg und nach der Revolution 1989 wird das Gesellschaftsrecht als Bestandteil des weit ausgelegten Rechtsbegriffs Handelsrecht verstanden, welches allgemeines Handelsrecht, Gesellschaftsrecht, besonderes Handelsrecht, Wertpapierrecht und schließlich Insolvenzrecht beinhaltet.

7   So *Stanciu D. Cărpenaru* (Fußn. 5) S. 158.

8   Dazu siehe unten Abschnitt 2.2 - Rechtspersönlichkeit und Merkmale der Handelsgesellschaften, Gesellschaftswille und Gesellschaftsvermögen.

9   In Anlehnung an das französische Recht operiert das rumänische Recht mit dem Rechtsbegriff „bun" (Gut) plural „bunuri" (Güter) als Oberbegriff von Sachen und Rechten. Demzufolge würde man jedes Mal, wann nach deutschem Recht der Rechtsbegriff „Sache" angewendet wird, nach rumänischem Recht mit dem Rechtsbegriff „bun" operieren.

10   Zum Begriff „Handelsgeschäft" im rumänischen Recht siehe *Peter Leonhardt* in WiRO Handbuch, RO 310, Red. Anm., S. 3.

11   Siehe dazu *Stanciu D. Cărpenaru* (Fußn. 5), S. 154-161 sowie *Ioan I. Bălan*, Natura juridică a societăţii comerciale [Die Rechtsnatur der Handelsgesellschaft] in der Rechtszeitschrift Dreptul Nr. 11/2000, S. 35-43.

sönlichkeit ausgestattet ist. Zu der Rechtspersönlichkeit der Handelsgesellschaften bestimmt Art. 1 Abs. 2 HGG, dass alle im HGG geregelten Handelsgesellschaften - also auch die Personengesellschaften - juristische Personen sind, wobei sie erst mit der Eintragung in das Handelsregister Rechtsfähigkeit erlangen (Art. 41 Abs. 1 HGG). Sie müssen ihre Tätigkeit gem. Art. 1 HGG auf die Vornahme von Handelsgeschäften ausgerichtet haben.

Jedem **Gesellschaftsvertrag** sind drei handelsrechtliche Merkmale charakteristisch: die Einbringung von Vermögenswerten in die Gesellschaft als Einlage (rum. *aport*), die Absicht, gemeinsam Handelsgeschäfte zu tätigen und schließlich die Verteilung des erzielten Gewinns.

Die **Einbringung von Vermögenswerten** in die Gesellschaft entsteht aus der im Gesellschaftsvertrag enthaltenen schuldrechtlichen Verpflichtung des jeweiligen Gesellschafters. Je nach Gesellschaftsform können die Einlagen als Bar- und Sacheinlagen erbracht werden. Bareinlagen sind in jeder Gesellschaftsform zwingend (Art. 16 Abs. (1) HGG). Die Sacheinlagen müssen einen Vermögenswert besitzen, welcher aufgrund eines entsprechenden Gutachtens zu ermitteln ist (Art. 16 Abs. 2 HGG). Die Einbringung von Sacheinlagen erfolgt durch Eigentumsübertragung auf die Gesellschaft. Der Gesellschafter kann nicht im Fremdeigentum[12] stehende Sachen in die Gesellschaft einbringen. Über die jeweiligen Sachen muss er verfügen können. Nach der Einbringung von Sacheinlagen in die Gesellschaft kann der Gesellschafter selbst nicht mehr über sie verfügen[13]. Alle von den Gesellschaftern in die Gesellschaft eingebrachten Einlagen bilden als Gesamtheit das Stammkapital[14] der Gesellschaft. Einlagen in der Gestalt von Forderungen bei der Gründung von Handelsgesellschaften gelten als Sacheinlagen und sind nur begrenzt[15] möglich (Art. 16 Abs. (3) HGG). Die Einbringung von Arbeit ist für die Bildung des Stammkapitals oder für die Kapitalerhöhung nicht zulässig. Die Gesellschafter von offenen Handelsgesellschaften sowie die Komplementäre in einer Kommanditgesellschaft können allerdings ihre Arbeit in die Gesellschaft einbringen (Art. 16 Abs. (4) HGG). Die Arbeit gilt jedoch nicht als Einlage zur Bildung oder Erhöhung des Stammkapitals, sondern berechtigt allein, entsprechend

---

12   C.S.J. (Oberster Gerichtshof), Handelssenat, Urteil Nr. 117/1994 in Dreptul Nr. 5-6/1993, S. 138; C.S.J., Handelssenat, Urteil Nr. 128/1993 in Dreptul Nr. 8/1994, S. 94.

13   C.S.J., Handelssenat, Urteil Nr. 11/1994 in Dreptul Nr. 12/1994, S. 76.

14   Siehe ausführlich dazu *Ion Băcanu*, Capitalul social al societăților comerciale [Das Haftungskapital der Handelsgesellschaften], Lumina Lex Bukarest, 1999; *Vasile Pătulea.*, Finanțarea societăților comerciale, Vol. I. Resursele proprii. Capitalul social [Finanzierung von Handelsgesellschaften, I. Bd. Eigenkapital - Haftungskapital], Ed. Hamangiu București, 2009.

15   Einbringung von Forderungen ist nicht zulässig bei der Gründung von Aktiengesellschaften durch öffentliche Zeichnung, Kommanditgesellschaften auf Aktien und Gesellschaften mit begrenzter Haftung (Art. 16 Abs. (2) 2. Satz HGG).

des Gesellschaftsvertrages, zur Ausschüttung von Dividenden bzw. Haftung für entstandene Verluste (Art. 16 Abs. (5) HGG).

Die Absicht der Gesellschafter, bei der Abwicklung von Handelsgeschäften zusammenzuarbeiten - *affectio societatis* -, stellt das zweite wichtige Merkmal des Gesellschaftsvertrages dar. Die Teilnahme an der Tätigkeit der Gesellschaft soll aktiv und wirtschaftlich interessiert sein. Die Zusammenarbeit der Gesellschafter soll ebenso auf der Grundlage der rechtlichen Gleichheit zwischen einander erfolgen. Die Gesellschafter stehen rechtlich nicht in einem untergeordneten Verhältnis zueinander.

Schließlich gehört zur Rechtsnatur des Gesellschaftsvertrages die **Verteilung des Gewinns** und daraus folgend, auch wenn dies durch gesellschaftsrechtliche Gesetzesbestimmungen nicht explizit vorgeschrieben ist, des Verlustes zwischen den Gesellschaftern. Die Verteilung des Gewinns erfolgt durch Ausschüttung von Dividenden (Art. 67 Abs. (1) HGG).

2.2 Rechtspersönlichkeit und Identifikationsmerkmale von Handelsgesellschaften, Gesellschaftswille und Gesellschaftsvermögen

Der Begriff „**Rechtspersönlichkeit**" (rum. *personalitate juridică*) wird in Bezug auf die Fähigkeit der juristischen Personen Träger von Rechten und Pflichten, also kollektives Rechtssubjekt zu sein, angewandt[16]. Aus dieser Perspektive ist die Rechtspersönlichkeit quasi synonym mit Rechtsfähigkeit (rum. *capacitate civilă)* und wird hauptsächlich mit der Anwendung des Rechtsinstituts der juristischen Personen und im engeren Sinne der Handelsgesellschaften[17] in Verbindung gebracht. Die Rechtsfähigkeit selbst wird nach rumänischem Recht als Geschäftsfähigkeit (rum. *capacitate de folosință*), also die Fähigkeit *in abstracto* Rechte und Pflichten zu haben, sowie Geschäftsfähigkeit im engeren Sinne (rum. *capacitate de exercițiu*), also die Fähigkeit *in concreto* Träger von Rechten und Pflichten durch Abschluss von Rechtsgeschäften zu sein, verstanden[18].

---

16   Siehe dazu *Stanciu D. Cărpenaru* (Fußn. 5), S. 210.

17   Dazu beispielhaft *Stanciu D. Cărpenaru* (Fußn. 5), in der Bezeichnung der Überschrift „VII. Unterabschnitt - Rechtspersönlichkeit der Handelsgesellschaft", S. 210.

18   Siehe ausführlich dazu *Gheorghe Beleiu*, Drept civil român – Introducere în dreptul civil – Subiectele dreptului civil [Rumänisches Zivilrecht – Einführung im Zivilrecht –Subjekte des Zivilrechts], X. Auflage, Universul Juridic Bukarest, 2005, S. 503-541; *Ernest Lupan / Ioan Sabău-Pop*, Tratat de drept civil român, Vol. II Persoanele [Abhandlung des rumänischen Zivilrechts, II. Band - Personen], C.H. Beck, Bukarest 2007, S. 263-286.

Allen juristischen Personen ist charakteristisch[19], dass sie eine eigene Organisationsstruktur, ein eigenes Verbandsvermögen und einen bestimmten Zweck[20] haben. Daraus folgend zählen zu den juristischen Personen alle Handelsgesellschaften, da sie ausnahmsweise die dazu vom Gesetz festgelegten Voraussetzungen erfüllen.

Zwar kennt auch das rumänische Gesellschaftsrecht die Trennung zwischen Personengesellschaften und Kapitalgesellschaften. Da aber kraft Gesetz alle Formen von Handelsgesellschaften juristische Personen sind, ist der Unterschied zwischen Personen- und Kapitalgesellschaften nicht so stark wie im deutschen Recht ausgeprägt. Dies führt unter Umständen zu erheblichen Unterschieden im Bereich der Besteuerung und der Haftung der Gesellschafter von Personengesellschaften, um nur zwei Beispiele zu nennen. Auch die Grenze zwischen Personen- und Kapitalgesellschaften ist nicht so deutlich wie im deutschen Recht. So sind die rumänischen GmbHs durch eine enge Beziehung der Gesellschafter charakterisiert und werden dadurch als eine Mischform zwischen Personen- und Kapitalgesellschaft betrachtet.

Die **Identifikationsmerkmale** der Handelsgesellschaften[21] (rum. *atribute de identificare a societăţii comerciale* – Attribute zur Identifikation der Handelsgesellschaft), eigentlich zugleich Merkmale der juristischen Personen selbst, beziehen sich auf die Firma der Gesellschaft, den Gesellschaftssitz und die Nationalität der Gesellschaft.

Die Firma[22] (rum. *firma*) wird als Name der Gesellschaft verstanden. Laut dem Gesetz ist die Firma der Name oder gegebenenfalls die Bezeichnung unter dem ein Kaufmann (hier also Handelsgesellschaft) seine Handelstätigkeit ausübt

---

19 Siehe Art. 26 Buchst. e) des Dekrets Nr. 31/1954 über die natürlichen und juristischen Personen (deutsche Abkürzung: **PersDekr**), B. Of. Nr. 8/30.015.1954 (B. Of. = Amtsblatt während der kommunistischen Herrschaft) mit weiteren Änderungen. Deutsche Übersetzung von *Peter Leonhardt* in *Breidenbach*, WiRO Handbuch, Länderteil Rumänien, RO 280.

20 Zwar verlangt die gesetzliche Bestimmung, in Anbetracht des zu der Zeit der Verkündung herrschenden Sozialsystems, einen „in Übereinstimmung mit dem gesellschaftlichen Interesse" bestimmten Zweck. Dies ist heutzutage als ein vom Gesetz nicht verbotener Zweck auszulegen.

21 Siehe dazu *Stanciu D. Cărpenaru* (Fußn. 5), S. 210-213; *Gheorghe Beleiu* (Fußn. 18), S. 592-601. Dagegen betrachten andere Autoren die Gewerbsmäßigkeit, die Stellung als Subjekt des Privatrechts und die Nationalität der Handelsgesellschaften als deren Attribute, siehe dazu *Octavian Căpăţînă* (Fußn. 5), S. 69-74).

22 Siehe *Stanciu D. Cărpenaru* (Fußn. 5), S. 125-128 und *Ernest Lupan / Ioan Sabău-Pop* (Fußn. 18), S. 386-392 sowie ausführlich *Ion Băcanu*, Firma şi emblema comercială [Die Firma und die Handelsmarke], Lumina Lex Bukarest, 1998.

und mit dem oder mit der er zeichnet[23]. Die Firma muss im Gesellschaftsvertrag benannt werden[24].

Mit dem Gesellschaftssitz[25] (rum. *sediul societății*) wird die Gesellschaft räumlich zugeordnet. Jede Handelsgesellschaft muss einen Gesellschaftssitz haben[26]. Dies folgt unmittelbar auch aus den Bestimmungen des Art. 7 Buchst. b) bzw. Art. 8 Buchst. b) des HGG, welche ausdrücklich besagen, dass der Gesellschaftssitz zwingend in der Gründungsurkunde als (postalische) Adresse[27] zu nennen ist.

Die Anwendbarkeit eines bestimmten Nationalrechts (hier rumänisches Recht) zur Gründung, Abwicklung, Auflösung und Liquidation einer Handelsgesellschaft wird nach rumänischem Recht als Nationalität[28] der jeweiligen Gesellschaft (rum. *naționalitatea societății*) bezeichnet. Nach Art. 1 Abs. (2) HGG sind Handelsgesellschaften mit Sitz in Rumänien rumänische juristische Personen. Mit anderen Worten, alle im Handelsregister in Rumänien eingetragene Handelsgesellschaften sind Gesellschaften rumänischer Nationalität und unterliegen somit dem rumänischen Recht. Nach Art. 286 HGG ist die Staatsangehörigkeit der Gesellschafter oder die Einbringung von ausländischer Währung zur Bildung des Stammkapitals in Bezug auf die Nationalität der Gesellschaft ohne Belang[29].

---

23 So Art. 30 Abs. (1) des Gesetzes Nr. 26/1990 über das Handelsregister (nachfolgend als deutsche Abkürzung: **HRG**), neue Veröffentlichung im M. Of. Nr. 49/4.2.1998 mit nachfolgenden Änderungen; Deutsche Übersetzung von *Peter Leonhardt* in *Breidenbach*, WiRO Handbuch, Länderteil Rumänien, RO 305.

24 So Art. 7 f HGG.

25 Siehe *Stanciu D. Cărpenaru* (Fußn. 5), S. 212 und *Ernest Lupan / Ioan Sabău Pop* (Fußn. 18), S. 393-396.

26 Siehe Art. 7 f. HGG. C.S.J., Handelssenat, Urteil Nr. 13/1993 in der Rechtszeitschrift Dreptul Nr. 9/1993, S. 86.

27 Aus praktischer Sicht erfolgt dies durch Abschluss eines Mietvertrages über die jeweiligen Räumlichkeiten, welcher bei der Anmeldung der Gesellschaft ins Handelsregister vorzulegen und vom Registerbeamten auf dessen Fähigkeit zur Begründung eines Firmensitzes zu prüfen ist.

28 So *Stanciu D. Cărpenaru* (Fußn. 5), S. 212-213 und *Ernest Lupan / Ioan Sabău-Pop* (Fußn. 18), S. 384-386. Siehe Art. 7 f. HGG.

29 So bestimmt Art. 286 HGG – „Die Gründung von Handelsgesellschaften mit ausländischer Beteiligung durch Zusammenschluss mit rumänischen juristischen oder natürlichen Personen oder mit ausschließlich ausländischem Kapital hat unter Beachtung der Bestimmungen des vorliegenden Gesetzes und des Gesetzes über ausländische Kapitalanlagen zu erfolgen".

Als sekundäre Identifikationsmerkmale der Handelsgesellschaft werden der Einheitscode der Handelsregistereintragung, die Steuernummer, das Bankkonto, das Firmenzeichen, Telefon- und Faxnummer erwähnt[30].

Der **Gesellschaftswille**[31] (rum. *voința societății*) ist nicht gleich mit dem Wille ihrer Gesellschafter. Damit es sich um den Gesellschaftswillen handelt, müssen die Gesellschafter ihren Willen in der vom Gesetz festgelegten Form unter Beachtung der anderen vom Gesetz bzw. Gesellschaftsvertrag vorgegebenen Bedingungen ausüben. Durch Ausübung des Willens der Gesellschaft in der Gesellschafterversammlung wird der individuelle Wille der Gesellschafter zum kollektiven Willen[32] und manifestiert sich so als sozialer Wille der Gesellschaft in ihrer Stellung als juristische Person. Hat sich der Gesellschaftswille nicht unter Beachtung der gesetzlichen Bestimmungen oder gegen die Klauseln des Gesellschaftsvertrages oder der Satzung gebildet, ist der so gefasste Beschluss nichtig. Die Nichtigkeit des so gebildeten Beschlusses kann auf Antrag gerichtlich festgestellt werden. Ist dagegen der Beschuss wirksam, ist er verbindlich auch für die Gesellschafter, welche nicht an der Gesellschaftsversammlung teilgenommen oder dagegen gestimmt haben[33]. Der durch Beschluss der Gesellschafter geäußerte Gesellschaftswille wird im Außenverhältnis durch die vom Gesetz als gesetzliche Vertreter bestimmten Personen oder durch den durch Gesellschaftsvertrag bestellten Gesellschaftsvertreter, sei es durch Geschäftsführer, sei es durch den geschäftsführenden Gesellschafter ausgeübt.

Das **Gesellschaftsvermögen**[34] (rum. *patrimoniul societății*) wird von allen geldwerten Rechten und Pflichten der Gesellschaft gebildet. Das Gesellschaftsvermögen beinhaltet sowohl die Aktiva als auch die Passiva der (Bilanz der) Gesellschaft. Die Aktiva umfasst alle Vermögenswerte der Gesellschaft bestehend aus dinglichen Rechten und Forderungen. Die Bildung der Aktiva erfolgt durch Einbringung von Vermögenswerten durch die Gesellschafter bei

---

30 So *Ernest Lupan / Ioan Sabău-Pop* (Fußn. 18) S. 397-399; *Gheorghe Beleiu* (Fußn. 18), S. 599-601.

31 *Stanciu D. Cărpenaru* (Fußn. 5), S. 213-214) und *Octavian Căpățînă* (Fußn. 5), S. 300-305 sowie ausführlich *Cristian Gheorghe*, Societăți comerciale – Voința asociaților și voința socială [Handelsgesellschaften – Der Wille der Gesellschafter und der Gesellschaftswille], All Beck Bukarest, 2003.

32 So C.S.J., Handelssenat, Urteil Nr. 293/1993 in Rechtsprechungsbulletin, Sammlung von Gerichtsentscheidungen für 1993, S. 214.

33 Siehe hierzu beispielhaft für die Aktiengesellschaft Art. 132 HGG. Dies gilt als Grundsatz auch für die anderen Formen von Handelsgesellschaften, wobei bestimmte Besonderheiten je nach Gesellschaftsform bestehen.

34 *Stanciu D. Cărpenaru* (oben Fußn. 5), S. 216 f. Siehe ausführlich zum Rechtsinstitut des Vermögens (rum. *patrimoniu*) nach rumänischem Recht, *Valeriu Stoica*, Drept civil – Drepturile reale principale [Zivilrecht – Dingliche Hauptrechte], Band 1, Humanitas Bukarest 2004, S. 41-140.

der Gründung der Gesellschaft, durch den Zuwachs von Vermögenswerten während ihrer Tätigkeit und durch noch nicht an die Gesellschafter ausgeschütteten Gewinn. Die Passiva umfasst alle durch Rechtsgeschäft und auf andere Weise entstandenen Verbindlichkeiten der Gesellschaft.

Das Gesellschaftsvermögen hat einen autonomen Charakter, d. h. es ist losgelost von dem Vermögen der Gesellschafter und hat einen eigenen rechtlichen Bestand. Die Gesellschaft selbst ist durch ihre Stellung als juristische Person Inhaberin des Gesellschaftsvermögens.

Aus dem autonomen Charakter des Gesellschaftsvermögens ergibt sich eine Reihe von rechtlichen Konsequenzen. Erstens, die zur Einbringung in der Gesellschaft bestimmten Vermögenswerte scheiden aus dem Vermögen des jeweiligen Gesellschafters aus und werden mit der Gründung der Gesellschaft für die Zeit ihrer Bestehens untrennbarer Bestandteil des Gesellschaftsvermögens. Zweitens, die von den Gesellschaftern in die Gesellschaft eingebrachten Vermögenswerte werden Gegenstand der Zugriffsrechte, z. B. durch Zwangsvollstreckung der Gläubiger der Gesellschaft. Sobald die Gesellschaft gegründet ist, haben die Gläubiger der Gesellschafter keinen Zugriff mehr auf die in das Gesellschaftsvermögen eingebrachten Einlagen. Drittens, die Verbindlichkeiten der Gesellschaft können mit den Verbindlichkeiten von Dritten gegenüber den Gesellschaftern nicht aufgerechnet werden[35]. Schließlich betrifft eine Insolvenz der Gesellschaft ausschließlich das Gesellschaftsvermögen und nicht das Vermögen der Gesellschafter.

2.3 Gründung von Handelsgesellschaften

Die Gründung einer Handelsgesellschaft erfolgt durch Abschluss eines **Gesellschaftsvertrages** und/oder einer Satzung zwischen den Gesellschaftern. Soweit für die Gründung sowohl ein Gesellschaftsvertrag als auch eine Satzung vorgesehen ist, können sie als eine Einheitsurkunde unter der Bezeichnung **Gründungsurkunde** (rum. *act constitutiv*) verfasst werden. Die Gründung einer Einmann-GmbH erfolgt durch eine Satzung. Sowohl der Gesellschaftsvertrag oder die Satzung selbst, als auch beide Urkunden gemeinsam als einheitliches Schriftstück, können als Gründungsurkunde bezeichnet werden (Art. 5 HGG).

---

35   Art. 1145 C. civ. setzt für die Aufrechnung voraus, dass die Verbindlichkeiten zwischen denselben Personen, als Gläubiger und Schuldner, zu der gleichen Zeit bestehen.

Außer den handelsrechtlichen Merkmalen des Gesellschaftsvertrages (siehe oben Ziff. 2.1) muss der Gesellschaftsvertrag[36] zivilrechtlich[37] den Anforderungen des Art. 948 C. civ. entsprechen, um wirksam zu sein. Wie jeder andere Vertrag muss der Gesellschaftsvertrag die vom Gesetz verlangten vier Grundelemente[38] enthalten: die Geschäftsfähigkeit der Vertragsparteien (siehe oben Ziff. 2.2), deren Einvernehmen zum Vertragsabschluss, den Vertragsgegenstand welcher *lato sensu* als die von den Vertragsparteien übernommenen Vertragsverpflichtungen (Art. 962 c. civ.) und *stricto sensu* als die Tätigkeit der Gesellschaft (Unternehmenstätigkeit) verstanden wird und schließlich einen gesetzmäßigen Vertragszweck (erlaubte *causa*). Wenn eines oder mehrere der zwingenden Grundelemente des Gesellschaftsvertrages fehlen, ist der jeweilige Gesellschaftsvertrag nichtig.

Sofern der Nichtigkeitsgrund in die **fehlenden Geschäftsfähigkeit** eines oder mehrerer Gesellschafter besteht, so ist die Nichtigkeit auf das Rechtsverhältnis mit diesen Gesellschaftern begrenzt[39]. Der Gesellschaftsvertrag selbst bleibt im Verhältnis mit den geschäftsfähigen Gesellschaftern unberührt. So bestimmt Art. 229 Abs. 1 HGG, dass die fehlende Geschäftsfähigkeit nur dann zur Auflösung einer Personengesellschaft oder einer Gesellschaft mit beschränkter Haftung führt, wenn dadurch in der Gesellschaft nur ein einziger Gesellschafter verbleibt. Ausnahme davon ist die Gesellschaft mit beschränkter Haftung, wenn der alleinige Gesellschafter entscheidet, die Gesellschaft als Einmann-GmbH weiterzuführen. Die Handelsgesellschaft ist jedoch von der Nichtigkeit des Gesellschaftsvertrages erfasst, wenn bei Abschluss des Vertrages kein Gesellschafter geschäftsfähig war (Art. 56 Buchst. b) HGG).

Das **Einvernehmen**[40] der Gesellschafter zum Abschluss des Gesellschaftsvertrages konkretisiert sich in deren übereinstimmenden Willen zum Vertragsschluss und wird nach Außen durch die Unterzeichnung der Vertragsurkunde (Art. 5 Abs. (6) HGG) dokumentiert. Um sich wirksam zu entfalten, darf der

---

36 Siehe zur Rechtsnatur des Gesellschaftsvertrages *S. Neculaescu, M. Danil*, Contractul de societate [Der Gesellschaftsvertrag], in Dreptul Nr. 5-6/1994, S. 31-39; *M. C. Costin*, Natura juridică a contractului de societate prin care se constituie o societate comercială [Die Rechtsnatur des Gesellschaftsvertrages zur Gründung einer Handelsgesellschaft] in RRD Nr. 3, S. 69-72.

37 Siehe dazu *Stanciu D. Cărpenaru* (Fußn. 5), S. 180-187.

38 Siehe zu den Grundelementen des Rechtsgeschäfts, also auch des Vertrages, im französischen Recht *Murad Ferid / Hans Jürgen Sonnenberger*, Das Französische Zivilrecht, 2. Auflage 1994 Heidelberg, Band 1/1, S. 421-423.

39 Siehe zum Verhältnis Nichtigkeit des Gesellschaftsvertrages – Nichtigkeit der Handelsgesellschaft *O. Căpăţînă* (Fußn. 5), S. 178-181.

40 *C. Gheorghe*, Rolul voinţei asociaţilor în constituirea societăţilor comerciale (II) [Die Rolle der Gesellschafterwille bei der Gründung von Handelsgesellschaften (II)], in RRD Nr. 10, S. 149-165.

Wille des Gesellschafters nicht mit Willensmängeln behaftet sein. Der Willens-
mangel erscheint hauptsächlich als Irrtum (Art. 954 C.civ.), kann aber auch als
unzulässige Willensbeeinflussung[41] durch Arglist (Art. 960 C. civ.) oder Drohung (Art. 955-960 C. civ.) vorkommen.

Der **Vertragsgegenstand**[42], verstanden im engeren Sinne als Tätigkeitsgegenstand der Gesellschaft, muss bestimmt, auf die Tätigung von Handelsgeschäften gerichtet und im Einklang mit dem Gesetz sein. Der Tätigkeitsgegenstand der Gesellschaft ist im Gesellschaftsvertrag als eine Haupttätigkeit (Art.
7 Buchst. c) und Art. 8 Buchst. c) HGG) und als eine oder mehrere Nebentätigkeiten[43] zu bestimmen. Grundsätzlich, jedoch mit einigen Ausnahmen[44],
stehen sämtliche Tätigkeiten in der Volkswirtschaft als Tätigkeitsgegenstand
einer Handelsgesellschaft zur Verfügung.

Bezogen auf die erlaubte *causa* bestimmt Art. 968 C. civ. allgemein, dass sie
nicht gegen das Gesetz, die Sozialordnung und die guten Sitten verstoßen darf.
In einem Gesellschaftsvertrag[45] wird die *causa* von der Teilnahme aller Gesellschafter an der Verteilung des gemeinschaftlich erarbeiteten Ergebnisses, also
vertragsmäßige Ausschüttung von Dividenden, dargestellt.

Nachdem die Gründungsurkunde oder je nach Fall der Gesellschaftsvertrag
oder die Satzung in **Schriftform** erfasst wurden, sind sie von den Gesellschaftern eigenhändig durch Handzeichen zu unterzeichnen. Eine notarielle Be-
glaubigung ist nur dann zwingend, wenn ein Grundstück als Sacheinlage in
der Gesellschaft eingebracht wird, wenn es sich um die Gründung einer offenen Gesellschaft oder einer Kommanditgesellschaft, oder je nach Fall, wenn es
sich um die Gründung einer Aktiengesellschaft durch öffentliche Zeichnung
handelt (Art. 5 Abs. (6) HGG).

Die Gründungsurkunde muss allerdings ein sog. **bestimmtes Datum** (rum.
dată certă) aufweisen, um im Handelsregister eingetragen zu werden. Die Er-

---

41 Siehe dazu beispielhaft *O. Căpăţînă* (Fußn. 5), S. 164.

42 *O. Căpăţînă* (Fußn. 5), S. 164-172

43 In der Praxis hat die Benennung der Haupt- und Nebentätigkeiten nach der statistischen Klas-
    sifikation von Tätigkeiten in der Volkswirtschaft, abgekürzt CAEN Rev. 2, zuletzt aktualisiert
    durch Verordnung Nr. 337/2007 des Nationalinstituts für Statistik, M. Of. Nr. 293/3.05.2007,
    zu erfolgen. CAEN Rev. 2 ist eine Wiederspiegelung von NACE Rev. 2, Nomenklatur der Tä-
    tigkeiten in der Europäischen Union, entsprechend der EU-Verordnung Nr. 1893/2006 (ABl.
    L 393/30.12.2006).

44 So bestimmt Art. 287 HGG, dass die Regierung per Regierungsbeschluss die Tätigkeitsbe-
    reiche bestimmen kann, welche als Tätigkeit von Handelsgesellschaften nicht zur Verfügung
    stehen.

45 So *O. Căpăţînă* (Fußn. 5), S. 172 f.

forderlichkeit des bestimmten Datums bezweckt die genaue Feststellung des Abschlussdatums der Gründungsurkunde. Die Bestätigung des Abschlussdatums der Gründungsurkunde als *dată certă* kann durch einen Notar[46], durch einen Rechtsanwalt[47], aber nach Art. 6 Abs. (7) HGG auch durch Vorlage beim Handelsregister erfolgen. Vor Bestätigung des Abschlussdatums der Gründungsurkunde muss der Notar, der Rechtsanwalt bzw. der Registerbeamte des Handelsregisters prüfen, ob die Bescheinigung des Handelsregisters über die Verfügbarkeit der beabsichtigten Firma vorliegt. Bei der Verfügbarkeit der beabsichtigten Firma handelt es sich um das Ergebnis einer Vorprüfung durch das Handelsregister bezüglich der früheren Eintragungen von anderen Firmen mit gleichen Firmennamen oder verwechslungsfähigen Firmennamen. Soweit keine andere Firma den gleichen Firmennamen oder einen verwechslungsfähigen Firmennamen hat, wird bestätigt, dass der beabsichtigte Firmenname angewandt werden darf, bzw. eintragungsfähig ist.

Art. 7 HGG enthält für die offene Gesellschaft, die Kommanditgesellschaft und die Gesellschaft mit beschränkter Haftung einen Numerus clausus bezüglich des Mindestinhalts des Gesellschaftsvertrags. Dazu zählen Klauseln über die Personalien der Gesellschafter, die Gesellschaftsform, die Firma und den Gesellschaftssitz sowie die Unternehmenstätigkeit, gegliedert in eine Haupttätigkeit und Nebentätigkeiten, das Stammkapital und dessen Zeichnung durch die Gesellschafter. Im Falle einer GmbH ist zusätzlich die Benennung der Zahl der übernommenen Geschäftsanteile und deren Nominalwert vorzunehmen. Darüber hinaus muss der Gesellschaftsvertrag Angaben über die Benennung des geschäftsführenden Gesellschafters oder des Geschäftsführers, deren Personalien und die Vertretungsmacht, mit der Angabe ob die Vertretung allein oder gemeinsam erfolgt, die Beteiligung an Gewinnen und Verlusten, je nach Fall die gleichzeitige Gründung von Nebensitzen oder die spätere Absicht dazu, die Dauer der Gesellschaft und schließlich eine Klausel über Auflösung und Liquidation der Gesellschaft enthalten.

Ähnlich bestimmt Art. 8 HGG den Numerus clausus mit dem Mindestinhalt der Gründungsurkunde einer Aktiengesellschaft oder einer Kommanditgesellschaft auf Aktien. In solchen Fällen muss die Gründungsurkunde zusätzlich zum bereits angesprochenen Mindestinhalt nach Art. 7 HGG Klauseln über die Zahl und den Nominalwert der Aktien sowie deren Gattung, wenn mehrere Aktiengattungen vorhanden sind, über deren Zahl, Nominalwert und die

---

46 Siehe dazu Art. 90 des Gesetzes Nr. 36/1998 über öffentliche Notare und Notariatstätigkeit, M. Of. Nr. 92/16.05.1998 mit nachfolgenden Änderungen.

47 Siehe dazu Art. 3 Abs. (1) Buchst. c) des Gesetzes Nr. 51/1995 über Organisation und Ausübung des Rechtsanwaltsberufs, Neuveröffentlichung in M. Of. Nr. 113/6.03.2001.

für jede Aktiengattung vorgesehenen Rechte, über die Bedingungen für die Übertragung von Aktien, die Gewährung von Sondervorteilen für die Gründer der Aktiengesellschaft, die Benennung des Höchstbetrages der übernommenen Gründungskosten oder des Maßstabs zur Festlegung hierzu enthalten.

2.4 Die handelsrechtliche Publizität von Handelsgesellschaften und deren Eintragung in das Handelsregister

Rechtsgrundlagen zur Publizität sind hauptsächlich im Gesetz Nr. 31/1990, **HGG**, im Gesetz Nr. 26/1990, **HRG,** mit den dazugehörigen **Durchführungsbestimmungen**[48] über die Führung des Handelsregisters, die Vornahme der Eintragungen und die Beschaffung von Informationen aus dem Handelsregister, **Gesetz Nr. 359/2004**[49] über die Vereinfachung der Formalitäten zur Eintragung in das Handelsregister von natürlichen Personen, von familiären Vereinigungen sowie von juristischen Personen, deren steuerliche Erfassung sowie zur Genehmigung der Tätigkeitsaufnahme von juristischen Personen und im Dekret Nr. 31/1954, **PersDekr,** zu finden. Darüber hinaus kommen auch andere in diesem Bereich einschlägige gesetzliche Bestimmungen zur Anwendung.

Das **Handelsregister**[50] ist ein öffentliches Verzeichnis, in dem Kaufleute und bestimmte auf sie bezogene Tatsachen und Rechtsverhältnisse eingetragen werden. Das Handelsregister wird beim Amt für das Handelsregister, das dem Justizministerium untergeordnet ist, geführt. Das Handelsregister ist bei den Kreisgerichtshöfen[51] angesiedelt. Es besteht aus einem Register für Kaufleute, die natürliche Personen sind und einem Register für Kaufleute, die juristische Personen sind. Darüber hinaus besteht ein Register über Genossenschaften. Es wird für jedes Jahr ein neues Register angelegt. Die juristischen Personen unterliegen gem. Art. 32 PersDekr bezüglich aller eintragungspflichtigen Tatsachen der Registrierung.

---

48 Genehmigt durch Verordnung des Justizministeriums Nr. 2594/2008, M. Of. Nr. 704/16.10.2008.

49 M. Of. Nr. 839/13.09.2004 mit den nachfolgenden Änderungen

50 Siehe ausführlich *Titus Prescure*, Das Handelsregister [Registrul comerțului], All Beck, Bukarest 2001.

51 Rumänien ist verwaltungsmäßig in 41 Kreise sowie Bukarest als Hauptstadt organisiert. In jedem Kreis sowie in Bukarest gibt es ein Kreisgerichtshof. Demzufolge gibt es 42 Ämter des Handelregisters (Homepage: www.onrc.ro), wo Eintragungen, Änderungen und Löschungen von Handelsgesellschaften und Kaufleute vorgenommen werden. Zu jeder Art von Eintragung stellt die Homepage des Handelsregisters Listen mit den notwendigen Unterlagen und Erklärungen zu den Schritten des Eintragungsverfahrens bereit. Der Bearbeitungsstatus jedes Eintragungsvorgangs kann online verfolgt werden. Die schnelle und kostenlose Prüfung des Bestehens einer eingetragenen Gesellschaft im Handelsregister kann man von der Homepage des Handelsregisters über den Link „ReCom online" oder direkt auf der Homepage www.recom.ro vorgenommen werden.

Durch die Verpflichtung zur Eintragung ins Handelsregister werden Informationen über Kaufleute offen gelegt, sodass interessierte Personen hiervon Kenntnis erlangen können. Diese Offenlegungspflicht dient somit dem Schutz des Rechtsverkehrs. So können z. B. Dritte, die mit einer bestimmten Handelsgesellschaft geschäftliche Beziehungen aufbauen wollen, das Handelsregister als sichere Informationsquelle über das Bestehen, Gesellschafter, Geschäftsführung, Bilanzdaten etc. der betreffenden Handelsgesellschaft aufsuchen.

Das Handelsregister hat Rechtsscheinwirkung, d. h. zunächst, dass eine eingetragene und veröffentlichte Tatsache jedem Dritten entgegengehalten werden kann (Art. 5 Abs. (1) HRG). Dritte können sich aber auch auf eine unrichtig veröffentlichte Tatsache berufen, es sei denn, sie kannten die richtige Sachlage (sog. **positive Publizität** nach deutschem Recht). Der Kaufmann, in dessen Angelegenheiten eine Tatsache einzutragen war, diese aber nicht eingetragen wurde, kann diese Tatsache einem Dritten nur dann entgegenhalten, wenn er beweist, dass der Dritte die einzutragende Tatsache kannte (Art. 5 Abs. (2) HRG i. V. m. Art. 50 Abs. (1) HGG). Der Dritte darf also auch auf das Schweigen des Handelsregisters vertrauen (sog. **negative Publizität** nach deutschem Recht). Der Dritte kann sich allerdings auf nicht eingetragene Tatsachen berufen, es sei denn, dass das Unterlassen der Eintragung deren Unwirksamkeit hervorgebracht hat (Art. 51 HGG). Tätigt die Handelsgesellschaft vor Ablauf von 16 Tagen nach der Veröffentlichung der Eintragung in das Amtsblatt Rumäniens Rechtsgeschäfte, sind diese Dritten gegenüber unwirksam wenn sie nachweisen, dass für sie eine Kenntnisnahme hiervon unmöglich war (Art. 50 Abs. (2) HGG).

Art. 52 Abs. (1) HGG bestimmt für den Fall, dass keine inhaltliche Übereinstimmung zwischen beim Handelsregister hinterlegten Urkunden und deren Veröffentlichung im Amtsblatt oder in der Presse besteht, die Gesellschaft den veröffentlichten Inhalt der Urkunden Dritten nicht entgegenhalten kann, es sei denn, dass die Gesellschaft nachweist, dass der Dritte den beim Handelsregister hinterlegten Inhalt der Urkunden kannte (Art. 52 Abs. (2) HGG).

Nachdem eine Handelsgesellschaft durch Abschluss des Gesellschaftsvertrages gegründet wurde, folgt ihre Eintragung in das Handelsregister. Damit wird auch der zweite Schritt des **Gründungsvorgangs** der jeweiligen Gesellschaft vollzogen.

Damit die **Eintragung** der Gesellschaft in das Handelsregister erfolgt, müssen die Gründer[52], die Geschäftsführer (rum. *administrator*, wörtlich Verwalter) oder sonst ein Bevollmächtigter binnen 15 Tagen nach Abschluss des Gesellschaftsvertrages den Antrag zur Eintragung[53] stellen (Art. 36 Abs. (1) HGG i.V.m. Art. 19 Abs. (1) HRG). Nach Art. 36 Abs. (2) HGG sind dem Antrag eine ganze Reihe von Unterlagen[54] beizufügen. Dazu gehören insbesondere der Gesellschaftsvertrag, der Nachweis der Einzahlung der durch Gesellschaftsvertrag übernommenen Bareinlage, der Nachweis der Verfügbarkeit[55] des erklärten Sitzes der Gesellschaft, die Bescheinigung des Handelsregisters über die Verfügbarkeit des beabsichtigten Firmennamens, bei Sachgründung, der Nachweis des Eigentumsrechts des jeweiligen Gesellschafters, der Nachweis der in Namen der Gesellschaft eingegangenen und von den Gesellschafter zugestimmten Rechtsgeschäften, die Erklärungen aller Gesellschafter, der ersten Geschäftsführer, Direktoren, Vorstandsmitglieder und Aufsichtsräte, dass sie die gesetzliche Voraussetzungen zur Vornahme der jeweiligen Stellung erfüllen und schließlich andere von besonderen Gesetzen vorgesehene Unterlagen für die Gründung der Gesellschaft. Diese Regelungen werden durch die Art. 13 ff. HRG ergänzt. Dabei sind insbesondere die Antragsfrist des Art. 17 HRG und die Voraussetzungen für den Antrag einer Handelsgesellschaft gem. Art. 19 HRG zu beachten. Darüber hinaus müssen die ersten Geschäftsführer oder andere Vertreter der Gesellschaft (und danach bei Neubestellung während der Dauer der Gesellschaft) handschriftliche Unterschriftsmuster beim Handelsregister vor dem Registerrichter, dem Direktor des Amts des Handelsregisters oder seinem Vertreter ableisten oder notarielle handschriftliche Unterschriftsmuster dem Handelsregister vorlegen (Art. 45 HGG i. V. m. Art. 19 Abs. (2) HRG).

---

52 Als Gründer (rum. *fondatori*) bezeichnet das HGG die ersten Gesellschafter einer Handelsgesellschaft, welche durch den Abschluss des Gesellschaftsvertrages die Errichtung der jeweiligen Gesellschaft ermöglicht haben.

53 Siehe zum Eintragungsverfahren *Benonica Vasilescu*, Înregistrarea comercianților în registrul comerțului [Eintragung der Kaufleute ins Handelsregister], in RRD Nr. 9/2007, S. 22-42; *Crenguța Leaua*, Societăți comerciale – Proceduri speciale [Handelsgesellschaften – Besondere Verfahren], C.H. Beck, 2. Auflage, Bukarest 2009, S. 49-113.

54 Siehe dazu beispielhaft die **Übersicht** über die einzureichenden Unterlagen bei der Eintragung einer Gesellschaft mit beschränkter Haftung mit Auslandsbeteiligung in das Handelsregister am Ende des Aufsatzes auf Seite 64.

55 Der Nachweis der Verfügbarkeit des Firmensitzes wird meistens mit dem darüber abgeschlossenen Mietvertrag samt Grundbuchauszug, woraus das Eigentumsrecht des Vermieters hervorgeht, erbracht. Für die Begründung des Firmensitzes ist es auch möglich, einen sog. unentgeltlichen Gebrauchsüberlassungsvertrag (rum. *contract de comodat*) zwischen einen Dritten (einschließlich Gesellschafter) und der Gesellschaft vorzulegen. Das Eigentumsrecht des Gebrauchsüberlassers ist auch hier mit einem entsprechenden Grundbuchauszug nachzuweisen. Darüber hinaus reicht es aus, wenn einer der Gesellschafter Eigentümer der als Sitz der Gesellschaft dienenden Immobilie ist, das Eigentumsverhältnis mit einem zeitnahen Auszug aus dem Grundbuch nachzuweisen.

Um sog. Briefkastenfirmen zu vermeiden, bestimmt Art. 17 Abs. 2 HGG bezüglich des **Firmensitzes**, dass nur unter bestimmten Voraussetzungen bei demselben Firmensitz mehrere Firmen angemeldet werden dürfen. Bei demselben Firmensitz dürfen mehrere Firmen nur dann angemeldet werden, wenn die Immobilie so geschaffen ist, dass jeder Firma eine Räumlichkeit zugeordnet werden kann, wenn mindestens einer der Gesellschafter, Gesellschafter in jeder der bei dem beabsichtigten Firmensitz anzumeldenden Gesellschaften ist oder wenn mindestens einer der Gesellschafter Eigentümer der jeweiligen Immobilie ist. Die Anmeldung einer Gesellschaft mit Firmensitz bei einer Rechtsanwaltskanzlei[56] ist allerdings auch begrenzt möglich.

Die Bestätigung der Eintragung der Gesellschaft ins Handelsregister erfolgt durch Ausstellung einer Eintragungsurkunde durch den Direktor des Handelsregisters (rum. *certificat de înregistrare*). Das Handelsregister teilt die Eintragung von Amts wegen dem Finanzamt mit, welches die Einheitssteuernummer (rum. *cod unic de înregistrare*, abgekürzt CUI) der jeweiligen Gesellschaft vergibt. Aus der Eintragungsurkunde sind die Firma, der Firmensitz, die Haupttätigkeit, die Handelsregisternummer sowie die Steuernummer der eingetragenen Gesellschaft ersichtlich.

Nach Antragstellung überprüft der beauftragte Richter[57] beim Handelregister die Gesetzmäßigkeit der eintragungspflichtigen Tatsachen und Handlungen (Art. 37 HGG). Sind die gesetzlichen Anforderungen eingehalten, ordnet der Richter binnen 5 Tagen die Eintragung in das Handelsregister im örtlichen Zuständigkeitsbereich des zukünftigen Firmensitzes an (Art. 40 HGG). Über jeden Eintragungsantrag entscheidet der Registerrichter durch einen Eintragungsbeschluss[58]. Der Eintragungsbeschluss kann von den beteiligten Gesellschaftern, den Geschäftsführern etc. innerhalb von 15 Tagen nach der Verkündung und für Dritte nach der Veröffentlichung im Amtsblatt, Teil IV,

---

56 Siehe Art. 3 Abs. 1 Buchst. h) des Gesetzes Nr. 51/1995 über die Organisation und Ausübung des Rechtsanwaltsberufs, M. Of. Nr. 113/6.03.2001 mit nachfolgenden Änderungen. In der Praxis verlangen die Handelregisterämter einen festen Firmensitz höchstens ein Jahr nach der Eintragung der jeweiligen Gesellschaft.

57 Siehe zuletzt *Virginia Duminecă*, Controlul realizat de către judecătorul delegat la oficiul registrului comerțului potrivit Legilor nr. 31/1990 și nr. 26/1990 [Die von dem Registerrichter durchgeführte Kontrolle entsprechend dem Gesetz Nr. 3171990 und Nr. 26/1990] in Dreptul Nr.3/2009, S. 78-110.

58 *Viorel Pașca, Claudia Roșu* (I), *Șerban Beligrădeanu* (II), Natura juridică a încheirerii pronunțate de către judecătorul-delegat la oficiul registrului comerțului și calea de atac împotriva acesteia [Die Rechtsnatur des durch den Registerrichter ausgesprochenen Beschlusses und die Rechtsmittel dagegen], in Dreptul Nr. 5/1999, S. 64-73

durch Beschwerde[59] (rum. *recurs*) angefochten werden. Über die Beschwerde entscheidet der örtlich zuständige Appellationsgerichtshof. Eine von dem Registerrichter durch den Eintragungsbeschluss entschiedene Eintragung wird innerhalb von 24 Stunden im Handelsregister vermerkt.

Im Vergleich mit der früheren Lage wurde das Eintragungsverfahren von Handelsgesellschaften ins Handelsregister Mitte 2001 und schließlich mit dem Gesetz Nr. 359/2004[60] durch Einführung von sog. Einheitsbüros *(birou unic)* zur Handelsregistereintragung und zur Genehmigung der Tätigkeitsaufnahme von Kaufleuten erheblich vereinfacht und insbesondere verkürzt. Dadurch werden alle bei der Handelsregistereintragung oder bei der Tätigkeitsaufnahmegenehmigung von Kaufleuten beteiligten Behörden wie z. B. Technischer Arbeitsschutz, Gesundheitsamt, Feuerwehr, etc. verpflichtet, entscheidungsberechtigte Vertreter dauerhaft an das Einheitsbüro des örtlichen Kreisgerichtshofs zum Zwecke der Erteilung der gesetzlich vorgesehenen Zustimmungen zur Eintragung von Handelsgesellschaften ins Handelsregister zu entsenden. Der Vertreter der zukünftigen Gesellschaft ist nur verpflichtet, den typisierten Eintragungsantrag der Gesellschaft bei dem Einheitsbüro einzureichen. Das Einheitsbüro hat dann alle notwendigen Zustimmungen einzuholen und dem Antragsteller die Eintragungsbescheinigung binnen 20 Kalendertagen auszuhändigen.

Nach Art. 74 HGG haben alle im Handelregister eingetragenen Handelsgesellschaften auf Geschäftsbriefen, insbesondere als Rechnungen, Angeboten, Bestellungen, Preislisten, Werbungsprospekten usw., sog. **Angaben auf Geschäftsbriefen** zu machen. Dazu zählen die Firma, die Rechtsform und der Sitz der Gesellschaft, das Registergericht des Sitzes der Gesellschaft, die Nummer der Eintragung in das Handelregister sowie die Einheitssteuernummer der jeweiligen Gesellschaft. Die Gesellschaften mit beschränkter Haftung haben auch das Stammkapital und die Aktiengesellschaften das gezeichnete und das eingezahlte Grundkapital anzugeben. Im Fall einer Zweigniederlassung sind

---

59 *Crenguța Leaua*, Unele aspecte privitoare la procedura necontencioasă și procedura contencioasă de soluționare a cererii de inmatriculare a societății comerciale și a cererilor de inregistrare de mențiuni [Einige Aspekte des einvernehmlichen Verfahrens und des Gerichtsverfahrens bezüglich der Eintragungsanträge von Handelsgesellschaften sowie der Anträge zur Änderung von Handelsregistereintragungen] in Dreptul Nr. 2/2002, S. 86-111; ebenso *Crenguța Leaua*, (oben Fußn. 53), S. 114-135.

60 Das Gesetz Nr. 359/2004 zur Vereinfachung der Eintragungsformalitäten im Handelregister von natürlichen Personen, Familienvereinigungen und juristischen Personen sowie deren steuerliche Erfassung und Genehmigung der Tätigkeitsaufnahme von juristischen Personen hat die frühere, durch die Dringlichkeitsanordnung Nr. 76/2001 über die Vereinfachung der Verwaltungsformalitäten zur Eintragung und Genehmigung der Tätigkeitsaufnahme von Kaufleuten, neue Veröffentlichung im M. Of. Nr. 413/14.06.2002, aufgehoben und zwischen 2001 – 2004 festgestellte Schwächen der Gesetzeslage verbessert.

neben den bereits erwähnten Angaben noch zusätzlich das Registergericht des Sitzes der Zweigniederlassung und die Nummer der Eintragung der jeweiligen Zweigniederlassung in das Handelsregister anzugeben.

Sämtliche **Änderungen** der Gründungsurkunde, z.b. bezogen auf die Sitzverlegung der Gesellschaft, den Unternehmensgegenstand, das Gesellschaftskapital, die Verschmelzung und die Teilung, die Verkürzung oder Verlängerung der Dauer der Gesellschaft etc., müssen durch den Geschäftsführer bzw. Vorstand bei dem Handelsregister angemeldet werden. Dabei sind der Gesellschafterbeschluss bezüglich der vorgenommenen Änderung sowie eine nach der Änderung aktualisierte Fassung der Gründungsurkunde vorzulegen. Über die Eintragung der Änderung entscheidet der Registerrichter durch Eintragungsbeschluss (Art. 204 Abs. (4) HGG). Das Handelsregister hat von Amts wegen für die Veröffentlichung des Gesellschafterbeschlusses zur Änderung der Gründungsurkunde auf Kosten der Gesellschaft im Amtsblatt, Teil IV Sorge zu tragen.

Der Beschluss der Gesellschafter zur **Auflösung** der Gesellschaft muss gem. Art. 232 HGG in das Handelsregister eingetragen und im Amtsblatt Rumäniens bekannt gemacht werden. Weitere eintragungspflichtige Tatsache ist die Auflösung der Gesellschaft durch Gerichtsurteil in den vom Gesetz vorgesehenen Fällen. Die nach der Auflösung durchgeführte **Liquidation** der Gesellschaft (Art. 237 Abs. (6) HGG) muss ebenso ins Handelsregister eingetragen werden und wird durch Löschung der Gesellschaft aus dem Handelsregister vollendet (Art. 237 Abs. (9) HGG).

Im Folgenden werden die besonderen Publizitätsregelungen der einzelnen Gesellschaftsarten dargelegt. Im Übrigen sei auf die bereits ausführlich erläuterten allgemeinen Regelungen verwiesen.

Spezielle Bestimmungen zur Publizität bei der **offenen Handelsgesellschaft** sind in Art. 204 Abs. (6) HGG geregelt, wonach die Urkunde über die Änderung des Gesellschaftsvertrages einer offenen Handelsgesellschaft in öffentlich beurkundeter Form beim Amt für das Handelsregister zu hinterlegen und einzutragen ist, ohne dass eine Veröffentlichung im Amtsblatt Rumäniens zwingend ist. Das rechtskräftige Urteil über den Ausschluss eines Gesellschafters aus einer offenen Handelsgesellschaft ist in das Handelsregister einzutragen.

Bei der **Kommanditgesellschaft** ist die Sondervollmacht für die Betätigung bestimmter Geschäfte durch einen Kommanditisten gem. Art. 89 Abs. (1) HGG in das Handelsregister einzutragen. Bezüglich der Publizitätsanforderungen bei der Änderung der Gründungsurkunde und des Ausschlusses von Gesellschaftern gilt das Gleiche wie bei der offenen Handelsgesellschaft.

Auch für die Gründung einer **Aktiengesellschaft** sind die allgemeinen Publizitätserfordernisse zu beachten. Indessen gelten bzgl. der Gründung einer Aktiengesellschaft durch öffentliche Zeichnung besondere Formvorschriften. So ist der Zeichnungsprospekt der Gründer vor dessen Veröffentlichung beim Amt für das Handelsregister zu hinterlegen. Die Übergabe und Rückerstattung von Einzahlungen, die zur Gründung der Aktiengesellschaft durch öffentliche Zeichnung geleistet wurden, sind nach Vorlage einer Bescheinigung des Amtes für das Handelsregister über die Eintragung der Gesellschaft an die dazu berechtigten Personen zu übergeben. Bei der Liquidation der Aktiengesellschaft ist zu beachten, dass im Falle der Bestellung eines oder mehrerer Vorstände bzw. Mitglieder des Direktorats als Liquidatoren der Gesellschaft, deren Bericht über die Geschäftsführung der Gesellschaft beim Amt für das Handelsregister zu hinterlegen und zusammen mit der Schlussbilanz der Liquidation im Amtsblatt Rumäniens zu veröffentlichen ist (Art. 266 Abs. (1) HGG).

Bei der **Kommanditgesellschaft auf Aktien** gelten bzgl. der Liquidation die gleichen Publizitätsanforderungen wie bei der offenen Handelsgesellschaft (Art. 264 Abs. (1)). Somit findet Art. 266 Abs. (1) HGG auch auf die Kommanditgesellschaft auf Aktien Anwendung.

Der Ausschluss der Gesellschafter einer **Gesellschaft mit beschränkter Haftung** folgt denselben Publizitätsvorschriften wie bei der offenen Handelsgesellschaft. Die Übertragung von Geschäftsanteilen an einer Gesellschaft mit beschränkter Haftung ist gem. Art.203 Abs. (1) HGG in das Handelsregister einzutragen. Eine Übertragung ist Dritten gegenüber nur wirksam, wenn sie in das Handelsregister eingetragen wurde.

Die Entstehung einer **Wirtschaftlichen Interessenvereinigung** (GIE) ist von der Eintragung der Vereinigung in dem am Sitz der GIE geführten Handelsregister abhängig. Ab Datum der Bekanntmachung erlangt die Vereinigung die Fähigkeit, im eigenen Namen Träger von Rechten und Pflichten zu sein. Vor der Eintragung der Vereinigung haften die natürlichen Personen, Gesellschaften oder andere juristischen Einheiten, die Handlungen vorgenommen haben unbeschränkt und gesamtschuldnerisch, falls sie im Namen der Vereinigung gehandelt haben, es sei denn, dass die GIE die Haftung dafür übernimmt. Die Publizitätswirkungen der Offenlegung einer GIE richten sich nach den allgemeinen Bestimmungen hinsichtlich der Publizität von Handelsgesellschaften.

2.5 Die Rechtslage der Handelsgesellschaften vor der Eintragung

Nach deutschem Recht[61] unterscheidet man zwischen Vorgründungsgesellschaft und Vorgesellschaft. Das rumänische HGG selbst (Art. 36 Abs. 2 Buchst. b) und c)) verlangt als Voraussetzung für die Eintragung der Gesellschaft den Nachweis über die Einzahlung der übernommenen Bareinlagen, was zuerst die Eröffnung eines Kontos der Gesellschaft voraussetzt bzw. den Nachweis eines Mietvertrages bezüglich des Firmensitzes, was wiederum den Abschluss dieses Mietvertrages vor der Eintragung der jeweiligen Gesellschaft mit sich bringt. Darüber hinaus verlangt Art. 36 Abs. 2 Buchst. e) HGG als Voraussetzung der Eintragung, die Vorlage aller Unterlagen bezüglich der im Namen der Gesellschaft vor der Eintragung eingegangenen Rechtsgeschäften samt Zustimmung der Gesellschafter darüber.

Daraus ist herzuleiten, dass im Namen der Gesellschaft bereits vor ihrer Eintragung, also vor der Erlangung ihrer Rechtsfähigkeit, Rechtsgeschäfte getätigt werden müssen. Nach Art. 53 Abs. (1) HGG gelten die im Verlauf der Gründung (also vor der Eintragung) im Namen der Gesellschaft abgeschlossenen Rechtsgeschäfte als Rechtsgeschäfte derjenigen, die als Gründer oder Vertreter der Gesellschaft oder anderer Personen die für die Gesellschaft tätig waren. All diese Personen haften Dritten gegenüber unbegrenzt und solidarisch für die getätigten Rechtsgeschäfte. Nur wenn die Gesellschaft nach ihrer Eintragung die Rechtsgeschäfte genehmigt, gelten sie als von Anfang an als Rechtsgeschäfte der Gesellschaft.

Eine Ausnahme davon besteht allein für diejenigen Gesellschaften, welche wegen der Besonderheiten ihres Unternehmensgegenstandes eine staatliche Genehmigung benötigen (z. B. Bankgesellschaften, Versicherungsgesellschaften etc.). In einem solchen Fall bestimmt Art. 53 Abs. (2) HGG, dass die vor der Eintragung eingegangene Rechtsgeschäfte, Rechtsgeschäfte der Gesellschaft selbst sind, es sei denn, die benötigte Genehmigung wird nicht erteilt.

Die Rechtsnatur der im Namen der Gesellschaft eingegangenen Rechtsgeschäfte vor ihrer Eintragung ist umstritten[62]. In Anlehnung an Art. 33 Abs. (3) des Dekrets 31/1954 – PersDekr wird davon ausgegangen, dass mit Abschluss des Gesellschaftsvertrages die Gesellschaft über eine begrenzte Rechtsfähigkeit für all die für ihre Eintragung notwendigen Rechtsgeschäfte verfügt. Die Gesellschaft entsteht als juristische Person, erlangt also Rechtsfähigkeit erst mit der Eintragung im Handelsregister (Art. 41 Abs. 1 HGG i. V. m. Art 33 Abs. 1 PersDekr). Daraus folgt, dass die Gründer bzw. Vertreter der Gesell-

---

61 Siehe beispielhaft *Olivier Fehrenbacher* in *Helmut Büchel / Wolf-Georg Freiherr von Rechenberg* (nachfolgend *Büchel/von Rechenberg*), Handbuch des Fachanwalts Handels- und Gesellschaftsrecht, Luchterhand 2009, in Bezug auf die GmbH, S. 589-602, in Bezug auf die AG, S. 937-946.

62 Für eine Darstellung der Meinungen siehe *Stanciu D. Cărpenaru* (oben Fußn. 5), S.201 f.

schaft, die vor der Eintragung abgeschlossenen Rechtsgeschäfte, im eigenen Namen aber auf Rechnung der Gesellschaft abschließen. Da solche Rechtsgeschäfte *ab origine* auf Rechnung der Gesellschaft abgeschlossen wurden, gelten sie als Rechtsgeschäfte der Gesellschaft[63] selbst ab deren Abschlussdatum.

2.6 Die Versäumung der Eintragung, die fehlerhafte Eintragung und deren Behebung

Art. 36 Abs. (1) HGG verpflichtet die Gründer, die erstbestellten Geschäftsführer oder je nach Fall die erstbestellten Mitglieder des Verwaltungsrates bzw. des Direktoriums oder des Aufsichtsrats[64] oder deren Vertreter binnen 15 Tagen nach Abschluss der Gründungsurkunde den Antrag zur Eintragung der Gesellschaft ins Handelsregister zu stellen. Wenn die zur Anmeldung der Gesellschaft bestimmten Gesellschafter bzw. Organträger der Gesellschaft die gesetzliche Anmeldeverpflichtung innerhalb der gesetzlichen Frist **versäumen**, so ist jeder Gesellschafter nach deren Inverzugsetzung und Ablauf einer Frist von 8 Tagen berechtigt, den Antrag zur Eintragung der Gesellschaft ins Handelsregister zu stellen. Versäumen auch die anderen Gesellschafter die Anmeldung und Eintragung der Gesellschaft, so sind nach Art. 47 Abs. (2) HGG alle Gesellschafter nach Ablauf einer Frist von 3 Monaten nach Abschluss der Gründungsurkunde von ihrer Einbringungsverpflichtung befreit. Dies geschieht jedoch nur dann, wenn es im Gesellschaftsvertrag nicht anders vereinbart wurde (z. B. die Nichtbefreiung der Einbringungsverpflichtung in einem solchen Fall).

Soweit bei der Überprüfung des Eintragungsantrags der Registerrichter von Amts wegen oder auf Antrag jeder interessierten Person Eintragungshindernisse feststellt, fordert er die Gesellschafter zur Behebung der jeweiligen Hindernisse (Art. 46 Abs. (1) HGG). Werden die Eintragungshindernisse innerhalb der gesetzten Frist behoben, wird die Gesellschaft im Handelsregister eingetragen, ansonsten wird die Eintragung durch motivierten Beschluss verweigert.

Nachdem die Eintragung erfolgt ist, ist die Handelsgesellschaft verpflichtet, die eingetragenen und veröffentlichten Tatsachen auf deren Richtigkeit hin zu überprüfen. Die Wirkungen einer **fehlerhaften Eintragung** sind in Art. 47 HGG geregelt. Die Handelsgesellschaften selbst sind für die Richtigkeit des Handelsregisters verantwortlich. Dies ergibt sich aus Art. 48 Abs. (1) HGG, wonach festgestellte Unregelmäßigkeiten durch die Gesellschaft innerhalb von

---

63 C.S.J., Handelssenat, Urteil Nr. 1029/1996 in Dreptul Nr. 7/1997, S. 102

64 Wörtlich geschäftsführendes Leitungsorgan (Direktorium, rum. *directorat*) bzw. überwachendes Aufsichtsorgan (rum. *consiliu de supraveghere*). Entspricht dem dualistischen System zur Führung einer Aktiengesellschaft durch Vorstand und Aufsichtsrat nach deutschem Recht.

höchstens 8 Tagen seit ihrer Feststellung zu beseitigen sind. Kommt die Gesellschaft dieser Verpflichtung nicht nach, so ist jeder Dritte berechtigt, einen Antrag auf Berichtigung bei dem zuständigen Kreisgerichtshof zu stellen (Art. 48 Abs. (2) HGG). Die Gesellschafter, die Vertreter der Gesellschaft und die erstbestellten Mitglieder der Führungsorgane, haften unbegrenzt und solidarisch für den durch die Unregelmäßigkeiten bei der Eintragung verursachten Schaden (Art. 49 HGG).

Die Behebung der nach der Eintragung festgestellten Unregelmäßigkeiten obliegt hautsächlich den Gesellschaftern und den Mitgliedern der Führungsorgane der Gesellschaft, kann aber von jeder interessierten Person, z. B. Gläubigern der Gesellschaft, angestrebt werden. Prozessualrechtlich erfolgt dies durch Erhebung einer sog. **Behebungsklage**[65] (rum. *acțiune în regularizare*) bei dem zuständigen Kreisgerichtshof. Die Erhebung der Behebungsklage verjährt ein Jahr nach Eintragung der Gesellschaft im Handelsregister (Art.48 Abs. (3) HGG).

2.7 Nichtigkeit von Handelsgesellschaften

Wurde eine Gesellschaft im Handelsregister eingetragen und wird trotz richterlicher Kontrolle der Eintragung im Nachhinein festgestellt, dass die Eintragung gegen zwingendes Recht verstößt, so ist die jeweilige Gesellschaft nichtig. Die Nichtigkeitsgründe sind abschließend als numerus clausus von Art. 56 HGG festgelegt[66]. Die Nichtigkeitserklärung einer eingetragenen Gesellschaft aus anderen als den vom Gesetz ausdrücklich festgelegten Gründen ist ausgeschlossen. Eine Gesellschaft ist nichtig, wenn der Gesellschaftsvertrag bzw. die Gründungsurkunde fehlt oder nicht notariell beurkundet wurde, obwohl das Gesetz dies zwingend vorsah, wenn alle Gründer bei der Errichtung der Gesellschaft geschäftsunfähig waren, wenn der Unternehmensgegenstand illegal ist oder gegen die guten Sitten verstößt, wenn der Beschluss des Registerrichters zur Eintragung der Gesellschaft fehlt oder wenn die administrative Genehmigung bei einer genehmigungspflichtigen Gesellschaft fehlt. Die Gesellschaft ist zudem nichtig, wenn der Gesellschaftsvertrag bzw. die Gründungsurkunde die Firma der Gesellschaft, den Unternehmensgegenstand, die Einlagen der Gesellschafter oder das Stammkapital nicht ausdrücklich benennt, wenn das gesetzlich vorgesehene Mindestkapital unterschritten wurde und schließlich, wenn die Mindestzahl der Gesellschafter für die jeweilige Gesellschaftsform nicht eingehalten wurde.

Die richterliche Kontrolle der Nichtigkeit einer Gesellschaft wird durch die Erhebung einer sog. Nichtigkeitsklage der Gesellschaft[67] (*acțiune în anula-*

---

65 Siehe *Stanciu D. Cărpenaru* (oben Fußn. 5), S. 205 f.; *Crenguța Leaua*, (oben Fußn. 53), S. 136-147.

66 Siehe ähnliche Gesetzesbestimmungen nach deutschem Recht in § 246 AktG, § 75 GmbHG.

67 *Stanciu D. Cărpenaru* (Fußn. 5), S. 205 f.; *Crenguța Leaua*, (Fußn. 53), S. 148-157.

rea societății) eingeleitet. Die Nichtigkeitsklage kann von jedermann erhoben werden und ist unverjährbar. Wenn während des Gerichtsverfahrens zur Feststellung der Nichtigkeit der Gesellschaft der Nichtigkeitsgrund behoben wird, wird die Nichtigkeitsklage abgewiesen. Wird der Nichtigkeitsklage stattgegeben und das Urteil vollstreckbar, wird die Gesellschaft liquidiert (Art. 58 Abs. (1) HGG). Das Gericht bestellt zugleich einen Liquidator, welcher das Liquidationsverfahren nach den dafür geltenden gängigen Gesetzbestimmungen durchführt.

Zum Schutz des Rechtsverkehrs hat die Nichtigkeit der Gesellschaft keine rückwirkende Wirkung. Sie hat die gleichen Rechtsfolgen wie die Auflösung der Gesellschaft. Die durch die Gesellschaft vor der Feststellung der Nichtigkeit eingegangenen Rechtsgeschäfte bleiben davon unberührt. Weder die Gesellschaft noch die Gesellschafter können den gutgläubigen Dritten die Nichtigkeit der Gesellschaft entgegenhalten. Bei der Nichtigkeit der Gesellschaft haften die Gesellschafter für die Verpflichtungen der Gesellschaft solidarisch oder begrenzt, je nach den für die jeweilige Gesellschaft geltenden Grundsätzen.

Nach gerichtlicher Feststellung der Nichtigkeit benachrichtigt das Gericht von Amts wegen das Handelsregister. Das Handelsregister vermerkt das Urteil und veröffentlicht es im Amtsblatt. Schließlich wird die Gesellschaft nach Beendigung des Liquidationsverfahrens aus dem Handelsregister gelöscht.

3. Die Funktionsweise von Handelsgesellschaften

3.1 Allgemeines

Der von dem HGG angewandte Begriff Funktionsweise von Handelsgesellschaften entspricht in etwa dem Begriff Organisationsverfassung von Handelsgesellschaften nach deutschem Recht. Die Organisationsverfassung einer jeden Handelsgesellschaft wird vom Gesetz meistens durch unnachgiebiges Recht bestimmt. Dies bezieht sich sowohl auf die Organe der Gesellschaft und deren interne Organisation bzw. Arbeitsweise, als auch auf deren Zuständigkeiten[68]. Daraus folgt, dass die Gesellschafter für die von ihnen gewählte Gesellschaftsform nicht andere als die vom Gesetz vorgeschriebenen Organe bestimmen und bei gleichen Organen der Gesellschaft deren Zuständigkeiten nicht anders als vorgegeben gestalten dürfen. Die vom Gesetz bestimmte Trennung zwischen den Organen der Gesellschaft muss von den Gesellschaftern eingehalten werden. Die Gestaltungsfreiheit der Gesellschafter in diesem Bereich ist allein auf die durch nachgiebiges Recht bestimmten Gesetzesvorschriften begrenzt.

---

68 So *Stanciu D. Cărpenaru* (Fußn. 5), S. 222.

Bei der Funktionsweise einer Handelsgesellschaft geht es im Kern um die Führung der Gesellschaft durch die von der Gesellschafterversammlung gefassten Beschlüsse, die Umsetzung dieser Beschlüsse durch die Geschäftsführung der Gesellschaft und um die Aufsicht der Arbeit der Geschäftsführung durch das dafür vorgesehene Aufsichtsorgan. Aus der Rechtsnatur einer Handelsgesellschaft ist zu entnehmen, dass der Schlusszweck all dieser Vorgänge die Erzielung von Gewinn unter Beachtung der geltenden Gesetzesbestimmungen und der Regelungen des jeweiligen Gesellschaftsvertrags ist. Der Gewinn wird zwischen den Gesellschafter verteilt und in Form von Dividenden ausgeschüttet.

Eine Handelsgesellschaft hat kein eigenes Leben, sie ist ein Rechtsgebilde. Demzufolge verfügt eine Handelsgesellschaft auch nicht über einen eigenen Gesellschaftswillen. Die innere Willensbildung[69] einer Handelsgesellschaft erfolgt durch die Willensbildungsorgane der jeweiligen Gesellschaft. Sie sind in der Regel Kollektivorgane und entscheiden in Bezug auf verschiedene Anträge durch Beschlüsse. Träger des Beschlusses ist das Kollektivorgan und durch dieses, die Handelsgesellschaft selbst. Je nach Gesellschaftsform werden die Beschlüsse nach Mehrheits- bzw. Einstimmigkeitsprinzip gefasst.

Das Kollektivorgan einer Handelsgesellschaft ist meistens die Gesellschafterversammlung. Die Gesellschafterversammlung[70] (wörtlich nach HGG, Generalversammlung - *adunarea generală*), nachfolgend nach rumänischer Rechtsterminologie als **Generalversammlung**[71] bezeichnet, führt die Gesellschaft durch die gesetzmäßig gefassten Beschlüsse. Je nach Organisationstiefe der jeweiligen Handelsgesellschaft enthält das HGG mehr oder weniger Gesetzesbestimmungen bezüglich ihrer Generalversammlung. Die meisten davon betreffen die Aktiengesellschaft, welche als die komplexere von allen Handelsgesellschaften gilt. So unterscheidet Art. 110 Abs. (1) HGG bei Aktiengesellschaften zwischen **ordentlicher Generalversammlung** (rum. *adunarea generală ordinară*) und **außerordentlicher Generalversammlung** (rum. *adunarea generală extraordinară*). Darüber hinaus sieht Art. 116 HGG auch eine sog. **Sonderversammlung** (rum. *adunarea specială*) vor. Allen Arten von Generalversammlungen ist charakteristisch, dass sämtliche Gesetzesvorschriften bezüglich der Einberufung, Haltung, Stimmrechtabgabe, Beschlussfassung und Protokollierung der Sitzung der Generalversammlung strikt einzuhalten

---

69   Siehe *Stanciu D. Cărpenaru* (Fußn. 5), S. 221 f.; *Cristian Gheorghe* (Fußn. 31), S. 70-76.

70   Terminologisch gibt es nach rumänischem Recht nicht zwei unterschiedliche Rechtsbegriffe, Gesellschafterversammlung für die Personengesellschaften und GmbH und Hauptversammlung für die Aktiengesellschaft, wie im deutschen Recht.

71   *Stanciu D. Cărpenaru* (Fußn. 5), S. 222-229; *O. Căpăţînă* (Fußn. 5), S. 309-318.

sind, um wirksame Beschlüsse[72] hervorzubringen. Die Beschlüsse können aus formellen oder aus materiellen Gründen fehlerhaft sein. Die Korrektur der rechtswidrigen Beschlüsse erfolgt durch Erhebung von Nichtigkeits- bzw. Anfechtungsklagen[73].

Die von der Gesellschafterversammlung gefassten Beschlüsse werden von der **Geschäftsführung** der jeweiligen Gesellschaft umgesetzt. Dadurch erfolgen zugleich auch die Verwaltung und die Führung[74] der jeweiligen Gesellschaft. Art. 70 HGG erfasst alle Führungsträger einer Handelsgesellschaft unter der Gattungsbezeichnung Verwalter[75] (rum. *administrator*), nachfolgend jedoch nach deutscher Rechtsterminologie als Geschäftsführer bzw. Vorstand benannt. Die Geschäftsleitung besteht bei einigen Gesellschaftsformen aus einem oder mehreren Geschäftsführern und bei einer Aktiengesellschaft, je nach Struktur der Geschäftsleitung, aus einem Verwaltungsrat (monistisches System) oder in einem geschäftsführenden Leitungsorgan (sog. Direktorium) und einem überwachenden Aufsichtsorgan (dualistisches System). Normalerweise sind die Geschäftsführer natürliche Personen, aber im Falle einer Aktiengesellschaft erlaubt Art. 153[13] Abs. (2) auch die Bestellung einer juristischen Person[76] als Geschäftsführer. Die Handelsgesellschaft wird gem. Art. 71 HGG durch einen oder mehrere Geschäftsführer vertreten[77], wobei sie grundsätzlich ihre Vertretungsbefugnis nicht auf einen Dritten übertragen dürfen, es sei denn, dass sie durch die Satzung der Gesellschaft dazu ermächtigt wurden (Art. 71 Abs. (1) HGG). Die Verpflichtungen und die Haftung des Geschäftsführers gegenüber der Gesellschaft entsprechen den allgemeinen gesetzlichen Bestimmungen über das Mandat[78] sowie den speziellen Bestimmungen des HGG. So haften die Geschäftsführer gegenüber der Gesellschaft nach Art. 73 Abs. (1) HGG so-

---

72 *Stanciu D. Cărpenaru* (Fußn. 5), S. 229 f.; *O. Căpăţînă* (Fußn. 5), S. 318-320.

73 *Stanciu D. Cărpenaru* (Fußn. 5), S. 230 f.; *O. Căpăţînă* (Fußn. 5), S. 320-324; *Crenguţa Leaua*, (Fußn. 53), S. 165-208.

74 *Stanciu D. Cărpenaru* (Fußn. 5), S. 231-251; *O. Căpăţînă* (Fußn. 5), S. 324-342.

75 Zur Rechtsstellung des Geschäftsführers nach rumänischem Recht siehe ausführlich *Gheorghe Piperea*, Drepturile şi răspunderea administratorilor societăţilor comerciale [Die Rechte und die Haftung der Geschäftsführer von Handelsgesellschaften], All Beck, Bukarest 1998.

76 *Cristina Irinel Stoica*, Exercitarea funcţiei de administrator al unei societăţi comerciale de către o persoană juridică [Ausübung des Geschäftsführeramtes durch eine juristische Person],in RRD Nr. 1/1995, S. 87-93; *E. Munteanu*, Unele aspecte privind statutul juridic al administratorilor societăţilor comerciale (I) [Einige Aspekte bezüglich der Rechtsnatur von Geschäftsführer von Handelgesellschaften], in RRD Nr. 3/1997, S. 34-38 und (II) in RRD Nr. 4/1997, S. 76-82.

77 Siehe *Cristina Popa Nistorescu*, Reprezentarea şi mandatul în dreptul privat [Die Vertretung und das Mandat im Privatrecht], All Beck, Bukarest 2004, S. 52-60.

78 Siehe ausführlich über den Mandatsvertrag *Francisc Deak*, Tratat de drept civil – Contracte speciale [Abhandlung des Zivilrechts – Besondere Verträge], in 3 Bände, IV. Auflage, Universul Juridic, Bukarest 2006, Bd. II, S. 215-253; *Cristina Popa Nistorescu*, (Fußn. 77), S. 75-167.

241

lidarisch[79] für den Bestand der von den Gesellschafter eingebrachten Einlagen, den Bestand der ausgeschütteten Dividenden, die einwandfreie Führung aller vom Gesetz vorgesehenen Bücher, die genaue Umsetzung der von Generalversammlungen gefassten Beschlüsse und schließlich die strikte Einhaltung aller vom Gesetz oder vom Gesellschaftsvertrag auferlegten Obliegenheiten. Verstößt der Geschäftsführer gegen ihm per Gesetz oder Gesellschaftervertrag bzw. Geschäftsführervertrag auferlegte Obliegenheiten, steht der Gesellschaft einen Anspruch auf Schadenersatz zu. Dieser Anspruch ist durch eine sog. Klage auf Handlungshaftung[80] (rum. *acțiune în răspundere*) entsprechend Art. 155 HGG einklagbar. Der Beschluss auf Erhebung der Klage wird von der Generalversammlung der Gesellschaft gefasst, welche auch die mit der Erhebung der Klage beauftragte Person bestimmt. Schadenersatzansprüche gegenüber dem Geschäftsführer können auch von Gläubiger der Gesellschaft geltend gemacht werden, allerdings nur, wenn zuvor die Gesellschaft in Insolvenz geraten ist (Art. 73 Abs. (2) HGG).

Im Falle der offenen Handelsgesellschaften, der Kommanditgesellschaften und zum Teil bei Gesellschaften mit beschränkter Haftung erfolgt die **Aufsicht**[81] der Geschäftsleitung durch die Gesellschafter selbst. Bei einer Gesellschaft mit beschränkter Haftung mit mehr als 15 Gesellschaftern sowie bei Aktiengesellschaften, muss die Aufsicht durch ein kollektives, spezialisiertes Kontrollorgan, sog. **Zensoren** (rum. *cenzori*) ausgeführt werden. Es müssen mindestens 3 Zensoren und ein Ausfallvertreter bestellt werden. Einer der Zensoren muss Wirtschaftsprüfer (rum. *expert contabil*) sein. Mit Ausnahme des Wirtschaftsprüfers können die anderen Zensoren Gesellschafter bzw. Aktionäre sein. Bei größeren Aktiengesellschaften kann die Zahl der Zensoren größer sein, sie müssen aber immer in einer ungeraden Zahl bestellt werden. Das Mandat der Zensoren erfolgt für 3 Jahre und kann verlängert werden. Die Zensoren haften gegenüber der Gesellschaft für ihre Tätigkeit. Die Aktiengesellschaften, Kommanditgesellschaften auf Aktien und Gesellschaften mit beschränkter Haftung, welche eine vom Gesetz bestimmten Schwellenwert überschreiten, unterliegen zusätzlich der Prüfungspflicht des Jahresabschlusses (rum. *audit financiar*, wörtlich finanzielles Audit). Die Prüfung des Jahresabschlusses muss durch einen Abschlussprüfer (rum. *auditor financiar*) erfolgen. Nach Art. 160 Abs. (1¹) HGG, unterliegen die Aktiengesellschaften mit dualistischem Führungssystem der Abschlussprüfung, auch wenn die jeweiligen Gesellschaften noch nicht den Schwellenwert überschritten haben.

---

79 Die solidarische Haftung der Geschäftsführer ist ausschließlich auf die vom Gesetz vorgesehenen Tatbestände begrenzt, C.S.J., Handelssenat, Urteil Nr. 2763/2000 in Juridica Nr. 3/2001, S. 138.

80 *Crenguța Leaua*, (Fußn. 53), S. 306-318.

81 *Stanciu D. Cărpenaru* (Fußn. 5), S. 251-255; *O. Căpățînă* (Fußn. 5), S. 342-345.

Bei allen Arten von Handelsgesellschaften wird aufgrund des **geprüften Jahresabschlusses** festgestellt, ob in dem jeweiligen Geschäftsjahr Gewinn oder Verlust erzielt worden ist. Der Gewinn wird normalerweise den Gesellschaftern ausgeschüttet. Ein eventueller Verlust wird, unter bestimmten Grenzen, von der Gesellschaft getragen.

Der Anteil am Gewinn, welcher an jedem Gesellschafter ausgeschüttet wird, stellt sich als **Dividende** dar (Art. 67 Abs. (1) HGG). Es steht also den Gesellschaftern aller Gesellschaftsformen einen Dividendenanspruch[82] zu, es sei denn, die Gesellschaft hat im jeweiligen Geschäftsjahr Verluste erzielt. Der Umfang des Dividendenanspruchs entspricht grundsätzlich der eingezahlten Einlage, es sei denn, im Gesellschaftsvertrag wurde anderes geregelt. Die Ausschüttung von Dividenden hat, insbesondere was die Fälligkeit der Auszahlung anbelangt, dem Beschluss über die Verwendung des Ergebnisses zu entsprechen, darf aber nicht später als 6 Monate nach der Genehmigung des Jahresabschlusses für das abgeschossene Geschäftsjahr erfolgen. Für den Fall, dass die Auszahlung nach Ablauf der 6-monatigen Frist ausbleibt, ist die Gesellschaft zur Zahlung von Schadenersatz in der Höhe des gesetzlichen Zinses an den Gesellschafter verpflichtet, es sei denn, dass im Gesellschaftsvertrag oder in dem Beschluss über die Verwendung des Ergebnisses höhere Zinsen festgelegt wurden (Art. 67 Abs. (2) HGG).

Bei der Verwendung des Bilanzgewinns ist die Generalversammlung an den festgestellten Jahresabschluss gebunden, das heißt, die Ausschüttung von Dividenden darf nur aus dem entsprechend des Gesetzes festgelegten Gewinn erfolgen (Art. 67 Abs. (3) HGG). Im Falle des Verlustes von Grund- bzw. Stammkapital (wörtlich rum. *activ net*, Nettoaktiva) ist eine Ausschüttung von Dividenden verboten, bis das Kapital wiederhergestellt oder eine Kapitalherabsetzung durchgeführt wurde (Art. 69 HGG). Fehlerhaft ausgeschüttete Dividenden müssen rückerstattet werden, wenn die Gesellschaft nachweist, dass die betroffenen Gesellschafter die nicht ordnungsgemäße Ausschüttung kannten oder den Umständen entsprechend hätten kennen müssen. Der Rückerstattungsanspruch der Gesellschaft verjährt in 3 Jahren nach Auszahlung der Dividenden.

---

82 Siehe korrespondierende Gesetzesregelungen in deutschem Recht § 58 Abs. 4 AktG, § 29 Abs.1 GmbH, wobei anstatt des Begriffs „Dividendenanspruch", die Begriffe „Anspruch auf den Bilanzgewinn" bzw. „Anspruch auf den Jahresüberschuss" angewandt werden. Das HGG unterscheidet nicht nach Gesellschaftsform in der Bezeichnung des Anspruchs auf Ausschüttung des Gewinns, sondern wendet den Begriff *„dividende"*, Dividenden ohne Unterscheidung auf alle Gesellschaftsformen an.

Im Falle der Übertragung von Geschäftsanteilen bzw. Aktien steht der Dividendenanspruch dem Zessionär ab dem Zeitpunkt der Übertragung zu, es sei denn, dass die Parteien eine andere Regelung getroffen haben (Art. 67 Abs. (6) HGG).

3.2 Rumänische Handelsgesellschaften im Einzelnen

Im Folgenden werden die verschiedenen Gesellschaftsformen einzeln dargestellt, wobei insbesondere die jeder Gesellschaftsart immanenten Eigentümlichkeiten hervorgehoben werden. Dabei liegen die Schwerpunkte auf dem Begriff der jeweiligen Gesellschaft, Besonderheiten bei der Gründung und bei der Haftung, Führung und Vertretung, Übertragung von Geschäftsanteilen, sowie Austritt und Ausschließung aus der Gesellschaft und schließlich Auflösung und Liquidation der Gesellschaft. Die Problematik der Veränderungen von Handelsgesellschaften, die Besonderheiten der Rechnungslegung und Rechnungsprüfung sowie der Nebensitze von Handelsgesellschaften werden dann gemeinsam für alle Gesellschaftsformen im Anschluss dargelegt.

3.2.1 Die offene Handelsgesellschaft (*societatea în nume colectiv - SNC*)

Die **offene Handelsgesellschaft**[83] (SNC) ist eine von zwei oder mehreren Gesellschaftern gebildete Personengesellschaft, die mit ihrem Gesellschaftsvermögen für Verbindlichkeiten **haftet**. Zudem haften auch alle Gesellschafter der offenen Handelsgesellschaft gem. Art. 85 Abs. (1) HGG für die im Namen der Gesellschaft von ihren Vertretungsberechtigten vorgenommenen Geschäfte unbeschränkt und gesamtschuldnerisch. Die Haftung der Gesellschafter ist jedoch subsidiär[84], die Gläubiger der Gesellschaft müssen zuerst gegen die Gesellschaft vorgehen und nur wenn die Gesellschaft nach 15 Tagen der Inverzugsetzung nicht zahlt, können sie Ansprüche gegen den Gesellschafter geltend machen (Art. 3 Abs. (2) HGG). Dabei reicht es aus, wenn ein Urteil gegen die Gesellschaft vorliegt. Es kann bei Nichtzahlung durch die Gesellschaft auch gegen die Gesellschafter vollstreckt werden (Art. 85 Abs. (2) HGG).

Eine offene Handelsgesellschaft wird durch **Gesellschaftsvertrag gegründet**. Gesellschafter können sowohl natürliche Personen als auch juristische Personen sein. Natürliche Personen als Gesellschafter müssen nicht selbst Kaufleute[85] sein, um Gesellschafter einer offenen Handelsgesellschaft werden zu dürfen. Da die gegründete offene Gesellschaft mit Eintragung juristische Per-

---

83 Siehe *Stanciu D. Cărpenaru* (Fußn. 5), S. 305-320; Aus deutscher Sicht siehe beispielhaft *Michael Dröge / Hans-Jörg Simon* in *Büchel/von Rechenberg* (Füßn. 61), S. 369-408.
84 *Stanciu D. Cărpenaru* (Fußn. 5), S. 313.
85 *Stanciu D. Cărpenaru* (Fußn. 5), S. 307.

son wird, tätigt sie selbst Handelsgeschäfte und nicht ihre Gesellschafter. Der Gesellschaftsvertrag zur Errichtung einer offenen Gesellschaft muss notariell beurkundet werden um wirksam und somit eintragungsfähig zu sein (Art. 5 Abs. (6) Buchst. b) HGG). Der Inhalt des Gesellschaftsvertrages zur Errichtung einer offenen Handelsgesellschaft muss der Anforderungen des Art. 7 HGG genügen.

Die **Firma** der offenen Handelsgesellschaft muss den Namen mindestens eines der Gesellschafter mit dem ungekürzten Zusatz *„societate în nume colectiv"* enthalten (Art. 32 HRG).

Das Gesetz enthält keine Bestimmung über ein **Mindestkapital** der offenen Handelsgesellschaft. Es wird also den Gesellschaftern überlassen, darüber im Gesellschaftsvertrag zu entscheiden. Bei der Bildung des Gesellschaftskapitals sind sowohl Bar- als auch Sacheinlagen einschließlich Forderungen zugelassen. Zahlt jedoch der Drittschuldner die eingebrachte Forderung bei Fälligkeit nicht, so hat der einbringende Gesellschafter für die Forderung, für Zinsen seit Fälligkeit und für den entstandenen Schaden einzustehen (Art. 84 HGG). Darüber hinaus ist bei dieser Gesellschaftsart auch die Einbringung von Arbeitsleistungen möglich. Die Arbeitsleistungen können jedoch nicht für die Bildung des Gesellschaftskapitals oder für eine Kapitalerhöhung eingesetzt werden (Art. 16 Abs. (5) HGG). Im Gesellschaftsvertrag sind die Kapitalanteile aller Gesellschafter und die Fälligkeit deren Einlagen zu bestimmen. Die übernommenen Einlagen müssen vollständig eingezahlt werden, um die Eintragung der Gesellschaft zu ermöglichen (Art. 9 HGG).

Der Geschäftsanteil eines Gesellschafters ist **übertragbar,** wenn dies im Gesellschaftsvertrag ausdrücklich vorgesehen ist (Art. 87 Abs. (1) HGG). Da aber die offene Gesellschaft in Kern auf die besondere Beziehung *intuitu personae* zwischen den Gesellschaftern aufbaut, muss dem Austritt bzw. dem Eintritt eines neuen Gesellschafters von den anderen Gesellschaftern zugestimmt werden. Da der Gesellschaftsvertrag einvernehmlich von den Gesellschaftern abgeschlossen ist, ist nicht ersichtlich, warum in nachhinein dieselben Gesellschafter, auch einvernehmlich, der Abtretung nicht zustimmen können, auch wenn darüber im Gesellschaftsvertrag keine Klausel enthalten ist. Ist in der beschriebenen Konstellation eine Einigung bezüglich der Abtretung erzielt, ist sie wirksam[86]. Die Übertragung des Geschäftsanteils erfolgt durch einen Abtretungsvertrag und hat den Grundsätzen der Art. 1391 -1398 C. civ. über

---

[86] *Stanciu D. Cărpenaru* (Fußn. 5), S. 314; C.S.J., Handelssenat, Urteil Nr. 162/1996 in Dreptul Nr. 8/1996, S. 138; C.S.J., Handelssenat, Urteil Nr. 62/1996 in RRD Nr. 3 1997, S. 116.

die Forderungsabtretung[87] zu entsprechen. Aus der notariellen Form zur Errichtung der Gesellschaft folgt auch die notarielle Form des Abtretungsvertrages bezüglich des jeweiligen Geschäftsanteils[88]. Durch die Abtretung des jeweiligen Geschäftsanteils wird der Zessionär Gesellschafter der offenen Gesellschaft. Der Zedent scheidet zugleich aus der Gesellschaft aus, haftet aber weiterhin für die Verpflichtungen der Gesellschaft bis zum Zeitpunkt des Ausscheidens gegenüber den anderen Gesellschaftern und bis zum Zeitpunkt der Eintragung des Gesellschafterwechsels im Handelsregister gegenüber Dritten (Art. 87 Abs. (2) i. V. m. Art 225 HGG).

Bezüglich einer **Generalversammlung** der offenen Handelsgesellschaft und deren Ablauf, enthält das Gesetz keine ausdrücklichen Bestimmungen. Aus Art. 77 HGG wird abgeleitet, dass bei der Bestellung des Geschäftsführers die Beschlussfassung mit der absoluten Mehrheit des Gesellschaftskapitals zu erfolgen hat. Dies gilt auch analog für die Abbestellung von Geschäftsführern, es sei denn, dass sie durch den Gesellschaftsvertrag bestellt wurden. In diesem Fall ist der Abberufungsbeschluss einstimmig von allen Gesellschaftern zu fassen. Dies gilt ebenso bei einer Änderung des Gesellschaftsvertrages. Die Ausübung des Stimmrechts erfolgt proportional zu der Beteiligung an dem Gesellschaftskapital (analoge Anwendung des Art. 188 HGG betreffend GmbH). Fehlerhafte Beschüsse können mittels einer Anfechtungsklage[89] aufgehoben bzw. korrigiert werden.

Als **Geschäftsführer** kommen sowohl Gesellschafter der offenen Gesellschaft als auch Fremdgeschäftsführer in Betracht. Die Bestellung erfolgt mittels Gesellschaftsvertrag oder durch Beschluss der Gesellschafter. Für den Fall, dass mehrere Geschäftsführer bestellt wurden, bestimmt Art. 75 HGG, dass jeder von ihnen die Gesellschaft vertritt, es sei denn, dass in dem Gesellschaftsvertrag etwas anderes vereinbart wurde. Soweit die Geschäftsführer laut Gesellschaftsvertrag gemeinsam arbeiten sollen, sind die Entscheidungen der Geschäftsführung einstimmig zu fassen. Lässt sich die Einstimmigkeit nicht erzielen, so entscheiden darüber die Gesellschafter mit der absoluten Mehrheit des Gesellschaftskapitals (Art. 76 Abs. (1) HGG).

Alle Gesellschafter, welche nicht zugleich Geschäftsführer sind, haben ein **Kontrollrecht** im Bezug auf die Tätigkeit der Gesellschaft, das Einsehen der

---

87 Siehe allgemein zum Forderungsabtretungsvertrag *Liviu Pop*, Cesiunea de creanță în dreptul civil român [Die Forderungsabtretung in rumänischem Zivilrecht], in Dreptul Nr. 3/2006, S. 9-34
88 So *Stanciu D. Cărpenaru* (Fußn. 5), S. 314.
89 *O. Căpățînă* (Fußn. 5), S. 322 f.

Handelsbücher und die Unterlagen der Gesellschaft. Der Jahresabschluss ist von den Gesellschaftern mit der absoluten Mehrheit des Gesellschaftskapitals zu genehmigen (Art. 86 Abs. (1) HGG).

Art. 969 Abs. 1 C. civ., welcher besagt, dass die gesetzmäßig abgeschlossenen Verträge Gesetzeskraft zwischen den Vertragsparteien haben, verankert in rumänischem Recht den Grundsatz *pacta sunt servanda* des römischen Rechts. Mit anderen Worten, solange der Vertrag Bestand hat, müssen die Vertragsparteien den durch Vertrag übernommenen Verpflichtungen nachkommen[90]. Art. 226 HGG mildert teilweise im Bereich des Gesellschaftsrechts die Härte des Art. 969 Abs. 1 C. civ. und erlaubt in bestimmten Fällen dem Gesellschafter von Personengesellschaften einschließlich der GmbH ein sog. **Austrittsrecht** (*drept de retragere*) aus der Gesellschaft. Die Ausübung des Austrittsrechts ist nur dann möglich, wenn es im Gesellschaftsvertrag vorgesehen ist und unter Einhaltung der dort vorgesehenen Bedingungen. Wurde im Gesellschaftsvertrag nichts darüber vereinbart, ist der Ausritt aus der offenen Handelsgesellschaft nur dann möglich, wenn sich damit alle anderen Gesellschafter einverstanden erklären[91]. Für den Fall, dass nicht alle anderen Gesellschafter mit dem Austritt einverstanden sind, bestimmt Art. 226 Abs. (1) Buchst. c) HGG, dass der Austritt nur aufgrund einer Entscheidung des zuständigen Gerichts als Folge eines entsprechenden Antrags des jeweiligen Gesellschafters, und nur wenn dafür wichtige Grunde vorliegen, möglich ist. Kommt das Gericht dem Antrag auf Austritt nach, so hat es auch über die Beteiligungsstruktur der anderen Gesellschafter an dem Gesellschaftskapital nach dem ausgesprochenen Austritt zu entscheiden. Handelt es sich hierbei um eine offene Handelsgesellschaft mit nur zwei Gesellschaftern, hätte der Ausritt die Auflösung der Gesellschaft als Folge. Dies ist jedoch nicht der Fall, wenn der verbliebene Gesellschafter die Gesellschaft in der Form einer Einmann-GmbH weiter führen will[92]. Dem ausscheidenden Gesellschafter steht eine Abfindung (rum. *drepturi*, wörtlich Rechte) zu, welche einvernehmlich mit den anderen Gesellschaftern oder von einem Experten im Auftrag der Gesellschafter zu bestimmen ist. Kommen dabei die Gesellschafter zu keiner Einigung, so bestimmt auf Antrag das Gericht die Höhe der Abfindung[93] (Art. 226 Abs. (3) HGG), wobei die Höhe der Abfindung auf Grundlage des wirklichen Wertes des Unternehmens[94] zu berechnen ist.

---

90 In diesem Zusammenhang wäre eine Kündigung durch einen Gesellschafter im Sinne des § 132 HGB undenkbar.

91 *Stanciu D. Cărpenaru* (Fußn. 5), S. 315 f.; C.S.J., Handelssenat, Urteil Nr. 1042/1996 in RRD Nr. 2/1997, S. 101.

92 C.S.J., Handelssenat, Urteil Nr. 4385/1998 in RRD Nr. 4/2000, S. 132.

93 C.S.J., Handelssenat, Urteil Nr. 4786/1999 in RRD Nr. 9/2000, S. 133.

94 C.S.J., Handelssenat, Urteil Nr. 4287/1998 in RRD Nr. 4/2000, S. 131.

Der Zusammenschluss zu einer offenen Handelsgesellschaft beruht auf dem persönlichen Vertrauen der Gesellschafter zueinander. Wenn dieses Vertrauen erheblich gestört wird, stellt sich die Frage der **Ausschließung** (rum. *excludere*) des störenden Gesellschafters aus der Gesellschaft. Dazu bestimmt Art. 222 Abs. (1) HGG die Ausschließungsgründe aus einer Personengesellschaft sowie GmbH und Kommanditgesellschaft auf Aktien und zwar: a) der in Verzug gesetzte Gesellschafter erbringt seine Einlage nicht; b) der unbegrenzt haftende Gesellschafter ist in Insolvenz geraten oder wird als natürliche Person geschäftsunfähig; c) der unbegrenzt haftende Gesellschafter greift ohne Berechtigung in die Angelegenheiten der Gesellschaft ein oder nutzt ohne die schriftliche Zustimmung der anderen Gesellschafter das Gesellschaftskapital, die Vermögenswerte oder ein Darlehen der Gesellschaft zu eigenen Zwecken oder zu Zwecken Dritter und schließlich d) der geschäftsführende Gesellschafter schädigt die Gesellschaft oder nützt die Zeichnung der Gesellschaft oder das Gesellschaftskapital zu seinem Vorteil oder zum Vorteil eines Dritten aus.

Die Ausschließung aus der Gesellschaft erfolgt ausnahmsweise durch Gerichtsentscheidung auf Antrag der Gesellschaft oder eines Gesellschafters (Art. 223 Abs. (1) HGG). Das Gericht entscheidet auch über die Beteiligungsstruktur der anderen Gesellschafter an dem Gesellschaftskapital nach der ausgesprochenen Ausschließung aus der Gesellschaft. Die Ausschließung ist binnen 15 Tagen nach Vollstreckbarerklärung des Urteils ins Handelsregister einzutragen. Der ausgeschlossene Gesellschafter haftet für Verluste und hat einen Dividendenanspruch bis zum Zeitpunkt der Ausschließung. Die Fälligkeit der Auszahlung bestimmt sich nach dem Beschluss über die Verwendung des Ergebnisses nach Ablauf des jeweiligen Geschäftsjahrs. Die Haftung gegenüber Dritten richtet sich nach den bis zur Vollstreckbarerklärung des Ausschließungsurteils getätigten Rechtsgeschäften der Gesellschaft (Art. 225 Abs. (1) HGG).

Die Auflösung der offenen Handelsgesellschaft ist in Art. 227 und in den Art. 229 – 237[1] geregelt. Die Liquidation erfolgt gemäß der Art. 252 - 263 HGG. Die **Auflösung** einer offenen Handelsgesellschaft, als Grundsatz für alle Gesellschaftsformen geltend, ist der Auslöser für den Prozess der Beendigung der Existenz einer Handelsgesellschaft. Durch sie wird die Eigenschaft der Handelsgesellschaft als juristische Person nicht berührt. Die Auflösung der Handelsgesellschaft hat die Eröffnung des Liquidationsverfahrens zur Folge. Sie kann auch auf Antrag der territorialen Industrie- und Handelskammer oder jeder interessierten Person gerichtlich angeordnet werden. Die Auflösung der offenen Handelsgesellschaft muss, mit Ausnahme des Falles in dem die Gesellschaft durch Ablauf der für die Dauer der Gesellschaft festgelegten Zeit aufgelöst wird, in das Handelsregister eingetragen und im Amtsblatt Rumäniens veröffentlicht werden. Die **Liquidation** einer offenen Handelsgesellschaft, als Grundsatz für alle Gesellschaftsformen geltend, bezweckt die Beendigung der im Zeitpunkt der Auflösung noch laufenden handelsgeschäftlichen Aktivitäten der Handelsgesellschaft. Beispielsweise den Einzug der Forderungen der Gesellschaft, die Umwandlung der Vermögenswerte der Gesellschaft in Barmittel, die Begleichung der Verbindlichkeiten der Gesellschaft und die Aufteilung der Aktiva zwischen den Gesellschaftern. Bei der Liquidation einer offenen Handelsgesellschaft werden die Liquidatoren gem. Art. 262 Abs. (1) HGG von allen Gesellschaftern bestellt, soweit die Gründungsurkunde nicht etwas anderes bestimmt. Nach Beendigung der Liquidation haben die Liquidatoren gem. Art. 263 Abs. (1) HGG eine Liquidationsbilanz aufzustellen und die Verteilung des Aktivvermögens unter den Gesellschaftern vorzuschlagen. Der unzufriedene Gesellschafter kann gegen das Ergebnis der Liquidation binnen 15 Tagen nach Zustellung der Liquidationsbilanz und des Verteilungsvorschlags Beschwerde bei dem zuständigen Gericht nach Bestimmungen des Art. 62 HGG einreichen. Nach Ablauf der 15-tägigen Frist oder nach Vollstreckbarerklärung des über die Beschwerde ergangenen Urteils werden die Liquidatoren entlastet.

3.2.2 Die Kommanditgesellschaft (*societatea în comandită simplă - SCS*)

Die **Kommanditgesellschaft**[95] (SCS) besteht aus zwei Kategorien von Gesellschaftern: den Komplementären, die unbeschränkt und gesamtschuldnerisch haften und den Kommanditisten, die nur bis zur Höhe ihrer Einlage haften. Auch die Kommanditgesellschaft ist eine juristische Person. Da die Kommanditgesellschaft bezüglich der Komplementäre einer offenen Handelsgesellschaft entspricht, verweist Art. 90 HGG auf einige Vorschriften der offenen Handelsgesellschaft, die auch auf diese Art von Gesellschaft Anwendung finden.

Die **Gründung** erfolgt durch Gesellschaftsvertrag, wobei dieser mindestens die in Art. 7 HGG genannten Angaben umfassen muss. Nach dem Gesetz ist eine Mindestzahl der Gesellschafter einer nicht vorgegeben. Allerdings ist die Existenz mindestens eines Komplementärs und eines Kommanditisten zwingend. Der Gesellschaftsvertrag zur Errichtung der Gesellschaft muss notariell beurkundet werden um wirksam und somit eintragungsfähig zu sein (Art. 5 Abs. (6) Buchst. b) HGG)

---

95 Siehe *Stanciu D. Cărpenaru* (Fußn. 5), S. 320-326; Aus deutscher Sicht siehe beispielhaft *Henning von Wedel* in *Büchel/von Rechenberg* (Füßn. 61), S. 409-447.

Die **Firma** der Kommanditgesellschaft muss den Namen mindestens eines Komplementärs mit dem ungekürzten Zusatz *„societate în comandită"*[96] enthalten (Art. 33 HRG).

Ähnlich wie bei der offenen Handelsgesellschaft enthält das Gesetz keine Bestimmung über ein **Mindestkapital** der Kommanditgesellschaft. Es wird also den Gesellschafter überlassen, darüber im Gesellschaftsvertrag zu entscheiden. Die übernommenen Einlagen müssen vollständig eingezahlt werden, um die Eintragung der Gesellschaft zu ermöglichen (Art. 9 HGG).

Die bei der offenen Handelsgesellschaft dargelegten Grundsätze betreffend die **Übertragung** von Geschäftsanteilen gelten entsprechend auch für die Kommanditgesellschaft.

Bezüglich der von den Gesellschaftern gefällten **Beschlüsse** verweist Art. 90 HGG auf die gesetzlichen Bestimmungen bezüglich der offenen Handelsgesellschaft. Daraus folgt, dass bei der Bestellung des Geschäftsführers die Beschlussfassung mit der absoluten Mehrheit des Gesellschaftskapitals zu erfolgen hat. Dies gilt auch symmetrisch für die Abbestellung von Geschäftsführern, es sei denn, dass sie durch den Gesellschaftsvertrag bestellt wurden. In diesem Fall ist der Abberufungsbeschluss einstimmig von allen Gesellschaftern zu fassen. Dies gilt ebenso bei einer Änderung des Gesellschaftsvertrages. Die Ausübung des Stimmrechts erfolgt proportional zu der Beteiligung an dem Gesellschaftskapital (analoge Anwendung des Art. 188 HGG betreffend GmbH).

Nur die Komplementäre können gem. Art. 88 HGG als Geschäftsführer tätig sein und nur sie sind **vertretungsberechtigt**. Dies lässt sich damit erklären, dass die Kommanditisten für die Verbindlichkeiten der Gesellschaft nur beschränkt haften. Die Kommanditisten können gem. Art. 89 Abs. (1) HGG aufgrund einer Sondervollmacht bestimmte Geschäfte auf Rechnung der Gesellschaft tätigen. Diese Vollmacht wird von den Vertretungsberechtigten der Gesellschaft erteilt und in das Handelsregister eingetragen. Außerdem können die Kommanditisten **Aufsichtsbefugnisse** wahrnehmen und die Kontrolle über die Bilanz und die Gewinn- und Verlustrechnungen durch Prüfung der Handelsbücher ausüben.

---

96 Das HGG verwendet für diese Gesellschaftsform die Bezeichnung *„societatea în comandită simplă"*, wörtlich übersetzt als „Einfache Kommanditgesellschaft". Die Erklärung hierzu ist scheinbar die Absicht, eine Abgrenzung von Kommanditgesellschaft auf Aktien *„societatea în comandită pe acţiuni"* zu erzielen. Nun ist die Gattung hier die Kommanditgesellschaft, wovon die Kommanditgesellschaft auf Aktien abzugrenzen ist. Richtigerweise verlangt Art. 33 HRG, dass in den zwingenden Firmenangaben allein die Bezeichnung *„societatea în comandită"* Kommanditgesellschaft, also ohne den Zusatz *„simplă"* „einfache", erscheint. Die zusatzlose Bezeichnung Kommanditgesellschaft wurde allerdings auch von den ehemaligen Art. 114-120 des RumHGB, jetzt aufgehoben vom HGG, angewandt.

Austritt und **Ausschließung** aus der Kommanditgesellschaft erfolgen nach den gleichen Grundsätzen wie bei der offenen Handelsgesellschaft. Für den Fall, dass dadurch ein einziger Gesellschafter in der Kommanditgesellschaft verbleibt, kann der verbliebene Gesellschafter nach eigenem Ermessen die Gesellschaft als Einmann-GmbH weiterführen (Art. 229 Abs. (3) HGG).

Das Gesagte zur **Auflösung** und zur **Liquidation** der offenen Handelsgesellschaft gilt auch für die Kommanditgesellschaft entsprechend.

3.2.3 Die Aktiengesellschaft (*societatea pe acțiuni - SA*)

Die **Aktiengesellschaft**[97] (SA) gehört zu den häufig verwendeten Gesellschaftsformen. Es handelt sich dabei um eine Kapitalgesellschaft[98], die sich dadurch auszeichnet, dass nur das Gesellschaftsvermögen für Verbindlichkeiten der Gesellschaft **haftet**. Die Gesellschafter, also die Aktionäre, haften persönlich nur bis zur Höhe des gezeichneten Gesellschaftskapitals (Art. 3 Abs. (1) und (3) HGG). Die Aktiengesellschaft ist nicht vom Mitgliederbestand abhängig. Die Aktionäre sind die Inhaber eines Wertpapiers, das die von ihnen durch Übernahme eines Anteils am Grundkapital erworbenen Rechte verbrieft.

Mindestvoraussetzung für die **Gründung** einer Aktiengesellschaft ist ein Mindestkapital von 90.000[99] Lei[100] und eine Mindestanzahl von 2 Aktionären (Art. 10 HGG). Die Aktiengesellschaft wird gem. den Anforderungen des Art. 5 Abs. (1) und Abs. (3) HGG durch Gesellschaftsvertrag und Satzung, welche auch als einheitliche Urkunde in der Form einer Gründungsurkunde gegründet. In Art. 9 HGG sind zwei Gründungsarten einer Aktiengesellschaft niedergelegt: die Simultangründung (Einheitsgründung, *constituirea simultană*), die sich durch die vollständige und gleichzeitige Zeichnung des Gesellschaftskapitals durch die Unterzeichner des Gesellschaftsvertrages bzw. der Satzung kennzeichnet und die Sukzessivgründung (Gründung durch öffentliche Zeichnung, *constituirea prin subscripție publică*), die erheblich komplexer und in den Art. 18 – 34 HGG gesondert geregelt ist. Bei einer Simultangründung muss die Grün-

---

97 Siehe *Stanciu D. Cărpenaru* (Fußn. 5), S. 326-381; Aus deutscher Sicht siehe beispielhaft *Frauke Möhrle / Oliver Fehrenbacher / Rüdiger Ludwig / Patrick Zeising / Christian Ulrich Wolf* in *Büchel/von Rechenberg* (Fußn. 61), S. 895-1176.

98 Siehe ausführlich über Aktiengesellschaft *Elena Cârcei*, Societățile comerciale pe acțiuni [Handelsgesellschaften auf Aktien], All Beck, Bukarest 1999.

99 Zwar bestimmt Art. 10 Abs. (1) HGG eine Anpassung des Mindestkapitals von 90.000 Lei durch Regierungsbeschluss je zwei Jahre, sodass der Betrag in Lei dem Betrag von 25.000 € entspricht, eine solche Anpassung wurde jedoch bis dato nicht vorgenommen.

100 Die rumänische Währung heißt „Leu" im Singular, „Lei" im Plural. Am 21. 01. 2010 war der Wechselkurs 1 € = 4,1440 Lei, sodass zu dieser Zeit für die Gründung einer SA ca. 21.718 € nötig waren.

dungsurkunde nur dann durch einen Notar öffentlich beurkundet werden, wenn als Sacheinlage Grundstücke in die Gesellschaft eingebracht werden. Werden dagegen keine Grundstücke eingebracht, reicht die Unterzeichnung der Gründungsurkunde durch die zukünftigen Aktionäre, wobei wie bereits erwähnt die Gründungsurkunde ein sog. bestimmtes Datum vorweisen muss (Art. 5 Abs. (7) i. V. m. Art. 17 Abs. (1) HGG). Bei einer Gründung durch öffentliche Zeichnung muss die Gründungsurkunde dagegen notariell beurkundet werden (Art. 5 Abs. (6) Buchst. c) HGG). Die Gründungsurkunde muss dem Mindestinhalt des Art. 8 HGG entsprechen.

Die **Firma** der Aktiengesellschaft trägt eine eigene Bezeichnung, welche auch ein Name sein kann, gefolgt von dem Zusatz *„societate pe acţiuni"*, welches auch gekürzt als *„S.A."* dargestellt werden kann (Art. 35 HRG).

Die Aktionäre tragen durch eine Bar- oder Sacheinlage gegen Ausgabe von Aktien zum **Gesellschaftskapital** bei. Das Kapital der Aktiengesellschaft ist in **Aktien** zerlegt, die einen Mindestnennwert von 0,10 Lei haben (Art. 93 Abs. (1) HGG). Bei der Simultangründung müssen mindestens 30% des Grundkapitals eingezahlt sein und in der Gründungsurkunde muss festgelegt werden, wann die Einzahlung der Differenz zwischen den übernommenen Aktien und dem bereits eingezahlten Betrag der gezeichneten Aktien zu erfolgen hat. Dazu bestimmt Art. 9 Abs. (2) HGG, dass die Bareinlage binnen 12 Monaten und die Sacheinlagen maximal 2 Jahre nach Eintragung vollständig eingezahlt werden müssen. Nach Art. 91 Abs. (1) HGG können die Aktien als **Namensaktien** oder als **Inhaberaktien** ausgegeben werden. Die Namensaktien können als verbriefte Aktienurkunde (sog. materielle Papierausgabe, *formă materială pe suport hîrtie*) oder als unverbriefte Namensaktien (sog. unverkörperte Aktienausgabe, *formă dematerializată*) ausgegeben werden (Art. 91 Abs. (2) HGG). Die verbrieften Aktienurkunden können auch als Sammelurkunde (sog. Global- oder Sammelaktie), welche eine Vermehrung der einzigen Aktien darstellt (z. B. für je 5, 10 oder 50 Aktien mit einem Nennwert von 1 Aktie x 5, 1 Aktie x 20 oder 1 Aktie x 50 usw.), ausgegeben werden. Bei den unverbrieften Namensaktien wird die Mitgliedschaft der jeweiligen Aktionäre als Eintragung im Aktienbuch vorgenommen. Für den Fall, dass keine verbriefte Aktienurkunden ausgegeben werden, ist die Gesellschaft von Amts wegen oder auf Antrag des Aktionärs verpflichtet ein sog. **Aktionärsschein**[101] (rum. *certificat de acţionar*) auszustellen, welcher alle Angaben einer Aktie und zusätzlich Angaben über die Anzahl der dem jeweiligen Aktionär zustehenden Aktien, die Aktiengat-

---

101 Entspricht in etwa den Zwischenscheinen nach § 8 Abs. 6 AktG, wobei nach Art. 27 HGG
      die Ausgabe von Aktionärsscheinen nicht unbedingt nur eine vorübergehende Verbriefung
      bis zur Ausgabe der Aktienurkunde darstellt, sondern für die ganze Dauer der jeweiligen
      Aktiengesellschaft bestehen kann.

tung, Aktienbuchangaben des Aktionärs sowie Ausgabenummer der von ihm besetzten Aktien[102] enthalten muss (Art. 97 HGG). Die Aktienurkunde muss gem. Art. 93 Abs. (2) HGG bestimmte Angaben wie z. B. den Namen und die Dauer der Gesellschaft, das Datum der Gründungsurkunde, die Nummer im Handelsregister, das Gesellschaftskapital und die Anzahl der Aktien enthalten. Nach Art. 95 HGG kann die Aktiengesellschaft auch **Vorzugsaktien,** wonach dem Inhaber kein Stimmrecht aber eine Vorausdividende zusteht, ausgeben. Solche Vorzugsaktien dürfen jedoch ein Viertel des Gesellschaftskapitals nicht überschreiten und müssen den gleichen Nennwert wie die Stammaktien haben. Eine Umwandlung von Inhaber- in Namensaktien und umgekehrt sowie von Vorzugs- in Stammaktien und umgekehrt ist möglich, wobei darüber nur die außerordentliche Generalversammlung entscheiden darf (Art. 92 Abs. (4) i. V. m. Art. 95 Abs. (5) HGG). Jede Aktie gewährt ein Stimmrecht in den Versammlungen der Aktiengesellschaft. Im Falle des Besitzes mehrerer Aktien kann die Anzahl der dem jeweiligen Aktionär zustehenden Stimmen durch Gesellschaftsvertrag oder Satzung beschränkt werden (Art. 101 HGG).

Die **Übertragung von Aktien** erfolgt unterschiedlich je nach Aktiengattung. Die **verbrieften Namensaktien** werden durch einen Vermerk im Aktienbuch[103] und durch entsprechendes Indossament auf die Namensaktie welches vom Indossanten (wörtlich Zedent, rum. *cedent*) und vom Indossatar[104] (wörtlich Zessionar, rum. *cesionar*) oder von deren Vertreter zu unterschreiben ist. Die Übertragung von **unverbrieften Namensaktien** erfolgt in der gleichen Weise, wobei die Unterzeichnung durch den Indossanten und den Indossatar oder deren Vertreter auf den im Aktienbuch einzutragenden Vermerk zu erfolgen hat. Handelt es sich bei den unverkörperten Aktien um ein an der Börse notiertes Unternehmen, erfolgt die Übertragung nach den am Wertpapiermarkt[105] herrschenden Bestimmungen entsprechend dem Gesetz Nr. 297/2004[106] über

---

102 Durch Ausstellung eines Aktienscheins erfolgt eigentlich *de facto* eine quasi Verkörperung der Mitgliedschaft des jeweiligen Aktionärs, sodass man also nur bedingt über unverkörperte Mitgliedschaftsrechte sprechen kann.

103 Siehe zum Aktienbuch Regierungsbeschluss Nr. 885/1995 über einige Maßnahmen zur einheitlichen Organisation der Registrierung der Aktionäre und Aktien von Handelsgesellschaften, Neuveröffentlichung in M. Of. Nr. 249/15.10.1996.

104 Da die Namensaktien Orderpapiere sind, wäre eigentlich das einseitige schriftliche Indossament des Indossanten und die Übergabe der Aktie an den Indossatar ausreichend, um die Übertragung der Aktie zu begründen (siehe zur Lage nach deutschem Recht § 68 Abs. 1 AktG). Die Regelung des Art. 98 HGG, wonach der Übertragungsvermerk sowohl im Aktienregister als auch auf die Aktienurkunde anzubringen und auch vom Zessionär zu unterzeichnen ist, lässt die Schlussfolgerung zu, dass der rumänische Gesetzgeber eigentlich von einer Übertragung von Namensaktien durch Forderungsabtretung nach den herkömmlichen Bestimmungen des Cod civil bezüglich einer Forderungsabtretung (Art. 1391-1398) ausgeht.

105 Siehe *Gheorghe Piperea* (Fußn. 5), S. 331-381.

106 M. Of. Nr. 575/29.06.2004 mit den nachfolgenden Änderungen.

den Wertpapiermarkt. Die Inhaberaktien werden als bewegliche Sache durch bloße Übergabe (rum. *simpla tradiție*) der Aktienurkunde übertragen. Die Gründungsurkunde kann auch andere Formen der Aktienübertragung[107] bestimmen (Art. 98 HGG). Schließlich bestimmt Art. 108 HGG, dass die Aktionäre ihre Aktien auch durch ein öffentliches Verkaufsangebot[108] nach den Bestimmungen des Wertpapiermarktgesetzes und nach vorheriger Veröffentlichung eines dafür geeigneten Prospekts veräußern können[109]. Von dem Grundsatz der freien Übertragbarkeit der Aktien sieht Art. 8 Buchst. f² HGG eine Ausnahme vor, wonach die Übertragung von Namensaktien[110] an die Zustimmung des Verwaltungsrats oder der Generalversammlung gebunden ist. Solche Bindungsklauseln im Gesellschaftsvertrag oder in der Satzung sind in Anlehnung an die frühere Fachliteratur[111] als sog. *clauze de agreement* (wörtlich Agreementsklausel) benannt, was nicht unbedingt fördernd zur Deutung der Rechtslage[112] bezüglich der Übertragung von Aktien unter Anwendung einer solchen Klausel beiträgt. Vielmehr wird für die Lösung eines solchen Problems, mit dem gleichen Ergebnis, ein Vorzugsrecht (rum. *drept de preemțiune*) der verbleibenden Aktionäre bzw. der Gesellschaft selbst vereinbart.

Außer den Aktien kann eine Aktiengesellschaft nach Art. 167-176 HGG auch Wandelschuldverschreibungen in Form von Wandel- und Optionsanleihen zum Zwecke der mittel- und langfristigen Fremdfinanzierung ausgeben. Das HGG verwendet dafür im Plural den Begriff *„obligațiuni"*, also nach deutscher Terminologie (Industrie-)**Obligationen** oder Anleihen, ohne dabei durch verschiedene Benennungen zwischen Wandel- und Optionsanleihen zu unterscheiden. Nachfolgend wird weiter jedoch der deutsche Begriff Wandelanleihe bevorzugt, da dieser Begriff dem Verständnis des HGG über den Zweck und die Anwendungsweise dieser Finanzierungsmittel am nächsten kommt. Das Gesetz schweigt bezüglich der Art der Bestimmung des Berechtigten aus dem Anleiheverhältnis. Dazu begnügt sich Art. 167 Abs. (3) HGG damit zu bestimmen, dass die Wandelanleihen als körperliche Ausgabe aufs Papier, oder als unkörperliche Ausgabe mittels Kontoeintragung möglich ist. Die Literatur[113]

---

107 C.S.J., Handelssenat, Urteil Nr. 469/2000 in *Dreptul* Nr. 3/2000, S. 127.

108 Art. 183-192 des WertpapiermarktG; Siehe dazu *Gheorghe Piperea* (Fußn. 5), S. 653-658.

109 Wegen der Komplexität und der dadurch entstehenden Kosten, steht sicherlich diese Art von Veräußerung von Aktien nur den Großaktionären von Großunternehmen zur Verfügung.

110 Eigentlich benutzt Art. 8 Buchst. f²) HGG den allgemeinen Begriff „Aktien". Da aber die Übertragung von Inhaberaktien nicht kontrollierbar ist, sind die Namensaktien gemeint.

111 *I.L. Georgescu*, (Fußn. 5), Bd. II, S. 490-497.

112 Die Bezeichnung der so behafteten Aktien in deutschem Recht als **vinkulierte Namensaktien** ist viel treffender und gibt ohne weiteres Auskunft, über die Notwendigkeit einer Zustimmung für deren Übertragung.

113 *Stanciu D. Cărpenaru* (Fußn. 5), S. 372; *Cătălin Predoiu* in *Cărpenaru/Predoiu/David/Piperea*, HGG-Kommentar, (Fußn. 1), S. 556.

ist sich einig, dass die Ausgabe von Wandelanleihen sowohl als Namenspapier als auch als Inhaberpapier möglich ist. Der Mindestnennbetrag einer Wandelanleihe beträgt 2,50 Lei. Der Nennbetrag der von einer Aktiengesellschaft ausgegebenen Wandelanleihen ist der Nennbetrag der Aktien der jeweiligen Gesellschaft so anzupassen, dass der Nennbetrag der Wandelanleihen genau teilbar mit dem Nennbetrag der Aktien ist. Die Wandelanleihen einer bestimmten Ausgabe von Wandelanleihen müssen den gleichen Nennbetrag aufweisen und müssen deren Inhabern die gleichen Rechte gewähren. Zum Wesen der Wandelanleihen gehört die Benennung des Wandlungsverhältnisses und einer eventuellen Zuzahlung in Aktien der ausgebenden Gesellschaft bei Ablauf der Wandelanleihen. Wird das Wandlungsrecht ausgeübt, so erlischt das Forderungsrecht. Die Ausgabe von Wandelanleihen muss von einer außerordentlichen Generalversammlung genehmigt werden. Die Ausgabe von Wandelanleihen muss von der Veröffentlichung eines Verkaufsprospekts[114] eingeleitet werden. Art. 170 Abs. (3) HGG besagt nur, dass die Optionsanleihe die dem Wertpapiermarkt gängigen Angaben enthalten soll. Dazu bestimmt Art. 184 Abs. (1) WertpapiermarktG allgemein für alle Arten von Wertpapieren und nicht auf Optionsanleihen bezogen, dass ein Wertpapier folgende Angaben, insbesondere bezüglich des Emittenten, zu enthalten hat: Die Lage der Aktiva und Passiva, die Finanzlage, Gewinn- und Verlustrechnung, Angaben zu den Geschäftsaussichten des Emittenten und, wenn dies der Fall ist, die Einheit welche für die Einhaltung der Verpflichtungen des Emittenten haftet sowie die verbrieften Rechte in das jeweilige Wertpapier. Die Zeichnung von Wandelanleihen hat direkt auf dem Verkaufsprospekt zu erfolgen. Der Nennbetrag der gezeichneten Wandelanleihen ist bei der Zeichnung sofort fällig und muss eingezahlt werden (Art. 170 Abs. (1) und (2) HGG). Bei Ablauf der Wandelanleihen hat der Inhaber die Möglichkeit von dem Wandlungsrecht Gebrauch zu machen und Aktien der Gesellschaft zu erwerben oder den Nennbetrag der Wandelanleihe und die festgeltenden Zinsen ausbezahlt zu bekommen (Art. 176 HGG).

Die Aktiengesellschaft handelt durch ihre Organe. Laut Art. 117 Abs. (1) HGG erfolgt die Einberufung der **Generalversammlung** (deutscher Rechtsbegriff - Hauptversammlung) durch den Verwaltungsrat bzw. durch das Direktorium. Die Generalversammlung muss auch dann vom Verwaltungsrat bzw. vom Direktorium einberufen werden, wenn dies von Aktionären verlangt wird, welche individuell oder gemeinsam mindestens 5% des Grundkapitals vertreten, oder auch weniger, wenn dies in der Gründungsurkunde vorgesehen ist (Art.

---

114 Rumänien verfügt (noch) nicht über ein dem deutschen Verkaufsprospektgesetz ähnliches Gesetz, sodass dazu analog die Bestimmungen der Art. 183-192 des WertpapiermarktG über das öffentliche Verkaufsangebot anzuwenden sind.

119 Abs. (1) HGG). Sie ist im Amtsblatt, Teil IV und in einer am Sitz der Gesellschaft verbreiteten Zeitung zu veröffentlichen. Zwischen Einberufung und Zusammentritt ist eine Frist von mindestens 30 Tagen einzuhalten.

Die **ordentliche Generalversammlung** tritt mindestens ein Mal jährlich, spätestens 5 Monate nach Ablauf des Geschäftsjahres[115] zusammen. Ihre Aufgaben sind in Art. 111 Abs. (2) HGG geregelt. Die Einberufung[116] der ordentlichen Generalversammlung erfolgt durch Veröffentlichung im Amtsbaltt, IV. Teil und in einer weitverbreiteten Zeitung mit mindestens 30 Tage bevor Abhaltung (Art. 117 Abs. (2) f. HGG). Sie ist nur beschlussfähig, wenn Aktionäre anwesend sind, die mindestens ein Viertel aller Stimmrechte innehaben. Die Beschlüsse werden mit der einfachen Mehrheit der abgegebenen Stimmen wirksam. Für den Fall, dass die erste Versammlung nicht beschlussfähig ist, wird eine zweite Generalversammlung einberufen. Die Einberufung der zweiten Generalversammlung kann bereits mit der Einberufung für die erste Generalversammlung erfolgen, darf aber nicht am selben Tag der ersten Generalversammlung stattfinden. Die zweite Versammlung ist unabhängig von der Zahl der anwesenden Aktionäre beschlussfähig. Die Beschlüsse werden mit einfacher Mehrheit gefasst, vorausgesetzt die zweite Versammlung berät über die gleiche Tagesordnung, wie die erste Versammlung (Art. 112 HGG).

Die **außerordentliche Generalversammlung** kann - sofern erforderlich - jederzeit einberufen werden. Art. 113 HGG regelt, worüber in der außerordentlichen Generalversammlung zu entscheiden ist. Sie beschließt über bedeutende gesellschaftsbezogene Angelegenheiten. Meist ziehen diese Beschlüsse eine Änderung der Gründungsurkunde nach sich. Sie ist nur beschlussfähig, wenn Aktionäre anwesend sind, die mindestens ein Viertel aller Stimmrechte innehaben. Die Beschlüsse werden mit der einfachen Mehrheit der abgegebenen Stimmen wirksam. Für den Fall, dass die außerordentliche Generalversammlung über die Änderung der Haupttätigkeit, über die Kapitalerhöhung oder Kapitalherabsetzung, über Formwechsel der Gesellschaft, über Verschmelzung, Spaltung oder Auflösung der Gesellschaft zu bestimmen hat, werden die Beschlüsse mit mindestens Zweidrittel der anwesenden oder vertretenen Aktionäre gefasst (Art. 115 HGG). Die Einberufung der außerordentlichen Generalversammlung verläuft ähnlich der Einberufung der ordentlichen Generalversammlung.

---

115 Das Geschäftsjahr entspricht grundsätzlich laut Art. 16 Fiskalgesetzbuch, nachfolgend **FiskalGB**, dem Kalenderjahr, Gesetz Nr. 571/2003 (M. Of. Nr. 927/23.12.2003) mit zahlreichen Änderungen und Ergänzungen.

116 *Stanciu D. Cărpenaru* (Fußn. 5), S. 390 f.

Die **Sonderversammlungen** müssen nach Art. 116 HGG einberufen werden, wenn die Generalversammlung eine Änderung der Rechte und Pflichten, die bestimmte Aktien verleihen, beabsichtigt. Die Inhaber dieser Aktien müssen dann den beschlossenen Änderungen durch die Generalversammlung in einer, nur den Inhabern der jeweiligen Aktiengattung vorgehaltener Sonderversammlung zustimmen. Umgekehrt, gefallenen Beschlüssen auf Initiative der Sonderversammlung, ist von der Generalversammlung zuzustimmen. Die Bestimmungen über Einberufung, Quorum und Verfahren der Sonderversammlungen entsprechen denjenigen für Generalversammlungen.

Über die Sitzung aller Versammlungsarten wird eine Niederschrift als Ergebnisprotokoll erstellt und von dem Versammlungsleiter und vom Sitzungssekretär unterschrieben. Die Inhalte der Niederschrift ergeben sich aus Art. 131 HGG: Angaben über die Einhaltung der Gesetzesbestimmungen, über die Einberufung sowie Ort und Tag der Versammlung, anwesende Aktionäre, Zahl der Aktien, Zusammenfassung des Versammlungsablaufs, die gefassten **Beschlüsse** und bei verlangen der betroffenen Aktionäre deren Widersprüche gegen einen Beschluss. Um gegenüber Dritten wirksam zu werden, müssen die Beschlüsse aller Versammlungsarten binnen 15 Tagen nach Versammlungsdatum dem Handelsregister zur Eintragung und zur Veröffentlichung im Amtsblatt, Teil IV vorgelegt werden. Nach Art. 132 HGG Abs. (1) bis (3) HGG sind die bei der jeweiligen Versammlung abwesenden Aktionäre und die Aktionäre, die gegen den Beschluss abgestimmt haben und deren Widerspruch in der Niederschrift der Sitzung aufgenommen wurde, berechtigt, binnen 15 Tagen nach der Veröffentlichung des Beschlusses im Amtsblatt Anfechtungsklage zu erheben. Sollte der gefasste Beschluss nichtig sein, so kann derselbe Aktionärskreis sowie jeder interessierte Dritte Nichtigkeitsklage gegen den nichtigen Beschluss erheben. Das Klagerecht wegen der Nichtigkeit eines Beschlusses der Generalversammlung ist unverjährbar[117]. Die überstimmten Aktionäre haben nach Art. 134 HGG ein **Austrittrecht** aus der Aktiengesellschaft, wenn es sich beim Beschluss um schwerwiegende Entscheidungen handelt, wie z. B. Änderung des Unternehmensgegenstandes, Änderung der Gesellschaftsform, Fusion oder Aufteilung der Gesellschaft. In einem solchen Fall steht dem jeweiligen Aktionär einen Anspruch zu, von der Gesellschaft den Kauf seiner Aktien zu verlangen. Die Ausübung des Austrittsrechtes muss innerhalb von 30 Tagen nach der Veröffentlichung des jeweiligen Beschlusses im Amtsblatt oder, je nach Fall, nach Zustandekommen des Beschlusses erfolgen. Dafür hat der Aktionär einen entsprechenden Antrag samt der Aktienurkunde bzw. des

---

117 Siehe zur Anfechtungs- und Nichtigkeitsklage gegen die Beschlüsse der Generalversammlung *Crenguța Leaua*, (Fußn. 53), S. 165-206.

Aktionärsscheins vorzulegen. Der Wert der jeweiligen Aktien wird aufgrund eines Gutachtens auf Kosten der Gesellschaft ermittelt.

Bei der **Leitung und Überwachung der Leitungsorgane** einer Aktiengesellschaft ist neuerdings zwischen zwei Führungsmodellen zu unterscheiden: dem monistischen System (rum. *sistem unitar*) und dem dualistischen System (rum. *sistem dualist*). Diese Novellierung dient der Rechtsangleichung im Rahmen der Europäischen Union und der Verankerung der Grundsätze der sog. Corporate Governance[118] in rumänischem Recht[119]. Dabei ist es gemäß Art. 153 Abs. (2) HGG möglich, dass das durch den Gesellschaftsvertrag eingeführte System durch das jeweils andere mittels eines entsprechenden Beschlusses einer außerordentlichen Generalversammlung ersetzt wird.

Beim **monistischen System** wird die Aktiengesellschaft durch einen **Geschäftsführer**[120] (wörtlich rum. *administrator*, Verwalter) bzw. bei mehreren Geschäftsführern durch einen **Verwaltungsrat** (rum. *consiliu de administrație*) geleitet und überwacht (Art. 137 Abs. (1) HGG). Der Verwaltungsrat hat stets eine ungerade Zahl von Mitgliedern. Die Bestellung der Geschäftsführer erfolgt durch die Generalversammlung. Grundsätzlich wählt der Verwaltungsrat aus seiner Mitte einen Vorsitzenden (rum. *preşedinte*) (Art. 140[1] Abs. (1) HGG). Mindestens alle drei Monate hat der Verwaltungsrat eine Versammlung abzuhalten (Art. 141[3] Abs. (1) HGG). Über jede Versammlung des Verwaltungsrates ist ein Protokoll anzufertigen, in dem die Namen der Teilnehmer, die Tagesordnung, die Beschlüsse, die abgegebenen Stimmen samt Verweigerung der Stimme aufzuzeichnen sind. Das Protokoll ist von dem Sitzungsleiter und von noch mindestens einem der Geschäftsführer zu unterzeichnen. Es besteht die Möglichkeit die Führung der operativen Geschäfte auf einen oder mehrere **Direktoren** (rum. *directori*) zu übertragen, wobei einer der Direktoren zum Generaldirektor (rum. *director general*) ernannt wird (Art. 143[1] Abs. 1 HGG). Die Vertretung der Gesellschaft erfolgt dann durch den Generaldirektor. Die Bestellung der Direktoren kann aus der Reihe der Geschäftsführer oder von außerhalb des Verwaltungsrates erfolgen. Wurde die Geschäftsführung nicht übertragen, ist der Vorsitzende des Verwaltungsrats zur Vertretung befugt (Art. 143[2] HGG). Der Verwaltungsrat kann gemäß Art. 140[2] Abs. (1) HGG beratende Ausschüsse (rum. *comitete consultative*) bilden, die ihn bei seiner Arbeit unterstützen.

---

118 Sie dazu beispielhaft aus der Sicht des deutschen Rechts *Mathias Habersack*, Europäisches Gesellschaftsrecht, 3. Aufl., München 2006, S. 70-79.

119 Aus der Sicht des rumänischen Rechts siehe *Cristian Gheorghe*, (Fußn. 31), S. 133-139; *Gheorghe Piperea*, (Fußn. 5), S. 534-593.

120 Zur Rechtsstellung der Geschäftsführer einer Aktiengesellschaft siehe ausführlich *Emanoil Munteanu*, Regimul juridic al administratorilor societăţilor comerciale pe acţiuni [Die Rechtstellung der Geschäftsführer von Aktiengesellschaften], All Beck, Bukarest 2000.

Im **dualistischen System** wird die Gesellschaft durch zwei Organe – das **Direktorium** (rum. *directorat*, deutscher Rechtsbegriff, Vorstand) und der **Aufsichtsrat** (rum. *consiliu de supraveghere*) – geleitet (Art. 153 Abs. (1) HGG). Dabei ist die Aufgabe des Direktoriums, die Gesellschaft zu leiten und die des Aufsichtsrats, das Vorgehen des Direktoriums zu überwachen. Das **Direktorium** besteht aus einer ungeraden Anzahl an Mitgliedern, die vom Aufsichtsrat ernannt werden (Art. 153[1] und 153[2] HGG). Dabei ist zu beachten, dass Mitglieder des Direktoriums nicht gleichzeitig Mitglieder des Aufsichtsrats sein können. Das Direktorium vertritt die Gesellschaft nach außen (Art. 153[3] Abs. (1) HGG). Damit der Aufsichtsrat seiner Kontrollfunktion nachkommen kann, übergibt das Direktorium ihm mindestens alle drei Monate einen Bericht über die Lage der Gesellschaft (Art. 153[4] HGG). Die Mitglieder des **Aufsichtsrats** werden von der Generalversammlung ernannt (Art. 153[6] Abs. (1) HGG). Sie dürfen jedoch nicht gleichzeitig Mitglieder im Direktorium sein. Der Aufsichtsrat hat neben der Kontrolle des Direktoriums der Generalversammlung einen Bericht über seine Arbeit zu erstellen. Festzuhalten ist, dass der Aufsichtsrat grundsätzlich keine Leitungsaufgaben wahrnimmt (Art. 153[9] HGG). Eine Sitzung des Aufsichtsrats muss mindestens alle drei Monate stattfinden (Art. 153[11] HGG). Genau wie der Verwaltungsrat im monistischen System kann der Aufsichtsrat beratende Ausschüsse bilden (Art. 153[10] HGG).

Für die Wirksamkeit von **Beschlüssen** des Verwaltungsrats, des Direktoriums und des Aufsichtsrats setzt Art. 153[20] HGG voraus, dass mindestens die Hälfte der Mitglieder des jeweiligen Organs anwesend ist und dass, von dieser mindestens die Hälfte der Entscheidung zugestimmt hat. Die Mitglieder der vorgenannten Organe, als auch die Direktoren im monistischen System, nehmen an den Sitzungen der Generalversammlung teil (Art. 153[23] HGG). Eine Versammlung ist beschlussfähig, wenn wenigstens die Hälfte der bestellten Mitglieder anwesend ist. Die Beschlüsse werden mit der Mehrheit der Stimmen der anwesenden Mitglieder gefällt. Die Mitglieder können von anderen Mitgliedern vertreten werden, wobei ein anwesendes Mitglied nicht mehr als ein abwesendes Mitglied vertreten darf. Für den Fall, dass innerhalb des Verwaltungsrates oder des Aufsichtsrates ein Beschluss wegen der gleichen Anzahl abgegebener Stimmen nicht zustande kommt, ist die Stimme des Vorsitzenden des Verwaltungsrates bzw. des Aufsichtsratsvorsitzenden ausschlaggebend. Ist aber der Vorsitzende des Verwaltungsrates zugleich Direktor der Aktiengesellschaft, so ist seine Stimme nicht ausschlaggebend für die Herbeiführung des jeweiligen Beschlusses. Sind der Vorsitzende des Verwaltungsrates bzw. der Aufsichtsratsvorsitzende abwesend oder dürfen sie nicht Abstimmen, wird ein Sitzungsvorsitzender aus der Reihe der anwesenden Mitglieder gewählt. Seine

Stimme ist aber nicht ausschlaggebend für den Fall der Gleichheit der abgegebenen Stimmen, sodass der Beschluss als abgelehnt gilt.

Nach Art. 177 HGG haben die Leitungsorgane einer Aktiengesellschaft dafür zu sorgen, dass eine ganze Reihe von Büchern (wortlich rum. *registre*, Register) geführt werden. Außer der Pflicht zur Aufzeichnung der Geschäftsvorfälle anhand der Geschäftsbücher (siehe unten Ziff. 4 Rechnungslegung und Rechnungsprüfung) zählen dazu das Aktienbuch[121], Register der Generalversammlungen mit den Angaben über den Ablauf der Versammlungen und der gefassten Beschlüsse, Register des Verwaltungsrates mit den Angaben über den Ablauf der Sitzungen und der gefassten Entscheidungen, Register der Zensoren mit den Angaben über den Ablauf der Beratungen bezüglich der Erfüllung des Mandats, und schließlich das Wandelanleihenbuch, wobei das Aktienbuch und das Wandelanleihenbuch auch elektronisch geführt werden können.

Hinsichtlich der Rechtsnatur des **Anstellungsverhältnisses** von Geschäftsführern, Direktoren, Mitglieder des Direktoriums sowie Aufsichtsratsmitgliedern einer Aktiengesellschaft bestimmt das HGG, dass es sich um Mandatsverträge handelt (Art. 72, 152 Abs. (3), 153[2] Abs. (6) und 153[8] Abs. (3) HGG). Für den Fall, dass ein Leitungsorgan von mehreren Mitgliedern gebildet ist, ist deren **Haftung** immer solidarisch. Eine Ausnahme davon besteht darin, dass das jeweilige Mitglied des Leitungsorgans gegen den Beschluss abgestimmt und verlangt hat, dass seine Ablehnung in der Niederschrift der Sitzung aufgezeichnet wird, und schließlich darüber, je nach Fall, die Zensoren oder den Abschlussprüfer der Aktiengesellschaft schriftlich benachrichtigt hat. Die gleiche Regel wird dann angewandt, wenn anlässlich des Wechsels eines Mitgliedes des Leitungsorgans, das neu bestellte Mitglied Unregelmäßigkeiten bei der Amtsübernahme feststellt und ordnungsgemäß den Zensoren bzw. dem Abschlussprüfer schriftlich mitteilt. Soweit der Aktiengesellschaft Schaden wegen der mangelhaften Amtsführung durch die Mitglieder der Leitungsorgane zugefügt wird, steht der Gesellschaft die Erhebung einer Klage auf Handlungshaftung[122] nach Art. 155, 155[1] HGG zu.

Außer den erwähnten Leitungsorganen einer Aktiengesellschaft gibt es ein weiteres Gremium, welches je nach der Größe der jeweiligen Aktiengesellschaft aus **Zensoren** (rum. *cenzori*) und/oder **Abschlussprüfern** (rum. *au-*

---

121 Abs. 1 Buchst. a) des Art. 177 HGG spricht hier über ein Aktionärsregister, übersieht dabei aber, dass bei Inhaberaktien die Identität der Aktionäre nicht ohne Weiteres leicht feststellbar ist, also auch die Führung eines solchen Aktionärsregisters bei Ausgabe von Inhaberaktien auf Schwierigkeiten stößt.

122 Dazu *Crenguța Leaua*, (Fußn. 53), S. 298-318.

ditori financiari) besteht, und nach Art. 163 HGG u. a. die Aufgabe hat, die Geschäftsbücher zu kontrollieren und zu bestimmen ob sie entsprechend der gesetzlichen Bestimmungen geführt wurden, sowie die Bilanz und die Gewinn- und Verlustrechnung samt Bewertung der Vermögenswerte der Gesellschaft auf deren Richtigkeit zu überprüfen. **Abschlussprüfer** müssen sowohl dann eingesetzt werden, wenn die Aktiengesellschaft durch das dualistische System geführt wird, als auch dann, wenn sich die Aktiengesellschaft freiwillig dafür entschieden hat. In allen anderen Fällen erfüllen die **Zensoren** die gesetzlich auferlegten Aufgaben. Nach Art. 161 HGG können Zensoren grundsätzlich Aktionäre sein. Ein Zensor muss jedoch Wirtschaftsprüfer sein, sodass er auch von außerhalb der Gesellschaft bestellt werden kann. Bestimmte Personen wie z. B. Familienangehörige der Geschäftsführer sind von der Tätigkeit ausgeschlossen. Über ihre Erkenntnisse haben Wirtschaftsprüfer und Zensoren der Generalversammlung einen detaillierten Bericht zu vorzulegen. Die Generalversammlung kann den Jahresabschluss nur dann genehmigen, wenn er von dem Bericht der Zensoren bzw. der Wirtschaftsprüfer begleitet ist.

Die **Auflösung** der Aktiengesellschaft erfolgt nach den allgemeinen Auflösungs- und Liquidationsvorschriften der Handelsgesellschaften und nach den speziell für die Aktiengesellschaft geltenden Regelungen. Neben den allgemeinen Auflösungsgründen gem. Art. 227 und 237 HGG sind die speziellen Auflösungsgründe des Art. 228 HGG zu beachten. Dieser sieht zwei weitere Auflösungsmöglichkeiten vor: einerseits die Auflösung bei Verringerung der Nettogesellschaftsaktiva, das heißt, wenn die Differenz zwischen Gesamtaktiva und Schulden der Gesellschaft weniger als die Hälfte des Gesellschaftskapitals ausmacht, und andererseits die Verringerung der Anzahl der Aktionäre auf weniger als die gesetzlich vorgeschriebene Anzahl von zwei Aktionären.

Die besonderen Vorschriften der **Liquidation** einer Aktiengesellschaft sind in den Art. 264 ff. HGG geregelt. Die Liquidatoren werden von der Generalversammlung bestellt, die die Liquidation beschließt, sofern nichts anderes in der Gründungsurkunde bestimmt ist. Die Liquidatoren haben eine Jahresbilanz zu erstellen, wenn die Liquidation länger als ein Geschäftsjahr dauert. Nach Beendigung des Verfahrens stellen die Liquidatoren eine Liquidationsbilanz auf, die beim Handelsregister zu hinterlegen ist, und bestimmen zugleich den Geldwert des Anteils, der bei der Verteilung des Aktivvermögens der Gesellschaft auf jede Aktie entfällt.

3.2.4 Die Kommanditgesellschaft auf Aktien (*societatea în comandită pe acțiuni - SCA*)

Diese Gesellschaftsform spielt in der Praxis in Rumänien eher eine untergeordnete Rolle. Die **Kommanditgesellschaft auf Aktien**[123] (SCA) ist eine Handelsgesellschaft, deren Gesellschaftskapital in Aktien zerlegt ist und für deren Verbindlichkeiten die Gesellschaft mit dem Gesellschaftsvermögen haftet. Die Komplementäre haften für die Verbindlichkeiten der Gesellschaft unbeschränkt und gesamtschuldnerisch, während die Kommanditaktionäre nur bis zur Bezahlung ihrer Aktien verpflichtet sind.

Die **Gründung** der Kommanditgesellschaft auf Aktien erfolgt nach den gleichen Grundsätzen wie die der Aktiengesellschaft. Eine Mindestzahl der Gesellschafter einer Kommanditgesellschaft auf Aktien ist nicht vorgegeben. Aus der Rechtsnatur dieser Gesellschaftsform ist jedoch die Existenz mindestens eines Komplementärs und eines Kommanditisten zwingend. Beide Gesellschafter haben die Rechtsstellung als Aktionäre der Kommanditgesellschaft auf Aktien. Der Gesellschaftsvertrag zur Errichtung einer Kommanditgesellschaft ist handschriftlich von den Aktionären zu unterzeichnen und muss ein bestimmtes Abschlussdatum vorweisen um eintragungsfähig zu sein (Art. 5 Abs. (6) Buchst. b) HGG). Darüber hinaus muss der Gesellschaftsvertrag bestimmen, welche Gesellschafter Kommanditaktionäre und welche Komplementäraktionäre sind.

Die **Firma** der Kommanditgesellschaft ist eine beliebige Bezeichnung gefolgt von dem ungekürzten Zusatz „*societate în comandită pe acțiuni*" (Art. 35 HRG).

Besonderes Augenmerk ist darauf zu legen, dass gem. Art. 188 Abs. (1) HGG nur die Komplementäre, nicht aber die Kommanditaktionäre zur **Geschäftsführung** befugt sind. Dabei bestimmt Art. 189 HGG, dass die Abbestellung des Geschäftsführers von der Generalversammlung, aber mit der für eine außerordentliche Generalversammlung vorgesehenen Mehrheit zu erfolgen hat. Der Beschluss zur Abbestellung eines Geschäftsführers wird also von der Generalversammlung in Anwesenheit von mindestens einem Viertel der möglichen Stimmen in der Gesellschaft und mit den Stimmen der Mehrheit der anwesenden oder vertretenen Stimmrechte der Aktionäre gefasst (Art. 115 HGG). Unter den gleichen Bedingungen ist der neue Geschäftsführer zu bestellen, wobei seine Bestellung, wenn mehrere Geschäftsführer vorhanden sind, auch von deren Zustimmung abhängig ist. Für den Fall, dass mehrere Ge-

---

123 Siehe *Stanciu D. Cărpenaru* (Fußn. 5), S. 381-385; Aus deutscher Sicht siehe beispielhaft *Henning von Wedel* in *Büchel/von Rechenberg* (Füßn. 61), S. 444-447.

schäftsführer bestellt wurden, ist deren **Haftung** immer solidarisch. Die oben im Falle der Aktiengesellschaft dargelegte Ausnahmen davon, gelten entsprechend auch für die Kommanditgesellschaft auf Aktien.

Gem. Art. 187 HGG finden die Vorschriften über die Aktiengesellschaft auch auf die Kommanditgesellschaft auf Aktien Anwendung, soweit sie sich nicht auf das dualistische System beziehen. Es wird daher auf die **Ausführungen zur Aktiengesellschaft** betreffend Mindestkapital (90.000 Lei), Übertragung von Aktien, Leitung der Gesellschaft durch Generalversammlung und Leitungsorgane, Austritt, Auflösung und Liquidation verwiesen. Für den Fall, dass durch Austritt ein einziger Gesellschafter in der Kommanditgesellschaft auf Aktien verbleibt, kann der verbliebene Gesellschafter nach eigenem Ermessen die Gesellschaft als Einmann-GmbH weiterführen (Art. 229 Abs. (3) HGG).

3.2.5 Die Gesellschaft mit beschränkter Haftung (*societatea cu răspundere limitată - SRL*)

Die **Gesellschaft mit beschränkter Haftung**[124] (SRL) ist in Rumänien eine sehr verbreitete Gesellschaftsform. Bei einer Gesellschaft mit beschränkter Haftung haftet die Gesellschaft für ihre Verbindlichkeiten mit dem Gesellschaftsvermögen. Die rumänische Gesellschaft mit beschränkter Haftung weist eine Doppelnatur auf. Sie besteht aus einer begrenzten Anzahl von bis zu 50 Mitgliedern mit engen personenrechtlichen Beziehungen *intuitu personae*, ähnlich einer Personengesellschaft. Die Gesellschafter sind jedoch, wie bei einer Kapitalgesellschaft, nur zur Leistung ihrer Einlage verpflichtet.

Art. 5 Abs. (2) HGG lässt auch eine **Einmann-GmbH**[125] zu. Die Einmann-GmbH unterliegt gem. Art. 13 und 14 HGG gesetzlichen Beschränkungen. Dieselbe natürliche oder juristische Person darf nur einmal Gesellschafter einer solchen Gesellschaft sein. Zudem kann eine Gesellschaft mit beschränkter Haftung keine andere Einmann-GmbH als einzigen Gesellschafter haben[126].

---

124 Siehe *Stanciu D. Cărpenaru* (Fußn. 5), S. 385-403; Aus deutscher Sicht siehe beispielhaft *Helmut Büchel / Oliver Fehrenbacher / Thomas Meyer / Dirk Schulze-Petzold / Henning von Wedel / Patrick Zeising / Stephanie Eberl* in *Büchel/von Rechenberg* (Füßn. 61), S. 527-894.

125 Siehe *R. Economu*, Societatea cu răspundere limitată cu un singur asociat [Die Gesellschaft mit beschränkter Haftung mit einem Alleingesellschafter], in RRD Nr. 5/1994, S. 57-59; zur Rechtsnatur der Einmann-GmbH siehe *Gheorghe Piperea*, Natura juridică a societății comerciale unipersonale [Die Rechtsnatur der Alleingesellschafter-Handelsgesellschaft] in RRD Nr. 4/2000, S. 74-79.

126 Siehe dazu *C. L. Popescu*, Posibilitatea de multiplicare în fapt a numărului societăților comerciale cu răspundere limitată constituite de o singură persoană [Die Möglichkeit von faktischer Vervielfältigung der Zahl der von einer einzigen Person gegründeten Handelsgesellschaften mit beschränkter Haftung], in RRD Nr. 11/1997, S. 86-88.

Zur **Gründung** einer Gesellschaft mit beschränkter Haftung ist der Abschluss eines Gesellschaftsvertrages und einer Satzung oder einer Gründungsurkunde erforderlich. Der Gesellschaftsvertrag bedarf gem. Art. 7 HGG derselben Angaben wie bei einer offenen Handelsgesellschaft. So muss u. a. bestimmt werden, wie die Geschäftsanteile zwischen den Gesellschaftern aufgeteilt sind. Der Gesellschaftsvertrag und die Satzung, oder je nach Fall, die Gründungsurkunde, werden durch Einigung der gründenden Gesellschafter und die handschriftliche Unterzeichnung der Vertragsurkunde wirksam. Für die Eintragung der Gesellschaft ist lediglich ein bestimmtes Abschlussdatum der Verträge nachzuweisen.

Die **Firma** der Gesellschaft mit beschränkter Haftung trägt eine eigene Bezeichnung, welche auch ein Name sein kann, gefolgt von dem Zusatz „*societate cu răspundere limitată*", welches auch gekürzt als „*S.R.L.*" dargestellt werden kann (Art. 36 HRG).

Das **Mindestkapital** muss mindestens 200,- Lei betragen und ist in gleichlautende Geschäftsanteile[127] zu mindestens 10 Lei aufgeteilt. Das Grundkapital kann sowohl als Bar- als auch als Sacheinlagen aufgebracht werden. Die übernommenen Einlagen müssen vollständig eingezahlt werden, um die Eintragung der Gesellschaft zu ermöglichen (Art. 9 HGG). Es werden keine übertragbaren Wertpapiere ausgegeben.

Die **Übertragung von Geschäftsanteilen** erfolgt durch Abtretung zwischen dem Inhaber der Geschäftsanteile als Zedent und dem Zessionär, welcher, wenn er ein Dritter ist, an Stelle des ausscheidenden Zessionars Gesellschafter der Gesellschaft wird. Der Abtretungsvertrag hat den gleichen Formanforderungen wie die Gründungsurkunde zu entsprechen, es sei denn, die Übertragung der Geschäftsanteile erfolgt aufgrund einer Schenkung oder von Todes wegen, dann hat die Übertragung unter Einhaltung der dafür vorgese-

---

127 Bezüglich des Begriffs „*parte socială*", wörtlich Geschäftsanteil, ist ausdrücklich auf die unterschiedliche Auslegung der gleichnamigen Rechtsbegriffe zwischen deutschem und rumänischem Recht hinzuweisen. Laut Art. 11 Abs. (1) HGG sind die Geschäftsanteile einer SRL wertmäßig gleich, haben also den gleichen Nennbetrag. Mit anderen Worten, das Gesellschaftskapital einer SRL wird in Geschäftsanteile mit gleichen Nennbeträgen zerlegt, wobei jeder Gesellschafter beliebig viele Geschäftsanteile einer SRL übernehmen kann. Daraus folgt, dass der Geschäftsanteil nach rumänischem Gesellschaftsrecht inhaltlich einer Stammeinlage nach § 3 Abs. 1 Nr. 4 GmbHG entspricht. Der Unterschied besteht jedoch darin, dass nach § 5 Abs. 2 GmbHG jeder Gesellschafter nur eine Stammeinlage übernehmen kann, nach rumänischem Rechtsverständnis aber ein Gesellschafter beliebig viele Geschäftsanteile übernehmen kann. Die einzige Voraussetzung hierbei ist nach Art. 11 Abs. (1) HGG, dass der Gesamtbetrag aller Geschäftsanteile mit dem Gesellschaftskapital übereinstimmen muss (ähnlich aber für Stammeinlage, § 5 GmbHG). Als Fazit ist zu merken, dass Geschäftsanteile einer SRL fast die gleiche Ausstattung und Funktionsweise wie die Aktien haben, aber nicht auf dem Wertpapiermarkt gehandelt werden können.

henen Gesetzesbestimmungen[128] zu erfolgen. Die Übertragung von Geschäftsanteilen an Dritte ist an die Einwilligung der anderen Gesellschafter mit einer Mehrheit von dreivierteln des Gesellschaftskapitals gebunden. Eine Abtretung von Geschäftsanteilen innerhalb der Gesellschaft erfolgt entsprechend der Gründungsurkunde und, bei einer fehlenden Klausel hierzu, hängt sie nicht von einer Einwilligung ab. Die Abtretung von Geschäftsanteilen ist der Gesellschaft als Drittschuldner nach Art. 1393 C. civ. anzuzeigen, was mit dem entsprechenden Vermerk im Gesellschafterregister erfolgt. Drittwirksamkeit erlangt die Abtretung von Geschäftsanteilen erst mit Eintragung des neuen Gesellschafters bzw. der neuen Struktur des Gesellschaftskapitals ins Handelsregister (Art. 203 HGG).

Die **Gesellschafterversammlung**[129] wird mindestens einmal im Jahr durch den Verwaltungsrat einberufen. Die Einberufung muss mindestens zehn Tage vor dem für die Sitzung festgesetzten Tag gemäß der in der Satzung vorgeschriebenen Weise oder per Einschreiben erfolgen und muss die Tagesordnung der Gesellschafterversammlung enthalten. Sie kann auch jederzeit von Gesellschaftern, die mindestens ein Viertel des Gesellschaftskapitals vertreten, unter Angabe des Grundes verlangt werden (Art. 195 Abs. (2) HGG). Nach Art. 194 HGG hat die Gesellschafterversammlung folgende Aufgaben: Genehmigung der Bilanz und Verteilung des Reingewinns, Bestellung, Abberufung und Entlastung der Verwaltungsratsmitglieder und der Zensoren. Ferner beschließt sie über das gerichtliche Vorgehen gegen einzelne Mitglieder des Verwaltungsrats oder der Zensoren sowie Änderungen der Gründungsurkunde. Die Gesellschafterversammlung fasst die **Beschlüsse** der Gesellschafter. Jeder Geschäftsanteil berechtigt zu einer Stimme (Art. 193 HGG). Soweit der Gesellschaftsvertrag dies vorsieht, kann die Stimmabgabe auch per Korrespondenz (Briefwechsel) erfolgen. Die Beschlüsse bedürfen, wenn in dem Gesellschaftsvertrag nicht anders geregelt, der absoluten Mehrheit der Gesellschafter **und** der Geschäftsanteile. Die Beschlüsse zur Änderung des Gesellschaftsvertrages bedürfen der Zustimmung aller Gesellschafter, es sei den, dass dafür im Gesellschaftsvertrag eine andere Mehrheit bestimmt wurde (Art. 192 HGG). Sofern die Versammlung aufgrund Abwesenheit oder mangels erforderlicher Mehrheit keine Entscheidungen fällen kann, können Beschlüsse durch eine er-

128 In beiden Fälle ist eine notarielle Beurkundung der Schenkung (Art. 813 C. civ.), bzw. der Erlass eines Erbscheins durch den Notar erforderlich (Art. 8 Buchst. c) des Gesetzes Nr.36/1995 über öffentlichen Notare und Notariatstätigkeit (M. Of. Nr. 92/16.05.1995).

129 Im Falle der SRL ist der Gesetzgeber nicht konsequent: Art. 191 Abs. (1) nutzt den Begriff *„adunarea generală"* als Generalversammlung, Art. 194 Abs. (1) dagegen enthält den Begriff *„adunarea generală a asociaţilor"* also wörtlich Generalversammlung der Gesellschafter, welcher hier, in Anlehnung an die deutsche Rechtsterminologie, als Gesellschafterversammlung übersetzt wird.

neut einberufene Versammlung unabhängig von der Zahl der Gesellschafter und des vertretenen Kapitals gefasst werden (Art. 193 Abs. (3) HGG). **Fehlerhafte** Beschüsse können mit einer Nichtigkeits- bzw. Anfechtungsklage behoben bzw. korrigiert werden.

Die Gesellschaft mit beschränkter Haftung wird von einem **Geschäftsführer** (wörtlich Verwalter, *administrator*) oder dem **Verwaltungsrat**, bestehend aus mehreren Geschäftsführern geführt und vertreten. Die Geschäftsführer müssen nicht zwingend Gesellschafter sein. Sie werden durch den Gesellschaftsvertrag oder die Gesellschafterversammlung bestellt. Ist im Gesellschaftsvertrag nichts anderes vorgesehen, hat jedes Verwaltungsratmitglied das Recht, die Gesellschaft zu vertreten und die erforderlichen Geschäfte vorzunehmen (Art. 70 Abs. (1), Art. 197 Abs. 3 i. V. m. 75 HGG). Das Recht zur Vertretung darf nicht auf andere Gesellschafter übertragen werden. Ausnahmen können im Gesellschaftsvertrag vorgesehen werden. Beschlüsse werden grundsätzlich einstimmig gefasst. Bei Meinungsverschiedenheiten entscheiden die Gesellschafter, die die absolute Mehrheit des Kapitals vertreten. Diese können ebenfalls einem oder mehreren Verwaltungsratmitgliedern für einen bestimmten Zeitraum besondere Vollmachten übertragen (Art. 197 Abs. (3) i. V. m. Art. 77 HGG). Wenn mehrere Geschäftsführer bestellt sind, ist deren **Haftung** immer solidarisch. Davon bestehen einigen Ausnahmen, wie oben im Falle der Aktiengesellschaft dargelegt. **Schadenersatzansprüche** der Gesellschaft, der Gesellschafter oder von Dritten gegen die Geschäftsführer können durch eine Klage auf Handlungshaftung geltend gemacht werden.

Bei Gesellschaften mit weniger als 15 Gesellschaftern ist die Bestellung von **Zensoren** fakultativ. Sind keine Zensoren vorhanden, kann jeder Gesellschafter - außer den Verwaltungsratmitgliedern - das Aufsichtsrecht ausüben. Bei mehr als 15 Gesellschaftern müssen gemäß Art. 199 Abs. (3) HGG Zensoren von der Gesellschafterversammlung gewählt werden. Sie haben dieselben Befugnisse und Aufgaben wie die Zensoren einer Aktiengesellschaft (Art. 199 Abs. (4) HGG).

Der **Austritt** und die **Ausschließung**[130] eines Gesellschafters aus der Gesellschaft erfolgen entsprechend dem Art. 226 HGG nach den gleichen Grundsätzen wie im Fall der offenen Handelsgesellschaft und der Kommanditgesellschaft,

---

130 Das rumänische Gesellschaftsrecht enthält keine dem § 34 GmbHG korrespondierende Gesetzesbestimmung und kennt auch nicht das Rechtsinstitut der Einziehung des Geschäftsanteils. Entsprechend des Grundsatzes *pacta sunt servanda* können die übrigen Gesellschafter einer SRL nicht selbst über die Ausschließung eines Gesellschafters bestimmen, sondern darüber muss das Gericht, bei Vorlage der gesetzlich festgelegten Ausschließungsgründe, entscheiden (Art. 223 Abs. (1) HGG).

auf die insoweit verwiesen wird. Im Falle einer Gesellschaft mit beschränkter Haftung besteht jedoch gem. Art. 194 Abs. (2) HGG eine Besonderheit bezüglich eines Gesellschafters, welcher sich nicht mit der ordnungsgemäßen Änderung des Gesellschaftsvertrages durch die Gesellschafterversammlung einverstanden erklärt. In einem solchen Fall hat er aufgrund der Verweisung auf Art. 224 f. HGG die gleiche Rechtsstellung wie ein ausgeschlossener Gesellschafter und hat Anspruch auf Dividenden bzw. haftet für Verluste bis zum Tag des Ausscheidens und kann eine Auszahlung nur entsprechend des Ausschüttungsbeschlusses für das jeweilige Geschäftsjahr verlangen. Darüber hinaus hat der so ausgetretene Gesellschafter einen Anspruch gegen die Gesellschaft bezüglich des Geldwertes entsprechend seiner Geschäftsanteile an dem Gesellschaftsvermögen.

Die Gesellschaft mit beschränkter Haftung wird nach den allgemeinen und den für diese Gesellschaftsform speziell vorgesehenen Regeln aufgelöst und liquidiert. Die allgemeinen **Auflösungsgründe** sind in Art. 227 HGG geregelt. Zudem sind auch hier wie bei der offenen Handelsgesellschaft und der Kommanditgesellschaft die besonderen Auflösungsgründe des Art. 229 HGG zu beachten. Weitere Auflösungsgründe finden sich, laut der Verweisbestimmung des Art. 228 Abs. (2) HGG, in Art. 153[24] HGG spezifisch für Aktiengesellschaften, nämlich im Falle der Überschuldung der Gesellschaft. Eine Einmann-GmbH kann auch dann aufgelöst werden, wenn gegen Art. 14 Abs. (1) und (2) HGG verstoßen wurde, nämlich im Falle der Vervielfältigung einer Einmann-GmbH (eine natürliche oder juristische Person sowie Einmann-GmbH werden Gesellschafter in einer weiteren Einmann-GmbH). Das **Liquidationsverfahren** erfolgt nach den gleichen besonderen Vorschriften wie bei der offenen Handelsgesellschaft und der Kommanditgesellschaft.

3.2.6 Die Kommanditgesellschaft Gesellschaft mit beschränkter Haftung

Art. 2 HGG zählt die Gesellschaftsformen auf, welche zur Gründung einer Handelsgesellschaft zur Auswahl stehen. Art. 1 Abs. (1) HGG bestimmt, dass sich natürliche und juristische Personen zur Tätigung von Handelsgeschäften beliebig in Handelsgesellschaften zusammenschließen können. Keine der Gesetzesbestimmungen des HGG verbietet in irgendeiner Form einer juristischen Person sich als Gesellschafter bzw. Aktionärin bei der Gründung einer Handelsgesellschaft, welcher Gesellschaftsform auch immer zu beteiligen bzw. während der Dauer einer Gesellschaft Geschäftsanteile bzw. Aktien an ihr zu erwerben. Als Schlussfolgerung davon erscheint es nicht als unerlaubt oder als Verstoß gegen das Gesetz, dass sich eine Gesellschaft mit beschränkter Haftung an einer Kommanditgesellschaft, einschließlich als Komplementärin einer Kommanditgesellschaft, beteiligt. Die Komplementär – SRL ist nicht

Trägerin des Unternehmens, sondern sie fungiert nur als Gesellschafterin der durch Zusammenschließung gegründeten Kommanditgesellschaft. Als unbeschränkt haftende Gesellschafterin der Kommanditgesellschaft ist die SRL zugleich ihr Vertretungsorgan (Art. 88 HGG). Der Geschäftsführer der SRL handelt dabei nicht im Namen der SRL, sondern im Namen der Kommanditgesellschaft. Die einzige Voraussetzung ist, dass die SRL als solche gegründet sein muss, also im Handelsregister eingetragen sein muss, um dann als solche als Gesellschafterin der Kommanditgesellschaft auftreten zu können. In einer zweiten Phase kann dann die Kommanditgesellschaft errichtet und entsprechend in das Handelsregister eingetragen werden. Der Gründung einer Kommanditgesellschaft in dieser Art und Weise stehen weder materielle noch Verfahrensvorschriften der HGG bzw. HRG entgegen. Das Gleiche gilt für die Beteiligung einer SRL an einer bestehenden Kommanditgesellschaft.

Diese Rechtskonstruktion entspricht der Gesellschaftsform der GmbH & Co. KG[131] des deutschen Rechts. Nun stellt sich die Frage, ob es nach rumänischem Recht überhaupt nötig ist eine Kommanditgesellschaft mit beschränkter Haftung zu gründen und wenn ja, welche erheblichen Vorteile gegenüber anderen Gesellschaftsformen existieren, um diese Rechtskonstruktion zu rechtfertigen. Ohne zu sehr ins Detail einzugehen, sollte man genau die möglichen Vorteile einer solchen Rechtskonstruktion betrachten, um dann eine solche Gründung bevorzugen zu können. Dabei dürfte man die Tatsache, dass nach rumänischen Recht alle Gesellschaftsformen juristische Personen sind, dass sie nach den gleichen Bilanzierungsregeln Bilanzen erstellen müssen und unabhängig von der Gesellschaftsform dem gleichen Steuersatz unterliegen und schließlich, dass es auch aus der Sicht der Haftungsbegrenzung kaum Unterschiede gibt (subsidiäre Haftung der Gesellschafter nach Ausschöpfung der Haftung der jeweiligen Kommanditgesellschaft) nicht aus den Augen verlieren. Als Schlussfolgerung dürfte gelten, dass die Rechtskonstruktion der GmbH & Co. KG nach rumänischem Recht zwar möglich ist, die Vorteile jedoch erheblich geringer im Vergleich zu der Lage der gleichnamigen Gesellschaft nach deutschem Recht ausfallen. Unter diesen Bedingungen ist der Anreiz zur Gründung einer Kommanditgesellschaft mit beschränkter Haftung in Rumänien denkbar gering.

3.2.7 Die Wirtschaftliche Interessenvereinigung und die Europäische Wirtschaftliche Interessenvereinigung

Mit Blick auf eine zukünftige Mitgliedschaft Rumäniens in der EU hat der rumänische Gesetzgeber bereits im Jahre 2003 Vorschriften erlassen, nach de-

---

131 Siehe beispielhaft dazu *Henning von Wedel* in *Büchel/von Rechenberg* (Fußn. 61), S. 440-444.

nen sowohl nationale Wirtschaftliche Interessenvereinigungen (*grup de interes economic*, abgekürzt: GIE) als auch Europäische Wirtschaftliche Interessenvereinigungen (*grup european de interes economic*, abgekürzt: GEIE) gegründet werden können. Die gesetzlichen Bestimmungen in Bezug auf diese neuen Gesellschaftsformen sind Bestandteil des Gesetzes Nr. 161/2003[132]; genauer gesagt sind sie Gegenstand des Titels V, der Art. 118 bis 237[2] (nachfolgend GIE-G) dieses Gesetzes.

Die Wirtschaftliche Interessenvereinigung[133] dient der Erleichterung der Kooperation zwischen Unternehmen. Dies folgt aus dem Art. 118 Abs. (1) GIE-G, der besagt, dass die wirtschaftliche Tätigkeit ihrer Mitglieder erleichtert oder entwickelt, sowie die Ergebnisse dieser Tätigkeit verbessert werden sollen.

Die **Gründung** einer *grup de interes economic*, GIE erfolgt durch Abschluss eines Gründungsvertrages in schriftlicher Form, der notariell beglaubigt werden muss. Der Gründungsvertrag muss Namen und Vornamen, Wohnsitz, Geburtsdatum und Staatsangehörigkeit sowie Personenkennzeichnungsnummer bei natürlichen Personen sowie Firma, Sitz, Nationalität und Handelsregistereintragung bei juristischen Personen eines jeden Mitglieds sowie die Dauer der GIE enthalten (Art. 122 Abs. (1) GIE-G). **Mitglieder** der GIE können sowohl natürliche Personen als auch juristische Personen sein, welche Handelsgeschäfte betreiben, also hauptsächlich alle Formen von Handelsgesellschaften sowie bei natürlichen Personen hauptsächlich diejenigen, die eine gewerbliche, kaufmännische, handwerkliche, landwirtschaftliche oder freiberufliche Tätigkeit ausüben. Die Mindestzahl der Mitglieder beläuft sich auf zwei. Die Höchstzahl der Mitglieder ist 20. Die Dauer der GIE muss beschränkt sein (Art. 118 Abs. (1) GIE-G).

Die **Firma** der Vereinigung muss die voran- oder nachgestellten Worte „*grup de interes economic*" oder die Abkürzung GIE enthalten.

Der Gründungsvertrag kann ein bestimmtes **Kapital** für die Gründung der GIE vorsehen. Es stellt jedoch keine Gründungsvoraussetzung dar. Die notwendigen Betriebsmittel können durch Einlagen, laufende Zuschüsse oder durch Dienstleistungen verschafft werden. Sobald die GIE ihren Zahlungsverpflichtungen in einem Zeitraum von 15 Tagen nicht nachkommt, **haften** die

---

132 Gesetz Nr. 161/2003 über einige Maßnahmen zur Gewährung von Transparenz bei der Ausübung von öffentlichen Staatsämtern und Beamtentätigkeiten sowie im Geschäftsleben, Bekämpfung und Bestrafung von Korruption, M. Of. Nr. 279/21.04.2003 mit den nachfolgenden Änderungen und Ergänzungen.

133 Siehe dazu Stanciu D. *Cărpenaru* (Fußn. 5) S. 405-411; *Angheni/Volonciu/Stoica*, (Fußn. 5) S. 251-274.

Mitglieder der GIE unbeschränkt und gesamtschuldnerisch mit ihrem gesamten Vermögen. (Art. 119 Abs. (1) GIE-G). Aus dem gesamtschuldnerischen Charakter der Haftung folgt, dass der Gläubiger die Leistung nach seinem Belieben von jedem der Mitglieder ganz oder zu einem Teil fordern kann.

Die Organe der GIE sind die **Generalversammlung** der Mitglieder und der oder die bestellten **Geschäftsführer** (wörtlich: Verwalter) (Art. 148 i. V. m. Art. 153 GIE-G). Jedes Mitglied hat bei der Beschlussfassung eine Stimme, es sei denn, dass im Gründungsvertrag für bestimmte Mitglieder ein größeres Stimmgewicht vorgesehen wurde. Zu Verwaltern können sowohl Mitglieder als auch Außenstehende bestellt werden. Die Bestellung erfolgt durch den Gründungsvertrag oder durch Beschluss der Mitglieder. Die **Vertretung** der GIE erfolgt ausschließlich durch den oder die Geschäftsführer. Der Umfang der Vertretung unterliegt dem Grundsatz der unbeschränkten und unbeschränkbaren Vertretungsmacht. Die **Auflösung** der GIE kann u. a. durch Beschluss der Mitglieder oder durch gerichtliche Entscheidung erfolgen (Art. 184 GIE-G).

Die Gründung einer *grup european de interes economic*, GEIE[134] erfolgt genau wie bei der GIE durch Abschluss eines Gründungsvertrages in schriftlicher Form der notariell beglaubigt werden muss. Der wesentliche Unterschied zur GIE besteht darin, dass die GEIE einen EU-Auslandsbezug haben muss, um den europäischen Charakter zu erlangen. Die GEIE muss ins Handelsregister eingetragen werden, um Rechtspersönlichkeit zu erlangen. GEIE, die in Rumänien registriert sind, dürfen nicht mehr als zwanzig Mitglieder haben. Rumänien hat von der Möglichkeit des Art. 19 der EWIV-VO Gebrauch gemacht und in Art. 234⁹ Abs. (1) GIE-G bestimmt, dass auch juristische Personen die Geschäftsführung übernehmen können. Die GEIE kann Tochtergesellschaften, Zweigniederlassungen oder Vertretungen in Rumänien gründen.

3.2.8 Die Europäische Gesellschaft (SE)

Die Europäische Gesellschaft[135] oder Societas Europaea (*societatea europeană* – SE) ist eine supranationale Gesellschaftsform, die europaweit als rechtliche Einheit auftritt und grenzüberschreitend Kooperationen eingeht, sowie die Möglichkeit von Fusionen, Sitzverlagerungen sowie Bildung von Holding-

---

134 Siehe dazu *Stanciu D. Cărpenaru* (Fußn. 5) S. 412; *Smaranda Angheni, Magda Volonciu, Camelia Stoica*, (Fußn. 5) S. 274 f.; *Daniel Şandru*, (Fußn. 1) S. 42-46; Aus deutscher Sicht siehe beispielhaft *Mathias Habersack*, (Fußn. 118), S. 367-403 sowie *Wolf-Georg Freiherr Rechenberg* in *Büchel/von Rechenberg* (Füßn. 61), S. 1251-1261.

135 Siehe dazu beispielhaft *Wolf-Georg Freiherr Rechenberg* in *Büchel/von Rechenberg* (Füßn. 61), S. 1177-1249.

Strukturen problemlos wahrnehmen kann. Das HGG befasst sich äußerst spärlich in nur fünf Artikeln mit dieser neuen Gesellschaftsform und verweist im Übrigen auf dieVerordnung Nr. 2157/2001/EG[136], sog SE-Verordnung.

Die Europäische Aktiengesellschaft[137] ist eine Kapitalgesellschaft, deren Kapital, wenn sie in Rumänien gegründet und eingetragen wird, mindestens den Gegenwert in Lei von 120.000,- € betragen muss und in Aktien zerlegt wird. Voraussetzung für die Gründung ist, dass das Unternehmen einen mehrstaatlichen Bezug aufweist und, dass es sich um ein bereits bestehendes Unternehmen handelt, welches nach dem Recht eines Mitgliedsstaats gegründet worden ist und ihren Sitz sowie ihre Hauptverwaltung in der Gemeinschaft hat, und welches sich neu organisiert. Die Entstehung der Europäischen Aktiengesellschaft kann auf verschiedenen Wegen erfolgen. So kann sie durch grenzüberschreitende Verschmelzung[138] bestehender Handelsgesellschaften, durch Gründung von einer neuen Mutter- oder Tochtergesellschaft in verschiedenen Mitgliedsstaaten oder durch Umwandlung von bestehenden nationalen Aktiengesellschaften verschiedener Mitgliedsstaaten (Art. 2 SE-Verordnung) entstehen.

Soweit die **Gründung** und Handelsregisteranmeldung einer SE in Rumänien stattfinden soll, erfolgt dies gemäß Art. 5 HGG durch Gesellschaftsvertrag und Statut bzw. durch eine einheitliche Gründungsurkunde. Der Sitz der SE muss in dem Mitgliedsstaat liegen, in dem sich die Hauptverwaltung der Gesellschaft befindet, also in diesem Fall in Rumänien sein (Art. 7 SE-Verordnung). Sobald die SE in dem für ihren Sitz zuständigen Handelsregister eingetragen ist, erlangt sie Rechtsfähigkeit (Art. 270[2b] Abs. (1) HGG). Vor der Eintragung muss jedoch eine Vereinbarung geschlossen werden, die die die Beteiligung der

---

136 Verordnung Nr. 2157/2001/EG des Rates vom 8. Oktober 2001 über das Statut der Europäischen Gesellschaft (SE), ABl. Nr. L 294/1 vom 10. 11. 2001, S. 1-21.

137 Siehe zur Europäischen Gesellschaft aus rumänischer Sicht *Stanciu D. Cărpenaru* (Fußn. 35) S. 403 f.; *Daniel Şandru*, (Fußn. 1) S. 47-56; *Adrian-Milutin Truichici*, Consideraţii generale privind societatea comercială europeană („Societas Europaea") [Allgemeine Ausführungen betreffend die Europäische [Handels-] Gesellschaft („Societas Europaea")], in RRD Nr.11/2008, S. 48-53; *Vasile Muscalu*, Completarea Legii nr. 3171990 privind societăţile comerciale. Societatea europeană. Ordonanţa de urgenţă a Guvernului nr. 52/2008 [Ergänzung des Gesetzes Nr. 31/1990 betreffend Handelsgesellschaften. Europäische Gesellschaft. Dringlichkeitsanordnung der Regierung Nr. 52/2008], in RRD Nr.5/2009, S. 11-25.

138 Siehe hierzu die neu eingeführten Art. 251[2]-251[19] im HGG bezüglich der grenzüberschreitenden Verschmelzung von Gesellschaften; *Vasile Muscalu*, Modificările aduse Legii nr. 31/1990 privind societăţile comerciale prin Ordonanţa de urgenţă a Guvernului nr. 52/2008, aprobată cu modificări prin Legea nr. 284/2008 – Fuziunea transfrontalieră [Änderung des Gesetzes Nr. 31/1990 betreffend Handelsgesellschaften durch Dringlichkeitsanordnung der Regierung Nr. 52/2008 genehmigt mit Änderungen durch Gesetz Nr. 284/2008 – Grenzüberschreitende Verschmelzung], in RRD Nr.4/2009, S. 13-22.

Arbeitnehmer[139] in der SE nach den Vorschriften der SE-Richtlinie[140] regelt. Innerhalb von 30 Tagen nach der Eintragung muss das Nationalamt des Handelsregisters dem Amtsblatt der Europäischen Gemeinschaften die Eintragung anzeigen und die vom Art. 14 SE-Verordnung vorgesehenen Informationen, wie Firma der SE, Sitz und Geschäftszweig der SE etc. mitteilen (Art. 270[2b] Abs. (3) HGG).

Da durch Gründung und Eintragung im Handelsregister die SE rumänische juristische Person wird, unterliegt sie hauptsächlich den Bestimmungen des HGG über Aktiengesellschaften. Demzufolge erfolgt die **Leitung** der SE durch Generalversammlung und, nach frei erfolgter Wahl der Gesellschaft, durch Verwaltungsrat (monistisches System) oder durch das Direktorium und Aufsichtsrat (dualistisches System). Bezüglich der Einzelheiten wird auf die Ausführungen bei der Aktiengesellschaft verwiesen (Abschnitt 3.2.3.).

Eine bestehende SE profitiert insbesondere von einem einfachen und identitätswahrenden Verfahren zur **Sitzverlegung** in einen anderen Mitgliedsstaat, ohne dass eine Auflösung und Neugründung erforderlich ist. Voraussetzung hierfür ist allerdings, dass bei der Sitzverlegung sowohl der tatsächliche Verwaltungs- als auch der Geschäftssitz verlegt wird, weil sich beide immer im gleichen Mitgliedsstaat befinden müssen (Art. 64 SE-Verordnung). Bei der Sitzverlegung einer in Rumänien gegründete SE in einen anderen Mitgliedsstaat ist ein nach Art. 270[2c]-270[2e] HGG vorgesehenes Verlegungsverfahren einzuhalten. Nach Beendigung des Verlegungsverfahrens wird die in Rumänien eingetragene SE aus dem rumänischen Handelsregister gelöscht und darüber wird dem Amtsblatt der Europäischen Gemeinschaften eine entsprechende Mitteilung zur Veröffentlichung übermittelt. Dadurch unterliegt die jeweilige SE nicht mehr subsidiär dem rumänischen Recht, sondern wird dem nationalen Recht des Mitgliedsstaates, in das die Sitzverlegung erfolgte, unterworfen.

---

139 Siehe hierzu die neu eingeführten Art. 251[2]-251[19] im HGG bezüglich der grenzüberschreitenden Verschmelzung von Gesellschaften; *Vasile Muscalu*, Modificările aduse Legii nr. 31/1990 privind societățile comerciale prin Ordonanța de urgență a Guvernului nr. 52/2008, aprobată cu modificări prin Legea nr. 284/2008 – Fuziunea transfrontalieră [Änderung des Gesetzes Nr. 31/1990 betreffend Handelsgesellschaften durch Dringlichkeitsanordnung der Regierung Nr. 52/2008 genehmigt mit Änderungen durch Gesetz Nr. 284/2008 – Grenzüberschreitende Verschmelzung], in RRD Nr.4/2009, S. 13-22.

140 Richtlinie 2001/86/EG des Rates vom 8. Oktober 2001 zur Ergänzung des Status der Europäischen Gesellschaft hinsichtlich der Beteiligung der Arbeitnehmer, ABl. Nr. L 294 vom 10.11.2001, S. 22-32; Die gesellschaftsrechtlichen Vorschriften der Richtlinie 2001/86/EG wurden in Rumänien durch Dringlichkeitsanordnung der Regierung Nr. 52/2008 zur Änderung und Ergänzung des Gesetzes Nr. 31/1990 bettreffend Handelsgesellschaften und zur Ergänzung des Gesetzes Nr. 26/1990 betreffend Handelsregister, M. Of. Nr. 333/30.04.2008, genehmigt mit Änderungen durch Gesetz Nr. 284/2008, M. Of. 778/20.11.2008, umgesetzt.

3.2.9 Die stille Gesellschaft, die Bankgesellschaft, die Hypothekenkredit-gesellschaft, die Versicherungsgesellschaft und die Leasinggesellschaft

Die **stille Gesellschaft**[141] (*asociaţia în participaţiune*) ist nicht im HGG geregelt, sondern in den Art. 251-256 RumHGB. Dabei handelt es sich um eine Personengesellschaft bestehend aus stillen und aktiven Teilhabern. Die stille Gesellschaft stellt aber keine Handelsgesellschaft dar, da nur der aktive Teilhaber ein Handelsgewerbe betreibt. Auch ist sie keine juristische Person. Nur die aktiven Teilhaber sind zur Geschäftsführung befugt und haften für die Verbindlichkeiten der Gesellschaft. Zur Gründung einer stillen Gesellschaft bedarf es lediglich eines Vertrages unter Einhaltung der Schriftform. Davon unberührt bleiben jedoch die Eintragungspflicht der aktiven Teilhaber und die Beachtung der allgemeinen Vorschriften durch diesen.

Bei der Gründung einer **Bankgesellschaft**[142] (*societatea bancară*) und von anderen Kreditinstituten finden die DringlichkeitsAO Nr. 99/2006[143] über Kreditinstitute und [deren] Kapitalanpassung (nachfolgend RumKWG) und subsidiär das HGG Anwendung. Folgende Voraussetzungen müssen für die Gründung einer Bankgesellschaft erfüllt sein: vorherige schriftliche Erlaubnis für die Gründung und für die Betreibung des Bankgeschäfts durch die Nationalbank von Rumänien[144] (Art. 10 RumKWG), Gesellschaftsform muss die Aktiengesellschaft sein (Art. 287 RumKWG) und darf nicht durch öffentliche Zeichnung (muss mit anderen Wörtern durch Simultangründung) errichtet werden (Art. 32 Abs. (2) RumKWG), Aktien dürfen ausschließlich als Namensaktien ausgegeben werden (Art. 12 Abs. (2) RumKWG), das Gründungskapital muss mindestens den Gegenwert in Lei von 5 Mio. € betragen, die Gründung darf nur als Bargründung[145] erfolgen und die Bareinlagen müssen vollständig bei der Gründung eingezahlt sein (Art. 11 f. RumKWG) und schließlich muss sowohl der Sitz der Bankgesellschaft als auch der tatsächliche Verwaltungssitz, falls die Bankgesellschaft nicht vom Geschäftssitz her geleitet wird, in Rumänien sein (Art. 14 RumKWG).

---

141 O. Căpăţînă (Fußn. 5), S. 421 f.; Aus deutscher Sicht siehe beispielhaft *Thomas Wunsch* in *Büchel/von Rechenberg* (Fußn. 61), S. 477-525.

142 Siehe zur Bankgesellschaften O. Căpăţînă (Fußn. 5), S. 394-412; *Ion Turcu*, Drept bancar [Bankrecht], 3 Bd., Lumina Lex, Bukarest 1999, Bd. 1, S. 262-310; *Vasile Nemeş*, Drept bancar [Bankrecht], Editas, Bukarest 2004, S. 19-101.

143 M. Of. Nr. 1027/27.12.2006; Die DringlichkeitsAO Nr. 99/2006 wurde durch Gesetz Nr. 227/2007 (M. Of. Nr. 480/18.07.2007) vom Parlament mit einigen Änderungen und Ergänzungen genehmigt.

144 Siehe zu der Rolle der Nationalbank von Rumänien als Aufsichtsorgan im Bereich des Bankwesens *Ion Turcu*, (Fußn. 142), Bd. 1, S. 251-261; *Vasile Nemeş* (Fußn. 142), S. 111-138.

145 Ausnahme davon ist die Entstehung der jeweiligen Bankgesellschaft durch Verschmelzung, Fusion oder Spaltung von anderen Bankgesellschaften nach Art. 92-100 RumKWG.

Im Sinne des RumKWG ist die Bankgesellschaft als Universalbank ausgestattet. Außer diesen herkömmlichen Bankgesellschaften regelt das Gesetz auch eine Reihe von Spezialbanken wie Spar- und Kreditbanken im Wohnbaubereich (Art. 288-317 RumKWG), Hypothekenbanken[146] (Art. 318-320 RumKWG), sog. Institute zur Ausgabe von elektronischem Geld[147], wobei in diesem Fall die Kapitalausstattung den Gegenwert in Lei von 1 Mio. € beträgt (Art. 321-332 RumKWG) und schließlich Kreditgenossenschaften, wobei in diesem Fall die Gesellschaftsform anstatt Aktiengesellschaft, Genossenschaft ist (Art. 333-403 RumKWG).

Außer der durch RumKWG geregelten Kreditinstitute dürfen auch die sog. **nichtbankmäßigen Finanzinstitute** einige Bankgeschäfte betreiben. Die rechtliche Grundlage hierfür ist Gesetz Nr. 93/2009[148] über nichtbankmäßige Finanzinstitute (nachfolgend FinanzinstG). Die Firma eines nichtbankmäßigen Finanzinstituts muss die Bezeichnung *„instituție financiară nebancară"* oder die Abkürzung *„I.F.N."* enthalten (Art. 7 FinanzinstG). Ein nichbankmäßiges Finanzinstitut muss als Aktiengesellschaft gegründet werden und unterliegt zusätzlich den Gesetzesbestimmungen des HGG über Aktiengesellschaften. Es dürfen ausschließlich Namensaktien ausgegeben werden. Art. 14 Abs. (1) FinanzinstG bestimmt abschließend die Art von Kreditgeschäften, welche einem nichtbankmäßigen Finanzinstitut als Unternehmensgegenstand zur Verfügung stehen: Kreditvergabe zu den verschiedenen Finanzierungszwecken wie z. B. Verbraucherkredite, Hypothekenkredite, Baufinanzierung, Finanzierung von Handelsgeschäften, Factoring, Forfaitierung, Finanzierungsleasing, Vergabe von Garantien und Finanzierungszusagen und andere Kreditformen. Das Mindestkapital einer Hypothekenkreditgesellschaft muss in Lei dem Betrag von 200.000,- € (3 Mio. € für den Fall von Vergabe von Hypothekendarlehen) gleichkommen und es muss vollständig im Zuge der Gründung von dem Übernehmer der Aktien aufgebracht werden. Die Gründung eines nichtbankmäßigen Finanzinstituts ist der Nationalbank von Rumänien innerhalb von 30 Tagen nach der Eintragung im Handelsregister, begleitet von allen zu diesem Zweck notwendigen Unterlagen, anzuzeigen. Aufgrund der Anzeige prüft die Nationalbank von Rumänien die Gesetzmäßigkeit der Kreditvergabe durch das jeweilige nichtbankmäßige Finanzinstitut und trägt es in dem sog. Allge-

---

146 Als eine besondere Form des Hypothekendarlehens wurde bereits 1999 eine neue Gesellschaftsform im rumänischen Gesellschaftsrecht und zwar die Hypothekenkreditgesellschaft eingeführt; siehe dazu *Julian Teves*, Rumänisches Hypothekenkreditgesetz – Textdokumentation mit Einführung, Wirtschaft und Recht in Osteuropa, Heft 9/2000, S. 309-313. Nach der heutigen Gesetzeslage durch RumKWG dürfen eine solche Art von Hypothekengeschäften nur die Hypothekenbanken betreiben.

147 *Vasile Nemeş*, (Fußn. 142), S. 19-66.

148 M. Of. Nr. 259/21.04.2009.

meinregister der Finanzinstitute ein. Erst nach erfolgter Eintragung darf mit der tatsächlichen Kreditvergabe angefangen werden.

Im Bereich der **Versicherungsgesellschaften**[149] (*societatea de asigurare*) ist das Gesetz Nr. 32/2000[150] über Versicherungsgesellschaften (nachfolgend VersicherungsG) zu beachten. Daneben findet auch das HGG subsidiär Anwendung. Die Versicherungsgesellschaften müssen als Aktiengesellschaften gegründet werden (Art. 11 Abs. (1) Buchst. a) VersicherungsG). Allein die Ausgabe von Namensaktien ist zulässig (Art. 17 VersicherungsG). Die Gründung selbst muss durch das Versicherungsaufsichtsamt (*Comisia de Supraveghere a Asigurărilor*) aufgrund eines Genehmigungsverfahrens genehmigt werden (Art. 12 VersicherungsG). Die Vorlage der Genehmigung des Versicherungsaufsichtsamts ist Voraussetzung der Eintragung ins Handelsregister (Art. 11 Abs. (2) VersicherungsG). Das Mindestkapital einer Versicherungsgesellschaft beträgt, je nach betriebener Versicherungsart, zwischen 700.000,- und 1,4 Millionen Lei. Der Gegenwert der gezeichneten Aktien muss von den Gründern vollständig eingezahlt und zur freien Verfügung der Gesellschaft stehen, damit die Eintragung erfolgen kann (Art. 16 Abs. 4 VersicherungsG).

Was das Gründungskapital anbelangt, stellt auch die **Leasinggesellschaft**[151] (*societatea de leasing*) eine Besonderheit dar. So muss das Gründungskapital der Leasinggesellschaft nach Art.19 Abs. (2) der RegierungsAO Nr. 51/1997[152] betreffend Leasinggeschäften und Leasinggesellschaften den Gegenwert in Lei von 200.000 € betragen und bei der Gründung in voller Höhe geleistet werden. Das Gesetz enthält allerdings keine Sonderregelung bezüglich der Gesellschaftsform einer Leasinggesellschaft, sodass alle Gesellschaftsformen des HGG als Gesellschaftsform zur Verfügung stehen. Im Unterschied zur früheren Rechtslage, als allein den Leasinggesellschaften alle Arten des Leasinggeschäfts erlaubt waren, wurde nun durch das neue FinanzinstG das Finanzierungsleasing auch den nichtbankmäßigen Finanzinstituten erlaubt. Demzufolge wird der Markt des Finanzierungsleasings zwischen Leasinggesellschaften und nichtbankmäßigen Finanzinstituten aufgeteilt. Jedoch ist das Operatingleasing den Leasinggesellschaften vorbehalten.

---

149 *O. Căpățînă* (Fußn. 5), S. 412-421.

150 M. Of. Nr. 148/10.04.2000 mit nachfolgenden Änderungen und Ergänzungen.

151 Siehe *Julian Teves*, Leasingvertrag im rumänischen Recht – ein Praxisüberblick, in Recht der Internationalen Wirtschaft, Heft 2/2002, S. 109-122.

152 M. Of. Nr. 9/12.01.2000 mit weiteren Änderungen und Ergänzungen; Deutsche Übersetzung der ursprünglichen Fassung des Gesetzes von *Alexander Roth* in *Breidenbach*, WiRO Handbuch, Länderteil Rumänien, RO 220.

● *Dr. Julian Teves*

4. Rechnungslegung und Rechnungsprüfung von Handelsgesellschaften, Offenlegungspflicht von Jahresabschlüssen

Das HGG enthält in Art. 73 Abs. (1) Buchst. c) die Bestimmung mit Grundsatzcharakter, wonach die Geschäftsführer solidarisch gegenüber der Handelsgesellschaft für das Bestehen und die ordnungsgemäße Führung der gesetzlich vorgeschriebenen Bücher der Gesellschaft haften. Art. 181 HGG konkretisiert diese Pflicht[153] indem der Geschäftsführung einer Gesellschaft (wörtlich Verwaltungsrat bzw. Direktorium, je nach Form der Geschäftsleitung) die Verpflichtung auferlegt wird, 30 Tage vor der geplanten Generalversammlung zur Feststellung des Jahresabschlusses und zur Entlastung der Geschäftsführung für das abgelaufene Geschäftsjahr, den Jahresabschluss (wörtlich *situația financiară anuală*) samt ihrem Lagebericht[154] und dazugehörigen Unterlagen den Zensoren bzw. dem internen oder externen Abschlussprüfer der Gesellschaft vorzulegen. Um zu verstehen, was mit Handelsbüchern bzw. Jahresabschluss gemeint ist und wie diese aufzustellen sind, verweist Art. 182 HGG auf die entsprechenden gesetzlichen Bestimmungen[155].

Diese gesetzlichen Bestimmungen stehen hauptsächlich im Gesetz Nr. 82/1992[156] – Buchhaltungsgesetz (nachfolgend BuchhaltungsG) und in den, aufgrund dessen erlassenen Ausführungsbestimmungen. Dazu zählt insbesondere die Verordnung Nr. 3055/2009[157] zur Genehmigung der mit den europäischen Richtlinien konformen Buchhaltungsvorschriften (nachfolgend BuchhaltungsVO). Die Verordnung selbst enthält zwei Anlagen bestehend aus Buchhaltungsvorschriften entsprechend der Vierten Richtlinie 78/660/EWG[158] des Rates vom 25. Juli 1978 über den Jahresabschluss von Gesellschaften bestimmter Rechtsformen und aus Buchhaltungsvorschriften entsprechend der Siebenten Richtlinie 83/349/EWG[159] des Rates vom 13. Juni 1983 über den konsolidierten Abschluss.

---

153 Zum deutschen Recht siehe dazu § 264 HGB.
154 Zum deutschen Recht siehe dazu § 289 HGB.
155 Zum deutschen Recht siehe dazu § 264 ff. HGB.
156 Neuveröffentlichung M. Of. Nr. 454/18.06.2008.
157 Verordnung des Ministeriums der öffentlichen Finanzen Nr. 3055/2009 zur Genehmigung der mit den europäischen Richtlinien konformen Buchhaltungsbestimmungen, M. Of. Nr. 766/10.11.2009.
158 ABl. Nr. L 222 vom 14. 08. 1978, S. 11-13; Siehe dazu *Mathias Habersack*, (Fußn. 118), S. 277-292.
159 Bl. Nr. L 193 vom 18. 07. 1983, S. 1-17; Siehe dazu *Mathias Habersack*, (Fußn. 118), S. 292-302.

Das BuchhaltungsG enthält im Kern Vorschriften über Buchführung, Inventur, Bewertung der Aktiva und Passiva sowie die Ermittlung des Ergebnisses, Aufstellung der Bilanz, der Gewinn- und Verlustrechnung und des Anhangs als eine Einheit zur Bildung des Jahresabschlusses von Handelsgesellschaften und anderen juristischen Personen, welche der Buchführungspflicht gem. Art. 1 BuchhaltunsG unterliegen. Die Buchungsvorgänge werden nach den Grundsätzen der doppelten Buchführung geführt. Die Handelsbücher müssen in rumänischer Sprache und in der rumänischen Währung Lei geführt werden. Die in Euro geführten Handelsgeschäfte können sowohl in Euro als auch in Lei erfasst werden. Die Handelsbücher bestehen nach Art. 20 BuchhaltungsG hauptsächlich aus dem Grundbuch (rum. *Registrul-jurnal*), in dem die Vorgänge in zeitlicher Ordnung, aus dem Hauptbuch (rum. *Cartea mare*), in dem die Vorgänge mittels Sachkonten in sachlicher Ordnung aufgezeichnet werden und aus dem Inventarbuch (rum. *Registrul-inventar*), als detaillierte arten-, mengen- und wertmäßige Aufstellung über sämtliche Vermögensgegenstände. In Nebenbüchern werden in der Regel der Kassen-, Wechsel-, Kontokorrent-, Lohn- und Gehaltsverkehr festgehalten. Die Buchführung kann intern durch eigene Mitarbeiter oder extern durch Einschaltung externer zugelassener vereidigter Buchprüfer (rum. *contabil autorizat*) oder Wirtschaftsprüfer (rum. *expert contabil*) durchgeführt werden (Art. 10 BuchhaltungsG). Die Handelsbücher sowie die Buchungsbelege müssen 10 Jahre, die Nebenbücher bezüglich Lohn- und Gehaltsverkehr sogar 50 Jahre aufbewahrt werden.

Art. 183 Abs. (1) – (3) i. V. m. Art. 201 Abs. (2) HGG verpflichtet die Geschäftsleitung von Kapitalgesellschaften, eine gesetzliche Rücklage[160] in Höhe von 20 % des Gesellschaftskapitals zu bilden. Die Bildung der Rücklage erfolgt jährlich mit 5 % des Bruttogewinns eines Geschäftsjahres, bis die gesetzliche Rücklage in voller Höhe erreicht wurde. Die Geschäftsleitung ist verpflichtet, die Höhe der gesetzlichen Rücklage aufrecht zu erhalten. Für den Fall, dass eine Kapitalerhöhung stattfindet, ist die Geschäftsleitung verpflichtet die Rücklage so aufzustocken, dass die gesetzliche Höhe von einem Fünftel des Gesellschaftskapitals wieder erreicht wird.

Die BuchhaltungsVO unterteilt die von Art. 1 BuchhalungsG erfassten buchhaltungspflichtigen Unternehmen in drei Kategorien, je nach den dafür festgelegten Größenmerkmalen: Größe des Anlagevermögens, erzielter Umsatz und schließlich Mitarbeiterzahl. Fasst man die in Art. 3 Abs. (1) und in Art. 8 Abs. (1) BuchhaltungsVO zusammen, ergibt sich Folgendes:

---

160 Siehe dazu in deutschem Recht § 272 Abs. 3 HGB i. V. m. § 150 Abs. 1 und 2 AktG.

Buchaltungs VO	Anlagever- mögen in €	Umsatz in €	Mitarbeiter- zahl
Art. 3 Abs. (1)	> 3.650.000,-	> 7.300.000,-	> 50
Art. 8 Abs. (1)	> 17.520.000,-	> 35.040.000,-	> 250

Für den Fall, dass ein buchhaltungspflichtiges Unternehmen entsprechend Art. 1 BuchhaltungsG **mindestens 2** der Größenmerkmale des Art. 3 Abs.1 BuchhaltungsVO anlässlich der Erstellung der Bilanz **nicht erfüllt**, ist es gem. Art. 3 Abs. (2) verpflichtet, einen sog. vereinfachten Jahresabschluss vorzulegen. Demzufolge reicht es für diese Gruppe von Unternehmen aus, eine verkürzte Bilanz, Gewinn- und Verlustrechnung, sowie den Lagebericht für den vereinfachten Jahresabschluss aufzustellen.

Wenn dagegen jeweils **zwei** der drei Größenmerkmale des Art. 3 Abs. (1) BuchhaltungsVO an **zwei aufeinanderfolgenden Bilanzstichtagen** erfüllt sind, ist das jeweilige Unternehmen verpflichtet, einen ordentlichen Jahresabschluss bestehend aus Bilanz, Gewinn- und Verlustrechnung, Eigenkapitalflussrechnung, Kapitalflussrechnung, einschließlich Lagebericht zum Jahresabschluss aufzustellen. Wenn dagegen an zwei aufeinanderfolgenden Bilanzstichtagen zwei der drei Größenmerkmale nicht mehr erfüllt sind, wird das jeweilige Unternehmen zurückgestuft und ist gehalten, allein den vereinfachten Jahresabschluss aufzustellen (Art. 3 Abs. (4) letzter Satz BuchhaltungsVO).

Schließlich, wenn **zwei** der drei Größenmerkmale des Art. 8 Abs. (1) BuchhaltungsVO an **zwei aufeinanderfolgenden Bilanzstichtagen** erfüllt sind, ist das jeweilige Mutterunternehmen verpflichtet[161], einen Konzernabschluss bestehend aus Bilanz, Gewinn- und Verlustrechnung, Eigenkapitalflussrechnung, Kapitalflussrechnung, einschließlich Konzernlagebericht zum Konzernabschluss aufzustellen. Wenn es an zwei aufeinanderfolgenden Bilanzstichtagen zwei der drei Größenmerkmale nicht mehr erfüllt, wird das jeweilige Unternehmen zurückgestuft und ist von der Verpflichtung einen Konzernabschluss vorzulegen, befreit (Art. 8 Abs. (1) BuchhaltungsVO). Die Befreiung greift jedoch nicht ein, wenn es sich hierbei um ein börsennotiertes Unternehmen handelt. Nach Art. 160 Abs. (11) HGG greift die Befreiung ebenfalls nicht ein, wenn es sich um eine Aktiengesellschaft mit dualistischem Leitungssystem handelt. Bei der Beurteilung der Erfüllung der Größenmerkmale werden die

---

161 Eigentlich ist Art. 8 BuchhaltungsVO als Negativaussage formuliert und zwar, wenn mindestens zwei der drei Größenmerkmale nicht erfüllt sind, dann greift die Befreiung von der Aufstellungspflicht eines Konzernabschlusses ein.

Jahresabschlüsse sowohl des Mutterunternehmens als auch der Tochterunternehmen mitberücksichtigt (Art. 8 Abs. (4) BuchhaltungsVO).

Art. 7 BuchhaltungsVO bestimmt eine ganze Reihe von Voraussetzungen zur Qualifizierung als Mutterunternehmen. Darunter zählt z. B., wenn dieses Mutterunternehmen die Mehrheit der Stimmrechte der Aktionäre oder Gesellschafter eines Unternehmens (Tochterunternehmens) hat, wenn es das Recht hat, die Mehrheit der Mitglieder des Verwaltungs-, Leitungs- oder Aufsichtsorgans eines Unternehmens (Tochterunternehmens) zu bestellen oder abzuberufen und gleichzeitig Aktionär oder Gesellschafter dieses Unternehmens ist, um nur einige davon darzulegen.

Die Jahresabschlüsse müssen nach Art. 29 f. BuchhaltungsG von dem Lagebericht des Geschäftsführers sowie dem Prüfungsbericht der Zensoren oder, je nach Fall, des Wirtschaftsprüfers sowie des, der Generalversammlung der jeweiligen Gesellschaft unterbreiteten, Vorschlags zur Ausschüttung von Dividenden bzw. Deckung des Verlustes ergänzt werden. Darüber hinaus muss der Geschäftsführer bzw. der Wirtschaftsprüfer, falls die Buchhaltung extern geführt wird, eine schriftliche Haftungserklärung darüber abgeben, dass die gesetzlichen Buchhaltungsvorschriften bei der Aufstellung des Jahresabschlusses eingehalten wird und, was den Inhalt des Jahresabschlusses anbelangt, dass der Jahresabschluss ein den tatsächlichen Verhältnissen entsprechendes Bild der Vermögens-, Finanz- und Ertragslage der Gesellschaft vermittelt.

Der vereinfachte Jahresabschluss wird von vereidigten Buchprüfern bzw. Wirtschaftsprüfern[162] geprüft und bestätigt. Die Jahresabschlüsse der dem Art. 3 Abs. (1) BuchhaltungsVO bzw. dem Art. 8 Abs. (1) BuchhaltungsVO unterliegenden Unternehmen werden von Abschlussprüfern[163] geprüft und durch einen entsprechenden Prüfungsbericht[164] bestätigt. Die Prüfung und die Bestätigung des Jahresabschlusses bzw. des Konzernabschlusses erfolgen nach den dafür als Anlagen der BuchhaltungsVO erlassenen Buchhaltungsvorschrif-

---

162 Siehe zum Berufsbild des vereidigten Buchprüfers bzw. Wirtschaftsprüfers Regierungsanordnung Nr. 6571994 über die Wirtschaftsprüfungstätigkeit und der vereidigten Buchprüfer, Neuverkündung in M. Of. Nr. 13/08.01.2008; Die Wirtschaftsprüfer und die vereidigten Buchprüfer sind im Verband der Wirtschaftsprüfer und der vereidigten Buchprüfer von Rumänien [Corpul Experţilor Contabili şi a Contabililor Autorizaţi din România] organisiert, www.ceccar.ro.

163 Siehe zum Berufsbild des Abschlussprüfers DringlichkeitsAO Nr. 75/1999 über die Abschlussprüfungstätigkeit, Neuverkündung M. Of. 598/22.08.2003 sowie die DringlichkeitsAO Nr. 90/2008 über die ordnungsgemäße Abschlussprüfung von Jahresabschüssen und konsolidierten Abschlüssen, M. Of. Nr. 481/30.06.2008; Die Abschlussprüfer sind im Kammer der Abschlussprüfer von Rumänien [Camera Auditorilor Financiari din România] zusammengeschlossen, www.cafr.ro.

164 Zum deutschen Recht siehe dazu § 321 HGB.

ten. Die Durchführung der Abschlussprüfung selbst erfolgt nach der von der Kammer der Abschlussprüfer von Rumänien erlassenen Prüfungsordnung[165].

Entsprechend dem Art. 35 BuchhaltungsG müssen alle zur doppelten Buchführung verpflichteten Unternehmen (wörtlich juristischen Personen) die Jahresabschlüsse offenlegen. Der Offenlegungspflicht unterliegt auch der Lagebericht des Geschäftsführers und der Prüfungsbericht des Abschlussprüfers bzw. der Prüfungsbericht der Zensoren. Der Offenlegungspflicht wird nachgekommen, indem die Jahresabschlüsse samt Lagebericht des Geschäftsführers und Prüfungsbericht des Abschlussprüfers bzw. der Zensoren, begleitet von den Beschlüssen der Generalversammlung der jeweiligen Gesellschaft zur Feststellung des Jahresabschlusses und zur Entlastung der Geschäftsführung, binnen 15 Tagen nach Abhaltung der Generalversammlung dem Handelsregister vorgelegt werden (Art. 185 Abs. 1 (HGG). Handelt es sich hierbei um ein Unternehmen mit einem Umsatz von über 10 Mio. Lei, wird der Jahresabschluss samt Anlagen im Amtsblatt, Teil IV auf Kosten der Gesellschaft veröffentlicht. Liegt der Umsatz unter 10 Mio. Lei erfolgt die Veröffentlichung auf der Homepage des Handelsregisters. Der Offenlegungspflicht unterliegt dementsprechend auch der von einem Mutterunternehmen aufzustellende Konzernabschluss. Die Umsetzung der Offenlegungspflicht obliegt in allen Fällen, je nach Leitungsstruktur der jeweiligen Gesellschaft, dem Geschäftsführer oder dem Verwaltungsrat bzw. dem Direktorium der Gesellschaft.

Nach Art. 37 BuchhaltungsG obliegt eine ähnliche Offenlegungspflicht von Jahresabschlüssen samt Anlagen, einschließlich der Bestätigung des Handelsregisters über die Vorlage der ihm eingereichten Unterlagen, auch gegenüber der Finanzbehörde. Auch hier ist der Geschäftsführer oder der Verwaltungsrat bzw. das Direktorium der Gesellschaft für die fristgerechte Einreichung verantwortlich. Dabei ist der Frist zum 31. Mai des dem Geschäftsjahr folgenden Jahres einzuhalten.

5. Veränderung von Handelsgesellschaften

Die Veränderung von Handelsgesellschaften ist von dem HGG als Veränderung der Gründungsurkunde bzw. des Gesellschaftsvertrags oder der Satzung verstanden und dementsprechend auch in diesem Sinne geregelt. Aus diesem Grund bestimmt Art. 204 Abs. (1) HGG als Grundsatz, dass die Änderung der Gründungsurkunde hauptsächlich durch Beschluss der Generalversammlung und als Ausnahme, durch den Beschluss des Verwal-

---

165 Siehe Beschluss der Kammer der Abschlussprüfer von Rumänien Nr. 88/2007, M. Of. Nr. 416/21.06.2007.

tungs rats bzw. des Direktoriums[166] oder durch Gerichtsentscheidung[167] erfolgen kann. Durch diese Vorgehensweise übersieht der Gesetzgeber, dass die Veränderung der Gründungsurkunde allein das Mittel zur Umsetzung der jeweiligen Veränderung der Gesellschaft ist. Daraus folgend wird die Übertragung von Geschäftsanteilen bzw. Aktien, der Austritt oder die Ausschließung aus der Gesellschaft, die Verlängerung der Dauer einer Gesellschaft, die Gründung einer Zweigniederlassung etc. als Veränderung von Handelsgesellschaften verstanden, was offensichtlich weit über die Veränderung einer Handelsgesellschaft im engeren Sinne hinausgeht.

Ausgehend von der Veränderung der Gründungsurkunde bestimmt das HGG in Art. 204 Abs. (2) bis (9) die einzuhaltenden Formvorschriften[168] je nach Gesellschaftsform, die Anforderungen an den Beschluss der Generalversammlung über die Veränderung der Gründungsurkunde sowie die Verfahrensmaßnahmen im Bezug auf die Handelsregistereintragung. Verlangt werden insoweit die Einreichung einer aktuellen Fassung der Gründungsurkunde nach jeder Veränderung der Gesellschaft bei dem Handelsregister und die Veröffentlichung der neuen Fassung der Gründungsurkunde im Amtsblatt, Teil IV etc.

Stricto sensu umfasst die Veränderung von Handelsgesellschaften, insbesondere die Erhöhung und die Herabsetzung des Gesellschaftskapitals, die Verschmelzung und Teilung[169] von Handelsgesellschaften und schließlich die

---

166 Nach Art. 114 Abs. (1) HGG kann die außerordentliche Generalversammlung ihre Entscheidungszuständigkeit im Bereich Sitzverlegung, Änderung der Nebentätigkeiten der Gesellschaft und der Kapitalerhöhung dem Verwaltungsrat bzw. dem Direktorium delegieren.

167 Nach Art. 223 Abs. (3) HGG erfolgt die Ausschließung eines Gesellschafters und die dazugehörige Abänderung der Kapitalbeteilung der verbleibende Gesellschafter ausschließlich durch Gerichtsentscheidung. Ähnlich bestimmt Art. 226 Abs. (1) Buchst. c) HGG, dass im Falle eines Austritts aus einer Personengesellschaft oder SRL, wenn darüber der Gesellschaftsvertrag schweigt oder wenn die Gesellschafter nicht einstimmig den Austritt billigen, das Gericht über den Austritt und die Kapitalbeteilung der verbleibende Gesellschafter durch Urteil zu entscheiden hat.

168 Grundsätzlich sind die gleichen Formvorschriften wie bei der Gründung der jeweiligen Gesellschaft einzuhalten. Dazu bestimmt Art. 204 Abs. (2) HGG ausdrücklich, dass die Kapitalerhöhung durch Einbringung eines Grundstücks als Sacheinlage, der Formwechsel in einer offenen Handels- oder Kommanditgesellschaft und schließlich die Kapitalerhöhung durch öffentliche Zeichnung der notariellen Beurkundung bedürfen.

169 Das HGG regelt allerdings die Verschmelzung und Teilung von Handelsgesellschaften nicht unter Veränderung von Handelsgesellschaften (Titel IV. des HGG) sondern unter „Titel VI. Auflösung, Verschmelzung und Teilung von Handelsgesellschaften", betrachtet also die Verschmelzung und die Teilung von Handelsgesellschaften als eine besondere Form der Auflösung der übertragenden Handelsgesellschaft.

Umwandlung[170] von Handelsgesellschaften, verstanden im engeren Sinne, als Formwechsel der jeweiligen Gesellschaft.

5.1 Kapitalmaßnahmen

Art. 207 bis 221 HGG regeln die Kapitalerhöhung und die Kapitalherabsetzung als einzige Gesetzesbestimmungen mit dem, im engeren Sinne verstandenen Charakter einer Veränderung von Handelsgesellschaften.

5.1.1 Kapitalerhöhung

Ausdrücklich als Gestaltungsformen zur **effektiven Kapitalerhöhung** nennt Art 210 Abs. (1) HGG die reguläre Kapitalerhöhung gegen Einlagen. Als Kapitalerhöhung zählt ebenso das genehmigte Kapital (Art. 221[1] HGG). Schließlich kann eine **nominelle Kapitalerhöhung** aus Gesellschaftsmitteln erfolgen, wobei das vorhandene Vermögen in Grundkapital umgewandelt wird (Art. 210 Abs. (2) HGG). Dabei ist jedoch eine Kapitalerhöhung aus einem durch Neubewertung des Gesellschaftsvermögens resultierendem Überschuss nicht zulässig (Art. 210 Abs. (3) HGG). In einem solchen Fall kann der Überschuss ausschließlich nur zur Bildung von Rücklagen dienen.

Allen Formen der Kapitalerhöhung ist gemeinsam, dass sie durch **Ausgabe neuer Aktien** oder durch **Erhöhung der Nennbeträge von vorhandenen Aktien** und, entsprechend desselben Wertverhältnisses, des Grundkapitals der jeweiligen Aktiengesellschaft erfolgen kann (Art. 210 Abs. (1) erster Satz HGG).

Die **Kapitalerhöhung gegen Einlagen**[171] stellt die gängige Art zur Durchführung einer Kapitalerhöhung dar. Als Einlagen dienen gleichermaßen Geld- als auch Sacheinlagen. Als **Geldeinlagen** gelten neben effektivem Bargeld (bzw. Bankeinzahlung oder andere gängige Zahlungsmittel) auch die Umwandlung von fälligen und liquiden Forderungen[172] gegen die Aktiengesellschaft in ausgegebenen Neuaktien. **Sacheinlagen**[173] haben die gleiche Rechtsstellung wie bei einer Sachgründung. Daraus folgt, soweit eine Kapitalerhöhung gegen Sacheinlagen beabsichtigt wird, hat der jeweilige Beschluss zur Kapitalerhö-

---

170 Rumänien verfügt nicht über ein, mit dem deutschen Umwandlungsgesetz, vergleichbares allgemeines Gesetz zu diesem Thema, sodass die Materie der Umwandlung von Gesellschaften zersplittert an verschiedenen Stellen des HGG geregelt ist.

171 *Ion Băcanu*, (Fußn. 14), S.127-136; *Vasile Pătulea*, (Fußn. 14), S. 278-282.

172 *Ion Băcanu*, (Fußn. 14), S.150-161; *Idem*, Aporturile în creanțe [Forderungen als Mittel zur Kapitalbildung], in RRD Nr. 2/1999, S. 40-48; *Vasile Pătulea*, (Fußn. 14), S. 294-297.

173 *Ion Băcanu*, (Fußn. 14), S.137-139; . *Vasile Pătulea*, (Fußn. 14), S. 282-285.

hung einen Vorschlag für den Registerrichter zur Begutachtung der jeweiligen Sachanlagen zu enthalten (Art. 38 f. HGG). Nimmt der Registerrichter den Vorschlag an, so bestellt er einen oder mehrere Sachverständige, welche gehalten sind, einen Sachverständigengutachten[174] über die jeweiligen Sacheinlagen anzufertigen und vorzulegen. Aufgrund des ermittelten Werts der Sacheinlagen durch das Sachverständigengutachten kann eine zweite außerordentliche Generalversammlung die Kapitalerhöhung beschließen und dementsprechend ins Handelregister eintragen (Art. 215 HGG).

Im Gegensatz zum Art. 16 Abs. (3) HGG, wonach bei der Gründung von Aktiengesellschaften Forderungen als Sacheinlage zulässig sind, bestimmt dagegen Art. 215 Abs. (2) HGG, dass Forderungen[175] bei einer Kapitalerhöhung gegen Sacheinlage nicht zulässig sind.

Die Kapitalerhöhung vollzieht sich in den folgenden Schritten: Beschlussfassung der außerordentlichen Generalversammlung, Anmeldung des Kapitalerhöhungsbeschlusses zur Eintragung ins Handelsregister[176], Zeichnung der Aktien, Leistung der Mindesteinlagen und schließlich die Ausgabe der neuen Aktien. Dabei ist die Zulässigkeit einer Kapitalerhöhung nicht von einem besonderen sachlichen Grund abhängig.

Bezüglich der Beschlussfassung durch die außerordentliche Generalversammlung bestimmt eigentlich Art. 212 Abs. (1) HGG, dass die Kapitalerhöhung einer Aktiengesellschaft unter der Einhaltung der gleichen Voraussetzungen wie bei der Gründung der Gesellschaft zu erfolgen hat. Betrachtet man die gesetzlich zwingende Aufteilung der Zuständigkeiten zwischen einer ordentlichen und außerordentlichen Generalversammlung einer Aktiengesellschaft, stellt man fest, dass nach Art. 113 Buchst. f) HGG der Kapitaler-

---

174 Die Bewertung der Sacheinlage durch Sachgutachter und die Vorlage des Sachverständigengutachtens ist für eine Kapitalerhöhung durch Sacheinlage zwingend, C.S.J., Handelssenat, Urteil Nr. 1113/1997 in Dreptul Nr. 1/1997, S. 122.

175 Der scheinbare Widerspruch zwischen Art. 210 Abs. (2) HGG, welcher die Umwandlung von Forderungen in Aktien im Falle einer Kapitalerhöhung zulässt und Art. 215 Abs. (2) HGG, welcher Forderungen als Sacheinlage verbietet, ist nur apparent. Im ersten Fall handelt es sich um Forderungen gegen die Gesellschaft (die Gesellschaft ist also Schuldner der jeweiligen Forderungen), im zweiten Fall wird die Einbringung von Forderungen eines möglich zukünftigen Aktionärs gegen Dritte als Sacheinlage verboten. Die Erklärung hierfür liegt zum einen in der Werthaltigkeit der jeweiligen Forderung und zum anderen in der Einzahlung der Forderung durch den Dritten und dem damit verbundenen Risiko eines möglichen Forderungsausfalls.

176 Bei einer Kapitalerhöhung gegen Sacheinlage erfolgt im Nachhinein eine zusätzliche Handelsregisteranmeldung bezüglich der genauen Bezeichnung der Sacheinlage, einschließlich des durch das Sachverständigengutachten ermittelten Nennwerts dieser Sacheinlage, der Name der erbringenden Neuaktionäre und der Zahl dafür auszubender Neuaktien und deren Gattung (Art. 215 Abs. (4) HGG).

höhungsbeschluss durch eine außerordentliche Generalversammlung zu fällen ist (über die Einhaltung und Beschlussfassung in einer außerordentlichen Generalversammlung wird auf die entsprechende Darstellung – oben Ziff. 3.3.2 – verwiesen). Eine Besonderheit besteht jedoch darin, dass nach Art. 210 Abs. (4) HGG eine Kapitalerhöhung durch Erhöhung der Nennbeträge der vorhandenen Aktien nur mit der Zustimmung **aller Aktionäre** zulässig ist, es sei denn, dies erfolgt durch Auflösung der satzungsmäßigen Rücklagen oder Agios aus früheren Ausgaben von Aktien.

Die Durchführung einer Kapitalerhöhung ist allerdings von der vollständigen Einzahlung der bisherigen Einlagen abhängig. Dazu bestimmt Art. 92 Abs. (3) HGG, dass weder eine Kapitalerhöhung, noch die Ausgaben von neuen Aktien bis zur vollständigen Einzahlung der bisherigen Einlagen durchgeführt werden darf.

Jeder Aktionär verfügt über ein **gesetzliches Bezugsrecht** und hat Anspruch auf einen seiner bisherigen Beteiligungsquote entsprechenden Teil der neuen Aktien (Art. 216 Abs. (1) HGG). Die Ausübung des Bezugsrechts ist innerhalb der dafür eingesetzten Frist zu tätigen, welche nicht kürzer als ein Monat ab Veröffentlichung des Kapitalerhöhungsbeschlusses im Amtsblatt, IV. Teil sein darf. Wird das Bezugsrecht nicht fristgerecht ausgeübt, verfällt es. Eine unter Nichtbeachtung des Bezugsrechts durchgeführte Kapitalerhöhung ist anfechtbar und kann mit einer Nichtigkeitsklage[177] innerhalb einer Frist von 15 Tagen nach der Veröffentlichung des Beschlusses im Amtsblatt, IV. Teil angefochten werden (Art. 216 Abs. (3) i. V. m. Art 132 HGG). Von der Erhebung dieser Nichtigkeitsklage sind die bei der jeweiligen außerordentlichen Generalversammlung anwesende Aktionäre ausgeschlossen, es sei denn, sie haben dagegen gestimmt und haben ihre Ablehnung des Beschlusses in der Niederschrift der Sitzung eintragen lassen (Art. 132 Abs. (2) HGG). Das Bezugrecht der Aktionäre kann teilweise oder vollständig durch Beschluss einer außerordentlichen Generalversammlung ausgeschlossen werden. Diesem Beschluss muss von der Mehrheit der Aktionäre, welche dreiviertel des gezeichneten Gesellschaftskapitals vertreten, zugestimmt werden (Art. 217 Abs. (39 HGG). Der Beschluss zum teilweisen oder vollständigen Ausschluss des Bezugsrechts ist ordnungsgemäß dem Handelsregister zur Eintragung vorzulegen und im Amtsblatt, IV Teil zu veröffentlichen.

---

177 Siehe dazu oben Ziff. 2.4

Der Kapitalerhöhungsbeschluss muss innerhalb eines Jahres ab Beschlussfassung umgesetzt werden, sonst verliert er seine Wirksamkeit[178]. Für den Fall, dass die Aktionäre ihr Bezugsrecht nicht vollumfänglich ausgeübt haben, und es trotz Zeichnungsangebotes an Dritte[179] durch z. B. Zeitungsanzeige, nicht zur Zeichnung aller neu ausgegebenen Aktien geführt hat, findet die Kapitalerhöhung nur bis zum Gegenwert der gezeichneten Aktien statt (Art. 219 HGG). Die Möglichkeit der teilweisen Durchführung der Kapitalerhöhung muss jedoch in dem Kapitalerhöhungsbeschluss vorgesehen werden, um durchgreifen zu können.

Die gezeichneten Geldeinlagen müssen zu 30 % bei der Zeichnung, und vollständig binnen einer dreijährigen Frist ab Veröffentlichung des Kapitalerhöhungsbeschlusses, eingezahlt werden. Die dreijährige Frist gilt dementsprechend auch für die gezeichneten Sachanlagen. Soweit bei der Ausgabe der Aktien ein Agio festgesetzt wurde, muss es vollständig zur Zeit der Zeichnung der neuen Aktien eingezahlt werden (Art. 220 HGG).

Auch wenn auf den ersten Blick nicht leicht ersichtlich, erlaubt Art. 210 Abs. (2) HGG auch eine sog. **bedingte Kapitalerhöhung** (analoges Rechtsinstitut nach rumänischem Recht *conversia obligațiunilor* bzw. synonym *conversia datoriilor*)[180]. Soweit der Gesetzestext davon ausgeht, dass die Einsetzung einer liquiden und fälligen Forderung gegen die Aktiengesellschaft mittels ihrer Umwandlung in Aktien und somit für eine Kapitalerhöhung zulässig ist, betrachtet der Gesetzgeber diese Forderung aus der Perspektive eines Gläubigers der jeweiligen Gesellschaft. Aus der Perspektive der Aktiengesellschaft selbst ist dieselbe Förderung aber eine zu begleichende Schuld gegenüber dem jeweiligen Gläubiger. Laut Art. 167 ff. HGG kann eine Aktiengesellschaft Optionsanleihen ausgeben. Die Optionsanleihen verbriefen das Recht auf Rückzahlung des Nennbetrages und einer bestimmten Zinszahlung. Darüber hinaus gewähren sie das Recht, innerhalb eines bestimmten Zeitraums zu einem festgelegten Entgelt eine bestimmte Zahl von Aktien zu erwerben. Das Recht zum Erwerb von Aktien ist in Art. 176 Abs. (3) HGG verankert, welcher besagt, dass Optionsanleihen in Aktien der jeweiligen Gesellschaft umgetauscht werden, wenn dies in dem Verkaufsprospekt der jeweiligen Optionsanleihen vorgesehen war

---

178 Eigentlich bestimmt der Gesetzestext, dass der Kapitalerhöhungsbeschluss „...Wirksamkeit erst entfaltet, wenn er in einer Frist von einem Jahr ab Beschlussfassung umgesetzt wurde". Gemeint ist sicherlich, dass der Beschluss wohl ab Beschlussfassung wirksam ist, aber innerhalb eines Jahres in dem Sinne umgesetzt sein muss und dass die Eintragung der Kapitalerhöhung ins Handelsregister nach Durchlaufen aller Verfahrensschritte binnen der Jahresfrist erfolgt sein muss, sonst ist die Eintragung einer Kapitalerhöhung aufgrund des jeweiligen Beschlusses nicht mehr möglich.

179 Diese Zeichnungsmöglichkeit ist von Art. 216 Abs. 2 letzter Satz HGG vorgesehen.

180 *Ion Băcanu*, (Fußn. 14), S.159-161; *Vasile Pătulea*, (Fußn. 14), S. 296 f.

und der Umtausch in Aktien unter Einhaltung der dort angegebenen Bedingungen durchgeführt wird. Unter Umständen kann der Verkaufsprospekt bzw. die Optionsanleihe die Möglichkeit des Umtausches in Aktien auch vor Ablauf der Laufzeit, spätestens jedoch beim Ablauf der Laufzeit, vorsehen. Die Voraussetzungen und das Verfahren zur Durchführung einer Kapitalerhöhung mittels bedingten Kapitals entsprechen einer ordentlichen Kapitalerhöhung gegen Einlagen mit entsprechenden Anpassungen.

Art. 220[1] HGG ermöglicht die Ermächtigung des Verwaltungsrates bzw. des Direktoriums durch die Gründungsurkunde bzw. durch besonderen Beschluss[181], innerhalb einer Frist von bis zu fünf Jahren, das Grundkapital bis zu einem bestimmten Nennbetrag durch Ausgabe neuer Aktien gegen Einlagen zu erhöhen. Es handelt sich um eine Kapitalerhöhung mittels eines sog. **genehmigten Kapitals** (rum. *capital autorizat*). Das genehmigte Kapital führt also noch nicht zu einer Erhöhung des Grundkapitals, sondern ermächtigt lediglich die Leitungsorgane der Aktiengesellschaft selbstständig eine Kapitalerhöhung vorzunehmen. Der Nennbetrag des genehmigten Kapitals darf die Hälfte des bisherigen Grundkapitals nicht übersteigen.

Ähnlich wie bei einer regulären Kapitalerhöhung, steht den Aktionären ein Bezugsrecht zu. Im Ermächtigungsbeschluss bezüglich des genehmigten Kapitals kann die außerordentliche Generalversammlung vorsehen, dass die Entscheidung über einen Bezugrechtsausschluss in die Hand des Leitungsorgans der Aktiengesellschaft gegeben wird, in dem dieses ermächtigt wird, das Bezugsrecht nach eigenem Ermessen teilweise oder vollständig auszuschließen (Art. 220[1] Abs. (4) HGG). Soweit der Verwaltungsrat, bzw. das Direktorium, eine Entscheidung zur teilweisen oder vollständigen Ausschließung des Bezugsrechts der Aktionäre fällt, ist dasjenige Leitungsorgan gehalten, seine Entscheidung bezüglich der teilweisen bzw. vollständigen Ausschließung des Bezugsrechts der Aktionäre dem Handelsregister vorzulegen bzw. einzutragen. Die Verfahrensmaßnahmen zur Durchführung einer Kapitalerhöhung mittels genehmigten Kapitals, entsprechen ansonsten den Grundsätzen einer regulären Kapitalerhöhung.

Bei der **Kapitalerhöhung aus Gesellschaftsmitteln**[182] nennt Art. 210 Abs. (2) HGG ausdrücklich die Einsetzung der gebildeten Rücklagen für die Kapitalerhöhung, wobei die gesetzlichen Rücklagen von einer Kapitalerhöhung wiederum ausdrücklich ausgeschlossen sind. Es stehen also nur die satzungsmäßig gebildeten Rücklagen als Finanzierungsquelle einer Kapitalerhöhung

---

181 Einen solcher Beschluss ist nach Art. 217 Abs. 3 HGG durch Mehrheit der Aktionäre, die dreiviertel des gezeichneten Grundkapitals vertreten, zu fassen.

182 Ion *Băcanu*, (Fußn. 14), S.141-149; *Vasile Pătulea*, (Fußn. 14), S. 285-294.

zur Verfügung. Darüber hinaus kann der nicht ausgeschüttete Gewinn sowie gesammelte Agios aus früheren Aktienausgaben für die Kapitalerhöhung eingesetzt werden. Auch wenn das HGG dies nicht ausdrücklich vorsieht, ist in einem solchen Fall dem Kapitalerhöhungsbeschluss eine entsprechende Bilanz zugrunde zu legen. Diese Umwandlungsbilanz muss den umzuwandelnden Betrag des Gesellschaftsvermögens als Kapitalrücklage, bzw. Gewinnrücklage ausweisen. Die neuen Aktien stehen den Aktionären im Verhältnis ihrer Beteiligungen ohne weiteres zu. Die Anforderungen an die Fassung des Kapitalerhöhungsbeschlusses, an dessen Eintragung und an der Durchführung der Kapitalerhöhung sind ähnlich wie bei einer Kapitalerhöhung gegen Einlagen und werden, angepasst an dieser Art von Kapitalerhöhung, dementsprechend angewandt.

Die überwiegenden Gesetzesbestimmungen des HGG bezüglich einer Kapitalerhöhung haben die Aktiengesellschaft als Leitbild. Bezüglich einer Gesellschaft mit beschränkter Haftung und, ausgehend von dem Quasicharakter als Personengesellschaft dieser Gesellschaftsform im rumänischen Recht und daraus resultierender Anwendbarkeit bei allen Personengesellschaften, verweist Art. 221 HGG lapidar auf Art. 210 HGG mit der Aussage, dass bei dieser Gesellschaftsform die Kapitalerhöhung nach den gleichen Modalitäten und aus gleichen Finanzierungsquellen wie bei den Aktiengesellschaften zu erfolgen hat. Auch bei dieser Gesellschaftsform, also einschließlich der Personengesellschaften, ist zu beachten, dass die Veränderung des Gesellschaftsvertrages - und eine Kapitalerhöhung stellt eine solche Veränderung dar - nur mit der Stimme **aller** Gesellschafter möglich ist.

5.1.2 Kapitalherabsetzung

Unter **Kapitalherabsetzung**[183] (rum. *micşorarea capalului social*) wird eine Verringerung des gebundenen Gesellschaftsvermögens einer Handelsgesellschaft verstanden. Dadurch sinkt das Grundkapital der Gesellschaft, wobei diese Senkung nicht unter das Niveau des Mindestkapitals, wenn für die jeweilige Gesellschaftsform ein Mindestkapital gesetzlich verankert ist, fallen darf. Die Gründe für eine Kapitalherabsetzung liegen meistens in einer

---

183 *Ion Băcanu*, (Fußn. 14), S.217-236; *Vasile Pătulea*, (Fußn. 14), S. 313-323; Siehe beispielhaft aus deutscher Sicht für die GmbH *Thomas Meyer* in *Büchel/ von Rechenberg*, Herausgeber (Fußn. 61), S. 814-819 und für die AG *Christian Ulrich Wolf* in *Büchel/ von Rechenberg*, Herausgeber (Fußn. 61), S. 1112-117.

Unterbilanz[184], d.h., dass die Summe der Passiva höher ist als die Summe der Aktiva. Nach Art. 153[24] HGG ist eine Kapitalherabsetzung sogar **zwingend**, wenn die Nettoaktiva der jeweiligen Aktiengesellschaft unter den Schwellenwert von mindestens der Hälfte des gezeichneten Grundkapitals gesunken sind. Die Überprüfung des Verhältnisses zwischen Nettoaktiva und gezeichnetem Grundkapital und die eventuelle Feststellung eines unter den Schwellenwert gesunkenen Grundkapitals, ist eine ständige gesetzliche Pflicht des Verwaltungsrates bzw. Direktoriums einer Gesellschaft. Dies hat jeweils aufgrund des Jahresabschlusses des vergangenen Jahres zu erfolgen. Wird eine solche Senkung festgestellt, so ist der Verwaltungsrat bzw. das Direktorium gehalten, eine außerordentliche Generalversammlung einzuberufen, um eventuell die Gesellschaft aufzulösen. Für den Fall, dass die Generalversammlung die Auflösung der Gesellschaft nicht beschließt, muss das Grundkapital innerhalb des, der Feststellung des Kapitalverlustes folgenden Geschäftsjahres entweder wiederhergestellt oder eine Kapitalherabsetzung in Höhe der erfahrenen Verluste beschlossen werden. Bei einer Kapitalherabsetzung ist es zwingend, die Bestimmungen über das Mindestkapital des Art. 10 HGG zu beachten. Wenn entweder die außerordentliche Generalversammlung nicht einberufen wurde, oder sie keinen Beschluss entsprechend dem Gesetz betreffend die Kapitalherabsetzung gefasst hat, kann jedermann die Auflösung der Gesellschaft verlangen. Dabei kann einen Auflösungsantrag auch für den Fall gestellt werden, dass die Kapitalherabsetzung zwar beschlossen, aber binnen der einjährigen Frist, nicht entsprechend umgesetzt wurde. Das Registergericht kann dabei eine Frist von 6 Monaten zur Behebung der Auflösung wegen der erlittenen Verluste gewähren. Ist auch diese Frist erfolglos verstrichen, so erlässt der Registerrichter ein Urteil zur Auflösung der Gesellschaft. Darüber hinaus bestimmt Art. 69 HGG, dass im Falle einer Überschuldung keine Dividendenausschüttungen zulässig sind, es sei denn, dass das gezeichnete Grundkapital wiederhergestellt oder eine Kapitalherabsetzung durchgeführt wurde.

Die Kapitalherabsetzung kann aber auch **freiwillig** als eine Maßnahme der Gesellschaftsleitung zur Befreiung eines überschüssigen Teils des Grundkapitals von der Kapitalbindung und seiner Einsetzung - unter Gleichbehandlung

---

184 Im Unterschied zum deutschen Recht, wo die **Überschuldung** laut § 19 Abs. 2 Satz 1 InsO bei juristischen Personen und Personengesellschaften ohne persönlich haftende natürliche Person Grund für die Eröffnung des Insolvenzverfahrens ist, bestimmt Art. 3 Ziff. 1 des Gesetzes Nr. 85/2006 betreffend das Insolvenzverfahren (M. Of. Nr. 359/21.04.2006) nur die **Zahlungsunfähigkeit** im engeren Sinne - der Schuldner ist nicht in der Lage Zahlungspflichten spätestens 30 Tage nach deren Fälligkeit zu erfüllen -, und die drohende Zahlungsunfähigkeit - der Schuldner wird voraussichtlich nicht mehr in der Lage sein, bestehende Zahlungspflichten zum Zeitpunkt der Fälligkeit zu erfüllen-, als Grund der Eröffnung eines Insolvenzverfahrens nach rumänischem Recht.

der Aktionäre - in Bildung von Gewinnrücklagen, Vornahme von Ausschüttungen, Rückgabe von Sachanlage etc., je nach Beschluss der Generalversammlung erfolgen.

Art. 207 HGG bestimmt, wie die Abwicklung der Kapitalherabsetzung zu erfolgen hat, und unterteilt dabei die dafür geeigneten Maßnahmen in zwei Gruppen, je nach dem Grund der jeweiligen Kapitalherabsetzung. Die Maßnahmen der ersten Gruppe kommen sowohl bei einer ausgeglichenen Bilanz als auch bei einer Unterbilanz zum Einsatz. Dazu zählen die Herabsetzung der Zahl der Aktien oder, je nach Fall, der Geschäftsanteile, die Herabsetzung der Aktiennennbeträge bzw. der Geschäftsanteilnennbeträge und schließlich der Erwerb der eigenen Aktien[185] und deren Vernichtung. Bei einer Unterbilanzierung können außer der bereits Dargelegten, auch die folgenden Maßnahmen angewandt werden: Teilweiser- oder Vollverzicht der Gesellschaft bezüglich der noch nicht erbrachten Einlagen, Rückübertragung einer Quote der erbrachten Einlagen an die Aktionäre bzw. Gesellschafter unter Beachtung des Herabsetzungsverhältnisses des Grundkapitals und Gleichbehandlung der Aktionäre bzw. Gesellschafter und schließlich andere vom Gesetz vorgesehenen Methoden.

Aus den vom Gesetz vorgesehenen Möglichkeiten zur Kapitalherabsetzung bedarf nur der Kauf der eigenen Aktien eine nähere Betrachtung. Art. 103[1] HGG enthält Regelungen zur Beschränkung des Erwerbs der eigenen Aktien durch eine Aktiengesellschaft. Dazu zählt insbesondere die Obergrenze von 10 % des Nominalwertes der erworbenen Aktien bezogen auf das gezeichnete Grundkapital der jeweiligen Aktiengesellschaft. Darüber hinaus darf der Erwerb nur aus nicht ausgeschüttetem Gewinn oder aus freistehenden Rücklagen, gesetzliche Rücklagen ausgenommen, finanziert werden. Diese Beschränkungen zum Erwerb der eigenen Aktien werden jedoch aufgehoben, wenn es um eine Kapitalherabsetzung nach Art. 207 Abs. (1) Buchst. c) HGG, also Erwerb und Vernichtung der eigenen Aktien aufgrund eines entsprechenden Beschlusses der Generalversammlung, und wenn es um einen Verzicht auf Mitgliedschaft im Falle des nicht Mittragens von Beschlüssen

---

185 Es wird bewusst nicht der Rechtsbegriff „**Einziehung**" von Aktien bzw. Geschäftsanteilen angewandt. Eine Zwangseinziehung im Sinne von § 237 AktG bzw. § 34 GmbHG ist dem rumänischen Recht fremd und als solche nicht gesetzlich verankert. Zwar erreicht man durch Erwerb der eigenen Aktien und deren Vernichtung das gleiche Ergebnis, dies geschieht jedoch nicht durch Ausübung eines Zwangs durch die Gesellschaft auf den jeweiligen Aktionär bzw. Gesellschafter, auf seine Mitgliedschaft zu verzichten. Eine Zwangsausschließung aus einer Personengesellschaft bzw. SRL kann nur gerichtlich erfolgen. Bei einer AG kann der Aktionär, welcher mit einem Beschluss der Generalversammlung nicht einverstanden ist, freiwillig auf seine Mitgliedschaft verzichten und seine Aktien der Aktiengesellschaft zum Kauf gem. Art. 134 HGG anbieten.

der Generalversammlung nach Art. 134 HGG und Anbieten der eigenen Aktien zum Kauf durch die Aktiengesellschaft (Art. 104 HGG) geht. Wird also aufgrund eines entsprechenden Beschlusses der Generalversammlung eine Kapitalherabsetzung entschieden, aufgrund dessen jeder Aktionär auf einen Teil der Aktien verzichten soll, und werden dabei die nicht befürwortenden Aktionäre überstimmt, so können sie von ihrem Austrittsrecht nach Art. 134 HGG Gebrauch machen und ihre Aktien der Gesellschaft zum Kauf anbieten. Auf diese Weise, also beim freiwilligen Verzicht aufgrund der mangelnden Zustimmung zu der Kapitalherabsetzung bzw. Ausübung des Austrittrechts, und Anbietung der jeweiligen Aktien zum Kauf, gelangt man zum gleichen Ergebnis wie im Falle einer Einziehung der Aktien nach deutschem Recht.

Die Kapitalherabsetzung läuft folgendermaßen ab: Beschlussfassung auf der außerordentlichen Generalversammlung, Anmeldung zum Handelsregister, Eintragung und Bekanntmachung der Kapitalherabsetzung und schließlich Durchführung der Kapitalherabsetzung durch Verwaltungsrat bzw. Direktorium. Die Vollziehung der eigentlichen Durchführung der Kapitalherabsetzung darf erst nach Verstrickung von 2 Monaten nach der Veröffentlichung der Kapitalherabsetzung im Amtsblatt, IV. Teil, erfolgen (Art. 208 Abs. (1) HGG). Der Beschluss zur Kapitalherabsetzung setzt die Anwesenheit von mindestens einem Viertel der Stimmberechtigten und die Ja-Stimme von mindestens Dreivierteln davon voraus (Art. 115 Abs. (1) und (2) HGG).

Art. 208 Abs. (3) bis (5) enthält Bestimmungen zum Gläubigerschutz, weil die Kapitalherabsetzung unter Umständen die Interessen der Gläubiger gefährden kann. Handelt es sich um Forderungen, welche vor Bekanntmachung der Kapitalherabsetzung entstanden sind, können die Gläubiger Sicherheitsleistung beanspruchen. Bei nicht freiwilliger Gewähr durch die Gesellschaft kann das Gericht die Gesellschaft auf Sicherheitsleistung verpflichten, es sei denn, dass das Gericht, je nach Lage der jeweiligen Aktiengesellschaft, die Gefährdung der Gläubiger durch die Kapitalherabsetzung nicht als gegeben ansieht. Der Anspruch der Gläubiger auf Sicherheitsleistung ist in Art. 61 HGG verankert, wonach jedem Gläubiger der Gesellschaft oder interessierten Personen, welche sich durch eine Veränderung der Handelsgesellschaft (wörtlich Veränderung der Gründungsurkunde) als gefährdet ansehen, ein Einwandrecht (rum. *drept de opoziție*) gegen den jeweiligen Beschluss der Generalversammlung nach Art. 62 HGG zusteht. Das Einwandrecht gegen einen Beschluss der Generalversammlung muss von dem gefährdeten Gläubiger binnen 30 Tagen ab der Bekanntmachung des Beschlusses im Amtsblatt durch einen dem Handelsregister zum Vermerk eingereichten Einwandschriftstück ausgeübt werden. Das Handelsregister ist gehalten, in-

nerhalb von 3 Tagen den Einwand gegen den Beschluss zur Kapitalherabsetzung im Handelsregister zu vermerken und das Einwandschriftstück von
Amts wegen dem zuständigen Gericht vorzulegen. Das Gericht entscheidet
im Schnellverfahren über den Einwand und ordnet bezüglich der hier angesprochenen Kapitalherabsetzung entweder die Leistung von Sicherheiten
durch die Gesellschaft an oder erlaubt ohne Weiteres die Durchführung der
Kapitalherabsetzung. Der Gläubiger ist dabei berechtigt, für die Zeit des
Gerichtsverfahrens, per einstweiliger Verfügung die vorläufige Aufhebung
der Umsetzung des Beschlusses zur Kapitalherabsetzung gem. Art. 133 HGG
zu erstreben.

5.2 Verschmelzung und Spaltung von Handelsgesellschaften

Das HGG regelt in Art. 238 bis Art. 251[1] zugleich die Verschmelzung und die
Spaltung[186] von Handelsgesellschaften[187] durch gemeinsame Bestimmungen,
und wenn nötig, durch abweichende Regelungen im Falle der Spaltung. Darüber hinaus besteht ein besonderes Regelungswerk für die grenzüberschreitende Verschmelzung (Art. 251[2]-251[19] HGG). Schließlich befasst sich ein
einziger Artikel des HGG mit der Spaltung von Handelsgesellschaften, ver-

---

186 Entsprechend der jetzigen relevanten Gesetzesbestimmungen des HGG wird der Begriff *„divizare"*, Spaltung allein für eine vollständige Übertragung des Vermögens einer Gesellschaft
als Gesamtheit angewandt. Diese Betrachtungsweise entspricht so dem Art. 41 Abs. (2) Pers-
Dekr im Sinne einer kompletten Spaltung (rum. *divizare totală*). Entsprechend des Art. 47
Abs. (2) und (3) PersDekr geht der Gesetzgeber davon aus, dass auch eine teilweise Spaltung
(rum. *divizare parțială*) möglich ist. In diesem Fall bleibt die übertragende Gesellschaft wei-
terhin bestehen, ihr Gesellschaftsvermögen verringert sich aber in Höhe des übertragenen
Teils. Diese Übertragung eines Teils des Vermögens einer Gesellschaft wird von Art. 250[1]
HGG als eigenständiges Rechtsinstitut unter der unglücklichen Bezeichnung *„desprindere"*
- Loslösung - angewandt. Nach Gestaltung und Zweck entspricht die *„Loslösung"*, je nach
Empfänger der dafür gewährten Anteile oder Mitgliedschaften, dem deutschen Begriff Abspaltung bzw. Ausgliederung. Aus diesem Grund werden bewusst diese Rechtsbegriffe weiterhin angewandt, um die Nachvollziehbarkeit zu erleichtern und keine Begriffsverwirrung
zu verursachen. Auch was die rumänische Rechtsterminologie anbelangt, wird hier nicht der
vom Gesetz unglücklich verwandte Begriff *„desprindere"* (Loslösung), sondern die traditionellen Begriffe *„divizare parțială"* oder synonym *„dezmembrare"* (Zergliederung, Zerteilung)
benutzt, wobei der Letztere auf Rumänisch lexikalisch näher an der deutschen Ausgliederung
ist.

187 Gesetzesbestimmungen zur Verschmelzung und Spaltung von Rechtsträger waren im Kern
bereits in PersDekr enthalten, wobei damals die Entscheidung darüber, mit Ausnahme von
Genossenschaften, durch Staats- bzw. Verwaltungsakt erfolgte. Siehe zur aktuellen Rechtslage der Verschmelzung und Spaltung nach rumänischem Recht *Ion Băcanu*, (Fußn. 14), S.181-
217; *Octavian Căpățînă*, (Fußn. 5), S.366-370; *Ion Niță Stan*, Fuziunea și divizarea societăți-
lot comerciale [Verschmelzung und Spaltung von Handelsgesellschaften], in RRD Nr. 6/2000,
S. 108-120; *Ioan I. Bălan*, Restructurarea societăților comerciale prin fuziune, divizare sau
aport parțial de activ în reglementarea legii nr. 31/1990 [Die Restrukturierung der Handelsgesellschaften durch Verschmelzung, Spaltung und Ausgliederung in der Reglementierung
des Gesetzes Nr. 31/1990] in Dreptul Nr. 7/2000, S. 58-69; *Stanciu D. Cărpenaru* (Fußn. 5),
S. 269-276; Siehe beispielhaft zum deutschen *Recht Wolf-Georg Freiherr von Rechenberg* in
Büchel/von Rechenberg, Herausgeber (Fußn. 61), S. 1401-1488.

standen als Abspaltung bzw. als Ausgliederung (Art. 250[1] HGG). Ähnlich wie bei Kapitalmaßnahmen, ist die Aktiengesellschaft das Leitbild zur Regelung von Verschmelzung, Aufspaltung, Abspaltung und Ausgliederung von Handelsgesellschaften.

Die **Verschmelzung** (rum. *fuziunea*) kann als Verschmelzung durch Aufnahme und als Verschmelzung durch Neugründung erfolgen.

Die **Verschmelzung durch Aufnahme** (rum. *fuziune prin absorbție*) **einer oder mehrerer** Handelsgesellschaften (übertragende Gesellschaften, *societăți absorbite*) erfolgt durch Auflösung und Übertragung deren Vermögen als Ganzes auf eine andere Handelsgesellschaft (übernehmende Gesellschaft, *societate absorbantă*). Im Gegenzug dazu werden Aktien bzw. Geschäftsanteile der übernehmenden Gesellschaft an die Aktionäre bzw. Anteilhaber der übertragenden Gesellschaft und eventuell einer Barabfindung in Höhe von maximal 10 % der so verteilten Aktien bzw. Geschäftsanteile gewährt (Art. 238 Abs. (1) Buchst. a) HGG).

Ebenso verhält es sich bei der **Verschmelzung durch Neugründung** (rum. *fuziune prin contopire*). Hier wird das Vermögen von zwei oder mehreren Handelsgesellschaften auf eine neu gegründete Gesellschaft übertragen. Wiederum gegen Gewährung von Aktien oder Geschäftsanteilen, bzw. einer Barabfindung (Art. 238 Abs. (1) Buchst. b) HGG).

Die **Spaltung** (rum. *divizarea*) kann als Übertragung des Gesellschaftsvermögens einer Handelsgesellschaft als Gesamtheit auf bestehende Gesellschaften, als Spaltung zur Aufnahme bestehender oder neu zu gründender Gesellschaften und als Spaltung zur Neugründung in Erscheinung treten. Die Spaltung kann ebenso als gleichzeitige Übertragung des Gesamtvermögens einer Handelsgesellschaft auf bestehende und auf neu zu gründende Gesellschaften gestaltet werden (Art. 238 Abs. 2[1] HGG).

Auch die **Spaltung zur Aufnahme** (rum. *divizare prin absorbție*) **einer** Handelsgesellschaft (übertragende Gesellschaft, *societate absorbită*) erfolgt durch Übertragung des Gesellschaftsvermögens **auf mehrere** bestehende Handelsgesellschaften (übernehmende Gesellschaften, *societăți absorbante*) - vom HGG gelegentlich auch als empfangende Gesellschaften (*societăți beneficiare)* bezeichnet - und gegen Gewährung von Aktien bzw. Geschäftsanteilen an die Aktionäre bzw. Anteilhaber der übertragenden Gesellschaft, und eventuell einer Barabfindung in Höhe von maximal 10 % der so verteilten Aktien bzw. Geschäftsanteile (Art. 238 Abs. (2) Buchst. a) HGG).

Gleiches gilt bei der **Spaltung zur Neugründung** (rum. *divizare prin conto-pire*), wo das Gesellschaftsvermögen einer Handelsgesellschaft (übertragende Gesellschaft, *societate absorbită*) auf mehrere neu zu gründende Handelsge-sellschaften (übernehmende Gesellschaften, *societăți absorbante*) übertragen wird. Hierfür erhalten die Aktionäre der übertragenden Gesellschaft wiede-rum Aktien bzw. Geschäftsanteile der neuen Handelsgesellschaften und ggf. eine Barabfindung von maximal 10 % der so verteilten Aktien bzw. Geschäfts-anteile (Art. 238 Abs. (2) Buchst. b) HGG).

Als Folge der Spaltung verliert die übertragende Gesellschaft in der Regel ihre Rechtsfähigkeit, sie existiert als solche nicht mehr (Art. 250 Abs. 1 Buchst. c) HGG). Sollte aber die Übertragung nicht das ganze Vermögen der Gesellschaft als Gesamtheit betreffen, sondern nur einen Teil[188] davon, bleibt die übertragen-de Gesellschaft als solche bestehen. Eine Spaltung unter diesen Bedingungen stellt sich als Abspaltung bzw. als Ausgliederung dar.

Im Falle einer Spaltung, bei der es sich um die Übertragung nur **eines Teils** des Vermögens als Gesamtheit auf **eine** oder **mehrere** bestehende oder von ihr dadurch gegründete Gesellschaft oder Gesellschaften, gegen Gewährung von Aktien oder Mitgliedschaften an die Anteilseigner der übertragenden Ge-sellschaft geht, handelt es sich um eine **Abspaltung** (rum. *dezmembrare în interesul asociaților*) gem. Art. 250¹ Buchst. a) HGG.

Dagegen handelt es sich um eine **Ausgliederung**[189] (rum. *dezmembrare în in-teresul societății*) gem. Art. 250¹ Buchst. b) HGG, wenn der übertragenden Gesellschaft selbst Aktien oder Mitgliedschaften gewährt werden.

Verschmelzungs- und spaltungsfähige Rechtsträger sind ausschließlich die Handelsgesellschaften. Die Gesellschaftsform der beteiligten Handelsgesell-

---

188 Nach § 123 Abs. (2) und (3) UmwG wird im Falle einer Abspaltung bzw. einer Ausgliederung „ein Teil oder mehrere Teile" des Vermögens des übertragenden Rechtsträgers „jeweils als Gesamtheit" auf den übernehmenden Rechtsträger übertragen. Art. 250¹ HGG spricht im Falle einer Abspaltung bzw. Ausgliederung von der Übertragung nur „eines Teils" des Ver-mögens. Aus dem Vermögenskonzept nach rumänischem Recht folgt, dass das Vermögen als Ganzes im Fall des Untergangs des Vermögensträgers und als Bruchteil im Falle einer Über-tragung mit Universalsukzessionstitel (als Gesamtheit nach deutschem Rechtsverständnis) erfolgen kann. Da der Umfang des durch Universalsukzessionstitel übertragenen Bruchteils des Vermögens aus einer oder mehreren „Teilen", also Gütern (verstanden als Sachen und geldwerte Rechte) besteht, ist es nach rumänischen Recht ausreichend „einen (Bruch-)Teil" des Vermögens zu übertragen, auch wenn dies konkret mehrere Sachen und/oder geldwerte Rechte, einschließlich der eventuell vorhandenen belastenden Schulden beinhaltet.

189 *Ioan I. Bălan*, Aportul parțial de activ, supus regimului juridic al divizării societăților comer-ciale, în reglementarea legii nr. 31/1990 [Die der Rechtstellung der Spaltung unterstehende Ausgliederung in der Reglementierung des Gesetzes Nr. 3171990] in RRD Nr. 11/2000, S. 133-144.

schaften ist dabei ohne Belang, da die Verschmelzung bzw. die Spaltung unterschiedlicher Rechtsformen möglich ist (Art. 238 Abs. (3) HGG). Art. 238 Abs. (4) HGG stellt zusätzlich klar, dass sich auch aufgelöste Gesellschaften, bei denen aber die Verteilung des Gesellschaftsvermögens auf die Aktionäre bzw. Gesellschafter noch nicht begonnen hat, an einer Verschmelzung bzw. Spaltung beteiligen können.

Die Initiierung einer Verschmelzung bzw. Spaltung erfolgt in allen Formen durch Aufstellung eines sog. **Verschmelzungs- bzw. Spaltungsplans**[190] (wörtlich rum. *proiect*, Projekt). Art. 241 HGG begnügt sich damit, nur den Inhalt des Verschmelzungs- bzw. Spaltungsplans zu bestimmen. Bezüglich der **Form** des Verschmelzungs- bzw. Spaltungsplans schweigt das Gesetz. Je nach beteiligten Gesellschaftsformen und in Anlehnung an die gesetzlichen Bestimmungen betreffend die Gründung und Änderung der Gründungsurkunde der jeweiligen Gesellschaften ist die Schlussfolgerung zu ziehen, dass der Plan nur dann notariell zu beurkunden ist, wenn die Voraussetzungen des Art. 5 Abs. (6) HGG vorliegen, nämlich wenn ein Grundstück Bestandteil des übertragenden Teils des Vermögens ist oder es sich um eine offene Handelsgesellschaft, Kommanditgesellschaft oder eine durch öffentliche Zeichnung gegründete Aktiengesellschaft handelt. In allen anderen Fällen ist die handschriftliche Unterschrift durch den Geschäftsführer bzw. Verwaltungsrat- oder ein Direktoriumsmitglied mit Einzelvertretungsberechtigung oder entsprechend des jeweils maßgeblichen Gesellschaftsstatuts im Fall einer Gesamtvertretung. Der Mindestkatalog des notwendigen Verschmelzungs- bzw. Spaltungsplans bezieht sich beispielhaft auf Angaben wie: Gesellschaftsform, Firma und Geschäftssitz der beteiligten Handelsgesellschaften, Begründung und Bedingungen des jeweiligen Plans, Gewinnbezugsstichtag, Umtauschverhältnis und Einzelheiten der Übertragung und des Erwerbs, Höhe des eventuellen Abfindungsangebots, Gewährung besonderer Rechte, Sondervorteile für Organe und Prüfer, Stichtag der Jahresabschlüsse der beteiligten Gesellschaften, Stichtag für die bilanzielle Zuordnung[191] der der übertragenden Gesellschaft zugeordneten Geschäfte als Geschäfte der übernehmenden Gesellschaft etc. Im Falle einer Spaltung muss der Spaltungsplan ebenso Angaben über eine genaue Bezeichnung der betroffenen Posten des Anlagevermögens, der Passiv-

---

190 Das UmwG enthält nur in § 136 einen ähnlichen Begriff, nämlich Spaltungsplan. Im Falle einer Verschmelzung sieht § 4 UmwG einen Verschmelzungsvertrag vor.

191 Die bilanzmäßigen Buchungsvorgänge in Verbindung mit einer Verschmelzung bzw. Spaltung werden entsprechend der Durchführungsbestimmungen betreffend die Verschmelzung, Spaltung, Auflösung und Liquidation der Handelsgesellschaften sowie mit dem Austritt oder Ausschließung von Gesellschafter aus der Handelsgesellschaft, genehmigt durch Verordnung des Ministeriums der Öffentlichen Finanzen Nr. 1376/2004 (M. Of. Nr. 1012/3.11.2004) durchgeführt.

posten der übertragenden Gesellschaft sowie der dafür verteilten Aktien bzw. Geschäftsanteile der übernehmenden Gesellschaft enthalten.

Der Verschmelzungs- bzw. Spaltungsplan muss nach Art. 242 HGG zum **Handelregister** angemeldet werden. Der jeweilige Plan, begleitet von einer Erklärung der Gesellschaft, die aufgrund des Vorgangs untergeht, mit Angaben der Geschäftsleitung über die Deckung der eventuellen Passivposten der Bilanz, wird allen Ämtern des Handelsregisters, welche je nach Geschäftssitz für alle der involvierten Gesellschaften zuständig sind, vorgelegt. Auf Kosten der Gesellschaften veröffentlicht das Handelsregister von Amts wegen den jeweiligen Plan, komplett oder je nach Fall als Zusammenfassung, mindestens 30 Tagen vor den geplanten außerordentlichen Generalversammlungen zur Genehmigung der Verschmelzung bzw. Spaltung.

Die **Gläubiger** der involvierten Gesellschaften verfügen über ein Einwandrecht bezüglich der geplanten Verschmelzung bzw. Spaltung (Art. 243 HGG), welches binnen 30 Tagen nach Veröffentlichung des Plans durch einen entsprechenden Antrag an das zuständige Gericht entsprechend des Art. 62 HGG ausgeübt werden kann.

Die Aktionäre bzw. Gesellschafter der beteiligten Gesellschaften verfügen über ein **Informationsrecht** bezüglich der geplanten Verschmelzung bzw. Spaltung. Dafür bestimmt das Gesetz, dass sie mindestens einen Monat vor der außerordentlichen Generalversammlung zur Genehmigung der jeweiligen Verschmelzung bzw. Spaltung den Verschmelzungs- bzw. Spaltungsbericht bei dem Geschäftssitz der jeweiligen Gesellschaft, sowie eine Reihe von relevanten Unterlagen bezüglich der Verschmelzung bzw. Spaltung zur Ansicht gestellt und auf Anfrage in Kopie zur Verfügung bekommen müssen. Dazu zählen nach Art. 244 HGG insbesondere: der Verschmelzungs- bzw. Spaltungsbericht der Geschäftsleitung der jeweilig beteiligten Gesellschaft (Art. 243² HGG), die Verschmelzungs- bzw. Spaltungsprüfung, welche durch das vom Registergericht ausgewählte und bestellte sog. Experten[192] angefertigt wurde (Art. 243³ HGG), die Jahresabschlüsse und die Lageberichte der letzen 3 Jahre der beteiligten Gesellschaften, eine Aufstellung der bestehenden Verträge mit einem Vertragswert von über 10.000,- Lei und deren Verteilung im Falle einer Spaltung, sowie andere relevante Unterlagen.

---

192 Die Bestellung erfolgt nach Art. 38 f. HGG. Mit „Experten" sind für solche Vorgänge qualifizierte und zugelassene Berufsträger wie vereidigte Buch-, Wirtschafts- und Abschlussprüfer je nach Bestand und Größe der zu prüfenden Gesellschaft gemeint.

Über die Verschmelzung bzw. Spaltung entscheidet **jede einzelne beteiligte Gesellschaft durch Beschluss der Generalversammlung** unter Einhaltung der gesetzlichen Voraussetzungen bezüglich einer außerordentlichen Generalversammlung. Wenn durch Verschmelzung bzw. Spaltung neue Gesellschaften entstehen, müssen die gesetzlichen Bestimmungen über die Gründung der jeweiligen Gesellschaftsform eingehalten werden (Art. 239 HGG). Die Generalversammlung zur Genehmigung der Verschmelzung bzw. Spaltung muss spätestens zwei Monate nach Ablauf der Einwandfrist der Gläubiger der beteiligten Gesellschaften bzw. nach Vollstreckbarerklärung des Gerichtsurteils bezüglich der Zurückweisung des Gläubigereinwands betreffend die jeweilige Umwandlung, gehalten werden und durch Beschluss genehmigt werden. Für den Fall, dass durch Verschmelzung bzw. Spaltung neue Gesellschaften zu gründen sind, wird deren Errichtung durch die jeweiligen Generalversammlungen der Gesellschaften, welche nach der Verschmelzung bzw. Spaltung untergehen, beschlossen (Art. 246 HGG). Die außerordentliche Generalversammlung ist beschlussfähig, wenn ein Viertel der Stimmrechte vertreten ist und der Beschluss darüber wird durch die Stimmen von Zweidritteln der anwesenden oder vertretenen Aktionäre gefällt. Ausnahmsweise, wenn die Verschmelzung bzw. Spaltung zu mehr Verpflichtungen seitens der Mitglieder der beteiligten Gesellschaften führt, muss der Beschluss zur Genehmigung der jeweiligen Verschmelzung bzw. Spaltung einstimmig gefällt werden (Art. 247 HGG). Die durch Verschmelzung bzw. Spaltung verursachten Änderungen der Gründungsurkunden der beteiligten Gesellschaften sind nach bereits dargelegten Regeln (siehe dazu oben Ziff. 2.4 und 5) dem Handelregister anzumelden und entsprechend einzutragen. Dadurch wirkt die Verschmelzung bzw. die Spaltung auch gegenüber Dritten.

Die **Wirkungen** der Handelregistereintragung der Verschmelzung bzw. der Spaltung beziehen sich nach Art. 250 HGG auf Folgendes: Die **Übertragung des Vermögens** der übertragenden Gesellschaften (Gesellschaft), verstanden als Gesamtheit aller Aktiv- und Passivposten (Anlagevermögen, Forderungen sowie immaterielle Rechte einerseits, Verbindlichkeiten aller Art andererseits) auf die übernehmenden Gesellschaften (Gesellschaft) entsprechend des Umtauschverhältnis nach dem Verschmelzungs- bzw. Spaltungsplan. Es findet also von Gesetzes wegen eine Übertragung mit Universalsukzessionstitel (nach deutscher Rechtsterminologie Gesamtrechtsnachfolge) statt. Die Zustimmung der Gläubiger ist nicht erforderlich, da sie ausreichend durch die besondere Schutzvorschrift des Art. 62 HGG gesichert sind. Die **Anteilsinhaber**[193] der übertra-

---

[193] Einzige Ausnahme ist hier der Fall einer Ausgliederung, wenn die übertragende Gesellschaft Anteilsinhaber der dadurch gegründeten Gesellschaft wird.

genden Handelsgesellschaft werden Anteilsinhaber[194] der übernehmenden Handelsgesellschaft. Schließlich **erlöschen** die übertragenden Handelsgesellschaften, ohne dass es einer besonderen Löschung bedarf.

Art. 251 HGG befasst sich mit der **Nichtigkeit der Verschmelzung bzw. der Spaltung**[195]. Die Nichtigkeit der Verschmelzung bzw. der Spaltung ist dabei von der **Anfechtbarkeit oder Nichtigkeit des Beschlusses** zur Genehmigung der Verschmelzung bzw. der Spaltung zu unterscheiden, da die beiden Rechtsbegriffe weder identisch sind noch sich, was deren Gegenstand und Inhalt anbelangt, überlappen. Es fehlen allerdings besondere Verfahrensregeln[196] zur gerichtlichen Kontrolle der Nichtigkeit einer Verschmelzung bzw. Spaltung. Die Anfechtbarkeit und die Nichtigkeit eines Beschlusses der Generalversammlung gem. Art. 132 f. HGG wurden bereits erläutert und es wird auf die entsprechende Darstellung verwiesen. Die Nichtigkeitserklärung einer Verschmelzung bzw. Spaltung erfolgt ausschließlich durch Gerichtsentscheidung (Art. 251 Abs. (1) HGG). Eine Nichtigkeitsklage wegen fehlerhafter Verschmelzung bzw. Spaltung kann nur nach erfolgter Handelsregistereintragung nach Art. 249 HGG erhoben werden. Die Nichtigkeit einer Verschmelzung bzw. Spaltung kann ausschließlich aus **zwei Gründen** erklärt werden: wegen Fehlens der durch Art. 37 HGG vorgesehenen vorbeugenden Kontrolle der Rechtmäßigkeit der Eintragung der Verschmelzung bzw. Spaltung durch das Registergericht und wegen der Anfechtbarkeits- oder Nichtigkeitserklärung des Beschlusses einer der Generalversammlungen der beteiligten Gesellschaften. Die Nichtigkeitsklage kann nach Ablauf einer Frist von sechs Monaten seit Wirksamkeitswerden der Verschmelzung bzw. Spaltung durch Handelsregistereintragung nicht mehr erhoben werden. Für den Fall, dass der Man-

---

194 Dies gilt jedoch nicht, wenn im Falle einer Verschmelzung die übernehmende Gesellschaft oder ein Dritter, der im eigenen Namen aber auf Rechnung dieser Gesellschaft handelt, Anteilsinhaber der übertragenden Gesellschaft ist oder die übertragende Gesellschaft Anteile innehat oder ein Dritter, der im eigenen Namen aber auf Rechnung dieser Gesellschaft handelt, deren Anteilsinhaber ist (Art. 250 Abs. (2) HGG). Dies gilt auch im Fall einer Spaltung entsprechend (Art. 250 Abs. (3) HGG).

195 Die Bestimmungen des Art. 251 über Anfechtbarkeit bzw. Nichtigkeit einer Verschmelzung bzw. Spaltung sind auf Art. 22 der Richtlinie Nr. 78/855/EWG des Rates vom 9. Oktober 1978 betreffend die Verschmelzung von Aktiengesellschaften (ABl. Nr. L 295 vom 20. 10. 1978, S. 36-43) und Art. 19 der Richtlinie 82/891/EWG des Rates vom 17. Dezember 1982 betreffend die Spaltung von Aktiengesellschaften (ABl. Nr. L 378 vom 31. 12. 1982, S. 47-54) zurückzuführen.

196 Allerdings fehlen dem HGG ähnliche Verfahrensregel wie die in dem Spruchverfahrensgesetz (BGBl. I S. 838, zuletzt geändert am 17. 12. 2008 - BGBl. I, S. 2586) enthaltenen Bestimmungen und es wurde auch (noch) kein besonderes Gesetz bezüglich solcher Verfahrensregeln erlassen, sodass in solchen Fällen, überwiegend die herkömmliche Verfahrensregel der rumänischen Zivilprozessordnung (*Codul de Procedură Civilă al României*, zuletzt veröffentlicht als Broschüre, BRO Nr. 0/26.07.1993 mit folgenden Änderungen und Ergänzungen), zur Anwendung kommen.

gel, dessentwegen die Verschmelzung bzw. Spaltung für nichtig erklärt werden kann, behebbar ist, ist das Gericht gehalten, den beteiligten Gesellschaften eine Frist zur Behebung des Mangels einzuräumen. Wird trotzdem die durchgeführte Verschmelzung bzw. Spaltung für nichtig erklärt, so wird die vollstreckbare Gerichtsentscheidung von Amts wegen den beteiligten Ämter des Handelsregisters mitgeteilt (Art. 251 Abs. (2) bis (5) HGG).

Durch die Gerichtsentscheidung bezüglich der Nichtigkeitserklärung der Verschmelzung bzw. Spaltung wird die **Wirksamkeit der Verpflichtungen**, die zulasten oder zugunsten der übernehmenden Gesellschaft entstanden und die nach der ordnungsgemäßen Eintragung der Verschmelzung ins Handelsregister, aber vor der Veröffentlichung der gerichtlich ausgesprochenen Nichtigkeit entstanden sind, nicht berührt.

Die an der Verschmelzung bzw. Spaltung beteiligten Gesellschaften haften gesamtschuldnerisch für die so entstandenen Verpflichtungen der übernehmenden Gesellschaft. Im Falle einer Spaltung haftet jede begünstigte Gesellschaft für die Verpflichtungen zu ihren Lasten, die nach dem Zeitpunkt der Eintragung der Spaltung und vor dem Zeitpunkt der Eintragung der Gerichtsentscheidung betreffend die Nichtigkeit der Spaltung, entstanden sind. Die gespaltene Gesellschaft haftet ebenfalls für diese Verpflichtungen aber nur bis zu der Höhe des Nettoteils des übertragenen Vermögens, welcher auf die begünstigte Gesellschaft entfällt, zu deren Lasten diese Verpflichtungen entstanden sind (Art. 251 Abs. (6) bis (8) HGG).

Art. 251^2 bis 251^{19} HGG befassen sich im Vergleich zu der Verschmelzung bzw. Spaltung von Gesellschaften mit Sitz im Inland und im Hinblick auf die praktische Bedeutung und Häufigkeit solcher Vorgänge in Rumänien, mit der **grenzüberschreitenden Verschmelzung**[197] unverhältnismäßig lang. Da die notwendigen Handlungen und das Verfahren zur Durchführung einer grenzüberschreitenden Verschmelzung grundsätzlich ähnlich der Verschmelzung von Gesellschaften mit Sitz im Inland sind, werden allein die Besonderheiten angesprochen und im Übrigen auf das gerade Dargelegte verwiesen.

Verschmelzungsfähig im Sinne einer grenzüberschreitenden Verschmelzung nach Art. 251^2 HGG und als solche als übertragende, übernehmende oder neu gegründete Gesellschaften möglich sind einerseits Aktiengesellschaften,

---

[197] Dadurch wurde hauptsächlich die Richtlinie 2005/56/EG des Europäischen Parlaments und des Rates vom 26. Oktober 2005 über die Verschmelzung von Kapitalgesellschaften aus verschiedenen Mitgliedstaaten (ABl. Nr. L 310 vom 25. 11. 2005, S 1-9) in rumänischem Recht umgesetzt.

Kommanditgesellschaften auf Aktien und Gesellschaften mit beschränkter Haftung – rumänische juristische Personen – und Europäische Gesellschaften mit Geschäftssitz in Rumänien. **Andererseits** ebenso verschmelzungsfähig sind Gesellschaften im Sinne des Art. 1 der Richtlinie 68/151/EWG[198] oder Gesellschaften, die Rechtspersönlichkeit besitzen und über gesondertes Gesellschaftskapital verfügen, das allein für die Verbindlichkeiten der Gesellschaft haftet. Allerdings nur, wenn sie die, nach den für sie maßgebenden nationalen Recht, Schutzbestimmungen im Sinne der genannten Richtlinie im Interesse der Gesellschafter sowie Dritter einhalten und in der EU oder im europäischen Wirtschaftsraum gegründet sind und ihren satzungsmäßigen Sitz, Hauptverwaltung oder Niederlassung in einem Mitgliedstaat der EU oder im europäischen Wirtschaftsraum haben.

Das **Eintragungsverfahren ist zweistufig** aufgebaut. **Zunächst** ist die Verschmelzung der in Rumänien beteiligten übertragenden Gesellschaften bei dem für sie nach nationalem Recht zuständigen Handelsgericht anzumelden. Nachdem das Registergericht geprüft hat, ob die Voraussetzungen für eine grenzüberschreitende Verschmelzung vorliegen, wird hierüber eine sog. Verschmelzungsbescheinigung ausgestellt. Die Handelsregistereintragung der übertragenden Gesellschaft erfolgt zunächst mit dem Vermerk, dass die Verschmelzung erst bei entsprechender Wirksamkeit der übernehmenden oder neuen Gesellschaft nach dem nationalen Recht dieses EU-Staates wirksam wird. Die Verschmelzungsbescheinigung hat auf ein etwa anhängiges Einwandverfahren gem. Art. 62 HGG (Gläubigerschutz) bzw. Art. 132 f. HGG (Beschlussnichtigkeit) hinzuweisen. **Sodann** erfolgt, unter Vorlage der rumänischen Verschmelzungsbescheinigung, die Anmeldung beim Handelsregister der übernehmenden Gesellschaft, wobei dies längstens sechs Monate ab Ausstellungsdatum der Verschmelzungsbescheinigung erfolgen darf. Durch Eintragung beim Handelregister der übernehmenden Gesellschaft wird die grenzüberschreitende Verschmelzung vollzogen. Dieses Handelsregister muss schließlich den Tag der Verschmelzungseintragung von Amts wegen allen anderen beteiligten Handelsregistern mitteilen. Dadurch wird die Bedingung der zunächst vorläufigen Eintragung der Verschmelzung der übertragenden Gesellschaften erfüllt und die Eintragung dieser Verschmelzung endgültig. Für den Fall, dass Gesellschaften mit Sitz in Rumänien als übernehmende Gesellschaften auftreten, ist das geschilderte Eintragungsverfahren in umgekehrter Richtung durchzuführen (Art. 151⁶ i. V. m. Art. 251¹³ f. HGG). Soweit in der grenzüberschreitenden Verschmelzung eine Europäische Gesellschaft mit Sitz

---

198 Erste Richtlinie 68/151/EWG des Rates vom 9. März 1968 zur Koordinierung der Schutzbestimmungen, die in den Mitgliedstaaten den Gesellschaften im Sinne des Artikels 58 Absatz 2 des Vertrages im Interesse der Gesellschafter sowie Dritter vorgeschrieben sind, um diese Bestimmungen gleichwertig zu gestalten (ABl. Nr. L 65 vom 14. 3. 1968, S. 8-12).

in Rumänien als übernehmende Gesellschaft oder als neu zu gründende Gesellschaft beteiligt ist, sind für sie vorgesehene Gesetzesbestimmungen bezüglich der **Mitbestimmung der Arbeitnehmer** einzuhalten. Paradoxerweise, wenn es sich hierbei um eine nationale Gesellschaftsform handelt, sind diese Mitbestimmungsvorschriften nur freiwillig zu beachten (Art. 251[10] HGG). In Unterschied zu einer Verschmelzung im Inland werden etwaige **Nichtigkeitsklagen** bezüglich der grenzüberschreitenden Verschmelzung nur dann zugelassen, wenn sie vor dem Vollzug der Eintragung der jeweiligen grenzüberschreitenden Verschmelzung erhoben werden (Art 251[19] Abs. (2) HGG).

5.3 Umwandlung durch Formwechsel

Im Unterschied zum deutschen Recht[199], begnügt sich Art. 205 HGG damit bzgl. der Formwechsel einer Handelsgesellschaft nur zu erwähnen, dass dadurch keine neue juristische Person entsteht. Somit fehlt es bezüglich dieser relativ komplexen Materie komplett an Gesetzesbestimmungen betreffend die Voraussetzungen sowie das Verfahren zur Durchführung dieser Art von Umwandlung einer Handelsgesellschaft. Als Notlösung werden hier die vorhandenen Regelungen zur Änderung der Gründungsurkunde einer Gesellschaft, unter die das HGG allerdings auch die Umwandlung durch Formwechsel subsummiert, sowie die relativ knappen Ausführungen der Fachliteratur[200] hierzu herangezogen. Als Grundsatz gilt, dass der Formenwechsel einer Handelsgesellschaft die Voraussetzungen, die Form, das Verfahren, die Mehrheitserfordernisse sowie die Einhaltung der Eintragungsbestimmungen des Art. 204 HGG bezüglich der Änderung der Gründungsurkunde einzuhalten hat[201]. Der Beschluss der außerordentlichen Generalversammlung zum Formwechsel der jeweiligen Gesellschaft wird nach Art. 115 HGG durch eine Mehrheit von Zweidritteln bei einer Anwesenheit von mindestens einem Viertel der Stimmrechte in der Gesellschaft beschlossen. Darüber hinaus sind die gesetzlichen Voraussetzungen, die für die Gesellschaftsform in der die jeweilige Gesellschaft umgewandelt werden soll gelten, wie z. B. Mitgliedszahl, Mindestkapital usw., dementsprechend einzuhalten. Durch den Formwechsel wird die Rechtspersönlichkeit der alten Gesellschaft nicht berührt, sie entfaltet sich nach dem Formwechsel weiterhin, aber in der neuen Gesellschaftsform[202]. Nach Errichtung der neuen Gesellschaftsform durch entsprechenden Beschluss der Generalversammlung

---

199 Siehe dazu §§ 190-304 UmwG.

200 Siehe dazu *O. Căpăţînă* (Fußn. 5), S. 352-357; *Stanciu D. Cărpenaru* (Fußn. 5), S. 281.

201 C.S.J., Handelssenat, Urteil Nr. 409/1994 in RDD Nr. 3/1995, S. 157; C.S.J., Handelssenat, Urteil Nr. 157/1996 in Dreptul Nr. 8/1996, S. 138.

202 Im Falle eines Formwechsels wird bezüglich der Haftung der Gesellschafter auf die Gesellschaftsform zum Zeitpunkt des Abschlusses des Rechtsgeschäfts abgestellt und nicht auf den Zeitpunkt der Fälligkeit. Siehe dazu Appellationsgerichtshof Ploieşti, Handels- und Widerspruchsverfahrenssenat, Urteil Nr. 394/1998 in RRD Nr. 6/1999, S. 136.

wird dieser, sowie die dadurch aktualisierte Fassung der Gründungsurkunde dem Handelsregister vorgelegt und einer Kontrolle durch den Registerichter unterzogen, und die frühere Eintragung der Gesellschaft ins Handelregister, entsprechend der neuen Gesellschaftsform, umgeändert bzw. vermerkt.

6. Nebensitze von Handelsgesellschaften

Sowohl rumänische als auch ausländische Gesellschaften haben die Möglichkeit, in Rumänien Nebensitze[203] in Form von Tochtergesellschaften, von Zweigniederlassungen und sog. Repräsentanzen zu errichten. Dabei sind für die Gründung und die Eintragung der Nebensitze in das Handelsregister die geltenden Vorschriften des HGG und des HRG zu beachten.

Die **Tochtergesellschaft** (*filiala*) ist nach Art. 42 HGG eine eigenständige Handelsgesellschaft mit eigener Rechtsfähigkeit, welche von den für die gewählte Gesellschaftsform geltenden Gesetzesbestimmungen geleitet wird. Wirtschaftlich gesehen ist die Tochtergesellschaft von der Muttergesellschaft, die den größten Teil des Gesellschaftskapitals der Tochtergesellschaft innehat, abhängig. Bei der Errichtung der Tochtergesellschaft wird die Muttergesellschaft, je nach Gesellschaftsform der Tochtergesellschaft, ihr Gesellschafter bzw. Aktionär. Dabei stehen für die Gründung der Tochtergesellschaft selbst alle Gesellschaftsformen des Art. 2 HGG zur Verfügung. Die Tochtergesellschaft wird auf Initiative der Muttergesellschaft gegründet. Das Verhältnis zwischen Tochter- und Muttergesellschaft stellt sich einerseits dar als ein hierarchisches Abhängigkeitsverhältnis und andererseits ist es geprägt durch ein Verhältnis der Mitarbeit und der Kooperation zur Erreichung eines gemeinsamen Zwecks. Rechtlich gesehen sind aber Mutter- und Tochtergesellschaft zwei unterschiedliche Handelsgesellschaften, welche, wenn beide ihren Sitz in Rumänien haben, juristische Personen sind. Der Tätigkeitsgegenstand einer Tochtergesellschaft umfasst die Produktion und den Absatz von Waren, die Erbringung von Dienstleistungen und die Durchführung von speziellen Arbeiten in den von der Muttergesellschaft gesetzten Grenzen. Solange beide Gesellschaften juristischen Bestand haben, kann die Tochtergesellschaft nicht unabhängig von der Muttergesellschaft agieren, da die Muttergesellschaft einen überwiegenden Anteil an dem Gesellschaftskapital der Tochtergesellschaft hält und ihr dadurch ein Kontrollrecht bzgl. der Tochtergesellschaft zusteht bzw. ausübt. Wie bei allen Gesellschaftsformen erfolgt die Eintragung der Tochtergesellschaft in das für den vorgesehenen Sitz der Gesellschaft zuständige Handelsregister.

---

203 *Stanciu D. Cărpenaru* (Fußn. 5), S. 208-210; *O. Căpățînă* (Fußn. 5), S. 86-107.

Die **Zweigniederlassung** (*sucursala*) hingegen hat nach Art. 43 Abs. (1) HGG keine eigene Rechtsfähigkeit, sondern ist unselbstständiger Bestandsteil der Gesellschaft, welche sie errichtet. Dies hat zur Folge, dass z. B. die Nichtigkeit des Gründungsaktes der errichtenden Gesellschaft oder der Gesellschaft selbst und die Auflösung bzw. Liquidation der errichtenden Gesellschaft automatisch auch zur Beendigung und Auflösung der Zweigniederlassungen führt. Außer dem Begriff *„sucursala"* wendet Art. 43 Abs. (3) HGG als Untergliederungen auch andere Bezeichnungen wie Agentur (*agenție*) bzw. Arbeitsstätte (*punct de lucru*) an. Rechtlich gesehen haben alle solche Untergliederungen die gleiche Rechtsstellung wie die Zweigniederlassung, sind also Bestandteile der jeweiligen Gesellschaft ohne eigene Rechtsfähigkeit, werden aber entsprechend ihrer Bezeichnungen in dem Handelsregister der gründenden Gesellschaft vermerkt[204]. Durch Errichtung weitet diese Gesellschaft ihren Tätigkeitskreis räumlich aus und hat so bessere Chancen den Umsatz zu steigern. Zweigniederlassungen werden von der errichtenden Gesellschaft so ausgestattet, dass sie die zugewiesene Tätigkeit innerhalb des Unternehmensgegenstandes ausüben können. Dabei verfügen die Zweigniederlassungen über eine gewisse wirtschaftliche Eigenständigkeit, nehmen jedoch nicht selbstständig an dem Rechtsverkehr teil. Die Rechtsgeschäfte werden von dem durch die Gesellschaft beauftragten Vertreter stets im Namen und auf Rechnung der Gesellschaft geschlossen. Der Zweigniederlassungsleiter, als Vertreter der Gesellschaft, ist ähnlich dem Geschäftsführer und anderen Organleitern von Handelsgesellschaften gehalten. Dementsprechend ist ein Unterschriftsmuster dem zuständigen Handelsregister vorzulegen (Art. 45 Abs. (2) HGG).

Die Zweigniederlassungen werden gleichzeitig mit der Eintragung der errichtenden Gesellschaft oder nachträglich in das Handelsregister eingetragen. Für die Errichtung einer Zweigniederlassung ist es notwendig, dass die Möglichkeit der jeweiligen Errichtung als Klausel in dem Gesellschaftsvertrag vorgesehen ist. Dabei sind zwei Errichtungsmöglichkeiten voneinander zu unterscheiden. Einerseits kann die Errichtung der jeweiligen Zweigniederlassung gleichzeitig mit der Gründung der Gesellschaft erfolgen; die Gründungsurkunde muss diese Möglichkeit jedoch ausdrücklich enthalten. Andererseits kann es sein, dass zum Zeitpunkt der Gründung der Gesellschaft nur für die Zukunft die Errichtung von Zweigniederlassungen beabsichtigt wird. In diesem Fall muss die Gründungsurkunde der jeweiligen Gesellschaft lediglich

---

204 Dies auch für den Fall, dass die jeweilige Agentur, Arbeitsstätte usw. in einer anderen Ortschaft als die Gesellschaft liegt, und somit ein anderes Handelsregister zuständig wäre. In einem solchen Fall wird keine Eintragung in das Handelregister der Agentur, Arbeitsstätte usw. vorgenommen sondern nur in das Handelsregister am Ort der Gesellschaft als besonderer Vermerk hierzu (Art. 43 Abs. (3) letzter Satz HGG).

die Bedingungen für die nachträgliche Errichtung von Zweigniederlassungen enthalten. Zu dem gegebenen Zeitpunkt kann die Generalversammlung über die jeweilige Errichtung einer oder mehreren Zweigniederlassungen durch einen entsprechenden Beschluss entscheiden, wonach auch die Eintragung des entsprechenden Vermerks über die Errichtung in das Handelsregister erfolgen kann.

Das Fehlen der Klausel über die Errichtung von Zweigniederlassungen im Gesellschaftsvertrag hat zunächst keine Wirkung[205]. Jedoch ist zu beachten, dass in einem solchen Fall die Errichtung von Zweigniederlassungen nicht möglich ist. Fehlt eine entsprechende Regelung im Gesellschaftsvertrag, muss von einem entgegenstehenden Willen der Gesellschafter ausgegangen werden. Die Gründung von Zweigniederlassungen ist dann nur möglich, nachdem der Gesellschaftsvertrag entsprechend geändert wurde.

Auch die **Repräsentanz** (*reprezentanță*), nach deutscher Terminologie Vertretung, gehört zu der Kategorie der Nebensitze. Die rechtliche Grundlage dafür ist das **Dekret-Gesetz Nr. 122/1990**[206] über die Genehmigung und die Tätigkeit der Vertretungen ausländischer Handelsgesellschaften und Wirtschaftsorganisationen in Rumänien. Die Repräsentanzen der ausländischen Handelsgesellschaften[207] können nur nach vorheriger Genehmigung durch das Ministerium für Industrie und Handel errichtet werden. Nach der Genehmigung der Repräsentanz ist sie bei der Handels- und Industriekammer Rumäniens und bei der Finanzbehörde anzumelden. Da die Repräsentanzen, ähnlich wie die Zweigniederlassungen, nicht über eigene Rechtsfähigkeit verfügen, können deren Leiter lediglich Verträge in Namen und für Rechnung der ausländischen Muttergesellschaft abschließen. Die Vorschriften betreffend die Zweigniederlassungen finden entsprechende Anwendung. Dennoch unterscheidet sich die reine Zweigniederlassung von der Repräsentanz insofern, als letztere nicht Waren herstellen, Dienstleistungen erbringen und Arbeiten für Kunden durchführen kann. Die Repräsentanzen können hingegen im fremden Namen und auf fremde Rechnung bspw. Bestellungen aussprechen und annehmen, Verträge abschließen, technische Assistenz und andere Tätigkeiten mit wirtschaftlich-sozialem Charakter durchführen.

---

205 Sowohl Art. 7 Buchst. g) als auch Art. 8 Buchst. l) HGG sehen Klausel zur Errichtung von Zweigniederlassungen als Klausel des Gesellschaftsvertrages bzw. der Gründungsurkunde vor, sind jedoch im Konjunktiv formuliert: „... wenn eine solche Errichtung beabsichtigt wird".

206 M. Of. Nr. 54/25.04.1990 mit den nachfolgenden Änderungen; Deutsche Übersetzung von *Peter Leonhardt* in *Breidenbach*, WiRO Handbuch, Länderteil Rumänien, RO 385.

207 Mit der Einführung des einheitlichen Steuersatzes von 16 % für alle Gesellschaftsformen 2003 ist die Errichtung von Repräsentanzen durch ausländische Handelsgesellschaften wegen der ziemlich höhen pauschalierten Sonderbesteuerung solcher Einheiten unattraktiv geworden.

7. Die Genossenschaft und die Europäische Genossenschaft (SCE)

Historisch bedingt sind die Genossenschaften in Rumänien bei Weitem nicht so verbreitet wie die Handelsgesellschaften. Die gesetzliche Grundlage der Genossenschaften besteht in **Gesetz Nr. 1/2005**[208] über Organisation und Funktionsweise der Genossenschaften (nachfolgend GenossenschaftsG), welches als Rahmengesetz für alle Arten von Genossenschaften gestaltet ist.

Die **Genossenschaft** (wörtlich, *societate cooperativă* – genossenschaftliche Gesellschaft) ist eine autonome Gesellschaft von natürlichen Personen und/oder juristische Personen, gegründet durch den freien Willen ihrer Mitglieder mit dem Zweck der Förderung ihrer wirtschaftlichen, sozialen und kulturellen Interessen. Die Genossenschaft wird von den Genossen (rum. *membru cooperator*) gemeinschaftlich nach genossenschaftlichen Prinzipien geführt und demokratisch kontrolliert. Die Genossenschaft gilt als Wirtschaftseinheit im Privateigentum (Art. 7 Abs. (1) f. GenossenschftsG). Art. 4 GenossenschaftsG zählt nicht abschließend einige Arten von Genossenschaften auf: Handwerksgenossenschaften, Konsumgenossenschaften, Absatzgenossenschaften, Landwirtschaftsgenossenschaften, Baugenossenschaften, Beförderungsgenossenschaften, Forstgenossenschaften, Fischergenossenschafen und andere. Eine Sonderregelung besteht im Falle der Landwirtschaftsgenossenschaften. Hierzu enthält Gesetz Nr. 566/2004[209] - Gesetz der Landwirtschaftsgenossenschaften -, welches als Spezialgesetz zu diesem Bereich gilt, abweichende Regelungen, welche im Falle der Gründung einer Landwirtschaftsgenossenschaft[210] zu beachten sind. Laut Art. 3 GenossenchaftsG fallen die Kreditgenossenschaften nicht unter den Anwendungsbereich dieses Gesetzes und er verweist auf die Bestimmungen der Spezialgesetzgebung. Damit sind Art. 333-403 RumKWG gemeint, welche als Spezialgesetz betreffend die Kreditgenossenschaften dementsprechende Anwendung auf diese Art von Genossenschaften finden (siehe zu Bankgesellschaften bzw. Kreditgenossenschaften oben Ziff. 3.2.9).

In Anlehnung an das aus der Systematik des GenossenschaftsG hervorgerufene Verständnis des Gesetzgebers, wonach die Genossenschaft als eine besondere Art von Gesellschaft und nicht als Verein gilt, ist hier auch der Versicherungsverein auf Gegenseitigkeit[211] (wörtlich: *asociația de asigurare mutuală*),

---

208 M. Of. Nr. 172/28.02.2005.

209 Gesetz Nr. 566/2004 über Landwirtschaftsgenossenschaften, M. Of. Nr. 1236/22.12.2004.

210 Siehe dazu *Ileana Voica*, Exploatațiile agricole cu răspundere limitată (EARL) din dreptul francez – posibil model pentru legiuitorul român [Die Landwirtschaftsbetriebe mit beschränkter Haftung (EARL) des französischen Rechts – Mögliches Modell für den rumänischen Gesetzgeber], in RRD Nr.12/2008, S. 57-61.

211 *O. Căpățînă* (Fußn. 5), S. 421.

geregelt von den Art. 257-263 rum. HGB, zu erwähnen, welcher aber in der Praxis kaum Bedeutung hat.

Die **Gründung** einer Genossenschaft erfolgt durch Gesellschaftsvertrag und Satzung oder als Einheitspapier, in der Form einer Gründungsurkunde. Die Gründungsurkunde wird von den Gründern der Genossenschaft durch handschriftliche Unterzeichnung der Gründungsurkunde errichtet. Die Mindestangaben der Gründungsurkunde sind als Numerus Clausus gestaltet (Art. 16 GenossenschaftG) und sind inhaltlich ähnlich einer Personengesellschaft. Soweit als Sacheinlage ein Grundstück in die Genossenschaft eingebracht wird, muss der Gründungsvertrag notariell beurkundet werden. Bei der Gründung müssen sich mindestens 5 Genossen der Genossenschaft anschließen, damit sie als wirksame Genossenschaft gilt. Die Genossenschaften unterteilen sich in sog. Genossenschaften 1. Grades, bei denen alle Genossen natürliche Personen sind und in Genossenschaften 2. Grades, bei denen Genossen überwiegend Genossenschaften 1. Grades sowie andere natürliche und juristische Personen sind. Der Zweck der Genossenschaften 2. Grades ist die bessere Integration der jeweiligen Genossenschaft, je nach der Branche in der diese Genossenschaften tätig sind. Die Genossenschaft ist binnen 15 Tagen nach Errichtung dem Genossenschaftsregister[212] anzumelden[213]. Nach erfolgreicher Eintragungskontrolle durch den Registerrichter wird die Genossenschaft ins Genossenschaftsregister eingetragen. Dadurch erlangt die jeweilige Genossenschaft Rechtsfähigkeit und wird dadurch juristische Person.

Die **Firma** der Genossenschaft enthält eine beliebige Bezeichnung gefolgt von *„societate cooperativă"* – Genossenschaft oder die Abkürzung *„coop"* (Art. 5 GenossenschaftsG).

Das **Mindestkapital** der Genossenschaft beträgt 5.000,- Lei und ist in Geschäftsanteile mit einem Nennwert von mindestens 10,- Lei zerlegt. Die Geschäftsanteile selbst müssen körperlich als Namenspapiere ausgegeben werden und haben die durch Art. 59 Abs. (1) festgelegten Angaben wie z. B. Bezeichnung der Genossenschaft, Sitz, Dauer der Genossenschaft, Gründungsdatum und Eintragungsnummer in Genossenschaftsregister, Nennbetrag des Geschäftsanteils, Name, Vorname, Geburtstag und Adresse des Inhabers etc. zu enthalten. Als Einlage sind sowohl Geld- als auch Sacheinlagen zugelassen. Die Geldeinlagen sind zwingend. Das Mindestkapital muss vollständig gezeichnet und bei der

---

212 Der Genossenschaftsregister ist laut Art. 12 Abs. (1) HRG als Bestandteil des Handelsregisters errichtet.

213 Bezüglich des Mangels der Eintragung, sowie Erhebung von Klagen gegen die Beschlüsse des Registerrichters bezüglich der Eintragung werden die entsprechenden Bestimmungen des HGG angewandt.

Gründung der Genossenschaft einbezahlt werden. Forderungen können nicht in die Genossenschaft ein gebracht werden. Ein Genosse darf nicht mehr als 20 % des Genossenschaftskapitals zeichnen. Bei Genossenschaften 2. Grades darf die Beteiligung der Genossenschaften 1. Grades nicht unter 67 % liegen.

Die **Übertragung von Geschäftsanteilen** ist nur innerhalb derselben Genossenschaft möglich und darf nur entsprechend der Nennwerte der jeweiligen Geschäftsanteile erfolgen (Art. 59 Abs. (2) GenossenschaftsG).

Die Genossenschaft wird durch die **Generalversammlung**[214] geführt. Die Generalversammlung ist beschlussfähig, wenn die Hälfte plus eins der Genossen anwesend sind. In der Generalversammlung der Genossenschaften 1. Grades wird nach Köpfen und nicht nach Kapitalanteilen gestimmt. Bei Genossenschaften 2. Grades kann die Gründungsurkunde die Stimmabgabe nach der Zahl der Geschäftsanteile bestimmen. Die Beschlüsse werden mit Zweidritteln der anwesenden Genossen gefällt. Um gegenüber Dritten wirksam zu werden, müssen die Beschlüsse der Genossenschaft dem Genossenschaftsregister angemeldet, und dementsprechend eingetragen werden. Die Generalversammlung bestellt einen **Vorsitzenden der Genossenschaft**, welcher die Genossenschaft nach außen vertritt und operative Führungsaufgaben übernimmt. Die Beschlüsse der Generalversammlung werden durch einen **Geschäftsführer** oder durch einen **Verwaltungsrat**, gebildet aus mindestens 3 von der Generalversammlung bestellten Genossen, umgesetzt. Beim Vorhandensein eines Verwaltungsrates ist der Vorsitzende der Genossenschaft zugleich Vorsitzender des Verwaltungsrats. Ist dagegen kein Verwaltungsrat bestellt, hat der Vorsitzende der Genossenschaft von Amts wegen auch das Amt des Geschäftsführers inne. Die wirtschaftlichen Verhältnisse der Genossenschaft und die Ordnungsmäßigkeit der Geschäftsführung, einschließlich der Geschäftsbücher der Genossenschaft, werden von einem bis zu drei, von der Generalversammlung bestellten **Zensoren** geprüft. Darüber wird ein Prüfungsbericht erstellt und der Generalversammlung vorgelegt.

Das GennossenschaftsG enthält darüber hinaus Bestimmungen bezüglich des Austritts und der Ausschließung der Genossen aus der Genossenschaft sowie über Kapitalerhöhung und Kapitalherabsetzung, Verschmelzung, Spaltung, Auflösung und Liquidation von Genossenschaften, Vorgänge, welche ähnlich wie bei Personengesellschaften des HGG geregelt sind, und auf die dementsprechend verwiesen wird.

---

214 Siehe dazu *Alexandru-Mihnea Găină*, Adunarea generală a societății cooperative reglementată de Legea nr. 1/2005 [Die Generalversammlung der durch Gesetz Nr. 1/2005 geregelten Genossenschaften], in RRD Nr. 4/2009, S. 45-64.

Die **Europäische Genossenschaft (SCE)**[215] ist allein durch eine knappe Definition in Art. IV Abs. (2) der bereits an anderer Stelle dargelegten DringslichkeitsAO Nr. 52/2008 in der rumänischen Gesetzgebung erwähnt: Die Europäische Genossenschaft ist diejenige Gesellschaft, deren Grundkapital in Geschäftsanteile zerlegt ist, als Gegenstand die Verwirklichung der Bedürfnisse und/oder Förderung der wirtschaftlichen und sozialen Tätigkeiten ihrer Mitglieder hat und entsprechend der durch Verordnung (EG) Nr. 1435/2003 des Rates vom 22. Juli 2003 über das Statut der Europäischen Genossenschaft vorgesehenen Voraussetzungen und Vorkehrungen gegründet wurde. Da darüber hinaus nationale Gesetzesbestimmungen nicht vorhanden sind, werden auf die Europäische Genossenschaft in Rumänien unmittelbar die Bestimmungen der Verordnung (EG) Nr. 1435/2003 angewandt und wo diese schweigen, kommen anlog die Bestimmungen des GenossenschaftsG bzw. des HGG bezüglich Personengesellschaften zur Anwendung.

Teil II – Zusammenfassung und Eckpunkte eines Rechtsvergleichs zwischen deutschem und rumänischem Gesellschaftsrecht

Als Ergebnis der Darstellung und rückblickend aus der Sicht des deutschen Rechts lässt sich behaupten, dass das rumänische Recht in Kern über vergleichbare Gesellschaftsformen[216] verfügt, welche im Wirtschaftsleben in einer ähnlichen Weise wie in Deutschland einsetzbar sind und als solche auch eingesetzt werden. Die Gründung von Handelsgesellschaften sowie die Übertragung von Geschäftsanteilen sind fallbezogen einfacher und bedingt kostengünstiger. So bedarf die Gründung einer rumänischen GmbH oder AG keiner notariellen Beurkundung. Dies gilt entsprechend auch für die Übertragung von Geschäftsanteilen. Die Problematik der Haftung der Gesellschaft bzw. der Gesellschafter oder Aktionäre ist vergleichbar, sodass kaum Unterschiede feststellbar sind. Die Gesellschafter von Personengesellschaften in Rumänien sind sogar etwas besser bestellt[217] als in Deutschland, indem deren persönliche Haftung in zwei Stufen erfolgt: primär die Personengesellschaft und nur sub-

---

215 Siehe *Mathias Habersack*, (Fußn. 118), S. 500-507.
216 Siehe dazu zusammenfassend Übersicht über die Gesellschaftsformen in Rumänien auf Seite 67.
217 Im Unterschied zu § 128 HGB, wonach die Gläubiger beliebig die Gesellschaft oder die Gesellschafter in Anspruch nehmen können, bestimmt Art. 3 Abs. (2) HGG, dass die Gläubiger primär die Gesellschaft in Haftung zu nehmen haben und nur wenn sie binnen 15 Tagen nach In-Verzug-Setzung nicht gezahlt hat, kommt eine subsidiäre Haftung der Gesellschafter in Betracht.

sidiär, wenn die Gesellschaft nicht zahlt, die Gesellschafter selbst. Bezüglich der Buchhaltungspflicht sowie den Bilanzierungsvorschriften und der Verpflichtung zur Abschlussprüfung und, ausgehend von der Tatsache, dass all diese Pflichten auf die Rechtsnatur der Handelsgesellschaften als juristische Person abstellen, bestehen auch keine Unterschiede zwischen Personen- und Kapitalgesellschaften. Dazu ist festzustellen, dass aus diesem Blickwinkel auch keine besondere Bevorzugung der einen oder anderen Gesellschaftsform gerechtfertigt ist. Schließlich ist festzuhalten, dass nach rumänischem Recht eine Überschuldungsbilanz durch sich selbst noch keinen Insolvenzgrund darstellt, sondern zu einer Auflösung der Gesellschaft führt, es sei denn, dass binnen der gesetzlichen Fristen das gekennzeichnete Kapital wiederhergestellt bzw. eine Kapitalherabsetzung durchgeführt wird.

Berücksichtigt man auch das Steuerrecht der Unternehmen in Rumänien, stellt man fest, dass die Anwendung der einen oder der anderen Gesellschaftsform unter Umständen einfacher erfolgt als in Deutschland. Da in Rumänien ein sog. Einheitssteuersatz von 16 % für alle Unternehmensformen[218] gilt[219] und es keine Gewerbesteuer gibt, hat die Wahl der Gesellschaftsform nicht die gleiche Bedeutung wie in Deutschland. Aus der Tatsache, dass alle Gesellschaftsformen in Rumänien juristische Personen sind, folgt eine bessere steuerliche Stellung der Gesellschafter bzw. Aktionäre von Handelsgesellschaften, da nach erfolgter Besteuerung des Unternehmens, die von allen Gesellschaftsformen ausgeschütteten Dividenden lediglich mit der Abschlagsteuer in Höhe des Einheitssteuersatzes von 16 % belegt werden. Aus dem Einheitssteuersatz von 16 % für alle Arten von Einkünften folgt, dass die Besteuerung von Dividendeneinkünften in der Einkommensteuererklärung der Gesellschafter bzw. Aktionäre als neutraler Posten gilt und die Besteuerung in diesem Bereich sichtbar vereinfacht ist.

---

218 Siehe Art. 17 FiskalGB.
219 Durch eine Änderung des Art. 18 FiskalGB durch die DringlichkeitsAO der Regierung Nr. 34/2009 betreffend die Berichtigung des Haushaltes 2009 und einigen finanzsteuerlichen Maßnahmen (M. Of. Nr. 249/14.04.2009) wurde seit 1. Mai 2009 eine sog. pauschalierte Mindeststeuer (rum. *impozit minim*) eingeführt. Laut dem neu eingeführten Abs. (2) des Art. 18 FiskalGB, müssen die steuerpflichtigen Handelsgesellschaften, deren Körperschaftsteuer von 16 % niedriger als die festgelegte pauschalierte Mindeststeuer ausfällt, die Mindeststeuer zahlen. Die Einkünfte werden aufgrund der Bilanzdaten am 31. Dezember des vorigen Jahres ermittelt. Da diese Steuerart als Gegenmaßnahme zur Weltwirtschaftskrise eingeführt wurde, ist davon auszugehen, dass nach der Stabilisierung der Volkswirtschaft darauf verzichtet oder zumindest die weitere Anwendbarkeit nur auf bestimmte Wirtschaftszweige begrenzt werden wird.

Als abschließende Zusammenfassung dient die untenstehende Übersicht, die die rumänischen Gesellschaftsformen auf einen Blick darstellt und dabei gleichzeitig einen Vergleich zum deutschen Recht vollzieht.

Übersicht über die einzureichenden Unterlagen bei der Eintragung einer Gesellschaft mit beschränkter Haftung mit Auslandsbeteiligung in das Handelregister

1. Antrag zur Handelsregistereintragung - *amtliches Formular*;

2. Nachweis über die Verfügbarkeit des Firmennamens – *im Original*;

    [Die Verfügbarkeit des Firmennamens wird im Voraus aufgrund eines beim Handelsregister zu stellenden Antrags geprüft. Bei entsprechender Verfügbarkeit des jeweiligen Firmennamens wird eine Bescheinigung ausgestellt, welche bei Eintragung der Firma ins Handelregister vorzulegen ist];

3. Gründungsurkunde [Gesellschaftsvertrag] mit den handschriftlichen Unterschriften der gründenden Gesellschafter – *im Original*;

    Exkurs 1
    Im Falle der zusätzlichen Einbringung von Immobilien als Sacheinlage in die Gesellschaft muss die Gründungsurkunde notariell beglaubigt werden.

    Exkurs 2
    Für den Fall der Gründung einer Einpersonen - GmbH - die eidesstattliche Versicherung bei der Geschäftsstelle des Handelsregisters oder notariell beglaubigte eidesstattliche Versicherung des Gründers, wonach er keine andere Einpersonen - GmbH in Rumänien gegründet hat oder der Nachweis, dass die Einpersonen - GmbH nicht alleiniger Gesellschafter in einer anderen Einpersonen - GmbH in Rumänien ist – im Original;

4. Nachweis über die Verfügbarkeit des Firmensitzes der Gesellschaft – *in Kopie*;

    [Der Nachweis über den Firmensitz kann z. B. mit einem Mietvertrag erbracht werden. Dabei muss man auch einen zeitnahen (nicht älter als 30 Tage) Grundbuchauszug vorlegen, wodurch das Eigentum des Vermieters an dem Mietobjekt nachzuweisen ist. Ist einer der Gesellschafter Eigentümer der Immobilie und stellt er diese als Firmensitz zur Verfügung, reicht die Vorlage des jeweiligen zeitnahen

Grundbuchauzugs aus. Es reicht ebenso aus, wenn statt eines Miet-
vertrags ein sog. mietfreier Gebrauchsüberlassungsvertrag vorgelegt
wird und das Eigentum des Gebrauchsüberlassers durch einen entsprechenden zeitnahen Grundbuchauszug nachgewiesen wird.]

5. Nachweis über die Einzahlung der übernommenen Einlagen auf das
   Stammkapital (Kontoauszug von einer in Rumänien ansässigen Bank) –
   in Kopie;

   [Der eingezahlte Betrag auf das Stammkapital muss vollumfänglich mit
   der Höhe des im Gesellschaftsvertrag als Stammkapital eingetragenen
   Betrags übereinstimmen. Im Falle von Gründungen mit ausländischer
   Beteiligung und Einzahlung des Stammkapitals in ausländischer Währung muss der Gegenwert in Lei dem Wechselkurs am Tag der Einreichung der Unterlagen zur Eintragung ins Handelsregister, dem im Gesellschaftsvertrag als Stammkapital eingetragenen Betrag in Lei oder in
   Lei und ausländischer Währung entsprechen.]

   Exkurs

   *Für den Fall einer die zwingende Bargründung begleitenden Sach-
   gründung muss auch der Nachweis des Eigentums des erbringenden
   Gesellschafters vorgelegt werden. Bei Neusachen reicht die bei Beschaffung ausgestellte Rechnung aus. Bei gebrauchten Sachen ist ein,
   von einem vereidigten Sachgutachter erstelltes Gutachten mit dem
   festgestellten Wert der jeweiligen Sache vorzulegen. Bei Sachgründung einer Einpersonen – GmbH ist die Vorlage des Gutachtens mit
   dem Wert der Sache zwingend. Bei Einbringung von Immobilien ist
   zusätzlich ein zeitnaher Grundbuchauszug vorzulegen.*

6. Eidesstattliche Versicherung bei der Geschäftsstelle des Handelsregisters oder notariell beglaubigte eidesstattliche Versicherung der gründenden Gesellschafter, Geschäftsführer, Zensoren bzw. der natürlichen
   Person als Vertreter der als Geschäftsführer bzw. Zensor bestellten juristischen Person, dass sie die gesetzlichen Voraussetzungen, um Gesellschafter, Geschäftsführer, Zensor zu werden, erfüllen – *im Original*;

   [Die eidesstattliche Versicherung kann vor einem Notar in der Form einer notariell beglaubigten Urkunde, vor einem Anwalt unter Erteilung
   des vom Gesetz vorgesehenen Attests über die versichernde Person, sowie durch Leistung vor dem zuständigen Handelsregisterbeamten vorgenommen werden.]

7. Personalausweis der Gründer, der Geschäftsführer, der Zensoren und/
   oder des Wirtschaftsprüfers – *in Kopie*;

8. Handschriftliches Unterschriftsmuster der Gesellschaftsvertreter – *im Original*;

[Das handschriftliche Unterschriftsmuster kann vor einem Notar in der Form einer notariell beglaubigten Urkunde, vor dem Registerrichter, vor dem Direktor des Handelsregisters oder seinem Stellvertreter abgeleistet werden.]

9. Vorlage der von der zuständigen Steuerbehörde ausgestellten sog. steuerlichen Führungszeugnisse der Gesellschafter als natürlichen Personen und/oder juristischen Personen, der Geschäftsführer sowie der Zensoren mit Wohnsitz bzw. Sitz in Rumänien, wonach diejenigen natürlichen Personen und/oder juristische Personen keine Steuer- und Abgabenschulden haben – *im Original*;

Im Falle von ausländischen Gesellschaftern, natürliche Personen und/oder juristische Personen, und von ausländischen Geschäftsführer ist eine notariell beglaubigte eidesstattliche Versicherung, der jeweiligen natürlichen Person oder des Vertreters der jeweiligen juristischen Person, wonach die jeweiligen Personen in Rumänien steuerlich nicht registriert sind und keine Steuer- und Abgabenschulden in Rumänien haben, vorzulegen und, falls sie in einer Fremdsprache verfasst ist, die durch einen vereidigten Übersetzer vorgenommene Übersetzung – *beide im Original*;

10. Durch Gesellschafter bzw. Geschäftsführer unterzeichnete Erklärung, dass die Gesellschaft die von Spezialgesetzen festgelegten Voraussetzungen zur Aufnahme der Betriebstätigkeit wie z. B. im Bereich des Gesundheits- und Umweltschutz, technischer Arbeitsschutz etc. erfüllt – *im Original*;

11. Nach Bedarf:

• Handelsregisterauszug der Gründer, Geschäftsführer, Zensoren, rumänischen juristischen Personen - in Kopie, Handelregisterauszug der Gründer, Geschäftsführer, Zensoren als ausländischen juristischen Personen - *im Original und durch einen vereidigten Übersetzer vorgenommene Übersetzung*;

• Gesellschafterbeschluss zur Gründung der Gesellschaft, wenn der Gründer eine rumänische juristische Person ist - *in Kopie* oder, wenn der Gründer eine ausländische juristische Person ist - *im Original und durch einen vereidigten Übersetzer vorgenommene Übersetzung*;

- Vollmacht der natürlichen Person, welche die Gründungsurkunde im Namen und auf Rechnung der Gründer unterzeichnet und zwar für rumänische juristische Person - *in Kopie* oder, wenn der Gründer eine ausländische juristische Person ist - *im Original und durch einen vereidigten Übersetzer vorgenommene Übersetzung;*

- Im Falle einer ausländischen Beteiligung die Bonitätsbescheinigung für den Gründer als nichtansässige juristische Person, ausgestellt von der Hausbank oder von der zuständigen IHK des Heimatlandes – *im Original und durch einen vereidigten Übersetzer vorgenommene Übersetzung;*

- Für bestimmte genehmigungspflichtige Tätigkeiten, die vorläufige Genehmigung zur Aufnahme der Betriebstätigkeit – *in Kopie.*

- Für den Fall, dass die Eintragung durch einen Anwalt erfolgen soll, Anwaltsvollmacht oder je nach Fall Spezialvollmacht für die Person, die die Handelsregistereintragung vorzunehmen hat – *im Original;*

12. Nachweis der Zahlung der für die Eintragung festgesetzten Gebühren – *Quittungen im Original.*

ÜBERSICHT über die Gesellschaftsformen in Rumänien

Nach deutschem Recht vergleichbare Rechtsformen	OHG	KG	AG	KGaA	GmbH	Besonderheiten
Auswahl Rechtsquellen: • HGG von 1990 • Gesetz Nr. 161/2003 • Art. 251-263 • RumHGB • RumKWG • Gesetz Nr. 32/2000 • Gesetz Nr. 1/2005	Ausgewählte Gesetzes-bestimmungen: Art. 5-7, 91, 16, 75-87, 204 Abs. (4) u. (6), 206, 222-226, 229, 230, 235, 262-263 HGG	Ausgewählte Gesetzes-bestimmungen: Art. 5-7, 91, 16, 88-90, 204 Abs. (4) u. (6), 206, 222-226, 229 Abs. (3), 230 Abs. (2), 235, 262-263 HGG	Ausgewählte Gesetzes-bestimmungen: Art. 5-6, 8-10, 16, 18-34, 91-186, 204, 207-209, 212-221, 228, 238-2511, 264-2702 HGG	Ausgewählte Gesetzes-bestimmungen: Art. 5-6, 8, 91-10, 16, 187-190, 204, 207-209, 212-221, 222 Abs. (2), 229 Abs. (3), 238-2511, 264-2702 HGG	Ausgewählte Gesetzes-bestimmungen: Art. 5-7, 91, 11-16, 191-203, 204, 206, 207-209, 221, 222-226, 228 Abs. (2), 229, 235 HGG	1) GIE und GEIE 2) Stille Gesellschaft 3) Bankgesellschaften sowie Finanzinstitute 4) Versicherungsgesellschaft 5) Leasinggesellschaft 6) Europäische Gesellschaft 7) Genossenschaft
Firma	Societate in nume colectiv (**SNC**)	Societate in comandită simplă (**SCS**)	Societate pe acţiuni (**SA**)	Societate in comandită pe acţiuni (**SCA**)	Societate cu răspundere limitată (**SRL**)	
Rechtsfähigkeit	Ja	Ja	Ja	Ja	Ja	1) Ja; 2) Nein; 3) Ja; 4) Ja; 5) Ja; 6) Ja; 7) Ja
Gründung	Gesellschaftsvertrag	Gesellschaftsvertrag	Gesellschaftsvertrag und Satzung oder gemeinsam als Gründungsurkunde	Gesellschaftsvertrag und Satzung oder gemeinsam als Gründungsurkunde	Gesellschaftsvertrag und Satzung oder gemeinsam als Gründungsurkunde	2) Durch schriftlichen Vertrag 1) und 3) bis 7) identisch mit den anderen Gesellschaftsformen
Mindestkapital	Gesetzlich nicht vorgeschrieben	Gesetzlich nicht vorgeschrieben	• 90.000 Lei* • Mindestnennwert einer Aktie: 0,10 Lei • Mindestnennwert einer Wandelanleihe: 2,50 Lei	• 90.000 Lei • Mindestnennwert einer Aktie: 0,10 Lei	• 200 Lei • Mindestnennwert der Geschäftsanteile: 10 Lei	1) und 2) nicht gesetzlich geregelt 3) Gegenwert in Lei von 5 Mio. €, von 1 Mio. € bzw. von 200.000 €

Nach deutschem Recht vergleichbare Rechtsformen	OHG	KG	AG	KGaA	GmbH	Besonderheiten
Mindestkapital						4) Zwischen 7 und 14 Mrd. Lei 5) Gegenwert in Lei von 200.000 € 6) Gegenwert in Lei von 120.000 € 7) 5000 Lei
Beschlussfassung	Durch Einstimmigkeit, wenn die Gründungsurkunde ein gemeinsames Handeln der Gesellschafter fordert	Grundsätzlich wie bei der OHG	Ordentliche und außerordentliche Generalversammlung sowie Sonderversammlung	Wie bei der AG	Ordentliche und außerordentliche Generalversammlung	Je nach Gesellschaftsform, wie bei der jeweiligen Gesellschaft
Leitung	Jeder Gesellschafter ist geschäftsführungsbefugt	Nur die Komplementäre sind geschäftsführungsbefugt	• **Monistisches System:** Verwaltungsrat, auch Direktoren • **Dualistisches System:** Direktorium	Wie bei der AG im monistischen System (nur Komplementäre)	Durch den Geschäftsführer bzw. Verwaltungsrat	Je nach Gesellschaftsform, wie bei der jeweiligen Gesellschaft
Vertretung	Jeder Geschäftsführer ist vertretungsberechtigt	Nur die Komplementäre sind vertretungsberechtigt	• **Monistisches System:** Vorsitzender des Verwaltungsrates oder Generaldirektor • **Dualistisches System:** Direktorium	Wie bei der AG im monistischen System	Durch den Geschäftsführer bzw. Verwaltungsrat	Je nach Gesellschaftsform, wie bei der jeweiligen Gesellschaft

Nach deutschem Recht vergleichbare Rechtsformen	OHG	KG	AG	KGaA	GmbH	Besonderheiten
Kontrolle	Durch den nichtgeschäfts-führenden Gesellschafter	Der Kommanditist hat: • Aufsichtsbefugnisse • Kontrolle über Jahresabschluss und Gewinn- und Verlustrechnung	• **Monistisches System:** Zensoren • **Dualistisches System:** Aufsichtsrat und Zensoren • Kontrolle über Jahresabschluss und Gewinn- und Verlustrechnung	Kommanditaktionär hat: • Aufsichtsbefugnisse • Kontrolle über Jahresabschluss und Gewinn- und Verlustrechnung	• Je nach Fall, durch den nichtgeschäftsführenden Gesellschafter oder die Zensoren • Kontrolle über Jahresabschluss und Gewinn- und Verlustrechnung	Je nach Gesellschaftsform ,wie bei der jeweiligen Gesellschaft
Haftung	• Gesellschafter: unbeschränkt und gesamtschuldnerisch • Gesellschaft mit ihrem Vermögen	• Komplementäre unbeschränkt • Kommanditisten nur bis zur Höhe ihrer Einlage • Gesellschaft mit ihrem Vermögen	• Aktionäre nur bis zur Höhe der Einlage • Gesellschaft mit ihrem Vermögen	• Komplementäre unbeschränkt • Kommanditaktionäre nur bis zur Höhe ihrer Einlage • Gesellschaft mit ihrem Vermögen	• Gesellschafter nur bis zur Höhe ihrer Einlage • Gesellschaft mit ihrem Vermögen	Je nach Gesellschaftsform, wie bei der jeweiligen Gesellschaft

* Als Orientierung, der Wechselkurs war am 27. 10. 2010, 1€ = 4,2819 Lei

Notizen

Notizen

Notizen

Notizen

Notizen